suhrkamp taschenbuch 123

Der große Kulturkritiker George Steiner, dessen Familie aus Wien stammt, wurde 1929 in Paris geboren, studierte in Frankreich, England und den USA und lehrte dort an den Universitäten Stanford, Harvard, Yale und Princeton. Heute hat er einen Lehrstuhl am Churchill College in Cambridge inne.

Mit diesem Werk, das in viele Sprachen übersetzt wurde, erregte George Steiner internationales Aufsehen. Es ging um die Frage: »Verflechten sich die Wurzeln des Unmenschlichen mit denen der Hochzivilisation? Ist es möglich, daß im klassischen Humanismus selbst, in seiner Neigung zur Abstraktion und zum ästhetischen Werturteil, ein radikales Versagen angelegt ist?«

Steiners Buch beginnt mit dem prekären Problem des Überlebens nach Auschwitz und mit dem noch prekäreren des Überlebens der Kultur, die sich angesichts der Katastrophe selbst in Frage stellen lassen muß. Im einzelnen beschäftigt sich Steiner dann mit der deutschen Nachkriegsliteratur und der besonderen Situation in Deutschland, mit dem Werk von Lévi-Strauss, dem »Vater des Strukturalismus«, mit Leo Trotzki, Georg Lukács und dem Verhältnis von Literatur und Kommunismus.

Die zentrale Frage nach dem Verhältnis von Barbarei und Zivilisation wird weiterverfolgt in Steiners Essay »In Blaubarts Burg« (st 77), das eine Art Manifest des Autors über die gegenwärtige Situation der Kultur darstellt.

George Steiner
Sprache und Schweigen

*Essays über Sprache, Literatur
und das Unmenschliche*

Suhrkamp

Titel der Originalausgabe *Language and Silence,*
Atheneum New York, 1967. Deutsch von
Axel Kaun

suhrkamp taschenbuch 123
Erste Auflage 1973
Copyright © 1958, 1960, 1961, 1962, 1963,
1964, 1965, 1966, 1967 by George Steiner.
© der deutschen Ausgabe Suhrkamp Verlag
Frankfurt am Main 1969 Suhrkamp Taschen-
buch-Verlag. Alle Rechte vorbehalten, insbesondere das des öffentlichen Vortrags, der Über-
tragung durch Rundfunk oder Fernsehen und
der Übersetzung, auch einzelner Teile. Druck:
Ebner, Ulm. Printed in Germany. Umschlag
nach Entwürfen von Willy Fleckhaus und Rolf
Staudt

Inhalt

Das Erscheinen dieses Buches in Deutschland ist für mich ein komplexes Ereignis. »Sprache und Schweigen« kommt in mehreren Übersetzungen heraus, auf Ungarisch, Schwedisch und sogar auf Japanisch. Die deutsche Ausgabe jedoch ist eine Sache für sich.

Mein Vater stammt aus einem kleinen Dorf nördlich von Prag. Er kam in jungen Jahren nach Wien, später machte er Karriere in Paris und New York. Diese Wanderschaft, diese Verquickung des Privaten mit den Weltkrisen, läßt seine persönliche Existenz als typisch für unser verworrenes Jahrhundert erscheinen. Er starb als ein Reisender. Meine Mutter ist Wienerin, ihre Vorfahren kommen teils aus Osteuropa, teils aus dem Elsaß, und die Vielfalt der Kulturen und Sprachen haben ihr Naturell geprägt. Ich wurde in Paris geboren und ging dort auf eine amerikanische Schule. In New York, wohin ich im Krieg übersiedelte, besuchte ich das französische Lyzeum, das damals, in dieser Periode des Exils, hervorragende Lehrer hatte. Beendet habe ich meine Ausbildung in Oxford, und seit einigen Jahren lebe ich meist in England.

Aber obwohl ich in Frankreich aufgewachsen bin und auf der Schule eine englische Ausbildung erfahren habe (da mein Vater im Englischen die Kraft der Zukunft spürte), sind mein intellektueller Hintergrund und meine Empfindungsweise mitteleuropäisch geblieben. Mein Vater vertrat in seinem geistigen Habitus, in den intellektuellen wie psychologischen Werten, die er mir übermittelte, jenen spezifischen Humanismus, der von Lessing bis zu Freud reicht. Einen Humanismus, der seine Wurzeln im Hellenismus Winckelmanns und im Rationalismus der Aufklärung hatte; der in Goethe den Meister europäischen Geistes und in Heine das besondere Genie des Unbehausten sah. Es war eine Tradition, die deutliche Spuren des Radikalismus von Ibsen, Zola und Tolstoi aufnahm und ein ambivalentes Verhältnis zu Wagner entwickelte. Die Dreyfus-Affäre war die Siegesstunde solcher Geisteshaltung; aber auch Anlaß zu böser Vorahnung. Mit Marx, Freud und Einstein, mit Schönberg, Kafka und von Neumann schuf dieser mitteleuropäische Humanismus, in seiner jeweiligen Beziehung zu Berlin, Wien, Prag, Paris und Budapest, ein gut Teil des Stils und der geistigen Verfassung moderner Gesinnung.

Es handelt sich natürlich um ein vielseitiges Phänomen. Ganze Welten trennen den messianischen Radikalismus eines Marx vom Stoizismus Freuds oder der rationalen Mystik Wittgensteins. Aber eine der Hauptenergien in dieser ganzen Bewegung läßt sich dennoch klar definieren: es war die – teils harmonische, teils gespannte – Kongruenz von Deutschen und Juden. Dieser Kongruenz entspringt eine der tragischsten aber auch phantastisch-produktivsten Mutationen der Geschichte. Von ungefähr 1790 bis 1933 (danach kam noch der bemerkenswerte Epilog des amerikanischen Exils) hatte der sich emanzipierende Jude an der deutsch-österreichischen Kultur regen intellektuellen, künstlerischen und wissenschaftlichen Anteil. Die Ursache, daß die Juden gerade im deutschen Bereich Möglichkeiten der Selbstverwirklichung fanden, wie sie ähnlich, hundert Jahre früher, nur das arabische Spanien geboten hatte, hängt vielleicht damit zusammen, daß auch Deutschland selbst erst spät – und nach einer langen Zeit grausamer Zerstückelung – seine Identität erfuhr. In der Bibliothek meines Vaters – und diese Bibliothek war mein eigentliches Schulzimmer – standen Lessing, Goethe, Schopenhauer und Thomas Mann neben Spinoza und Herzl als die selbstverständlichen Stimmen europäischer Menschlichkeit. Sogar das Wort »Mensch« hat für mich einen klaren deutsch-jüdischen Klang.

Der Nazismus und sein natürlicher Verbündeter, der Stalinismus, haben diesen mitteleuropäischen Humanismus eingeäschert. Das Menschenbild, mit dem mein Vater aufwuchs und das er mir weitergab, wurde unter Folterqualen ausgelöscht. Im Rückblick heute sieht man das Wetterleuchten des aufkommenden Unheils. Mag sein, daß die Beziehungen zwischen Deutschen und Juden von Anfang an zu intensiv gewesen sind. In beiden Völkern war ein Potential für das menschliche Äußerste angelegt: auf der einen Seite die Latenz der unbedingten Bestialität, der willkürlichen Ausbreitung des Menschen bis an die Grenze des Unmenschlichen; auf der anderen Seite eine furchtbare Fähigkeit zum Leiden. Diese beiden Anlagen hatten sich ineinander verstrickt wie Folterknecht und Opfer. Kafkas »In der Strafkolonie« ist die große Parabel dieser obszönen Verkettung. Wie bei einem Brudermord war auch hier das Ergebnis das eines desolaten Gleichgewichts: das europäische Judentum und jener Teil des europäischen Genius, der dem Judentum zu sich selbst verhalf, sind vernichtet, und Deutschland ist in gewisser Hinsicht genau so zersplittert, genauso seiner menschlichen Zukunft beraubt wie nach dem Dreißigjährigen Krieg.

Ein Schriftsteller kann das Thema, das ihn gefangen hält, nicht wählen; es wählt ihn. Meine ganze Arbeit dreht sich um die vordringliche Frage: verflechten sich die Wurzeln des Unmenschlichen mit denen der Hochzivilisation? Auschwitz kam nicht aus dem Dschungel, nicht aus der Steppe. Die Barbarei überfiel den modernen Menschen im Zentrum der Kultur, der Künste, der universellen Bildung und des naturwissenschaftlichen Wunders. Nur wenige Kilometer entfernt von einigen der schönsten Museen, Bibliotheken, Konzertsälen verpestete Dachau die Luft. Männer, die bei Tag folterten, Kinder erhängten, lasen abends Rilke, hörten Schubert. Das ist ein ontologisches Rätsel, das Mysterium des zivilisierten ennui oder des Bösen, und es stellt für mich die Zukunft des Menschen überhaupt in Frage. Wenn die humanistischen Wissenschaften nichts zur Humanisierung beitragen, wenn derselbe Mensch Bach spielen und das Wilnaer Ghetto in Brand stecken kann, wo bleibt da die Zivilisation? Warum erziehen, warum lesen? Ist es möglich, daß im klassischen

Humanismus selbst, in seiner Neigung zur Abstraktion und zum ästhetischen Werturteil, ein radikales Versagen angelegt ist? Kann es sein, daß Massenmord und jene Gleichgültigkeit gegenüber den Greueln, die dem Nazismus Vorschub geleistet hat, nicht Feinde oder Negationen der Zivilisation sind, sondern ihr gräßlicher aber natürlicher Komplize?

Solche Fragen zu beantworten, wird in der vorliegenden Sammlung von Essays nicht einmal versucht. Mein Buch soll dazu beitragen, diese Fragen klarer zu stellen. Es will darauf hinaus, daß die Hoffnung des Menschen auf den Menschen überprüft werde.

Beinahe zwangsläufig befaßt sich »Sprache und Schweigen« immer wieder mit Fakten des Nationalsozialismus und mit dem inneren Leben der deutschen Sprache. In dem Maße, wie die Sprache das eigentliche Element menschlichen Verhaltens ist, äußern sich in ihr auch die Spuren der extremen Krise des Menschlichen. Die schlimmste Barbarei hätte auch anderswo ausbrechen können: das Frankreich nach der Dreyfus-Affäre schien das gegebene Terrain. Aber der Ausbruch geschah in Deutschland, und wer immer sich mit der verletzlichen und möglicherweise dämonischen Natur der Zivilisation beschäftigt, wird nicht umhin können, Beziehungen aufzudecken zwischen der Welt Goethes und dem Lager Belsen. Was ich 1958 über die deutsche Sprache geschrieben habe, war vielleicht überspitzt oder gar irrig. Die Entwicklung der deutschen Literatur in jüngster Zeit mag es widerlegen. Ich bin solcher Widerlegung aber nicht gewiß, – jedenfalls nicht in einem Augenblick, da führende deutsche Autoren sich zum Schweigen entschließen, in einem Augenblick, da es so deutliche Anzeichen eines gewalttätigen Philistertums, eines neuen Angriffs auf die Werte von Bildung und Toleranz gibt.

Es wäre für einen Juden und einen Humanisten müßig, Deutschland »zu verzeihen«. Niemand hat ein Recht, das Wort Verzeihung zu gebrauchen, schon gar nicht der, der selbst die Todeslager nicht erlebt hat. Es gibt Realitäten, die zu groß sind für Haß oder Vergebung. Nur eins darf man nicht zulassen: das Vergessen. Mit jedem Vergessen sterben die Gefolterten und Verbrannten ein zweites Mal. Daher hat das Erscheinen meines Buches auf Deutsch für mich Vorrang, bedeutet aber auch besondere Pein. Denn es liegt nun in einer Sprache vor, die zum großen Teil meine eigene ist, aber auch die des exemplarischen menschlichen Versagens. Dialog ist ein leichtfertiger Ausdruck, und es ist dafür noch viel zu früh. Vielleicht sollten Deutsche und Juden nicht miteinander sprechen, sondern jeder mit sich selbst, so klar und unerbittlich wie nur möglich. Dann wird der andere zuhören. Und in diesem Hinhören ereignet sich vielleicht aufs neue das verlorene Wunder eines lebendigen Echos.

Juni 1969   George Steiner

Essays über Sprache, Literatur und das Unmenschliche

Eine Art Überlebender

Für Elie Wiesel

Nicht buchstäblich. Dank der Voraussicht meines Vaters, die er bewiesen hatte, als er Wien im Jahre 1924 verließ, kam ich im Januar 1940 nach Amerika, während des Krieges also, der noch kein richtiger Krieg war. Wir hatten Frankreich, wo ich geboren und aufgewachsen bin, in Sicherheit verlassen. So geschah es, daß ich nicht dort war, als die Namen aufgerufen wurden, daß ich nicht mit den andern Kindern, mit denen ich aufgewachsen war, auf dem offenen Platz stand oder mitansah, wie Vater und Mutter verschwanden, wenn die Waggontüren aufgeschoben wurden. Aber in einem anderen Sinne bin ich ein Überlebender und nicht ganz unversehrt. Wenn ich heute mit meiner eigenen Generation den Kontakt verloren habe, wenn das, was mich verfolgt und mein Denken und Fühlen beherrscht, vielen, mit denen ich jetzt eigentlich eng zusammenarbeiten sollte, etwas abseitig und künstlich erscheint, dann weil das dunkle Mysterium dessen, was sich auf europäischem Boden abgespielt hat, für mich unlösbar mit meiner Identität verknüpft bleibt. Eben deswegen, weil ich nicht dabei war, weil ein glücklicher Zufall meinen Namen im Register getilgt hatte.

Oft gingen die Kinder allein, oder sie klammerten sich an die Hände Fremder. Manchmal sahen die Eltern sie vorbeiziehen und getrauten sich nicht, sie bei Namen zu rufen. Und damit verschwanden sie. Gewiß nicht, weil sie etwas getan oder gesagt hatten, sondern weil ihre Eltern vor ihnen existierten. Das Verbrechen, jemandes Kind zu sein. Während der Nazizeit gab es keine Absolution, kein Ende. Und heute? Die Entschlossenheit, Juden totzuschlagen, sie von der Erde zu vertreiben ganz einfach weil sie *da* sind, ist immer irgendwo lebendig. Gewöhnlich wird der Vorsatz gemildert oder tritt in belanglos trivialen Ausbrüchen auf – die schlüpfrige Zote an der Haustür, der Steinwurf durchs Schaufenster. Aber es gibt auch Bereiche, und dies gerade heute, wo die mörderische Absicht ernst werden kann: in Rußland, in einigen Teilen von Nordafrika, in gewissen lateinamerikanischen Ländern. Und wo morgen? Manchmal wird mir bange, wenn ich meine Kinder betrachte, oder sie in der Stille des Zimmers atmen höre, denn ich habe die Bürde eines uralten Hasses auf ihre Schultern gelegt und Grausamkeit an ihre Fersen geheftet. Vielleicht kann ich eines Tages nicht mehr tun, um sie zu beschützen, als die Eltern jener dahingegangenen Kinder.

Diese Furcht liegt ganz dicht neben der Art und Weise, wie ich von mir selbst als Jude denke. In der ersten Hälfte des zwanzigsten Jahrhunderts ein europäischer Jude gewesen zu sein, hieß das Urteil über seine eigenen Kinder sprechen; es hieß, ihnen einen Zustand aufnötigen, der beinahe jenseits des rationalen Begreifens lag. Und es kann wieder dahin kommen. Ich muß damit rechnen, es ist die entscheidende Klausel, solange die Erinnerung lebendig ist. Wir Juden leben vielleicht enger mit unseren Kindern zusammen als andere Menschen; sie können unserem Schatten nicht entrinnen, so sehr sie sich auch darum bemühen.

Das ist meine eigene Definition, meine persönliche, denn für andere Juden kann ich nicht sprechen. Selbstverständlich haben wir alle etwas Gemeinsames. Wir haben eine ausgesprochene Neigung, uns gegenseitig zu erkennen, wo immer wir uns begegnen, fast auf den ersten Blick, durch einen Kunstgriff des Gefühls, durch das Dunkel, das wir mit uns schleppen. Aber beilegen, klären muß das jeder für sich selbst. Hier liegt die eigentliche Bedeutung der Diaspora, des zersplitterten und verdünnten Glaubens.

Dem Orthodoxen muß meine Definition allzu kühn und seicht erscheinen. Schließlich hat es ganze Gemeinden gegeben, die eng verbunden bis ans Ende zusammenhielten. Es hat Kinder gegeben, die nicht geschrien und gejammert, sondern *Sch'ma Yisrael* gebetet haben und die Augen weit offen

hielten, denn nur einen Schritt hinter der Leichengrube lag ja
SEIN Reich; nicht so viele, wie manchmal behauptet wird,
waren es, aber es *gab* solche Kinder.

Für den Glaubensstarken ist die Qual und das Blutbad von
sechs Millionen nur ein Kapitel, nur eines im jahrtausendal-
ten Dialog zwischen Gott und dem Volke, das ER auf so
schreckliche Weise auserwählt hat. Obwohl die jüdische Religion eine dogmatische Eschatologie nicht besitzt (sie überläßt
die Vorstellung von einer Transzendenz dem einzelnen),
kann der orthodox gläubige Jude doch für sich über die Lager
als einem Vorhof zum Hause Gottes nachsinnen, als ein zwar
nahezu unerträgliches, aber deutliches Mysterium SEINES
Willens. Wenn er seine Kinder in den Gebeten und Riten
unterweist (mein eigener Zugang zu ihnen war der über die
Geschichte, nicht über den Beistand des Glaubens), wenn sie
an hohen Feiertagen an seiner Seite singen, betrachtet der
fromme Jude sie nicht mit Furcht, nicht als Geiseln, die die
Verdammnis seiner Liebe tragen, sondern mit Stolz und
Freude. Durch sie soll das Brot gesegnet und der Wein gehei-
ligt bleiben. Am Leben sind sie, nicht infolge eines bürotech-
nischen Versehens in einem Gestapoamt, sondern weil sie
nicht weniger als die Toten ein Teil der göttlichen Wahrheit
sind. Ohne sie wäre die Geschichte leer. Der orthodoxe Jude
definiert sich selbst (was ich persönlich nicht kann) im reichen
Leben seines Gebetes, als eine Erbschaft, die zugleich tragisch und strahlend ist. Den lebendigen Widerhall seines eigenen Seins erntet er aus den Stimmen seiner Gemeinde und aus
der Heiligkeit des Wortes. Seine Kinder sind wie in Gesang
verwandelte Nacht.

Der orthodoxe Jude würde mir nicht nur mit dem Hinweis auf
meinen Mangel an Kenntnis und Zugehörigkeit zur
Gemeinde das Recht absprechen, in seinem Namen zu sprechen, er würde auch sagen, »du bist nicht wie wir, du bist nur
äußerlich, dem Namen nach ein Jude«. Was genauestens
stimmt. Aber die Nazis machten aus dem bloßen Namen
unumgänglichen und hinreichenden Grund. Sie haben nicht

danach gefragt, ob einer jemals zur Synagoge gegangen war, ob seine Kinder hebräisch verstanden. Der Antisemit ist kein Theologe; aber seine Begriffsbestimmung ist umfassend. Demnach wären wir alle gemeinsam gestorben, die orthodoxen sowohl wie ich. Und die Goldzähne wären uns aus unseren toten Mündern gerissen worden, ob wir nun gesungen oder nicht gesungen haben.

Um das Ungeheuerliche zu begreifen, kommen dem Verstand zwei Stellen aus dem 2. Buch Mose zu Hilfe. Es mag sein, daß sich in den kanonischen Text archaische Textstellen oder Übersetzungsfehler eingeschlichen haben, mir aber dient er, ähnlich wie Poesie und dichterische Metapher, indem er nämlich phantasievolle Logik für eine grauenhafte Möglichkeit anbietet. Das zweite Buch Mose, Kapitel 4, Vers 24 spricht davon, wie Gott danach trachtete, Moses zu töten: »Und als er unterwegs in die Herberge war, kam ihm der HERR entgegen, und wollte ihn töten.« Ich lege mir das so aus, daß Gott von einer schauderhaften Erbitterung gegen die Juden erfaßt wurde, einem Volk gegenüber, welches IHN ja zu einem mitverantwortlichen Partner an der geschichtlichen Entwicklung und Struktur des menschlichen Daseins gemacht hat. Vielleicht wollte ER gar nicht beteiligt sein; vielleicht hat das Volk sich IHN erwählt, in der Oase von Kadesch, und hat IHM die Bürden der Gerechtigkeit und des heiligen Zorns aufgedrängt. Es kann durchaus sein, daß die Juden IHN am Rockzipfel gepackt und auf Kontrakt und Dialog bestanden haben. Vielleicht noch ehe Gott oder der Mensch für diese Annäherung bereit waren. Dementsprechend treten, ähnlich wie in der Ehe oder in dem Band zwischen Vater und Sohn, Momente auf, wo die Liebe in etwas umschlägt, was ihr sehr verwandt ist: in reinen Haß.

Bei der zweiten Textstelle handelt es sich um 2. Mose, Kapitel 33, Vers 22/23. Moses befindet sich wieder einmal auf dem Berge Sinai und bittet um einen Satz neuer Gesetzestafeln (seit eh und je nörgeln wir an IHM herum und verlangen doppelt und dreifach nach Gerechtigkeit und Vernunft). Es folgt eine seltsame Zeremonie des Wiedererkennens: »Wenn denn nun meine Herrlichkeit vorübergeht, will ich dich in der Felskluft lassen stehen und meine Hand ob dir halten, bis ich vorübergehe. Und wenn ich meine Hand von dir tue, wirst du mir hintennach sehen; aber mein Angesicht kann man nicht sehen.« Hier mag der entscheidende Anhaltspunkt liegen: Gott kann sich ja auch abwenden. Es können Minuten oder Jahrtausende vergehen, – ist unsere Zeitrechnung auch SEINE? – da ER den Menschen eben nicht sieht, da ER in die *andere Richtung* blickt. Und warum? Vielleicht, weil infolge eines kleinen vertrackten Konstruktionsfehlers das Universum zu umfangreich für SEINE Übersicht ist, weil eben irgendwo der millionste Teil eines Zentimeters, mehr braucht es gar nicht zu sein, für IHN außer Sicht liegt. Also muß ER sich umwenden, um dort auch hinzuschauen. Und kehrt Gott der Menschheit den Rücken zu, heißt die Geschichte Belsen.

Falls der orthodoxe Jude meine Definition, beziehungsweise diesen Gebrauch des heiligen Wortes als Metapher und Paradoxon, nicht zulassen kann, dann darf es der Zionist oder der heutige Israeli ebensowenig. Sie stellen zwar die Katastrophe nicht in Abrede, aber sie wissen auch, daß sie reiche Ernte getragen hat. Aus dem Entsetzen kam die neue Chance. Der Staat Israel ist unzweifelhaft ein Vermächtnis des deutschen Massenmordes. Hoffnung und Entschlußkraft entspringen aus der menschlichen Fähigkeit zu vergessen, aus dem Instinkt notwendigen Vergessens. Der israelische Jude kann es sich nicht leisten, zu oft zurückzublicken; seine Träume dürfen nicht in die Nacht, sie müssen in den Tag gerichtet sein, es müssen Zukunftsträume sein. Drum laßt die Toten die Toten begraben. SEINE Geschichte ist nicht die ihre – die hat gerade erst begonnen. Jemandem wie mir gegenüber könnte der Jude aus Israel geltend machen: »Warum bist du nicht hier? Wenn du schon für das Leben deiner Kinder fürchtest, schick sie doch hierher und laß sie mitten unter ihresgleichen aufwachsen. Warum sollen sie mit deinen eigenen vielleicht mehr literarischen, vielleicht mehr masochistischen Erinnerungen ans Verderben belastet werden? Die Zukunft gehört ihnen. Sie haben ein Anrecht auf sie. Wir hier brauchen alle Gehirne und Körperkräfte, die wir kriegen können, denn wir arbeiten ja nicht nur für uns allein. Es gibt in der ganzen Welt keinen Juden, der nicht sein Haupt höher trüge, weil wir das hier fertiggebracht haben, weil es Israel gibt.«

Was offensichtlich stimmt. Allenthalben in der Welt hat sich der Status des Juden gewandelt, sein Selbstbewußtsein hat ein neues Rückgrat bekommen, da Israel bewiesen hat, daß Juden auch mit modernen Waffen umgehen können, daß sie moderne Jets zu fliegen verstehen und die Wüste zur Oase machen können. Wenn heutzutage ein jüdisches Kind in Argentinien mit Schmutz beworfen oder in Kiew bespöttelt wird, weiß es immer noch von dem Winkel auf Erden, wo es Herr ist, wo die Waffe in seiner Hand ist. Wird Israel vernichtet, bleibt kein Jude unverletzt auf der Welt. Der Schock dieses Fehlschlages, die Not und Qual der Obdachlosen und Schutzsuchenden würde derart um sich greifen, daß selbst der Gleichgültigste, der größte Anti-Zionist betroffen wäre.

Weshalb also gehen wir nicht nach Israel? Was hält uns ab, die Länder zu verlassen, in denen wir, wie mir scheint, noch immer als mehr oder weniger geduldete Gäste leben? Viele russische Juden würden sich gerne auf den Weg machen, wenn sie nur dürften. Juden in Nordafrika tun es bereits, selbst um den Preis der bitteren Armut. Die Juden in Südafrika werden über kurz oder lang zur gleichen Lösung gezwungen sein. Weshalb gehe nicht ich, dem es freisteht und dessen Kinder somit weitab von den Spuren des Unmenschlichen aufwachsen könnten? Ob es darauf überhaupt eine befriedigende Antwort gibt, weiß ich nicht, aber es gibt eine vernünftige Begründung. Wenn schon die Art und Weise, in der ich mir über mein Judentum Gedanken mache, dem Orthodoxen und dem Israeli unannehmbar oder selbstzerstörerisch erscheint, dann muß sie den meisten amerikanischen Juden abwegig und übertrieben vorkommen. Der Gedanke allein, daß der Schicksalsschlag in Europa die Juden überall

20

zu Krüppeln gemacht, daß jenes Blutbad auch diejenigen aus dem Gleichgewicht gebracht hat, die es überlebt haben, selbst wenn sie weitab vom eigentlichen Geschehen waren, dieser Gedanke ist etwas, was die amerikanischen Juden nur verstandesmäßig begreifen. Doch ich finde nicht, daß das von unmittelbar persönlicher Bedeutung ist. Das Verhältnis des amerikanischen Juden zur jüngsten Geschichte unterscheidet sich von dem des Europäers auf eine ebenso subtile wie radikale Weise. Durch ihre unabänderliche Endgültigkeit hat die Massenvernichtung jeden vorangegangenen Impuls zur Einwanderung gerechtfertigt. Der jüdische Soldat, der in das Europa seiner Väter einzog, erschien besser bewaffnet und technisch leistungsfähiger als sein mörderischer Feind. Die wenigen Juden, die er noch lebendig vorfand, stammten aus einer gräßlichen, spukhaften Welt. Sie waren wie ein Alpdruck in fremder Sprache. Auch in Amerika haben jüdische Eltern nachts auf ihre Kinder aufgepaßt – aber nur, um sicher zu sein, daß auch das Auto wieder zurück in der Garage war, nicht weil draußen der Mob war. Nein, so etwas kann in Scarsdale nicht passieren!

Doch ich bin nicht ganz so sicher (und genau in diesem Punkt bin ich ein Außenseiter). Die meisten amerikanischen Juden sind sich des Anti-Semitismus bewußt, der in speziellen Lebensbereichen waltet – der Club, der Ferien- und Urlaubsort, die Wohngegend, der Berufsverband. Vergleichsweise aber spielt sich das milde und gemäßigt ab, da Amerika den Juden gegenüber, anders als Europa und Rußland, keine Schuldgeschichte aufzuweisen hat. Außerdem sind Umfang und Wohlstand der amerikanisch-jüdischen Gemeinde derart beschaffen, daß ein Jude es kaum nötig hat, sich außerhalb seiner eigenen Lebenssphäre zu bewegen, um das Leben in Amerika aufs beste und ungebundenste zu genießen. Die hauptsächliche Dynamik des amerikanischen Lebens liegt indessen in der Konformität der Mittel- und unteren Mittelklasse, in einer zwingenden Übereinstimmung im Geschmack und im Vorbild. Fast schon seiner Bestimmung nach steht der

Jude dem uniformen Zusammenhalt im Wege. Die wirtschaftliche, soziale und politische Beanspruchung führen dazu, diese latente Ungleichheit – das feindselige Erkennen und gegenseitige Selbstgewahrwerden des »Unterschieds« – immer schärfer hervortreten zu lassen. Eine erneute Depressionszeit, beziehungsweise ein drastisches Ansteigen der Arbeitslosigkeit würde die Stellung des Juden isolieren, Verstimmung auf seinen Wohlstand und Groll auf die prahlerischen Wesenszüge lenken, die dieser Wohlstand in bestimmten Richtungen des jüdischen Lebens angenommen hat. Der Kampf um die Rechte der Neger, der so vieles im amerikanischen Leben überschattet, hat darauf bereits unverkennbar eingewirkt. Unter der städtischen Negerbevölkerung ist nicht selten ein unverhüllter, roher Antisemitismus anzutreffen, der vom Neger als Basis für ein provisorisches Bündnis mit anderen benachteiligten und aufgebrachten Elementen aus der weißen Bevölkerung benutzt werden kann. Dahinter wirkt ein anderer, weitergespannter Trend: der sich versteifende Consensus, die zunehmende Konzentrierung amerikanischer Werte in einen moralistisch uniformierten Nationalismus.

Ich bin durchaus der Meinung, daß der amerikanische Antisemitismus mäßig und verhüllt bleibt, solange nämlich die Wirtschaft weiter expandiert und der Rassenkonflikt in erträglichen Grenzen gehalten werden kann. Solange Israel lebensfähig bleibt und Zuflucht bieten kann. Dies wahrscheinlich ist die Grundvoraussetzung. Die Unterstützung, die Israel von der amerikanisch-jüdischen Gemeinde gegeben wird, ist zugleich völlig großzügig und völlig eigennützig. Sollte nämlich eine neue Welle der Einwanderung anbranden, sollte der Jude aus Rußland oder aus Tunis an Amerikas Türen klopfen, würde das sofort und unmittelbar die Stellung des amerikanischen Judentums in Mitleidenschaft ziehen.

Das ganze komplexe System von Schutzvorrichtungen und Zulassungsbedingungen kann eines Tages zusammenbrechen. Amerika ist genausowenig immun gegenüber der ansteckenden Gefahr des Antisemitismus wie jede andere nationalisti-

sche und angeblich christliche Gesellschaft. In einer kritischen Situation zwischen Ressentiment und Ausschluß würde
selbst der mehr assimilierte Jude wieder in die Arme unseres
alten Furchterbes zurückfallen. Auch wenn er es vergessen
haben sollte und inzwischen Unitarier geworden ist (das typische Gotteshaus auf halbem Wege), würde Mr. Harrison von
seinen Nachbarn daran erinnert werden, daß sein Vater
Horowitz geheißen hat. Dies zu leugnen, hieße die Behauptung aufstellen, der menschliche Charakter und die geschichtlichen Kräfte hätten sich in Amerika auf wundersame Weise
verändert – ein utopisches Wunschbild, das durch die Entwicklung des amerikanischen Lebens im zwanzigsten Jahrhundert mehr als einmal kräftig zurechtgerückt worden ist.
Nichtsdestoweniger ist mein Eindruck vom Juden als einem
Menschen, der in furchterfüllter Rückerinnerung an Hilflosigkeit und eingeschüchtert durch mörderische Möglichkeiten
der Zukunft auf seine Kinder schaut, ein durchaus persönlicher und vereinzelter. Dieser Eindruck steht in keiner Beziehung zu dem vielen, was heute lebendig und voller Hoffnung
dasteht. Auch ist dieser Eindruck nicht gänzlich negativ. Ich
möchte in ihn weit mehr einbeziehen als den nackten Präzedenzfall von Trümmerhaufen. Was vernichtet worden ist – die
gewaltige Menge verhöhnten, lächerlich gemachten und bis
zu einem Maße in die Vergessenheit gestoßenen Lebens, daß
selbst die Namen getilgt sind und das Totengebet ohne Halt
bleibt – verkörperte einen bestimmten Geist, eine Intelligenz-
und Gefühlseigenschaft, die von keiner der jetzt überlebenden
und hervorragenden jüdischen Gemeinden bewahrt oder wiedererlangt worden ist. Weil ich dieses spezifische Erbe so
nachdrücklich in mir spüre, in meinen Reflexen und in der
Arbeit, um die ich mich bemühe, bin ich heute eine Art Überlebender.
Was *säkulare* Ideenkraft und Leistungen betrifft, übertraf die
bei Auschwitz zu Grabe getragene Zeitspanne jüdischer
Geschichte sogar das glänzende Zeitalter der Koexistenz im
islamischen Spanien. Annähernd ein volles Jahrhundert hin-

durch, von der Ghetto-Emanzipation über die Französische Revolution und Napoleon bis zur Zeit Hitlers, hat der Jude an der moralischen, der geistigen und der künstlerischen Hochblüte des bürgerlichen Europas aktiv teilgenommen. Die lange Ghettohaft, das Schärfen von Verstand und Nervensystem am Schleifstein der Verfolgung, hat große Reserven an Selbstbewußtsein aufgespeichert. Ins Licht des Tages freigelassen, hat dann eine bestimmte jüdische Elite und die breite Mittelklassenschicht, die mit Stolz und innerer Anteilnahme an ihren Leistungen hing, den ganzen Umkreis westlichen Denkens beschleunigt und kompliziert. In jede einzelne geistige Domäne trugen sie neue fundamentale und ursprüngliche Vorstellungen hinein; genauer gesagt: die begabteren Juden eigneten sich bestimmte grundsätzliche Geisteselemente der klassisch-europäischen Zivilisation an, um sie in ein neues und problematisches Licht zu rücken. Dies alles ist bekannt und oft genug festgestellt worden. Ebenso auch die unvermeidliche Beobachtung, daß der Tenor der Moderne, die Muster von Bewußtheit und Infragestellung, in die wir unser Leben einordnen, in ganz wesentlichem Maße auf das Werk von Marx, Freud und Einstein zurückgehen. Was dagegen weit schwieriger zu beweisen ist, obwohl es für mich unleugbar feststeht, ist das Ausmaß, in dem sich ein gemeinsames Erbe verhältnismäßig junger Emanzipation, eine besondere Neigung zum rationalen Empfinden – ursprünglich vereinzelt auftretend, sich dann aber so weit ausbreitend, daß sie zum Grundton der Moderne wird – ihre ausgeprägte individuelle Eigenart anzeigt. In allen drei Fällen erkennen wir einen beherrschenden Antrieb zur phantasiegebundenen Logik, zur abstrakten Vorstellung, als hätte die lange Verbannung der östlichen und europäischen Juden aus allen wesentlichen Tätigkeitsbereichen dem Denken eine dramatische Autonomie gegeben. Die Hindeutung auf eine zugleich sinnliche und abstrakte Vorstellungskraft, der Eintritt der jüdischen Sensibilität in eine gefährlich neue, von Ehrerbietung unbelastete Welt, ist in gleicher Weise anzutreffen in den umstürzlerischen künstlerischen Visionen von Schönberg und Kafka wie in der Mathematik von Cantor. Es verbindet den *Tractatus* von Wittgenstein mit dem von Spinoza.

Offensichtlich sähe die westliche Kultur ohne den geistigen Beitrag der Juden zwischen 1830 und 1930 anders und schmaler aus. Gleichzeitig nötigte natürlich der Zusammenprall mit den etablierten europäischen Werten, mit den klassischen Vorbildern von Kunst und Debatte, den emanzipierten Juden, seinen Spielraum und seine Individualität näher zu definieren. Bei diesem Aufeinanderstoßen, bei diesem Versuch, in einem wesentlich entliehenen Milieu, inneres Gleichgewicht zu gewinnen, haben der konvertierte oder der Halbjude sowie der Jude, dessen Beziehung zur eigenen Vergangenheit einen verborgen antagonistischen Charakter trug, haben Heine, Bergson, Hofmannsthal, Proust eine besonders subtile, schöpferische Rolle gespielt.

Die den *mitteleuropäischen Humanismus* mitzubestimmen halfen und an ihm teilhatten, haben die gleichen charakteristischen Züge an den Tag gelegt, was Geschmack- und Begabungsanlage betrifft, sie besaßen eine rasche Auffassungsgabe für Sprachen. Heine ist der erste und wahrscheinlich auch der einzige große Dichter, dem es Schwierigkeiten bereitete, sich in einem einzigen sprachlichen Gefühlsraum anzusiedeln. Diese europäisch-jüdische Generation berief sich oft auf die griechischen und lateinischen Klassiker, die aber mehr unter dem Blickpunkt von Winckelmann, Lessing und Goethe gesehen wurden. Ein schon fast axiomatisch zu nennendes Gespür für Goethes überragende Gestalt und die unwahrscheinliche Reife und Menschlichkeit seiner Kunst, färbt auf die gesamte europäisch-jüdische Aufklärung ab und markiert sich auch noch bei den wenigen Überlebenden dieser Zeitepoche (Goethes Fragment *Über die Natur* ließ Freud von seinem ursprünglichen Interesse für die Jurisprudenz zum Studium der biologischen Wissenschaften wechseln). Das jüdisch-mitteleuropäische Bürgertum war größtenteils eng vertraut mit den Stücken Shakespeares und hat, mit Recht, die Behauptung aufgestellt, daß eine Shakespeare-Aufführung in Wien, München oder Berlin, die häufig von jüdischen Darstellern und Regisseuren bestritten wurde, gegenüber den englischen Inszenierungen mehr als ebenbürtig gewesen sei. Man las Balzac und Stendhal, Tolstoi, Ibsen und Zola. Und man las sie in einem besonderen, fast erhabenen Licht; Juden, die das skandinavische Drama und den russischen Roman begrüßten, neigten dazu, in dem neuartigen Realismus und Ikonoklasmus der Literatur einen Bestandteil der allgemeinen geistigen Befreiung zu sehen. Und Zola war für sie nicht nur der Entdecker erotischer und ökonomischer Realitäten, so wie Freud, Weininger oder Marx, er war für sie der Verteidiger von Dreyfus.

Das Verhältnis des jüdischen Bewußtseins zu Wagner war ein leidenschaftliches, wenn auch unbehagliches. Wir finden nachträgliche Beweise für diesen Dualismus in der Musikkritik von Adorno und im erzählerischen Werk von Werfel. Man erkannte bei Wagner die Radikalität und die theatralischen Übertriebenheiten eines großen Außenseiters an; aus Wagners Antisemitismus glaubte man eine rein persönliche, schrullenhafte Note herauszulesen und ließ gelegentlich die hartnäckige Legende durchblicken, daß Wagner selbst jüdischer Herkunft gewesen sei. Der jüdische Geschmackssinn, für den die darstellenden Künste etwas Neues waren, worauf man in schönster Ungebundenheit und ganz empirisch reagieren konnte, setzte in der Gestalt von Zwischenhändler, Mäzen und Kritiker auf den Impressionismus und stand hinter der lodernden Flamme der Moderne. Durch Reinhardt und Piscator hat er das Theaterleben erneuert, durch Gustav Mahler das Verhältnis zwischen ernster Musik und Gesellschaft. Während der »großen Zeit«, nämlich von 1870 bis 1914 und wiederum in den zwanziger Jahren, hat die jüdische Hefe Städten wie Prag und Berlin, Wien und Paris eine spezifische Vitalität im Denken und Fühlen, eine Atmosphäre gegeben, die in ihrer Quintessenz zugleich europäisch wie »off center« war. Aufs köstlichste nachgeahmt und denkwürdig gemacht wird die geistige Schattierung dieser Welt in dem ruhelosen Hedonismus und der gelehrten Urbanität von Proust's Swann.

Übriggeblieben ist von all dem so gut wie nichts. Und hier ist auch der Punkt, wo meine persönliche, fast unwillkürliche Identifizierung mit dieser Welt einen schattenhaften Charakter annimmt. Das europäische Judentum und seine Intelligenzschicht wurde aufgerieben zwischen zwei Mordwellen, dem Nazismus und dem Stalinismus. Die Verwicklung des europäischen und des russischen Juden im Marxismus hatte natürliche Ursachen. Wie oftmals festgestellt worden ist, verbindet der Traum von einem goldenen säkularen Zeitalter – der noch in Georg Lukács und in Ernst Bloch, dem meisterlichen Historiker der Hoffnung, lebendig ist – die Gesellschaftsutopie des Kommunismus mit der messianischen Tradition. Für beide, den Juden und den Kommunisten, ist die Geschichte das große Szenarium einer stufenweisen Humanisierung, eines über die Maßen schwierigen Versuches des Menschen, ein Mensch zu werden. Beide Denkungsarten sind besessen von der prophetischen Autorität moralischer oder historischer Gesetzlichkeit, von der richtigen Auslegung kanonischer Enthüllungen. Doch von Eduard Bernstein bis Trotzki, von Isaac Babel bis zu Pasternak trägt die Verstrikkung der jüdischen Persönlichkeit mit dem Kommunismus und der Russischen Revolution einen ironischen Zug. Fast unterschiedslos endet diese Verbindung in Widerspruch oder Ketzerei – ein Ketzertum, das sich auf die orthodoxe Lehre beruft, um die verratene Bedeutung von Marx wiederherzustellen (ein zeitgenössisches Beispiel für diesen »Talmud-Revisionismus« wäre der polnische Marxist Adam Schaff). Als der Stalinismus in Nationalismus und Technokratie umschlug – das heutige Rußland des Managertums der Mittelklasse hat seine eigentlichen Ursprünge in der Stalin-Ära – wurde die revolutionäre Intelligenz an die Wand gestellt. Der jüdische Marxist, der Trotzkist, der sozialistische Mitläufer verfingen sich in den Trümmern von Utopia. Der Jude, der

27

sich dem Kommunismus angeschlossen hatte, um die Nazis zu bekämpfen, sowie der jüdische Kommunist, der mit der Partei nach den politischen Säuberungsprozessen brach, sie fielen beide in das Netz des Hitler-Stalin-Paktes.

In einer der abstoßendsten Episoden neuerer Geschichte haben Miliz und Polizeigewalt der europäischen Beschwichtigungspolitik und der europäischen totalitären Staaten bei der Auslieferung der Juden Hand in Hand gearbeitet. Die Franzosen lieferten an die Gestapo diejenigen aus, die aus Spanien und Deutschland geflüchtet waren. Himmler und die GPU tauschten jüdische Anti-Stalinisten und jüdische Anti-Nazis aus, um sie weiter zu foltern und zu eliminieren. Man denke an Walter Benjamin, einer der glänzendsten Repräsentanten eines radikalen Humanismus, der Selbstmord beging, damit ihn die französischen oder spanischen Grenzwachen nicht der andrängenden SS ausliefern konnten. Man denke an Martin Buber, dessen Frau von stalinistischen Truppen nahezu zu Tode gehetzt worden ist – *innerhalb* eines Konzentrationslagers der Nazis; und man denke an die Scharen anderer, die zwischen stalinistischen und nazistischen Menschenjägern aufgerieben wurden (die Memoiren von Victor Serge schließen ab mit dem Katalog ihrer unterschiedlich gräßlichen Tode). Dererlei bestialischer Kuhhandel und Austausch an der Grenze sprechen eine beredte Sprache für den Entschluß, den Juden von der historischen Bildfläche Europas zu vertreiben. Aber auch für die eigenartige Würde seiner Qual. Vielleicht können wir uns selber so definieren: *die Juden sind ein Volk, das totalitäre Barbarei sich zum Haß auserwählen muß.*

Eine gewisse Anzahl von ihnen entkam. Unschwer ist nachzuweisen, daß während des Zeitraums von 1934 bis circa 1955 viel an bedeutender Arbeit im amerikanischen Forschungswesen, in den Künsten, innerhalb der exakten und sozialen Wissenschaften eine Auswirkung der europäischen Neubelebung darstellt und sich im Talent des politischen Flüchtlings verkörpert. Die besondere Kaste der amerikanisch-jüdischen Intelligenz einheimischer Geburt aber, die mir zum ersten Male Ende der vierziger Jahre an der Universität von Chicago begegnete und die heute im geistigen und künstlerischen Leben Amerikas eine so offensichtlich einflußreiche Rolle spielt, ist wiederum etwas völlig anderes. In einer anspruchsvollen Zeitschrift, wie etwa der *Partisan Review* findet man kaum eine Spur von Karl Kraus' humanistischer Stil- und Bildungsauffassung. Und Kraus kann hier durchaus als eine Art Prüfstein gelten. Frage einen Menschen, ob er seine *Literatur und Lüge* kennt oder davon gehört hat. Wenn ja, dann ist es wahrscheinlich einer von den Hinterbliebenen. In Kraus wie in Kafka und Hermann Broch lebt eine tödliche Warnung und Endgültigkeit. Broch, für mich der bedeutendste europäische Romancier nach Joyce und Mann, ist eine kennzeichnende Gestalt. Sein *Tod des Vergil,* seine philosophischen Essays sind ein Epilog auf den Humanismus, konzentriert auf die Leistung, von der unser eigenes rationales Leben bestimmt sein soll, solange wir es in der Hand haben, sowie auf all das, was unser Selbstgefühl in Verlegenheit bringen soll – die Neigung der Zivilisation zum Massenmord. Wie gewisse Parabeln von Kafka und die Epistemologie des frühen Wittgenstein, bewegt sich die Kunst von Broch bis an den Rand unerläßlichen Verstummens. In ihr wird gefragt, inwieweit die Formen moralischer Urteilskraft und Vorstellung, welche die jüdisch-hellenistische Überlieferung auf die Autorität des Wortes gründet, noch lebensfähig bleiben im Angesicht des Un-Menschlichen. Ist die Vernunft des Dichters nicht eine Verunglimpfung des nackten Aufschreis? Als Broch in Amerika in einer seltsam unbedingten Einsamkeit starb, hatte er einer Zivilisation und einem Leidenserbe Ausdruck gegeben, das bereits dem Tode geweiht war.

Der Humanismus des europäischen Judentums ist buchstäblich zu Asche geworden. Im Tonfall der Überlebenden – Hannah Arendt, Ernst Bloch, Th. W. Adorno, Erich Kahler, Lévi-Strauss – deren Interessen und Bindungen durchaus unterschiedlich sind, kann man so etwas wie einen gemeinsamen Tonfall heraushören: Verlassenheit. Und doch sind es gerade diese Stimmen, die für mich unverwechselbar zeitgenössisch sind, deren Werk und innere Bezugnahme unentbehrlich erscheinen zum Verständnis der tieferen philosophischen, politischen und ästhetischen Ursachen für das Unmenschliche; zum Verständnis der paradoxen Tatsache nämlich, daß die moderne Barbarei auf eine intime, vielleicht unvermeidliche Weise dem eigentlichen Kern und Schauplatz der humanistischen Zivilisation entsprang. Wenn dem so ist — weshalb bemühen wir uns dann noch, Bildung zu lehren, für sie zu schreiben und zu kämpfen? Diese Frage, und ich wüßte keine andere, die wichtiger, dringlicher wäre, beziehungsweise die Tonart, in der sie gestellt wird, setzt den Fragesteller heutzutage wahrscheinlich für dreißig Jahre außer Kurs — diesseits und jenseits der Gegenwart.

Nicht besser steht es mit bestimmten anderen Fragen, auf die die Antwort verweigert wird, und die deshalb zunehmend aus dem Brennpunkt entschwinden. Trotzdem aber müssen sie erhoben werden, wollen wir die Werte und Möglichkeiten unserer Kultur sinnvoll diskutieren. Ich meine die allgemeine Mitschuld am Blutbad, an der Niederlage der geistigen Werte. Ein paar hervorragende Ausnahmen hat es gegeben (in Dänemark, Norwegen, Bulgarien), das Ganze aber bleibt schmutzig und abstoßend rätselhaft. In der ganzen Zeit, da neuntausend Juden *täglich* ausgelöscht wurden, hat weder die Royal Air Force noch die U. S. Air Force die Öfen bombardiert oder den Versuch unternommen, die Lager durch Tieffliegerbeschuß zu öffnen (wie ein paar niedrig fliegende Mosquitos ein Gefängnis in Frankreich aufgebrochen haben, um Angehörige des *Maquis* zu befreien). Obwohl die jüdische wie die polnische Untergrundbewegung verzweifelte Eingaben machten und obwohl die deutsche Bürokratie kaum ein Geheimnis aus der Tatsache machte, daß die »Endlösung« vom Transportwesen abhängig war, sind die Schienenstränge nach Auschwitz und Belsen nie bombardiert worden. Weshalb nicht? Die Frage ist schon an Churchill und Tedder gerichtet worden. Hat sie je eine angemessene Antwort gefunden? Als die Wehrmacht und Verbände der Waffen-SS in Rußland einfielen, bemerkte der russische Geheimdienst die Massentötungen von Juden sofort, doch Stalin verbot jegliche Bekanntgabe der Vorgänge. Wiederum bleiben die Gründe im Dunkeln. Vielleicht wollte er keine Neubelebung des separaten jüdischen Bewußtseins; vielleicht hat er Anspielungen auf seine eigene antisemitische Politik gefürchtet. Was auch der Grund gewesen sein mag, jedenfalls blieben zahlreiche Juden, die ostwärts hätten entfliehen können, nichtsahnend auf der Strecke. Später halfen dann in der Ukraine ortsansässige Banden den Deutschen tatkräftig, zusammenzutreiben was sich ängstlich in Kellern und Wäldern versteckt hielt.

Ich möchte wirklich wissen, was passiert wäre, wenn Hitler die Spielregeln nach München eingehalten hätte, wenn er ganz einfach festgestellt hätte, »ich unternehme außerhalb des Reiches keine Schritte, solange man mir innerhalb meiner Grenzen freie Hand gibt«. Inmitten der europäischen Zivilisation des zwanzigsten Jahrhunderts wären dann Dachau, Buchenwald und Theresienstadt so lange in Betrieb gewesen, bis man aus dem letzten Juden in Reichweite Seife gemacht hätte. Am Trafalgar Square und in der Carnegie Hall wären vor leicht gelangweilten Zuhörern schöne und tapfere Reden gehalten worden, und die bessere Gesellschaft hätte, wenn Anlaß dazu gewesen wäre, deutsche Weine boykottiert. Aber keine einzige auswärtige Macht hätte etwas unternommen. Scharen von Touristen wären über die Reichsautobahn gebraust, nahe, aber nicht zu nahe an den Todeslagern vorbei, so wie wir heute an den portugiesischen Haftanstalten und an den Gefängnisinseln von Griechenland vorbeifahren. Zahlreiche Gelehrte und Journalisten wären aufgetreten, um uns zu versichern, daß die Gerüchte übertrieben seien und Dachau angenehme Spaziergänge zu bieten habe. Und zu Weihnachten hätte das Rote Kreuz Liebesgabenpäckchen verschickt.

Mit Flüsterstimme fragt der Jude seinen nichtjüdischen Nachbarn: »Wenn du gewußt hättest, was da vor sich ging, hättest du Gott und der Welt ins Angesicht geschrien, daß diese Scheußlichkeiten aufhören müssen? Hättest du etwas unternommen, um meine Kinder rauszukriegen? Oder wärst du lieber nach Garmisch zum Skifahren gegangen?« Der Jude ist ein lebender Vorwurf.

Die Menschen sind mitschuldig an allem was sie gleichgültig läßt. Dieses Faktum, so meine ich, müßte dem Juden einige Bedenken geben, es müßte ihn dahin bringen, jene Ideale und geschichtlichen Traditionen einer Überprüfung zu unterziehen, denen er sich zumindest in Europa mit seinen besten Hoffnungen und Fähigkeiten verschrieben hatte. Das Dach der Zivilisation hat sich nicht als Schutzdach erwiesen.

Dazukommt, daß ich, was das Behaustsein betrifft, nie ganz sicher gewesen bin. Zu oft schon ist der Jude durch die Macht der Umstände Wanderer und Gast gewesen. Er bringt es fertig, sich ein altes stattliches Herrenhaus zu kaufen und einen schönen Park anzulegen. Ein ängstlicher Pastoralismus spielt eine deutliche Rolle in dem immer wieder zu beobachtenden Bemühen vieler amerikanischer Juden aus der Mittelklasse und Intelligenzschicht, ganz in der angelsächsischen Umwelt aufzugehen. Aber ich frage mich, ob das aufgeht, ob es ganz dasselbe ist. Die Puppen auf dem Dachboden waren ja nicht unser Spielzeug, und die Fauteuils, auf denen die Hausgeister des nachts sich niederlassen, sind nur gemietet. Marx, Freud, Einstein haben bezeichnenderweise ihr Leben fernab vom Geburtsland im Exil oder im Lande ihrer Zuflucht beendet. Seinen Ankerplatz hat der Jude nicht im geographischen Raum, sondern in den Zeitläuften, in seinem hochentwickelten Sinn für Geschichte als persönliches Bindeglied. Sechstausend Jahre Selbstbewußtheit sind auch ein Heimatland.

Ich meine, daß die Spannung des Fremdseins und temporären Wohnens sich auch auf Sprache überträgt, obwohl selbstverständlich auch hier wiederum meine Erfahrungen andere sind als die eines in Amerika geborenen Juden. Europäische Juden lernten Sprachen schnell; oftmals mußten sie es, da sie auf der Wanderschaft waren. Aber auch ein schließliches »Zuhausesein« kann uns die unbewußte und aus unvordenklicher Zeit herrührende Vertrautheit entziehen, die ein Mensch mit seiner angeborenen Sprache so besitzt wie mit dem Gestein, der Erde und den Bäumen seines Ackers. Darauf beruht das unterschiedliche Verhalten der beiden größten europäisch-jüdischen Schriftsteller. Das Deutsch von Heine, wie Adorno dargelegt hat, ist ein brillant gemeistertes, individuell europäisches Ausdrucksmittel, auf das seine fließende Kenntnis des Französischen beständig eine belebende Spannung ausübte. Kafka schrieb deutsch so, als bestünde es nur aus Knochen, als sei ihm keine Wendung aus der Umgangssprache, keine örtliche oder geschichtliche Anspielung gestattet. Jedes einzelne Wort gebrauchte er so, als habe er es zu hohem Zinsfuß ausgeliehen. Viele bedeutende Schauspieler sind oder waren Juden. Sprache geht durch sie hindurch und fast verleihen sie ihr zu gut Ausdruck, als hätten sie einen unveräußerbaren Schatz erworben. Dasselbe mag auch zutreffen auf die überragenden jüdischen Leistungen in der Musik, der Physik und Mathematik, deren Ausdrucksmittel international und reine Bezeichnungskodes sind.

Der europäische Jude wollte nicht immer ein Gastdasein führen. Wie auch in Amerika, hat er sich große Mühe gegeben, um Wurzel zu schlagen. Er hat zähe, ja schauerliche Beweise seiner Loyalität abgegeben. Von 1933–34 haben jüdische Veteranen aus dem ersten Weltkrieg Herrn Hitler ihres Patriotismus, ihrer Treue zum deutschen Ideal versichert. Kurz danach wurden sogar die Amputierten und Dekorierten in die Lager abtransportiert. Im Jahre 1940, als die Juden in Frankreich durch die Vichy-Regierung ihrer Rechte entkleidet wurden, sahen sich Veteranen von Verdun, Träger der *Médaille militaire*, Männer, deren Familien seit dem frühen neunzehnten Jahrhundert ansässig waren, verfolgt und staatenlos. In der Sowjetunion wird ein Jude schon als solcher auf seinem Personalausweis gekennzeichnet. Ist es also töricht oder gar hysterisch anzunehmen, daß ein Jude in einem nicht-jüdischen Nationalstaat, auch wenn er sich noch so müht und abrackert, immer halb vor der Tür sitzt? Wo er unvermeidlicherweise Mißtrauen erregt.

Von Dreyfus bis Oppenheimer hat bisher noch jeder Ausbruch von Nationalismus und vaterländischer Hysterie Argwohn auf den Juden gelenkt. Statistiken solcher Art haben wahrscheinlich keinen rechten Sinn, doch kann es durchaus sein, daß der Anteil der in ideologische und wissenschaftliche Illoyalität verwickelten Juden groß gewesen ist. Vielleicht, weil sie anfällig für Erpressung und heimliche Drohung sind, weil sie von Natur aus Mittelsmänner mit uraltem Geschick im Export und Import von Ideen sind. Wesentlicher aber, wie ich mir denken kann, weil sie Parias, Ausgestoßene sind, deren Nationalgefühl bedenklich schwankend geworden ist. Für einen Menschen, der unter Umständen morgen schon auf einer verzweifelten Flucht über seine eigenen Staatsgrenzen begriffen ist, dessen Friedhöfe zerstampft und mit Abfällen beworfen werden können, bedeutet der Nationalstaat einen zweideutigen Hafen. Da wird aus der Staatsangehörigkeit kein unveräußerliches Anrecht, kein Sakrament aus *Blut und Boden*, sondern sie schrumpft zu einem Kontrakt zusammen, den er immer wieder erneuern muß, vorsichtig und behutsam, mit jedem Gastgeber.

Die angebliche Wurzellosigkeit der Juden, ihr »Kosmopolitentum« womit sie von Hitler, von Stalin, von Mosley, von jedem beliebigen rechtsradikalen Rowdy öffentlich gebrandmarkt worden sind, ist ein von der Geschichte aufgezwungener Zustand. Der Jude findet kein Genüge daran, »auf der Fensterbank zu hocken« (die höfliche Formulierung stammt von T. S. Eliot). Er würde viel lieber ein *echter Deutscher*, oder ein *Français de vieille souche* oder ein *Minuteman* sein als ein »Chicagoer Wiener-Semit«. Meistens ist ihm keine Wahl gelassen worden. So unbequem aber dieser Zustand im äußersten Falle ist, bleibt er doch nicht ohne weitere Bedeutung, wenn wir ihn akzeptieren.

34

Nationalismus ist der tierische Giftstoff unseres Zeitalters, der Europa an den Rand des Ruins gebracht hat und nun die neuen Staaten in Asien und Afrika wie eine Herde verstörter Lemminge antreibt. Wer sich heute zum Ghanaer, zum Nicaraguaner, zum Malteser proklamiert, erspart sich Ärger, Aufregung und Belästigung. Dabei braucht er keine komplizierte Erklärung abzugeben, was er ist oder worin sein Menschsein beruht, er wird einfach ein Teil eines bewaffneten, zusammenhängenden Haufens. Jeder Massenantrieb in der modernen Politik, jede totalitäre Absicht lebt vom Nationalismus, dem Narkotikum des Hassens, das die Menschen zu zähnefletschenden Wesen macht, schon über eine Mauer, über drei Meter unbebauten Bodens hinweg. Hier könnte der Jude – oder zumindest einige Juden – auch wenn es seinem gequälten Willen, seiner Müdigkeit zuwider ist, eine exemplarische Rolle spielen, nämlich beweisen, daß solange die Bäume Wurzeln haben, die Menschen Beine haben und einer des andern Gast ist. Wenn nicht das Potential der Zivilisation vernichtet werden soll, werden wir mehr komplexe, mehr provisorische Mittel entwickeln müssen, um unsere Zuverlässigkeit zu beweisen. Wie schon Sokrates lehrte, gibt es einen Verrat, der notwendig ist, um die Stadt für den Menschen freier und offener zu machen. Selbst eine *Great Society* ist eine begrenzte, vorübergehende Angelegenheit, verglichen mit dem freien Spiel des Geistes und der anarchischen Disziplin seiner Träume.

Wenn ein Jude sich der engstirnig provinziellen Wildheit widersetzt, in die jeder Nationalismus so leicht und unvermeidlich entartet, zahlt er nur eine alte Schuld ab. Durch eine der grausamen und schwerverständlichen Ironien der Geschichte wurde die Idee vom auserwählten Volk, von einer durch besondere Schicksalsbestimmung über alle anderen Nationan erhobenen Nation – in Israel geboren. Es gab im Vokabular des Nazismus Elemente einer rachesüchtigen Parodie auf den jüdischen Anspruch. Ein Echo findet das theologische Motiv eines am Berge Sinai auserwählten Vol-

kes in der Anmaßung des Herrenvolkes und seiner tausendjährigen Herrschaft. Auf diese Weise erklärt sich das gequäl-
te, ruhelose Verhältnis des Nazis zum Juden, in dem ein
kleines wenn auch schreckliches Körnchen Logik steckte.

Doch wenn schon das Gift von alters her jüdisch ist, dann ist
es vielleicht auch das Gegengift, der radikale Humanismus,
der den Menschen auf dem Weg, Mensch zu werden, erblickt.
In dieser Hinsicht ist Marx aufs gründlichste ein Jude –
während er gleichzeitig für die Auflösung der jüdischen Identität auftrat. Er glaubte daran, daß Stand und wirtschaftlicher
Status keine Landesgrenzen kenne, daß Elend und Not eine
gemeinsame Staatsbürgerschaft trügen. Er postulierte, daß
nationale Eigenarten und Feindseligkeiten durch den Prozeß
der Revolution aufgehoben würden, so wie die industrielle
Technologie das alte Prinzip der regionalen Autonomie so
gut wie abgetragen hätte. Die gesamte sozialistische Utopie
und historische Dialektik basiert auf einer internationalen
Prämisse.

Marx irrte sich; hierin, wie in manch anderer Hinsicht, hat er
zu romantisch, zu gut von den Menschen gedacht. Der Nationalismus ist der Hauptgrund und Nutznießer zweier Weltkriege gewesen. Die Arbeiter der Welt haben sich nicht verei-
nigt; sie sind sich gegenseitig an die Kehle gesprungen. Sogar
Bettler hüllen sich in nationale Flaggen. Es war russischer
Patriotismus, die Herausforderung nationalen Bewußtseins,
nicht das Wunschbild von Sozialismus und Klassensolidari-
tät, was der Sowjetunion 1941 die Kraft zum Überleben gab.
In Osteuropa hat der Staatssozialismus archaische, ungebär-
dig schwelende nationale Rivalitäten zurückgelassen. Ein
paar tausend Kilometer leerer sibirischer Steppe könnten für
Rußland und China eine größere Bedeutung bekommen als
das ganze Gebäude kommunistischer Brüderlichkeit.

Aber obwohl Marx sich geirrt hat, obwohl das Ideal einer
nichtnationalen Gesellschaftsordnung abwegig bis zur Komik
erscheint, gibt es in letzter Instanz keine andere Alternative
zur Selbstzerstörung. Die Erde ist viel zu übervölkert, viel zu

sehr vom Schatten der Hungersnot verfolgt, als daß wir es uns leisten könnten, fruchtbaren Boden nutzlos mit Stacheldraht zu vertun. Dort wo er als Gast überleben kann, wo er die Beziehungen zwischen seinem Gewissen und seiner Verpflichtung einer genauen Überprüfung unterziehen kann und somit die Ausübung seiner nationalen Treue gewissenhaft, aber auch skeptisch und menschlich vornimmt, überall dort kann der Jude als wertvoller Reizstoff in Aktion treten. Der Chauvinist wird ihm zwar beständig auf den Fersen bleiben, aber es liegt in der Natur einer Verfolgung, daß diejenigen, die verfolgt werden, dem Pack voran sind.

Daher kommt es, daß für mich der Gedanke, nach Israel zu gehen, um dort zu leben, bis heute noch nicht akzeptabel geworden ist. Der Staat Israel ist in einer Richtung ein kummervolles Mirakel. Theodor Herzl's zionistisches Programm trug von Anfang an deutlich die Züge eines aufsteigenden Nationalismus aus dem neunzehnten Jahrhundert. Entstanden aus der Un-Menschlichkeit und der beständig drohenden Gefahr eines Blutbades, mußte Israel mit geballter Faust leben. Niemand ist so spannungsgeladen mit Nationalgefühl wie ein Israeli. Er muß es sein, wenn sein Streifen Heimat das Rudel Wölfe vor seiner Tür überleben will. Chauvinismus wird zum unerläßlichen Lebensrequisit. Doch wenngleich die Widerstandsfähigkeit von Israel tief ins Bewußtsein jedes Juden eingegangen ist, wenngleich der Weiterbestand des jüdischen Volkes von dieser Widerstandsfähigkeit abhängen kann, bleibt der waffenstrotzende Nationalstaat doch ein bitteres Andenken, eine Absurdität im Jahrhundert der Überbevölkerung. Und einigen der radikalsten und humansten Elemente jüdischen Geistes bleibt er fremd.

So bleiben eben einige wenige ganz gern draußen im Kalten stehen, außerhalb vom Heiligtum des Nationalismus – wenn es letzten Endes auch ihr eigenes ist. Der Mensch braucht nicht unbedingt in Israel begraben zu sein. Highgate oder Golders Green oder der Wind tun es auch.

Wenn das eines Tages meine Kinder lesen sollten, und das

Glück anhält, werden ihnen diese Gedanken vielleicht so abseitig vorkommen wie vielen meiner Zeitgenossen schon heute. Und wenn die Dinge schief gehen sollten, dann mögen sie daran erinnert werden, daß sie schon irgendwo auf der Welt von der Dummheit und Barbarei als Zielscheibe ausgewählt sind. Hier liegt ihr Erbe. Älter, unveräußerlicher als jeder Adelsbrief.

Sobald er sich umwendet, sieht der Kritiker hinter sich den Schatten des Eunuchen. Wer möchte schon Kritiker sein, wenn er auch Schriftsteller sein könnte? Wer möchte aus Dostojewskis Werk noch so sublime Einsichten heraustüfteln, wenn er nur selber einen Zollbreit der Karamasows zusammenbrächte? Wem machte es Spaß, tiefsinnige Erörterungen über das innere Gleichgewicht bei D. H. Lawrence anzustellen, könnte er nur den Ausbruch freien Lebensgefühls aus seinem *Regenbogen* gestalten? Alles Große in der Schriftstellerei entsteht aus *le dur désir de durer*, aus dem herben Griff des Geistes gegen den Tod, aus der Hoffnung, die Zeit durch die Kraft des Schöpferischen zu überdauern. »Brightness falls from the air«: fünf Wörter und ein nachhallender Ton. Aber sie haben Jahrhunderte überdauert. Wer zöge es vor, Literaturkritiker zu sein, wäre es ihm vergönnt, singbare Verse zu schreiben, oder ein lebensvolles Stück Prosa, eine Gestalt von Dauer aus seinem eigenen sterblichen Sein zu hinterlassen? Die meisten Menschen überleben in alten verstaubten Telefonbüchern (die barmherzigerweise vom Britischen Museum aufbewahrt werden), doch in ihrer buchstäblichen Existenz liegt weniger von des Lebens Wahrheit und Ernte als im Falstaff oder Madame de Guermantes. Die müßte man erfunden haben.

Der Kritiker lebt aus zweiter Hand. Er schreibt *über*. Das Gedicht, der Roman, das Theaterstück muß ihm vorgesetzt werden. Die Kritik verdankt ihre Existenz der Gnade des Genies anderer, und kraft ihres Stils kann sie selber Literatur werden. Gewöhnlich aber tritt das nur dann ein, wenn der Schreibende als sein eigener Kritiker fungiert, oder zum Vorreiter seiner eigenen Poetik wird, wenn die Kritik von Coleridge Fortschrittsarbeit ist oder die von T. S. Eliot Propaganda. Gibt es außer Sainte-Beuve einen einzigen Schreiber von Bedeutung, der der Literatur rein als Kritiker angehörte? Kritik erhält die Sprache nicht lebendig.

Das sind simple Wahrheiten (und der Kritiker, der es ehrlich mit sich meint, hält es sich jeden Morgen vor Augen), aber wir laufen Gefahr sie zu vergessen, da unsere Gegenwart auf eigentümliche Weise erfüllt ist von einer autonom wirkenden kritischen Tatkraft und ihrem Prestige. Zeitschriften ergehen sich in kritischen Kommentaren und Exegesen; in Amerika existieren regelrechte Schulen für Kritik. Der Kritiker ist eine persona grata, seine Überzeugungen seine Zänkereien spielen eine öffentliche Rolle. Ein Kritiker schreibt über den andern, und ein junger Mann mit Talent, anstatt in der Kritik eine Niederlage zu sehen, söhnt sich sehr bald mit der niedergebrannten Flamme seiner begrenzten Begabung aus und erblickt in der Kritik eine Karriere von Rang. So etwas könnte ganz komisch sein, hätte es nicht auch eine unangenehme Nebenwirkung. Wie nie zuvor liest der heutige Student, der am großen Strom der Literatur interessierte Mensch, eher Buchbesprechungen und Kritiken als die Bücher selbst, bevor er sich die Mühe gemacht hat, zu einem eigenen Urteil zu kommen. T. S. Eliots Essay über Dante ist im literaturkundlichen Unterricht zu einem Standardwerk geworden; die *Göttliche Komödie* ist, wenn überhaupt, nur in ein paar mageren Auszügen bekannt. Der wahre Kritiker ist Diener des Dichters; heutzutage spielt er den Meister oder wird dafür gehalten. Die letzte und bedeutsamste Lehre Zarathustras, »nun heiße ich euch, mich verlieren und euch finden«, übersieht er. Genau vor einhundert Jahren hat Matthew Arnold für seine Zeit ein ganz ähnliches Überhandnehmen kritischer Impulse beobachtet. Er erkannte, daß dieser Antrieb gegenüber dem des Schriftstellers zweitrangig ist, daß Freude und Bedeutung des schöpferischen Akts wesentlich höheren Ranges sind. Aber er sah in jener Zeitspanne kritischen Lärms auch ein notwendiges Präludium zu einem neu anbrechenden dichterischen Zeitalter. Wir nun aber *sind* die Nachfolger, und hier liegt der neuralgische Punkt unserer Lage, nach all dem beispiellosen Verfall menschlicher Werte und Hoffnungen durch die politische Bestialität unseres Zeitalters.

Dieser Verfall ist der Ausgangspunkt für jeden ernstzunehmenden Gedanken über Literatur und ihren Platz in der Gesellschaft. Literatur handelt im Wesentlichen und unaufhörlich vom Bild des Menschen, von der Form und Triebkraft menschlichen Verhaltens. Wir können heutzutage nicht so tun, sei es als Kritiker oder als bloßes Vernunftwesen, als hätte nichts von einschneidender Bedeutung auf unser Gefühl für menschliche Möglichkeiten eingewirkt, als hätte die Auslöschung durch Hunger und Gewaltanwendung von rund siebzig Millionen Männern, Frauen und Kindern in Europa und Rußland zwischen 1914 und 1945 die Beschaffenheit unseres Bewußtseins nicht tiefgreifend verändert. Wir können nicht vorgeben, Belsen sei für die Empfänglichkeit unserer Vorstellungskraft belanglos. Was der Mensch dem Menschen vor so kurzer Zeit erst angetan, hat Einwirkungen auf den schriftstellerischen Grundstoff genommen – nämlich die Summe und das Potential menschlicher Verhaltensweise – und es bedrückt die Phantasie mit erneuter Düsternis.

Überdies stellt es die Grundbegriffe einer humanistisch geprägten Kultur in Frage. Das Äußerste, was wir an politischer Barbarei erlebt haben, wuchs aus dem Kern Europas hervor. Zwei Jahrhunderte nachdem Voltaire ihr Ende proklamierte, wurden Folterungen wieder zu einem normalen Instrument politischer Aktion. Nicht allein, daß die allgemeine Ausstreuung von kulturellen und literarischen Werten sich als kein Hindernis erwiesen hat für das Aufkommen des Totalitarismus; wir wissen heute, daß in bemerkenswerten einzelnen Fällen hohe Ämter für humanistische Kunst und Bildung den neuartigen Terror sogar begrüßt und tatkräftig unterstützt haben. Auf dem Urboden christlichen Humanismus, der Renaissance-Kultur und des klassischen Rationalismus hat die Barbarei die Oberhand gewonnen. Heute wissen wir, daß Männer, die Auschwitz ersonnen und verwaltet

41

haben, angehalten worden sind, Shakespeare und Goethe zu lesen – und es weiterhin zu tun.

Das ist von offenkundiger wie erschreckender Relevanz für das Studium der Literatur beziehungsweise ihre Lehre. Die Fragestellung drängt sich auf, ob Kenntnis und Wissen des Besten, was je gedacht, formuliert und ausgesprochen worden ist, tatsächlich die Kräfte des menschlichen Geistes erweitert und verfeinert haben, wie Matthew Arnold behauptete. Verwundert fragen wir uns, ob das, was Dr. Leavis »die zentrale Humanität« genannt hat, tatsächlich zu menschenfreundlichem Handeln erzieht, oder ob nicht zwischen dem Kern moralischer Intelligenz wie sie durch das Studium der Literatur entwickelt wird und der für die soziale und politische Auslese erforderlichen Intelligenz eine breite Lücke klafft oder gar eine innere Gegensätzlichkeit besteht. Besonders beunruhigend ist die zweite Möglichkeit. Es liegen Beweise vor, daß eine geschulte, beharrliche Hingabe an das Leben im gedruckten Wort, nämlich die Fähigkeit, sich auf eindringliche und bedenkliche Weise mit imaginären Personen oder Gefühlen zu identifizieren, der harten Wirklichkeit vieles von ihrer Unmittelbarkeit und Härte nehmen kann. Wir reagieren schärfer auf das literarische Leid als auf das Elend von nebenan. Auch hierfür liefert die jüngste Vergangenheit grelle Beweise. Menschen, die über dem *Werther* oder einer Musik von Chopin zu Tränen gerührt wurden, schritten buchstäblich durch die Hölle, ohne es gewahr zu werden.

Das heißt, daß jeder, der Literatur lehrt oder interpretiert – und beides sind Tätigkeiten, die danach trachten, für den Schriftsteller einen Lebensrahmen, ein bestimmtes Echo aufzubauen – sich insgeheim die Frage vorzulegen hat, was er erreichen will (Erzieher oder Berater zu sein, jemanden durch die *Orestie* oder den *Lear* zu führen, heißt die Quellen seines Seins in der Hand haben). Für Männer wie Samuel Johnson, S. T. Coleridge, Matthew Arnold waren die Wertvoraussetzungen einer literarischen Kultur für die moralische Erkenntnis des einzelnen und der Gesellschaft noch selbstverständlich. Heute werden sie angezweifelt. Jetzt müssen wir die Möglichkeit ins Auge fassen, daß das Studium und die Vermittlung von Literatur nur von begrenzter Bedeutung sind, ein passionierter Luxus wie die Bewahrung der Antike. Oder daß sie, schlimmer noch, ablenken von einem dringlicheren und verantwortlicheren Gebrauch von Zeit und geistiger Energie. Ich persönlich glaube, weder das eine noch das andere stimmt. Gestellt muß die Frage aber werden, und sie muß untersucht werden ohne scheinheilige Herumrederei. Nichts ist beunruhigender im gegenwärtigen Universitätswesen als die Tatsache, daß eine derartige Untersuchung für abwegig und subversiv gehalten wird. Sie ist von essentieller Bedeutung.

Von hier aus nämlich bezieht der Anspruch der Naturwissenschaft seine Gültigkeit. Unter Hinweis auf ihre Kriterien empirischer Wahrheitsbestimmung und auf ihre Tradition einer Leistung durch Zusammenarbeit (im Gegensatz zu den deutlichen Idiosynkrasien und Selbstgefälligkeiten im literarischen Lager), behaupten die Naturwissenschaftler, daß die ihnen eigene Methodik und Sicht jetzt im Zentrum der Zivilisation stehe, und daß das einstige Primat dichterischer Darstellung und metaphysischer Bildbeschwörung endgültig vorüber sei. Obschon der endgültige Beweis noch aussteht, erscheint es vom Ganzen der vorhandenen Begabung her durchaus wahrscheinlich, daß sich viele, und viele der besten, den Naturwissenschaften zugewandt haben. Im *Quattrocento* mögen die Menschen es sich gewünscht haben, die großen Maler kennenzulernen; heutzutage steht der Sinn für inspirierte Freude, für das freie geistige Spiel auf höherer Ebene auf seiten der Physiker, der Biochemiker, der Mathematiker. Täuschen wir uns nicht, die Naturwissenschaften werden unsere Sprache und unsere Gefühlsquellen bereichern (wie Thomas Mann bereits im *Felix Krull* zu erkennen gibt, wird es die Astrophysik und Mikrobiologie sein, aus denen wir unsere zukünftigen Mythen, die Begriffe für unsere Metaphern herleiten). Die Naturwissenschaften werden unsere

Umwelt neu formen und auch den Zusammenhang von Muße und Arbeit, woraus eine Kultur ihre Lebensfähigkeit bezieht. Doch bei all ihrer unerschöpflichen Faszinierungskraft und ihrer häufigen Schönheit sind die Natur- und mathematischen Wissenschaften in letzter Instanz nur selten interessant. Damit meine ich, daß sie wenig zur Kenntnis und Bestimmung der menschlichen Möglichkeiten beigetragen haben, und daß bei Homer, Shakespeare oder Dostojewski für die Sache der Menschheit erwiesenermaßen mehr Einsichten zu finden sind als im gesamten Bereich der Neurologie und Statistik. Keine Neuentdeckung der Genetik kann jemals beeinträchtigen und übertreffen, was Proust über Magie und Bürde einer Geschlechterfolge bewußt war. Jedesmal, wenn wir durch Othello an den Hauch von frischem Tau auf seiner glänzenden Klinge erinnert werden, erfahren wir von jener sinnlich flüchtigen Wirklichkeit, durch die unser Leben hindurch muß, mehr als es Aufgabe oder Bestreben der Physik sein kann uns je mitzuteilen. Keine Soziologie für politische Beweggründe und Taktiken kann es mit Stendhal aufnehmen. Und eben die »Objektivität«, diese moralische Neutralität, in welcher die reinen Wissenschaften gedeihen und ihre hervorragenden Gemeinschaftsleistungen durchführen, riegelt sie in letzter Instanz als Relevanzquelle ab. Die Naturwissenschaft hat denen, die den Massenmord ersannen, vielleicht die Hilfsmittel und den wahnwitzigen Anspruch auf Rationalität in die Hände gespielt, aber über ihre sonstigen Beweggründe verrät sie uns kaum etwas. Das ist ein Gegenstand, über den man bei Dante oder Äschylos nachlesen müßte. Ebensowenig kann die Naturwissenschaft, den naiven politischen Erklärungen nach zu urteilen, die unsere augenblicklichen Alchimisten abgeben, viel dazu tun, die Zukunft weniger anfällig für das Un-Menschliche zu machen. Sehr vieles von dem, was wir über unsere wesentlich innere Verfassung an Wissen und Erleuchtung besitzen, wird immer noch vom Dichter erschlossen.

Es läßt sich aber nicht verleugnen, daß viele Teile des Spiegels heute einen Sprung haben oder verwischt sind. Das vorherrschende Charakteristikum der augenblicklichen literarischen Szene ist das Hervorragen von »nonfiction«, von Sachbüchern – auf dem Feld der Reportage, Geschichte, Biographie, der philosophischen Erörterung und kritischen Essayistik – vor den herkömmlichen Formen der Phantasie. Die meisten während der letzten zwei Jahrzehnte entstandenen Romane, Gedichte und Bühnenwerke sind einfach nicht so gut geschrieben, so stark empfunden wie diejenigen Schreibweisen, in denen die Einbildungskraft dem Anstoß der Fakten gehorcht. Madame de Beauvoir's Memoiren sind so, wie ihre Romane eigentlich sein sollten: Prachtstücke physischer und psychologischer Unmittelbarkeit; Edmund Wilson schreibt die beste Prosa in Amerika; keiner der zahllosen Romane oder Gedichte, die sich der grauenvollen Thematik um die Konzentrationslager angenommen haben, kann es an Wahrhaftigkeit, an gebändigter dichterischer Eingebung mit Bruno Bettelheims faktengetreuer Analyse *The Informed Heart* (Das Herz gibt Auskunft) aufnehmen. Ein Roman von Michel Butor und *Naked Lunch* sind beide Erzeugnisse des Ausweichens. Die Umgehung der menschlichen Hauptnote, beziehungsweise die Verspottung dieser Note durch erotische und sadistische Phantasien, deutet auf das gleiche Versagen im Schöpferischen hin. Monsieur Beckett bewegt sich mit der unentwegten Logik des Irländers auf eine Dramenform zu, in der eines Tages eine Gestalt vor das Publikum hintreten und, die Füße im Beton verfangen, im Mund einen Knebel, überhaupt nichts mehr sagen wird. Die Phantasie hat sich an den Greueln und zwanglos dargereichten Trivialitäten, durch welche das moderne Entsetzen häufig ausgedrückt wird, zur Genüge gestillt. Wie kaum je zuvor ist Dichtung vom Schweigen versucht.

Gerade im Zusammenhang mit diesem ungewissen Notzustand kommt der Kritik ein bescheidener, aber lebenswichtiger Platz zu. Ihre Funktion, glaube ich, ist eine dreigestaltige. Erstens soll sie uns aufzeigen, *was* wir erneut lesen und *wie* wir es lesen sollen. Die Summe der Literatur ist selbstverständlich unermeßlich und der Andrang des Neuen beständig. Man muß eine Auswahl treffen und hierbei ist die Kritik von Nutzen; das heißt nicht, daß der Kritiker die Rolle des Schicksals spielen und eine Handvoll Autoren oder Werke als alleingültig herausstellen soll, um andere auszuschließen (das Merkmal gültiger Kritik besteht darin, daß sie mehr Bücher öffnet als schließt). Es bedeutet vielmehr, daß die Kritik aus dem verwickelten Vermächtnis der Vergangenheit wieder ans Licht zieht, was mit besonderer Eindringlichkeit und Strenge die Gegenwart anspricht.

Hier liegt der eigentümliche Unterschied zwischen dem Kritiker und dem Literarhistoriker oder Philologen. Für den letzteren ist der Wert eines Textes ein inhärenter, auf sich bezogener; er übt einen sprachwissenschaftlichen oder chronologischen Reiz auf ihn aus, der unabhängig von weiterer Relevanz ist. Der Kritiker dagegen, der sich mit der Autorität des Gelehrten für die ursprüngliche Bedeutung und Ganzheit des Werkes einsetzt, muß sich entscheiden. Und seine persönliche Neigung wird sich dem zuwenden, was in einen Dialog mit den Lebenden eintritt.

Jede Generation trifft ihre eigene Wahl. Dichtung existiert beständig, kaum aber gibt es irgendeine Kritik von Bestand. Die Zeit von Tennyson wird heraufkommen, die von Donne wird versinken. Oder um einen weniger vom Spiel der Mode abhängigen Fall anzuführen: Vor dem Kriege war es auf den französischen Gymnasien, wo ich erzogen wurde, eine Selbstverständlichkeit, Vergil als einen zerfahrenen, blutlosen Nachahmer Homers zu betrachten. Jeder Tertianer hätte einem das mit dreister Gewißheit erklärt. Als dann das Verderben eintrat und Flucht und Exil zu etwas Alltäglichem wurden, änderte sich diese Ansicht radikal. Nun erschien uns Vergil als der bei weitem reifere und notwendigere Zeuge. Die perverse Auslegung, die Simone Weil von der *Ilias* gab, sowie Hermann Brochs *Tod des Vergil* gehören zu dieser Neubewertung. Die Zeit, ob historisch betrachtet oder von der

Waagschale persönlichen Lebens, verändert unseren Blickpunkt auf ein Werk oder eine Kunstform. Bekanntlich gibt es eine Poesie der Jungen und eine Prosa der Alten. Die Romantiker stehen nicht mehr im Blickpunkt, weil ihre überschwenglichen Trompetenstöße ironischerweise im Gegensatz zu unseren vitalen Erfahrungen stehen. Das sechzehnte und frühe siebzehnte Jahrhundert, obschon ihre Sprache oftmals abgelegen und verwickelt ist, scheint unserer Ausdrucksweise näher zu liegen. Derartige Bedürfniswandlungen können durch die Kritik fruchtbar und erkennbar gemacht werden; sie kann aus der Vergangenheit ablesen, worauf sich das Genie der Gegenwart bezieht (hinter der besten französischen Prosa von heute steht die sehnige Kraft von Diderot). Auch kann uns die Kritik von Zeit zu Zeit daran erinnern, daß unsere eigenen Urteilsschwankungen weder immer einleuchtend noch von bleibender Gültigkeit sind. Der wirklich große, überragende Kritiker »fühlt voraus«; indem er über den Horizont hinausblickt, bereitet er den Zusammenhang mit der Zukunft vor. Zuzeiten hört er den Widerhall, wenn die Stimme längst vergessen ist oder bevor sie sich durchgesetzt hat. Vergessen wir nicht die Stimmen jener Kritiker, die anfangs der zwanziger Jahre merkten, daß die große Zeit für Blake und Kierkegaard gekommen war, oder derjenigen, die zehn Jahre später die allgemeingültige Wahrheit in den persönlichen Alpträumen von Kafka erkannten. Das bedeutet nicht, sich für persönliche Favoriten entscheiden, es bedeutet vielmehr, daß das Kunstwerk in einer komplexen und provisorischen Beziehung zur Zeit steht.

Zweitens kann das Amt des Kritikers ein Verbindungsträger sein. In einem Zeitalter, wo die Geschwindigkeit der technischen Kommunikationsmittel praktisch hartnäckige ideologische und politische Schranken verschleiert, ist es dem Kritiker gegeben, in der Rolle des Vermittlers und des Hüters zu wirken. Zu seiner Aufgabe gehört es, dafür zu sorgen, daß ein politisches Regime das Werk eines Schriftstellers nicht durch mutwillige Nichtbeachtung und Entstellung bestraft, und daß die Asche verbrannter Bücher aufgelesen und von neuem entziffert wird.

Ebenso wie der Kritiker bemüht ist, einen lebendigen Dialog zwischen Vergangenheit und Gegenwart herzustellen, wird er auch bestrebt sein, die Verbindungskanäle zwischen den Sprachen offen zu halten. Die Kritik erweitert das Feld der Wahrnehmungen und kompliziert es; sie legt großen Wert darauf, daß die verschiedenen Literaturen kein isoliertes Dasein führen, sondern sich in einer Vielfalt linguistischer und nationaler Begegnungen treffen. Kritik findet ihre Lust an der Affinität, im Aufspüren von Ähnlichkeiten und in weit hergeholtem Beispiel; sie weiß, daß die Triebfedern einer bedeutenden Begabung oder einer dichterischen Form sich in verwickelten Streumustern entfalten. Er wirkt *sous l'invocation de Saint-Jérôme* mit der Einsicht, daß es unter den Sprachen keine Äquivalente, lediglich Treubrüche gibt, daß aber der Versuch zum Übersetzen fortwährend ein Bedürfnis bleibt, wenn ein Gedicht voll zum Leben erwachen soll. Sie beide, der Kritiker wie der Übersetzer, sind fortgesetzt darum bemüht, ihre Funde und Entdeckungen mitzuteilen.

In der Praxis sollte man Literatur nur auf vergleichender Basis lehren und interpretieren. Keine direkte Kenntnis von der italienischen Epik zu besitzen, wenn man über Spenser urteilt, oder Alexander Pope zu bewerten, ohne von Boileau einen festen Begriff zu haben, beziehungsweise die Leistungen des viktorianischen Romans und die von Henry James zu betrachten, ohne dabei über Balzac, Stendhal und Flaubert unterrichtet zu sein, heißt, daß man dürftig oder falsch liest. Es liefe auf einen akademischen Feudalismus hinaus, wenn zwischen dem Studium des Englischen und dem der sogenannten modernen Sprachen scharfe Trennungslinien errichtet werden. Ist denn das Englische keine moderne Sprache, die durch alle Epochen ihrer Geschichte unter dem Druck der europäischen Landessprachen und der europäischen Tradition in Rhetorik und Genre empfindlich und spannkräftig geblieben ist? Die Frage reicht tiefer als in die akademische

Disziplin. Der Kritiker, der erklärt, daß der Mensch nur eine Sprache gut beherrschen könne und daß nur das eigene nationale Erbe in der Dichtung oder die eigene nationale Überlieferung im Roman gültig und hervorragend seien, verschließt die Türen gerade dort, wo sie offen gehalten werden sollten; er engt den Geist ein, wo ihm der Sinn für die Bedeutung einer weiträumigen Leistung auf gleicher Grundlage gegeben werden sollte. Der Chauvinismus hat sich entsetzlich genug in der Politik gebärdet, innerhalb der Literatur ist für ihn kein Platz. Der Kritiker – und hier wiederum unterscheidet er sich vom Schriftsteller – ist nicht der Mann, der sich in den eigenen vier Wänden einschließt.

Die dritte Funktion der Kritik ist die wichtigste. Sie betrifft die Beurteilung der zeitgenössischen Literatur. Allerdings ist hier zu unterscheiden zwischen zeitgenössisch und gegenwärtig. Die Gegenwartsliteratur verfolgt und hetzt den Rezensenten. Der Kritiker übernimmt platterdings eine spezielle Verantwortung für die Kunst seiner eigenen Zeit. Er hat sich nicht nur die Frage vorzulegen, ob sie in ihrer Technik einen Fortschritt, eine Verfeinerung darstellt, ob sie zu einer Stilverbesserung beiträgt oder nur geschickt auf dem Nerv des Augenblicks spielt, er muß sich auch fragen, inwieweit sie die schon eingeschrumpften Reserven unserer moralischen Intelligenz bereichert oder schmälert. Welches menschliche Maß erfordert diese Arbeit? Eine Frage, die sich so ohne weiteres nicht formulieren oder mit unfehlbarem Takt stellen läßt. Denn unsere Zeit ist ja auch nicht von der üblichen Art. Sie laboriert dahin unter dem gespannten Druck einer Unmenschlichkeit, die sie auf einer Skala einmaligen Umfangs und Entsetzens durchgemacht hat; dabei liegt die Möglichkeit des völligen Untergangs nicht weit. Den Luxus, sich von allem freizumachen, kann sich aber niemand leisten, so gern er es täte. Das würde beispielsweise auf die Frage hinauslaufen, ob das Talent eines Tennessee Williams dazu benutzt wird, um weichlichen Sadismus zu liefern; ob die Rokoko-Virtuosität von Salinger nur eine bis zur Absurdität entnervte und geschwächte Sicht auf die menschliche Existenz verficht. Weiterhin würde das die Frage nahelegen, ob die Banalität der Bühnenstücke von Camus und aller seiner Romane (bis auf den ersten), nicht auch ein Merkmal seiner beharrlichen Unbestimmtheit, der würdevollen aber luftigen Gangart seines Sinnens und Trachtens ist. *Fragen*, sagte ich, nicht verspotten oder tadeln. Diese Unterscheidung ist von unermeßlicher Bedeutung. Fruchtbar kann das Fragen nur dort werden, wenn der Zutritt zum Werk gänzlich unabhängig vorgenommen wird, wenn der Kritiker ehrlich auf Meinungsverschiedenheit und Gegenargumente hofft. Ferner: während der Polizist oder der Zensor nach dem Autor fragt, befragt der Kritiker lediglich das Buch.

Worauf es mir hier durchgehend ankommt, ist der Begriff von der *humanen Bildung*. In jenem großen Diskurs mit den lebendigen Toten, den wir lesen nennen, ist unsere eigene Rolle durchaus keine passive. Wo es sich um mehr handelt als um Träumerei oder uninteressierten Appetit aus Langeweile, ist Lesen eine Handlungsweise. Wir verschreiben uns der Gegenwart, der Stimme des Buches, gestatten ihm, wenn auch nicht unbewacht, den Zutritt in unser Innerstes. Ein besonders schönes Gedicht, ein klassischer Roman, bedrängen uns, bestürmen uns mit Fragen, setzen sich fest an den Kernstellen unseres Bewußtseins. Sie üben auf unsere Phantasie, unsere Wünsche, unsere Ambitionen und unsere verborgensten Träume eine seltsam bezwingende Gewalt aus. Die Menschen, welche Bücher verbrennen, wissen schon, was sie tun. Der Künstler ist die unkontrollierbare Kraft: Seit Van Gogh betrachtet kein westliches Auge eine Zypresse, ohne in ihr das plötzliche Auftauchen einer Flamme zu sehen.

Ebenso, und zwar in höchstem Maße, verhält es sich mit der Literatur. Wer den vierundzwanzigsten Gesang der *Ilias* gelesen hat – die nächtliche Begegnung zwischen Priamos und Achill – oder das Kapitel, in dem Aljoscha Karamasow vor den Sternen niederkniet, wer Kapitel XX von Montaigne (*Que philosopher c'est apprendre l'art de mourir*) und den

Gebrauch, den Hamlet davon macht, gelesen hat, und davon nicht verwandelt wird, dessen Begriff vom eigenen Leben unverändert bleibt, wer nicht den Raum, in dem er sich bewegt, die Menschen, die an seine Tür klopfen, mit anderen, mit radikal veränderten Augen betrachtet, der hat nur mit der Blindheit seiner physischen Sehkraft gelesen. Kann man *Anna Karenina* oder Marcel Proust lesen, ohne im Kern seines erotischen Gefühlslebens eine neue Schwäche oder Möglichkeit zu erfahren?

Wer das Lesen recht betreiben will, muß mancherlei Risiken auf sich nehmen; denn es greift unsere Identität an, es lädiert unser Selbstvertrauen. Es gibt einen charakteristischen Traumzustand, der im ersten Stadium von Epilepsie auftritt. Dostojewski läßt sich darüber aus. Man fühlt sich irgendwie über seinen eigenen Körper hinausgehoben; indem man hinter sich schaut, sieht man sich selber und spürt eine plötzliche, wahnsinnige Angst; eine neue, zweite Gegenwart dringt in die eigene Persönlichkeit ein, und ein Zurück gibt es nicht mehr. Unter dem Einfluß dieser Angst tappt der Verstand solange umher, bis er zu einem abrupten Erwachen kommt. So sollte es auch sein, wenn wir ein hervorragendes literarisches oder philosophisches Werk in die Hand nehmen, ein Werk der Phantasie oder der Doktrin. Unter Umständen ergreift es so vollständig Besitz von uns, daß wir für einige Zeit, aus Furcht vor uns selbst und mangelnder Erkenntnis, wie unter einem Bann stehen. Derjenige, der nach der Lektüre von Kafkas *Verwandlung* sein Spiegelbild so unerschüttert wie zuvor betrachtet, mag vielleicht technisch einwandfrei lesen können, aber im eigentlichen Sinne bleibt er ein Analphabet.

Weil die traditionellen Werte in ihrem Zusammenhalt zersplittert sind, weil die Begriffe sich verzerrt haben und billig geworden sind, weil die klassischen Formen von Feststellung und Metapher immer mehr komplexen Übergangsformen weichen – muß die Kunst des Lesens, des Lesens zum Zwecke wahrer Bildung, rekonstruiert werden. Aufgabe literarischer Kritik bleibt es, uns behilflich zu sein, wieder als totale menschliche Wesen zu lesen mit Bestimmtheit, Furcht und Entzücken.

Im Vergleich zum schöpferischen Akt ist diese Aufgabe zwar von untergeordneter Natur, doch nie zuvor ist sie stärker ins Gewicht gefallen.

Der Rückzug aus dem Wort

I

Der Apostel versichert uns, am Anfang sei das Wort gewesen. Was am Ende stehen wird, läßt er im Ungewissen.

Dabei scheint die Anmerkung angebracht, daß er sich der griechischen Sprache bediente, um den hellenistischen Begriff vom *Logos* in Worte zu kleiden, denn unsere westliche Zivilisation verdankt ja ihr Wortgepräge, ihren verbalen Charakter im wesentlichen der Tatsache ihres griechisch-judäischen Erbes. Diese Anlage nehmen wir hin als eine Selbstverständlichkeit, sie ist Wurzel und Quelle unseres Erlebens, und schwerlich können wir uns mit unseren Vorstellungen darüber hinwegsetzen. Wir leben innerhalb des sprachlichen Aktes. Aber wir sollten nicht so sicher annehmen, daß eine verbale Matrix die einzig mögliche Form wäre, in der Artikulationen und Haltung von Geist und Seele denkbar sind. Es gibt Bedingungen geistiger und sinnlicher Realität, die nicht auf Sprache, sondern auf anderen Mitteilungskräften beruhen, wie zum Beispiel das Ikon oder die musikalische Note. Und es gibt geistige Handlungen, die in tiefem Schweigen wurzeln. Von ihnen zu *sprechen*, ist schwierig, denn wie sollte gerade die Rede Gestalt und Leben des Schweigens mitteilen? Doch ich kann Beispiele anführen für das, was ich meine.

In bestimmten östlichen Lehren der Metaphysik, wie dem Buddhismus und Taoismus, stellt man sich die Seele als ein Etwas vor, das sich über die groben Belastungen durch die Materie erhebt, dann durch Bereiche der Einsicht zieht, die in erhabene und präzise sprachliche Form verwandelt werden können, bis es in Richtung auf ein tiefer und tiefer werdendes Schweigen aufsteigt. Die höchste und reinste Stufe des kontemplativen Akts wird dann erreicht, wenn man gelernt hat, die Sprache ganz hinter sich zu lassen. Das Unaussprechliche liegt jenseits der Wortgrenze. Nur indem die Mauern der Sprache durchbrochen werden, kann die visionäre Wahrnehmung in das Reich unmittelbaren und totalen Verstehens eintreten. Wo solches Verstehen erreicht ist, braucht die Wahrheit jene Verunreinigungen und Halbheiten nicht mehr zu erdulden, die Worte notwendigerweise nach sich ziehen. Die Wahrheit braucht sich nicht mehr der naiven Logik und dem linearen Zeitbegriff anzupassen, die in der Syntax einbegriffen sind. Die tiefste, letzte Wahrheit schließt Vergangenheit, Gegenwart und Zukunft gleichzeitig in sich ein. Es ist die temporale Struktur der Sprache, die sie künstlich getrennt hält. Und hier liegt der entscheidende Punkt.

Der Heilige, der geweihte Mensch, entzieht sich nicht nur den Verführungen weltlichen Handelns, er zieht sich auch von der Sprache zurück. Sein Sich-Zurückziehen in die Berghöhle oder Klosterzelle ist die äußere Geste seines Schweigens. Selbst den Novizen auf dieser steinigen Straße wird gelehrt, den Verschleierungen der Sprache zu mißtrauen, durch sie hindurch zu stoßen zum Wahreren, Echteren, Wirklicheren. Das *koan* im Zen-Buddhismus – wir kennen den Klang zweier aneinander schlagender Hände, doch was ist der Klang von einer? – ist eine Anfänger-Übung auf dem Rückzug aus dem Worte.

Auch die westliche Überlieferung kennt Übergänge vom Sprechen zum Schweigen. Das Trappisten-Ideal des Aufgebens der Rede geht zurück bis in die alten Zeiten der Styliten und Wüstenväter. Die strenge, asketische Verzückung der sinnenden Seele, die sich von den Ankerplätzen allgemeiner mündlicher Verständigung losgelöst hat, kommt in den Versen des Juan de la Cruz zum Ausdruck:

> *Ich trat ein, ich weiß nicht wo,*
> *Ich verweilte, nichts wissend,*
> *Alles Wissen übersteigend.*

Doch für den westlichen Standpunkt birgt diese Erlebnisordnung einen unvermeidlichen Geruch von Mystizismus. Und ungeachtet unserer Lippenbekenntnisse (ein Terminus, der für sich selbst spricht) zur Heiligkeit der mystischen Berufung, entspricht die herrschende westliche Einstellung doch mehr jener scherzhaften Bemerkung des Kardinals Newman, wonach Mystizismus im Dunst beginnt und in der Kirchenspaltung endet. Von den bedeutenden Dichtern des Westens hat kaum einer – vielleicht nur Dante – die menschliche Vorstellung von der Kraft transrationaler Erlebnisse und Erfahrungen überzeugen können. In der strahlenden Schlußszene des *Paradiso* akzeptieren wir zwar das Blindsein von Auge und Verstand vor der Totalität der Vision, doch kommt Pascal dem klassischen Empfinden des Westens näher, wenn er feststellt, daß das Schweigen im kosmischen Raum Entsetzen einflößt. Selbiges Schweigen bedeutet für den Taoisten innere Ruhe und die Nähe Gottes.

Das Primat des Wortes, des gesprochenen und in Rede und Gegenrede mitgeteilten Wortes, ist ein Charakteristikum der griechisch-judäischen Geisteshaltung und hat sich auf das Christentum übertragen. Sowohl das klassische wie das christliche Weltgefühl ringen um eine Ordnung der Wirklichkeit unter dem Regulativ der Sprache. Literatur, Philosophie, Theologie, Jurisprudenz, sämtliche überlieferten Künste, sind Bemühungen innerhalb der Grenzen rationaler Mitteilbarkeit, die Summe menschlicher Erfahrung in ihrer aufgezeichneten Vergangenheit, ihrem gegenwärtigen Zustand und künftigen Aussichten festzuhalten. Der *Codex Justinianus*, die *Summa* des Thomas von Aquin, die Weltchroniken und Kompendien des mittelalterlichen Schrifttums, die *Divina Commedia*, sie alle sind Versuche totaler Umschließung. Sie legen freilich Zeugnis ab für den Glauben, daß alles Wahre und Erfaßbare – bis auf eine kleine, wunderliche Spanne am äußersten Ende – in den Mauern der Sprache unter Dach und Fach gebracht werden kann.

Dieser Glaube ist nicht länger universal. Das Vertrauen in ihn verringert sich nach der Epoche von Milton. Ursache und geschichtlicher Ablauf dieser Verringerung werfen ein deutliches Licht auf die Gegebenheiten der neuzeitlichen Literatur und Sprache.

Es geschah im Verlauf des siebzehnten Jahrhunderts, daß bedeutsame Bereiche der Wahrheit, der Wirklichkeit und des Handelns aus der Sphäre verbaler Feststellung entschwanden. Im Ganzen gesehen läßt sich sagen, daß bis ins siebzehnte Jahrhundert hinein Inhalt und Tendenz der Naturwissenschaften einen überwiegend beschreibenden Charakter trugen: Die Mathematik hatte ihre weit zurückgehende Geschichte symbolischer Zeichensetzung; doch selbst die Mathematik war nur eine Art Kurzschrift für verbale Lehrsätze, die erst anwendbar und bedeutungsvoll im Rahmen sprachlicher Beschreibung wurden. Mathematisches Denken war, von gewissen bedeutsamen Ausnahmen abgesehen, an die materiellen Bedingungen der Erfahrung geknüpft. Diese wiederum wurden geordnet und festgelegt mit Hilfe der Sprache. Während des siebzehnten Jahrhunderts hörte das auf, eine Revolution setzte ein, die das Verhältnis des Menschen zur Wirklichkeit für immer umformen und seine Denkmuster radikal verändern sollte.

Mit der Formulierung der analytischen Geometrie und der Theorie algebraischer Funktionen, mit der Entwicklung des Kalküls durch Newton und Leibniz, hörte die Mathematik auf, eine wissenschaftliche Notation in der Schwebe, ein Instrument der Empirik zu sein. Aus ihr wird eine unwahrscheinlich reiche, komplexe und dynamische Sprache. *Und der Werdegang dieser Sprache ist der einer fortschreitenden Un-Übersetzbarkeit.* Noch ist es möglich, die Vorgänge aus der klassischen Geometrie und der klassisch funktionellen Analytik in Wortäquivalente oder zumindest in enge Annäherungen zu übersetzen. Sobald jedoch die Mathematik in die Moderne einbiegt und anfängt, ihre ungeheuren Kräfte autonomer Begrifflichkeit sehen zu lassen, wird eine derartige Übersetzung weniger und weniger möglich. Die großartigen Gebilde aus Form und Bedeutung, die von Gauß, Cauchy, Abel, Cantor und Weierstraß ersonnen wurden, ziehen sich mit zunehmender Geschwindigkeit aus der Sprache zurück, beziehungsweise sie erfordern und entwickeln eigene Ausdrucksweisen, die ebenso artikuliert und hochentwickelt sind wie diejenigen der verbalen Rede. Und die Brücken zwischen diesen neuen Ausdrucksweisen und der allgemein gebräuchlichen Sprache, zwischen dem mathematischen Symbol und dem Wort, werden dünner und spärlicher, bis sie letzten Endes ganz abgebrochen werden.

Zwischen den Verbalsprachen, und mögen sie im Zuschnitt und Gebrauch ihrer Syntax noch so entlegen sein, besteht immer die Möglichkeit, ein Äquivalent als Ersatz einzusetzen, selbst wenn die eigentliche Übersetzung nur zu rohen Ungefähr-Resultaten führt. Das chinesische Ideogramm kann mit Hilfe von Umschreiben oder lexikalischen Erklärungen transponiert werden. Doch gibt es keinerlei Wörterbücher, die Vokabular und Grammatik der höheren Mathematik mit denen der verbalen Sprache in Beziehung setzen. Die anerkannten Sammelbegriffe von Lie-Gruppen oder die Eigenschaften n-dimensionaler Mannigfaltigkeiten lassen sich nun einmal nicht in grammatikalische Begriffe »übersetzen«, ja man kann sie nicht einmal umschreiben. Die Paraphrasierung eines guten Gedichts mag vielleicht in schlechter Prosa enden, aber zwischen seinem Schattenbild und seiner Substanz wird immer eine ganz bestimmte Verbindung bestehen. Die Paraphrasierung eines komplexen Lehrsatzes aus der Topologie dagegen kann lediglich zu einer groben unzulänglichen Annäherung, beziehungsweise einer Transponierung in einen anderen Fachbereich oder »Dialekt« der betreffenden mathematischen Sprache führen. Viele von den Räumen, Beziehungen und Ergebnissen, mit denen die höhere Mathematik umgeht, haben nicht unbedingt eine Wechselbeziehung mit sense-data; es sind »Realitäten«, die innerhalb von geschlossenen axiomatischen Systemen vor sich gehen, und über sie sinnvoll und normativ sprechen läßt sich nur in der Sprache der Mathematik. Diese Ausdrucksweise ist und kann über eine ziemlich rudimentäre Anfangsstufe hinaus keine verbale sein. Ich habe internationale Topologen beobachtet, von denen keiner auch nur eine Silbe der Sprache des andern verstand, die aber vor einer Wandtafel in jenem stummen Vortrag, der ihrem Beruf eigen ist, effektiv miteinander arbeiteten.

Wir haben es hier mit einem Faktum von ungeheurer Bedeutsamkeit zu tun, wodurch das Erfahren und Wahrnehmen der Wirklichkeit in zwei gesonderte Bereiche aufgeteilt wurden. Die einschneidendste Veränderung im Tenor des westlichen intellektuellen Lebens seit dem siebzehnten Jahrhundert liegt also in der sukzessiven Unterwerfung weiter Wissensgebiete unter die Prinzipien und Methoden der mathematischen Wissenschaften. Wie man häufig beobachten konnte, entwickelt sich ein Forschungszweig aus dem vorwissenschaftlichen Stadium zur vollen Wissenschaft, sobald er nach mathematischen Disziplinen gegliedert werden kann. Es ist die aus sich selbst wirkende Entwicklung von formelhaften und statistischen Werten, die einer Wissenschaft ihre eigenen dynamischen Möglichkeiten verleiht. So sind durch das Handwerkszeug der mathematischen Analyse die Chemie und Physik aus der Alchemie in die vorausschauenden Voll-Wissenschaften umgeformt worden, die sie heute darstellen. Vermöge der Mathematik räumen die Sterne das Feld der Mythologie und ziehen an den Tabellentisch der Astronomen. Und sobald die Mathematik sich gewissermaßen im Knochenmark einer Wissenschaft festsetzt, werden die Begriffe dieser Wissenschaft, ihre Erfindungs- und Verständnisweise beständig weniger reduzierbar auf diejenigen der Umgangssprache.

Es ist anmaßend, wenn nicht gar verantwortungslos, Grundbegriffe in unserem gegenwärtigen Muster vom Weltall anzuführen wie Quantentheorie, Relativitätstheorie, Indeterminationsprinzip, oder den Paritätsmangel bei sogenannten schwachen Wechselwirkungen atomarer Partikel, sofern man es nicht in der für diese Begriffe angebrachten Sprache tut, das heißt in mathematischen Wendungen. Ohnedies bleiben solche Begriffe Phantasmen, hinter denen Philosophen und

Journalisten ihre falschen Vorstellungen und Prätentionen verbergen. Da die Physik diese Begriffe aus der Gemeinsprache entlehnen mußte, hat es den Anschein, als hätten einige dieser Wörter eine allgemeine Bedeutung beibehalten; sie nehmen sich aus wie Metaphern. Das aber ist eine Täuschung. Ein Kritiker, der bei Erörterung der Aktionsmalerei oder bei einer Diskussion über die Anwendung von Improvisationen in der Modernen Musik versucht, das Indeterminationsprinzip anzuwenden, verbindet damit nicht zweierlei Erfahrensebenen – er redet bloß Unsinn.*

Vor solcher Täuschung müssen wir uns bewahren. Die Chemie benutzt zahlreiche Redewendungen, die aus ihrer deskriptiven Anfangsstufe herrühren; aber die Formeln der modernen Molekularchemie sind in Wirklichkeit eine Kurzschrift, deren Fachsprache nicht die der verbalen Rede, sondern die der Mathematik ist. Eine chemische Formel ist keine Abkürzung einer linguistischen Feststellung – sie kodifiziert eine numerische Entwicklung. In einer interessanten Übergangsposition steht die Biologie. Ursprünglich war auch sie eine deskriptive Wissenschaft, angewiesen auf eine ebenso präzise wie zum Verstehen anregende Sprachverwendung. Die Durchschlagskraft der biologisch-zoologischen Behauptungen von Darwin gründete sich zum Teil auf seinen über-

---

* Heute bin ich nicht mehr so sicher, daß dem so ist. Augenscheinlich sind die meisten Analogien zwischen moderner Kunst und den exakten Wissenschaften »nicht realisierte Metaphern«, Fiktionen einer Analogie, denen die Autorität echter Erfahrung abgeht. Nichtsdestoweniger könnte aber die unerlaubte Metapher, der übernommene, wenn auch mißverstandene Terminus ein wesentlicher Bestandteil eines Prozesses der Wiedervereinigung sein. Es ist sehr wahrscheinlich, daß die Wissenschaften einen zunehmenden Anteil an unseren Mythologien und dichterischen Bezügen liefern werden. Die Vulgarisierung, die falschen Analogien, selbst die verkehrten Auffassungen auf Seiten der Dichter und Kritiker sind so vielleicht ein notwendiger Bestandteil der »Übersetzung« von Wissenschaft in allgemein verbindliche Bildungssprache. Und die bloße Tatsache, daß *aleatory principles* in der Kunst geschichtlich zur gleichen Zeit auftreten wie die »Indeterminierung« kann durchaus eine ernsthafte Bedeutung haben. Deshalb müssen Natur und Wirkungsweise dieses Phänomens fühlbar und deutlich gemacht werden.

zeugenden Stil. In der Nach-Darwinschen Biologie hat die Mathematik mehr und mehr eine bestimmende Rolle übernommen. Dieser Bedeutungswandel zeichnet sich deutlich in dem vorzüglichen Werk von Wentworth Thompson *Of Growth and Form* (Wachstum und Formwerdung) ab, einem Buch, in dem gleicherweise der Dichter und der Mathematiker engagiert sind. Heute stehen weite Gebiete der Biologie, wie die Genetik, vorwiegend unter mathematischer Disziplin. Überall dort, wo die Biologie sich auf die Chemie zubewegt – und gegenwärtig ist Biochemie das non plus ultra – läuft das auf ein Verlassen des beschreibenden zugunsten des aufzählenden Elements hinaus. Das Wort wird zugunsten der Zahl aufgegeben.

Diese Ausweitung der mathematischen Wissenschaften in bedeutende Bereiche des Denkens und Handelns hat das westliche Bewußtsein in das zerrissen, was C. P. Snow »die zwei Kulturen« nennt. Bis in die Zeit von Goethe und Humboldt war es für einen Menschen von ausnehmender Begabung und Aufnahmefähigkeit möglich, sich in beiden Kulturen, der humanistischen und der mathematischen, heimisch zu fühlen. Noch Leibniz brachte es fertig, in beiden Richtungen bedeutende Beiträge zu liefern. Heutzutage ist so etwas nicht mehr möglich. Die Kluft zwischen der Sprache aus Worten und der aus mathematischen Zeichen wird beständig tiefer, und an beiden Rändern dieser Kluft stehen Männer, die in bezug aufeinander Analphabeten sind. Denn letzten Endes liegt genau so viel Unbildung darin, wenn jemand die Grundbegriffe der Differentialrechnung oder der sphärischen Geometrie nicht kennt, wie wenn er nicht mit den Regeln der Grammatik vertraut ist. Oder um das berühmte Beispiel von C. P. Snow anzuführen: ein Mensch, der nicht Shakespeare gelesen hat, ist unkultiviert; genauso ergeht es dem, der noch nie etwas vom zweiten thermodynamischen Grundgesetz gehört hat. Jeder ist blind gegenüber vergleichbaren Welten.

Aber außer in Momenten von bedrückender Klarsicht, verhalten wir uns bis jetzt nicht so, als wäre das wahr. Wir geben uns nach wie vor den Anschein, als wäre die humanistische Autorität, die Sphäre des Wortes allbeherrschend. Noch immer wurzelt die Vorstellung von wesentlicher Bildung in den klassischen Werten im Sinne von Debatte, Redekunst und Dichtung. Aber das beruht auf Unwissenheit oder einem Mangel an Vorstellungskraft. Die Kalküls, die Carnotschen Gesetze, Maxwell's Konzeption des elektromagnetischen Feldes, umfassen nicht nur Bereiche der Wirklichkeit und des Handelns, die ebenso imposant und bedeutend sind wie die in den klassischen Literaturen, sondern sie vermitteln uns ein Bild von der wahrnehmbaren Welt, das sehr wahrscheinlich dem wahren Tatbestand näher kommt als sich aus irgendeinem Gebilde verbaler Feststellung entnehmen ließe. Alle Anzeichen deuten darauf hin, daß das Integral und Differential das Alphabet, das A und O unparteiischer Wahrnehmung sind. Der heutige Humanist befindet sich in der Position jener hartnäckig gekränkten Geister, die sich die Erde weiterhin als einen flachen Tisch vorstellten, nachdem sie längst umsegelt war; oder jener Menschen, die nicht aufhören wollten, an verborgene Triebkräfte zu glauben, nachdem Newton die Gesetze von Bewegung und Trägheit formuliert hatte.

Diejenigen unter uns, die sich aus unserer Unkenntnis der exakten Wissenschaften dazu verführen lassen, sich das Universum durch einen Schleier nicht-mathematischer Sprache auszumalen, leben in einer Welt frohgemuter Fiktion. Die eigentlichen Tatsachen – die raumzeitliche Verbindung der Realität, die atomare Struktur aller Materie, die Wellen-Natur der Energie – sind vom Worte her nicht mehr zugänglich, und es ist daher durchaus kein Paradox, zu behaupten, daß in kardinalen Bezügen jetzt Realität *außerhalb* der verbalen Sprache beginnt. Die Mathematiker wissen das auch. »Die Mathematik«, so stellt Andreas Speiser fest, »hat durch ihre geometrische Anlage und später durch ihre rein symbolische Konstruktion die Fesseln der Sprache abgeschüttelt . . .

die heutige Mathematik ist auf ihrem Gebiet in der intellektuellen Welt leistungsfähiger als es die modernen Sprachen in ihrem bedauernswerten Zustand oder gar die Musik an ihren jeweiligen Fronten sind.«

Unter den Humanisten sind sich nur wenige der Reichweite und Natur dieses bedeutsamen Wandels bewußt (Sartre ist eine bemerkenswerte Ausnahme und hat wieder und wieder auf die Sprachkrise aufmerksam gemacht). Immerhin haben manche der überlieferten humanistischen Wissenszweige bereits ein tiefes Unbehagen erkennen lassen, eine nervös-verworrene Bestätigung der hohen Anforderungen und Erfolge auf seiten der Mathematik und Naturwissenschaften. Was sich in den Rängen der Geschichtswissenschaft, der Volkswirtschaftslehre und in den (bezeichnenderweise so genannten) »Sozialwissenschaften« vollzogen hat, könnte man als einen Trugschluß der nachgeahmten Form bezeichnen. Bei jedem der genannten Fachgebiete beruht die Vorlesungsmethode noch fast vollständig auf der Wortsprache. Aber schon haben Historiker, Wirtschaftler und Soziologen versucht, der verbalen Matrix etwas von der mathematischen Verfahrensweise, beziehungsweise ihrer unbeugsamen Strenge aufzupfropfen. Sie sind, was den letztlich provisorischen und ästhetischen Charakter ihrer eigenen Bestrebungen betrifft, zunehmend in die Defensive gedrängt worden.

Man beachte nur, wie sehr der Kult des Positiven, des Exakten und der schlüssig dezidierten Aussage in die Geschichtsforschung eingedrungen ist. Die entscheidende Wende tritt ein im neunzehnten Jahrhundert mit den Arbeiten von Ranke, Comte und Taine. Historiker begannen, ihren Stoff als eine Ansammlung einzelner Elemente im Schmelztiegel eines kontrollierten Versuchs zu betrachten. Aus der unvoreingenommenen Untersuchung von einst (wobei solche Unvoreingenommenheit tatsächlich immer eine naive Illusion ist) entstanden dann jene statistischen Diagramme, jene Periodizitäten nationaler und wirtschaftlicher Energien, die es dem Historiker gestatten, »geschichtliche Gesetze« zu formulieren. Gerade diese Auffassung von der geschichtlichen »Gesetzlichkeit«, sowie die Einbeziehung von Zwangsläufigkeit und Vorausbestimmtheit, die für Taine, Marx und Spengler grundlegend sind, sind aber eine Anleihe aus der Sphäre der exakten und mathematischen Wissenschaften.

Der falsche Ehrgeiz nach wissenschaftlicher Strenge und Voraussage hat so manche geschichtliche Arbeit von ihrem wirklichen Wesen, das recht eigentlich künstlerischer Natur ist, abgelenkt. Ein großer Teil dessen, was augenblicklich für Geschichtsschreibung gehalten wird, hat kaum etwas mit Schreiben zu tun. Die Schüler von Namier – er selber nicht – möchten Männer wie Gibbon, Macaulay oder Michelet in die Rumpelkammer der schönen Briefe, der Schöngeister, sperren. Eine falsch und illusorische Vorstellung von Wissenschaftlichkeit zusammen mit dem guten alten akademischen Dünkel zielen darauf ab, aus dem jungen Historiker ein mageres Frettchen zu machen, das an dürren Fakten und Zahlen des Augenblicks knabbert. Er schwelgt in Fußnoten und schreibt seine Monographien in einem Stil, der so unliterarisch wie möglich ist, um so den wissenschaftlichen Hang seines Gewerbes zu demonstrieren. Eine der wenigen Persönlichkeiten unter den heutigen Geschichtsschreibern, die bereit sind, ganz unverstellt die dichterische Natur der historischen Vorstellungskraft zu verteidigen, ist Frau C. V. Wedgwood. Unumwunden räumt sie ein, daß jeder Stil, jede Ausdrucksweise die Möglichkeit einer Verdrehung und Entstellung mit sich bringt: »Es gibt keine literarische Stilrichtung, die nicht an einem bestimmten Punkt etwas von dem feststellbaren Umriß der Wahrheit wegnimmt, was dann Aufgabe der Gelehrsamkeit ist, ausgegraben und von neuem wiederaufgestellt zu werden.« Wenn aber diese Ausgrabung jeglichen persönlichen Stil preisgibt und sich in die falsche Vorstellung unparteiischer Exaktheit flüchtet, dann wird nur Plunder und Staub ans Tageslicht gezogen.

Auch die Wirtschaftswissenschaften können so betrachtet werden: ihre klassischen Lehrmeister Adam Smith, Ricardo,

Malthus, Marshall – sie alle waren Meister eines guten Prosastils, der sich auf Sprache verließ, um zu erläutern, zu begründen und zu überzeugen. Dann setzte im späten neunzehnten Jahrhundert die Entwicklung der mathematischen Wirtschaftswissenschaften ein. Keynes war vielleicht der letzte, der die Spanne zwischen den humanistisch und den mathematisch orientierten Zweigen seiner Wissenschaft überbrückte. Während einer Diskussion über die verschiedenen Beiträge Ramseys zum Wirtschaftsdenken wies Keynes schon seinerzeit darauf hin, daß einige von ihnen, so wegweisend sie im einzelnen auch seien, doch mathematische Überlegungen einbezogen, die eben zu feingesponnen für den Laien wie für den Volkswirtschaftler alter Schule seien. Inzwischen hat sich die Kluft ungeheuerlich erweitert; die Ökonometrik ist drauf und dran, die Wirtschaftswissenschaft zu überflügeln. Kardinalbegriffe wie Werttheorie, Zyklen, Produktionskapazität, Liquidität, Inflation, input-output, befinden sich im Übergangsstadium. Sie bewegen sich vom Sprachlichen zum Mathematischen, vom Rhetorischen zur Gleichung. Das Alphabet der modernen Volkswirtschaftler ist nicht mehr in erster Linie das Wort, sondern mehr das Diagramm, die graphische Darstellung und die Zahl. Das Denken in wirtschaftlichen Kategorien, das auf unsere Gegenwart den stärksten Einfluß ausübt, bedient sich also der analytischen und voraus berechnenden Feinwerkzeuge, die im neunzehnten Jahrhundert von den praktischen Analytikern der Mathematik geschmiedet worden sind.

Ganz besonders deutlich und ärgerniserregend zeichnen sich die Verlockungen der exakten Wissenschaften auf dem Gebiet der Soziologie ab. Ein großer Teil dessen, womit die gegenwärtigen Sozialwissenschaften aufwarten, ist aliterarisch, oder genauer gesagt, antiliterarisch und wird in einen Fachjargon von vehementer Verschwommenheit hineingepreßt. Wo es irgend geht, wird das Wort, wird die Grammatik gebildeter Observanz ersetzt durch die statistische Tabelle, die Kurve, die graphische Darstellung. Und dort, wo eine verbale

Ausdrucksweise nicht zu umgehen ist, nimmt die Soziologie Anleihen bei den exakten Wissenschaften auf, wo sie nur irgend kann. Eine lange faszinierende Liste ließe sich aufstellen von diesen ausgeborgten Begriffen. Betrachten wir nur einmal die auffälligsten: *Normen, Gruppe, streuen, Integration, Funktion, Koordinaten,* von denen jedes einen spezifisch mathematischen oder technischen Inhalt hat. Ihrer eigentlichen Bedeutung beraubt und gewaltsam in einen fremden Rahmen gestellt, bekommen diese Ausdrücke einen verwischten und prätentiösen Charakter. Sie wirken anmaßend und erweisen ihren neuen Herren einen schlechten Dienst. Immerhin: indem der Soziologe sich eines Kauderwelsch wie »Kulturkoordinaten« und »Adelsgruppen-Integrierung« bedient, stattet er damit nur eine inbrünstige Hochachtung vor einer Fata Morgana ab, die seit dem siebzehnten Jahrhundert alle rationale Forschung verfolgt – der Fata Morgana mathematisch exakter Vorausschau.

Nirgendwo dagegen hat sich der Rückzug aus dem Worte entschiedener vollzogen, und nirgendwo überrascht er uns mehr als bei der Philosophie. Das klassische wie das mittelalterliche Denken waren gänzlich an die Erhabenheit der Sprache und ihre Findigkeit gebunden, und dies in dem Glauben, daß das Wort, mit der erforderlichen Genauigkeit und Feinheit eingesetzt, das Ich mit der Wirklichkeit in Einklang brächte. Plato, Aristoteles, Duns Scotus, Thomas von Aquin, sie alle sind Meisterbildner im Worte. Nach allen Seiten errichten sie um die Realität ihre großartigen Architekturen aus Behauptung, Definition und Scharfsinn. Sie operieren mit einer Form der Aussage, die sich von denen der Dichter unterscheidet; aber sie teilen mit dem Dichter die Annahme, daß Wörter in sich verantwortungsbewußte Fassungskräfte für die Wahrheit und Wirklichkeit ansammeln und erzeugen. Wiederum tritt der Wendepunkt im siebzehnten Jahrhundert ein mit Descartes' stillschweigender Gleichsetzung von Wahrheit und mathematischer Beweisführung; vor allem aber mit Spinoza.

Seine *Ethik* macht die gewaltige, die furchterregende Einwirkung deutlich, die die neuentdeckte Mathematik auf ein philosophisches Temperament ausübt. In der Mathematik spürte Spinoza jene strenge Bestimmtheit, jene logische Folgerichtigkeit und majestätische Schlüssigkeit, auf der die Hoffnung aller Metaphysiker beruht. Nicht einmal die gründlichsten und gewissenhaftesten scholastischen Argumente mit ihrem großen Aufgebot an Syllogismen und Lemmata könnten mit jener Fortentwicklung aus Axiom über Beweisführung zur neuen Schlußfolgerung konkurrieren, die in der Euklidischen und der analytischen Geometrie anzutreffen ist. Infolgedessen sucht Spinoza mit einer süperben Naivität aus der Sprache der Philosophie eine Mathematik zu machen. Daher die Gliederung der *Ethik* in Axiome, Definitionen, Beweisführungen und Ableitungen. Daher das stolze *q.e.d.* am Schluß einer jeden Themenreihe. Es ist ein merkwürdig fesselndes Buch, so klar und durchsichtig wie die Brillengläser, durch die Spinoza das Leben betrachtete. Aber Zugeständnisse macht er keine. Es ist eine hochentwickelte und durchgearbeitete Tautologie. Im Unterschied zu der Zahl enthalten Wörter in sich ja keine funktionellen Wirksamkeiten. Addiert oder geteilt ergeben sie nur weitere Buchstabengruppen beziehungsweise andere Annäherungen an ihre eigene Bedeutung. Spinozas Beweisführungen geben lediglich nachdrückliche Versicherungen ab; den letzten Beweis können sie nicht geben. Nichtsdestoweniger war der Versuch von prophetischer Bedeutung, denn er konfrontiert alle nachfolgenden metaphysischen Lehren mit einer Zwangslage; nach Spinoza erkennen die Philosophen, daß sie die Sprache verwenden, um die Sprache zu klären, so wie die Schleifer die Diamanten verwenden, um andere Diamanten zu formen. Sprache wird nicht mehr als ein Pfad zur beweisbaren Wahrheit angesehen, vielmehr als eine Spirale oder eine Galerie von Spiegeln, die den denkenden Verstand an seinen Ausgangspunkt zurückführt. Mit Spinoza verliert die Metaphysik ihre Unschuld.

Symbolische Logik, von der man einen ersten Anflug schon

bei Leibniz finden kann, ist der Versuch, den Kreislauf zu durchbrechen. Zunächst, in den Arbeiten von Boole, Frege und Hilbert, war symbolische Logik als ein besonders geeichtes Instrument ausersehen und dazu bestimmt, den inneren Zusammenhang der mathematischen Beweisführung zu testen. Bald aber sollte ihr eine wesentlich erweiterte Bedeutung zukommen. Der Symbol-Logiker konstruiert ein radikal vereinfachtes, doch in sich selbst vollkommen unbeugsames und konsistentes Muster. Er erfindet, beziehungsweise postuliert eine Syntax, frei von den Mehrdeutigkeiten und Ungenauigkeiten, die Geschichte und Gebrauch in die Alltagssprache hineingetragen haben. Er übernimmt die angestammten mathematischen Ableitungsmethoden und wendet sie auf andere Denkarten an, um festzustellen, ob solche Bedingungen Gültigkeit besitzen. Kurz gesagt, der Symbol-Logiker sucht entscheidende Gebiete der philosophischen Untersuchung zu objektivieren, indem er über die Sprache hinausgeht. Von nun an findet das nicht-verbale Instrument mathematischer Symbolik auch auf moralische Verhaltensweisen, ja sogar auf die Ästhetik Anwendung. Die uralte Vorstellung von einem Kalkül des moralischen Impulses, einer Algebra von Lust und Leid, feiert somit ihre Wiederauferstehung. Eine ganze Anzahl von zeitgenössischen Logikern hat sich schon bemüht, eine berechenbare Basis für den Akt der ästhetischen Wahl zu bestimmen. Es gibt kaum noch einen Zweig der modernen Philosophie, in dem wir nicht die römischen Ziffern, die Kursivbuchstaben, Wurzelzeichen und Richtungspfeile antreffen, womit der Symbol-Logiker die Unzahl angestaubter und widerspenstiger Wörter zu ersetzen sucht.

Nicht umsonst war der bedeutendste moderne Philosoph auch am eifrigsten darauf bedacht, der Sprachspirale zu entrinnen. Wittgensteins gesamtes Werk geht von der Fragestellung aus, inwieweit zwischen Wort und Faktum eine nachweisbare Beziehung existiert. Was wir gemeinhin als ein Faktum bezeichnen, kann durchaus ein von der Sprache gewebter Schleier sein, um das Ich vor der Wirklichkeit zu schützen.

Wittgenstein nötigt uns die Frage auf, ob sich von Wirklichkeit überhaupt *sprechen* läßt, wo doch alles Sprechen nur eine Art unendlicher Rückwärtsbewegung ist, bei der Wörter über andere Wörter abgegeben werden. Diesem Dilemma ging Wittgenstein mit leidenschaftlicher Strenge nach. Die berühmt gewordene Anregung am Schluß des *Tractatus* erhebt keinen Anspruch auf die potentiell weiterwirkenden Kräfte in der philosophischen Feststellung wie Descartes ihn vorbrachte; sie stellt im Gegenteil einen Rückzug von der selbstsicheren Autorität der überlieferten Metaphysik dar und führt zu der ebenso berühmt gewordenen Schlußfolgerung: »Es ist klar, daß sich Ethik nicht aussprechen läßt.« Wittgenstein möchte in die Kategorie des Unausdrückbaren (das Mystische nennt er es) auch die meisten überlieferten Bereiche der philosophischen Spekulation miteinbeziehen. Die Sprache kann sinnvoll umgehen nur mit einem speziell beschränkten Segment der Wirklichkeit. Der Rest aber, und das ist wahrscheinlich der größere Teil, ist Schweigen.

Späterhin entfernte sich Wittgenstein von dem einschränkenden Standpunkt des *Tractatus*. Seine philosophischen Untersuchungen beziehen einen mehr optimistischen Standort hinsichtlich der der Sprache innewohnenden Fähigkeiten, Erde und Menschen im Worte zu beschreiben und bestimmte Verhaltensweisen zu verdeutlichen. Aber es bleibt doch dahingestellt, ob sein *Tractatus* nicht die stärkere und konsequentere Aussage darstellt. Bestimmt ist sie scharfsinnig erfaßt; denn das Schweigen, von dem die nackte Rede allezeit umgeben ist, scheint dank der starken Überzeugungskraft von Wittgenstein weniger Trennscheide als Ausblick in die Weite zu sein. Ähnlich wie bei bestimmten Dichtern blicken wir von der Sprache nicht ins Dunkel, sondern ins Helle. Jeder Leser, der sich tief genug in den *Tractatus* versenkt, wird empfänglich sein für seinen eigenartig verschwiegenen Glanz.

Auch wenn ich hier nur kurz darauf eingehen kann, scheint mir doch ersichtlich, daß der Rückzug aus der alleinigen Machtvollkommenheit und Reichweite der Sprache auch eine weitgehende Rolle im Werdegang und Wesen der modernen Kunst spielt. In der Malerei wie in der Plastik korrespondiert ein gewisser Realismus im weitesten Sinne – nämlich die Darstellung alles dessen, was wir als eine Nachahmung bestehender Wirklichkeit begreifen – mit jenem Zeitabschnitt der Historie, da die Sprache noch im Zentrum des geistigen und des Gefühlslebens steht. Eine Landschaft, ein Stilleben, ein Portrait, das allegorische Bild, die Darstellung eines geschichtlichen oder legendären Ereignisses sind nach Farbe, Umriß und Gefüge lediglich Wiedergaben von Realitäten, die sich auch in Worten bekunden lassen. Es ist uns möglich, von dem jeweiligen Gegenstand der Kunst eine ausführliche, sprachliche Bestandsaufnahme zu geben. Die Leinwand und das Standbild haben einen Titel, der sie zu dem verbalen Vorstellungsvermögen in Beziehung setzt. Wir sagen: das ist ein Portrait eines Mannes mit einem goldenen Helm; oder das ist der Canale Grande bei Sonnenaufgang; oder hier ist ein Bildnis der Daphne, die sich in einen Maulbeerbaum verwandelt. Selbst wenn wir das betreffende Werk zuvor nie gesehen hätten, genügen die Worte, um in der Anschauung einen bestimmten graphischen Gegenwert entstehen zu lassen. Natürlich ist dieses Äquivalent nicht so lebendig und offenbarend wie das Gemälde von Rembrandt oder Canaletto, beziehungsweise die Plastik von Canova, aber zwischen beiden besteht eine wesentliche Verwandtschaft: Der Künstler wie der Betrachter sprechen über dieselbe Welt, obschon der Künstler die Dinge profunder und umfassender sagt.

Genau diese Gleichwertigkeit oder Deckungsgleichheit im Wort ist es, gegen die sich die modernen Künste auflehnen. Eben weil so vieles in der Malerei des achtzehnten und neunzehnten Jahrhunderts eine bloße Illustration verbaler Vorstellungen – eine Abbildung aus dem Buch der Sprache – zu sein schien, hat sich der Nach-Impressionismus vom Worte losgesagt. Van Gogh erklärte, ein Maler male nicht was er sieht, sondern was er empfindet. Was man sieht, läßt sich in Worte umsetzen, während das, was empfunden wird, durchaus auf einer Stufe eintreten kann, die der Sprache vorangeht oder gar außerhalb von ihr liegt. Seinen spezifischen Ausdruck findet es einzig und allein in dem Idiom der Farbe und räumlichen Organisation. Nichtgegenständliche und abstrakte Kunst schließen schon die bloße Möglichkeit eines sprachlichen Äquivalents aus. Die Leinwand oder die Skulptur versagen sich von vornherein einer Betitelung; »Schwarz und Weiß No. 5« oder »Weiße Figuren« oder »Komposition 85« genügen zur Klassifizierung. Wenn schon ein Titel gegeben wird, wie bei vielen Bildern von de Kooning, ist er häufig eine ironische Mystifikation, weniger um etwas auszusagen, sondern als Dekor oder zur Irreführung. Und das Werk selbst hat kein Thema, keinen Vorwurf, worüber sich in Worten berichten ließe. Die Tatsache, daß Lassow seine Verrenkungen aus Bronze »Wolken von Magellan« nennt, liefert keine äußere Bezugnahme; Franz Klines »Häuptling« (1950) ist bloß ein Spulenring aus Farbe. Nichts was sich darüber *sagen* ließe, würde im Zusammenhang mit den Gepflogenheiten sprachlicher Sinngebung stehen. Die Farbflecke, die Drahtsträhne, die Masse aus gegossenem Eisen suchen nur Bezugnahme auf sich zu schaffen, nur innerlich.

Wo es ihnen gelingt, ruft ihr Anspruch auf unmittelbare sinnliche Energie im Beschauer eine kinetische Reaktion hervor. Bei Brancusi und Arp finden sich Formumrisse, die uns in ein Gegenstück zu ihrer eigenen Bewegung hineinziehen. De Koonings »Leaves in Weehawken« (Ferien in Weehawken) umgeht die Sprache und scheint unmittelbar auf unseren Nervensträngen zu spielen. Häufiger jedoch vermittelt abstrakte Formgebung nur rudimentäre dekorative Genüsse. Bei Jackson Pollock ist vieles schmuckfreudige Tapete. Und in der überwiegenden Mehrzahl der Fälle geht vom abstrakten Expressionismus und der gegenstandslosen Kunst überhaupt nichts Mittelbares aus. Das Werk bleibt stumm oder ist bemüht, uns in einem nicht mehr menschlichen Kauderwelsch zu beschimpfen. Ich frage mich ernstlich, ob künftige Künstler und Kunstkritiker nicht mit kopfschüttelnder Geringschät-

70

zung auf die Ansammlung überheblicher Unbedeutenheiten zurückschauen werden, von denen unsere Galerien augenblicklich erfüllt sind.

Ganz anders liegt das Problem selbstverständlich bei der atonalen, der konkreten oder elektronischen Musik. Eindeutig an die Sprache geknüpft ist Musik nur dort, wo sie einen Text vertont, wo sie Musik für einen besonderen feierlichen Anlaß abgibt oder wo sie als Programm-Musik eine gegebene Szene oder Situation in Ton und Klang zu verdeutlichen sucht. Zu allen Zeiten hat Musik ihre eigene Grammatik, ihr eigenes Vokabular und symbolische Mittel gehabt. Zusammen mit der Mathematik ist sie in der Tat das oberste Ausdrucksmittel des Ichs gewesen, wenn das Ich sich in einem nicht verbalen Zustand befindet. Zudem liegt schon in der Musik selbst eine bestimmte Tendenz, sich aus der Reichweite des Wortes zu entfernen.

Eine klassische Sonate oder Symphonie hat mit einer verbalen Aussage an sich nicht das geringste zu tun. Abgesehen von sehr vereinfachten Beispielen (»Sturm-Musik«) gibt es zwischen dem tonalen Geschehen und einer bestimmten verbalen Bedeutung oder Emotion kein eindeutiges Äquivalent. *Trotzdem* gibt es in klassischen Formen musikalischer Gestaltung eine bestimmte Grammatik, eine Gliederung im Zeitmaß und Rhythmus, die durchaus ihre Analogien in den Abläufen der Sprache besitzt. Sprache an sich kann nicht die binäre Struktur einer Sonate übertragen, doch die Feststellung aufeinanderfolgender Themen, der Tatbestand ihrer Variation sowie ihrer abschließenden kurzen Zusammenfassung teilen eine Erlebnisanordnung mit, für die es in der Sprache gültige Parallelen gibt. Moderne Musik dagegen weist keinerlei derartige Verwandtschaft auf. Um eine Art totaler Autarkie und Unverletzlichkeit zu erreichen, löst sie sich gewaltsam aus dem Geltungsbereich verständlicher »äußerer« Sinngebung los. Sie versagt dem Zuhörer jegliches Erkennen von Inhalt und Gehalt, oder richtiger, sie versagt ihm die Möglichkeit, den rein akustischen Eindruck mit irgendeiner verbalisierten Erlebnisform in Beziehung zu bringen. Ähnlich wie das gegenstandslose Bild verzichtet das Stück »neuer« Musik oftmals auf einen Titel, damit dieser Titel keine falsche Brücke zurück zur Welt bildlicher oder verbaler Vorstellungen abgeben könnte; es nennt sich »Variation 42« oder »Komposition«.

Dazu kommt, daß es die Neue Musik auf ihrer Flucht aus der Nachbarschaft der Sprache unausweichlich in die chimärischen Arme der Mathematik getrieben hat. Beim Durchblättern einer jüngst erschienenen Ausgabe der Zeitschrift *The Musical Quarterly* stoßen wir auf folgende Diskussion über »Zwölfton-Invarianten«:

Die Anfangstonhöhe der Wertklasse S ist durch das Paar (0,0) angezeigt und wird verstanden als Ursprung des Koordinatensystems sowohl für die Reihenfolge wie für die Tonhöhe der Zahlen, die beide über den gesamten Integralen 0–11 inclusive rangieren, indem jedes Integral einmal erscheint und nur einmal als Ordnungszahl und Tonhöhenzahl. Im Falle der Ordnungszahlen bedeutet dies, daß zwölf und nur zwölf Tonklassen beteiligt sind: Im Falle der Tonhöhenzahlen wird das arithmetische Analogon der Oktaven-Equivalenz (kongruent mod. 12) bezeugt.

Ein zeitgenössischer Komponist, der noch nicht einmal zu den radikalsten zählt, beschreibt seine eigene Kompositionsmethode folgendermaßen:

Wesentlich ist, daß der dem Serien-Konzept inhärente Begriff von der Unvariierbarkeit, wenn er auf alle Parameter angewendet wird, zu einer konfigurativen Gleichförmigkeit führen muß, die auch noch den letzten Rest an Unvorhergesehenem oder an Überraschung ausschließt.

Musik, die aus dieser Einstellung produziert wird, kann unter Umständen von großem Reiz und hohem technischen

Anspruch sein. Aber die Erscheinung dahinter, ist deutlich eine Begleiterscheinung der weitverbreiteten Krise humanistischer Bildung. Und nur diejenigen Zeitgenossen, die sich dem Ultramodernen aus Profession oder Affektiertheit verschrieben haben, können verleugnen, daß ein großer Teil von dem, was gegenwärtig als Musik ausgegeben wird, lediglich rohes Geräusch, brutaler Lärm ist.

II

Was ich bisher erörtert habe, ist dies: bis ins siebzehnte Jahrhundert hinein, umfaßte der Wirkungskreis der Sprache nahezu die Gesamtheit aller erlebten Wirklichkeiten; heute umschließt er ein begrenzteres Gebiet. Er verdeutlicht nicht mehr die Hauptbedingungen des Handelns, Denkens und der Vernunft, noch ist er relevant für sie. Weite Bereiche der Bedeutung und Praxis gehören jetzt solchen nichtverbalen Ausdrucksweisen an wie der Mathematik, der Symbol-Logik, und den Formeln chemischer oder elektronischer Verbindungen. Wieder andere Bereiche gehören zu den Sub- oder Antisprachen der gegenstandslosen Kunst und *Musique concrète*. Das Reich der Worte ist zusammengeschrumpft. Von unendlichen Zahlenreihen *läßt* sich nun einmal nicht sprechen, außer in mathematischen Begriffen; man *soll nicht* innerhalb der gegenwärtig verfügbaren Sprachkategorien über Ethik und Ästhetik sprechen, empfiehlt uns Wittgenstein. Und ich meine, es *ist* außerordentlich schwierig, sich in sinnvoller Weise über eine Malerei von Jackson Pollock oder eine Komposition von Stockhausen zu äußern. Ungeheuerlich muß sich der Kreisumfang verengt haben, denn wo gab es unter dem bestirnten Himmel etwas, ob Wissenschaft, Metaphysik, Kunst oder Musik, worüber ein Shakespeare, ein Donne oder Milton nicht selbstverständlich mitsprechen konnten, etwas zu dem ihre Worte keinen selbstverständlichen Zugang hatten?

Sollte dieses Phänomen andeuten, daß heute weniger Worte im Umlauf sind? Eine äußerst verwickelte und bis dato ungelöste Frage. Man schätzt, daß die englische Sprache gegenwärtig über 600 000 Wörter enthält. Das elisabethanische Englisch soll nur 150 000 Vokabeln umfaßt haben. Doch diese ungefähren Zahlen täuschen. Der Wortschatz, mit dem Shakespeare gearbeitet hat, übersteigt den jedes anderen nachfolgenden Autors, und die King James Bibel, obwohl sie nur 6000 Wörter benötigt, läßt die Vermutung zu, daß das geistige Vorstellungsvermögen zur damaligen Zeit bei weitem umfassender war als das unsere. Das ausschlaggebende Moment liegt also nicht in der Zahl der potentiell verfügbaren Wörter, sondern vielmehr in dem Grad, in dem die sprachlichen Mittel faktisch im Gebrauch sind. Wenn die Schätzung von McKnight (*English Words and Their Background, 1923*) zutrifft, setzen sich fünfzig Prozent der gegenwärtig gesprochenen Umgangssprache in England und Amerika aus nur vierunddreißig Grundvokabeln zusammen, und die modernen Massenmedien für Kommunikation mußten, um sich weithin verständlich zu machen, das Englisch auf den Stand der Halbbildung abbauen. Die Sprache von Shakespeare und Milton gehörte einem geschichtlichen Abschnitt an, in dem Worte noch der ursprünglichen Kontrolle des erlebten Lebens unterstanden. Der schreibende Mensch von heute tendiert dahin, weniger und einfachere Wörter zu benutzen, weil die Massenkultur das Bildungskonzept verwässert hat und die Summe der Realitäten, für die Wörter eine erforderliche und ausreichende Erklärung abgeben können, sich jäh verringert hat.

Diese Verminderung – die Tatsache nämlich, daß der Inbegriff der Welt sich dem Zugriff des mitteilenden Wortes mehr und mehr entzieht – hat ihre Einwirkung auch auf die Qualität der Sprache gehabt. In dem Maße wie das westliche Bewußtsein von den Hilfsquellen der Sprache weniger abhängig geworden ist, um seine Erfahrungswelt zu ordnen und das geistige Verhalten zu lenken, scheinen die Wörter selbst von ihrer Genauigkeit und Lebenskraft manches verloren zu haben. Ich weiß, diese Auffassung ist umstritten, geht sie doch von der angenommenen Voraussetzung aus, daß die Sprache ein eigenes »Leben« besitze, welches über das bildhaft Metaphorische hinausgeht. Es bedeutet ferner, daß Vorstellungen wie die von einer inneren Aushöhlung und einem Verfall relevant für die Sprache als solche und nicht nur an den Gebrauch geknüpft sind, den der Mensch von ihr macht. Vertreten wird diese Auffassung von Joseph de Maistre und George Orwell, und sie bekräftigt die von Ezra Pound über die Aufgabe des Dichters gegebene Definition: »Von Wörtern werden wir beherrscht, unsere Gesetze sind in Wörter eingraviert, und das alleinige Mittel, um diese Wörter lebendig und intakt zu erhalten, ist die Literatur.« Solche Hindeutungen auf eine innere selbständige Lebenskraft der Sprache werden von den meisten Sprachforschern für verdächtig gehalten. Deshalb lassen Sie mich mit wenigen Worten aufzeigen, was ich meine.

Was die Behandlung und Pflege der englischen Sprache betrifft, so finden wir gerade während der Tudorperiode, der elisabethanischen und der Zeit unter Jacob einen Sinn für Neuentdeckung und üppige Bereicherung ausgeprägt, wie er seither nie wieder erlangt worden ist. Marlowe, Bacon, Shakespeare verwenden die Wörter so, als wären sie ganz neu, als hätte keine vorherige Berührung ihren Schimmer getrübt, ihre Resonanz gedämpft. Erasmus von Rotterdam berichtet, wie er sich in einer schmutzigen Gasse verzückt über ein Stück bedruckten Papiers gebeugt habe, so neu, so ungewohnt war damals das Wunder einer bedruckten Seite. In dieser Weise haben die Menschen des sechzehnten und siebzehnten Jahrhunderts zur Sprache aufgeblickt, deren unermeßliche Reichtümer auf einmal enthüllt, sich vor ihnen ausbreiten, und so durchstöbern und durchsuchen sie den Schatz im Gefühl eines nie endenden Zeitvertreibs. Dasselbe kostbare Instrument jetzt in unserer Hand, ist demgegenüber durch zu langen Gebrauch abgenutzt, und die Beanspruchungen durch Massenkultur und Massenmitteilung haben aus ihr ein williges Werkzeug zur Herstellung beständig wachsender Geschmacklosigkeit gemacht.

Was für halbe Wahrheiten, grobe Vereinfachungen oder nichtssagende Belanglosigkeiten lassen sich nun tatsächlich auf das Halb-Analphabetentum eines Massenpublikums übertragen, das die populäre Demokratie auf den Markt der Werte und Scheinwerte geholt hat? Hochwirksam werden kann eine solche Kommunikation nur durch eine verdünnte und verfälschte Sprache. Man vergleiche einmal die Vitalität der Sprache, die bei Shakespeare, im Book of Common Prayer, oder im Stil eines Landedelmannes wie Cavendish eine Selbstverständlichkeit ist, mit unserer gegenwärtigen Gemeinsprache. »Marktforscher«, diese Totengräber gebildeter Ausdrucksweise, möchten uns einreden, eine perfekte Werbung dürfe weder Wörter mit mehr als zwei Silben, noch Sätze mit abhängigen Nebensätzen enthalten. In den Vereinigten Staaten sind millionenfache Auflagen von »Shakespeare« und der »Bibel« in der Form von comic strips im Umlauf – mit erläuternden Bildunterschriften, *basic English*. Da allerdings kann es keinen Zweifel geben, daß der Zugang der Halbgebildeten zur wirtschaftlichen und politischen Macht einen drastischen Abbau im Reichtum und der Würde sprachlichen Ausdrucks mit sich gebracht hat.

Im Zusammenhang mit dem Zustand der deutschen Sprache unter nazistischem Einfluß habe ich an anderer Stelle aufzuzeigen versucht, was politische Lüge und Bestialität einer Sprache antun können, wenn diese von den Wurzeln der Moral und des Gefühlslebens abgetrennt wird, wenn sie zu reinen Klischees, unkontrollierten Definitionen und Wortabfällen erstarrt. Was mit der Sprache in Deutschland passiert ist, passiert indessen, wenn auch weniger auffällig, woanders auch. Die Sprache von Massenmedien und Werbung in England und den Vereinigten Staaten, oder das, was in einer durchschnittlichen amerikanischen Oberschule für Bildung gehalten wird, oder die Ausdrucksweise in der gegenwärtigen politischen Debatte sind offen zutage liegende Beweise für ein Nachlassen an Vitalität und Genauigkeit. Das Englisch, das von Mr. Eisenhower auf seinen Pressekonferenzen gesprochen wurde, war, ähnlich dem zum Verkauf eines neuen Reinigungsmittels, weder dazu angetan, die kritischen Wahrheiten des nationalen Lebens zu übermitteln, noch sollte es die Gedanken des Zuhörers anregen. Es war bestimmt, den Bedeutungsansprüchen aus dem Wege zu gehen oder sie falsch auszulegen. Die Sprache eines Staatswesens hat ein gefährliches Stadium erreicht, wenn eine amtliche Untersuchung über radioaktive Niederschläge offiziell »Verfahren Sonnenschein« genannt werden kann.

Ob es sich um ein Nachlassen an Lebensenergie in der Sprache selbst handelt, was zur Minderung und Auflösung moralischer und politischer Werte führt, oder ob es ein Kräfteverfall im Kern der Politik ist, der die Sprache untergräbt, eines steht fest: das dem modernen Schriftsteller zur Verfügung stehende Werkzeug ist von außen her durch Restriktionen und von innen her durch Zersetzung bedroht. In einer Welt, die R. P. Blackmur als »das neue Analphabetentum« bezeichnet, befindet sich also der Mensch, dem höchste Bildung eine Lebensnotwendigkeit ist, in einer prekären Lage.

Was ich im nächsten Abschnitt untersuchen will, ist die Einwirkung, die der Rückzug aus dem Wort und die damit verbundenen Aufsplitterungen und Verminderungen unserer Kultur auf die eigentliche Literaturpraxis ausübt. Natürlich nicht auf die ganze westliche Literatur, auch nicht auf einen bezeichnenden Bruchteil, sondern nur auf gewisse literarische Strömungen und einzelne Schriftsteller, die für den Rückzug in weiterem Sinne exemplarisch erscheinen.

III

Die Krise der dichterischen Mittel, wie wir sie jetzt erleben, begann schon im späten neunzehnten Jahrhundert. Sie entstand aus dem Gewahrwerden der Lücke zwischen dem neuentdeckten Sinn für psychologische Realitäten und den alten Bräuchen rhetorischer und poetischer Darlegung. Um den Bewußtheitsreichtum, der sich der modernen Wahrnehmungskraft auftat, zu artikulieren, suchte eine Anzahl Dichter, aus den überlieferten Grenzen von Syntax und Definition auszubrechen. Rimbaud, Lautréamont und Mallarmé wetteiferten förmlich miteinander, um der Sprache wieder einen beweglich fließenden, bedingten Charakter zu geben; sie hofften, dem Wort die Kraft zum Verzaubern zurückzugeben – um das Beispiellose, Unerhörte heraufzubeschwören – die es besitzt, wenn es noch die Form der Magie hat. Sie erkannten, daß die traditionelle Syntax unsere Wahrnehmungen in lineare und monistische Bahnen lenkt. Solche eingleisigen Grundmuster verzerren oder ersticken aber das freie Spiel der unterbewußten Kräfte, das tausendfältige Leben im Innern des Ichs, wie es Blake, Dostojewski, Nietzsche und Freud aufgezeigt haben. In seinen Prosagedichten sucht Rimbaud die Sprache aus ihren angeborenen Banden der Kausal-Zusammenhänge zu befreien; die Wirkungen scheinen den Ursachen voranzugehen, und die Geschehnisse werden in sprunghafter Gleichzeitigkeit entfaltet. Das wurde zu einem charakteristischen Einfall des Surrealismus. Mallarmé machte aus Worten nicht in erster Linie einen Akt der *Mitteilung*, sondern eine *Einweihung* in ein privates Mysterium. Mallarmé verwendet allgemein gebräuchliche Wörter für rätselhaft verborgene Wahrnehmungen; wir erkennen sie wieder, doch sie kehren uns den Rücken zu.

Obschon dererlei Konzepte in gewissen Fällen süperbe Poesie abwerfen, bergen sie doch viele Gefahren in sich. Um künstlerisch wirksam zu werden, muß hinter der neuartigen Privatsprache der Spannungsdruck einer genialen Natur stehen. Nur dem Genie ist es möglich, eine geistige Vision so intensiv und spezifisch zu verarbeiten, daß die dazwischentretenden Schranken einer unvollkommenen Syntax und privaten Bedeutung überwunden werden. Der moderne Dichter bedient sich der Sprache als einer persönlichen Notenschrift, deren Zugang für den Durchschnittsleser zunehmend schwieriger wird. Wo ein Meister am Werke ist, wo die Privatheit der Mittel ein Instrument erhöhter Wahrnehmung und kein bloßer Trick ist, führt es den Leser unumgänglich auf das Werk zu. Noch ehe man die Visionen Rimbauds erfaßt oder den ausgefallenen thematischen Aufbau in den *Duineser Elegien* begriffen hat, weiß man, daß Rimbaud und Rilke Sprache auf neuen Pfaden benutzen, um vom Wirklichen zum noch Wirklicheren vorzudringen. In der Hand geringerer Begabungen oder geistiger Hochstapler aber schrumpft der Versuch der Spracherneuerung zur Unfruchtbarkeit und Verschwommenheit zusammen. Dylan Thomas ist ein entsprechendes Beispiel. Mit dem Spürsinn des geborenen Schaustellers erkannte er, daß sich weite und größtenteils unqualifizierte Publikumskreise geschmeichelt fühlen, wenn man ihnen Zugang zu einer Dichtung angeblicher Tiefe und Unerforschlichkeit gibt. Er kombinierte die rhetorische Schaumschlägerei eines Swinburne mit kabbalistischen Kunstgriffen der Syntax und des Imaginären. Damit demonstrierte er, daß jeder seinen orphischen Kuchen haben und gleichzeitig essen kann. Wenn man bei ihm von gewissen ausdrucksvollen Ausnahmen absieht, geben seine Gedichte weniger her, als es auf den ersten Blick erscheint.

Überall dort, wo Dichtung sich von den ehernen Gesetzen klarer Bedeutung und den allgemeinen Gebräuchen der Syntax loszulösen sucht, tendiert sie zu einem musikalischen Formideal. Diese Tendenz spielt in der modernen Literatur eine interessante Rolle. Der Gedanke, Wörtern oder einer Prosodie gleichwertige Bedeutung mit der Musik zu geben, ist an sich ein sehr alter, nur daß er in der Dichtkunst des französischen Symbolismus einen charakteristischen Einfluß gewinnt. Hinter dem Grundsatz von Verlaine – *De la musique avant toute chose* – steht unausgesprochen die verführerische, wenn auch verworrene Vorstellung, daß ein Gedicht sich in erster Linie durch seinen Wohlklang mitzuteilen habe. Diese mehr auf den tonalen als auf den begrifflichen Charakter hinzielende Einstellung brachte eine Reihe dichterischer Werke hervor, die ihre verflochtenen und verwickelten Bedeutungsanspielungen im Grunde nur dann vollgültig hergeben, wenn sie vertont sind. Debussy war begabt genug, um Maeterlincks *Pelléas et Mélisande* nahezu unbeschadet in seine Kunstform einzuschmelzen; dasselbe trifft für Richard Strauss und Oscar Wildes *Salomé* zu. In beiden Fällen ist das Dichtwerk ein Libretto auf der Suche nach einem Komponisten. Die musikalischen Valeurs und ihre Behandlung sind in der Sprache klar und eindeutig vorgeformt.

In jüngerer Zeit ist die Unterwerfung literarischer Formen unter musikalische Wesenszüge und Vorbilder sogar noch ein Stück weiter vorgetragen worden. Bei Romain Rolland wie bei Thomas Mann begegnen wir dem Glaubenssatz, daß der Musiker seiner Natur nach der Künstler schlechthin sei (*mehr* Künstler als, sagen wir, der Maler oder der Schriftsteller). Das rührt daher, daß die Tonkunst imstande ist, jene totale Verschmelzung von Form und Inhalt, von Mitteln und Bedeutung zustandezubringen, um die alle Kunst ringt. Zwei der hervorragendsten dichterischen Gestaltungen unserer Zeit, T. S. Eliots *Vier Quartette* und Hermann Brochs *Tod des Vergil*, verkörpern eine Idee, die auf Mallarmé und seinen *Nachmittag eines Fauns* zurückzuführen ist: beide Werke unternehmen den Versuch, mit Hilfe der Sprache die Vorstellungen von korrespondierenden Strukturen aus der Formwelt der Musik zu suggerieren.

Der *Tod des Vergil* ist ein Roman in vier Abschnitten, von denen jeder metaphorisch stellvertretend für einen der vier Sätze eines Quartettes steht. Ja, es gibt Hinweise dafür, daß Broch dabei Aufbau und Gefüge eines bestimmten Quartetts von Beethoven vorgeschwebt habe. In jedem »Satz« will die Kadenz der Prosa ein entsprechendes musikalisches Tempo reflektieren: da gibt es ein schnelles »Scherzo«, in welchem die Fabel, der Dialog und die Erzählung sich in lebhaft energischem Tempo fortbewegen; im »Andante« verlangsamt sich

Brochs Stil zu langen, gewundenen Sätzen. Der letzte Abschnitt, der Vergils eigentliche Fahrt in den Tod wiedergibt, ist eine erstaunliche Leistung. Hier geht die Auflockerung der herkömmlichen erzählerischen Bande noch über Joyce hinaus. Die Worte fließen rein und klar wie in einer getragenen Polyphonie dahin. Die widerstreitenden Themenstränge sind ganz so ineinander verwoben wie in einem Quartett für Streicher; da gibt es fugale Ableitungen, in denen Leitbilder in bestimmten Intervallen wiederholt werden; und zu guter Letzt sammelt und häuft sich die Sprache zu einem Ausbruch dunkler Sinnenfreudigkeit, während Erinnerung, gegenwärtiges Bewußtsein und prophetische Verkündigung sich in einem einzigen gewaltigen Akkord vereinigen. Als Ganzes ist der Roman ein einzigartiger Versuch, die Sprache in Richtung auf feinere und präzisere Sinnübermittlungen zu transzendieren. Im letzten Satz durchmißt der Dichter die Todeszone und erkennt, daß alles was außerhalb der Sprache liegt, auch außerhalb des Lebens liegt.

Im Zusammenhang mit diesen Hinwendungen der Literatur zur Musik scheint mir eine soziologische Anmerkung wichtig. In den Vereinigten Staaten, und in wachsendem Maße auch in Europa, ist die neu herangewachsene Bildungsschicht eher musikalisch als verbal orientiert. Die Langspielplatte hat die Kunst der Muße und Freizeitgestaltung revolutioniert. Die neue Mittelklasse in der Überflußgesellschaft liest wenig, aber sie hört Musik mit verständnisvollem Vergnügen an. Wo früher die Bücherregale standen, stehen heute die stolzen Reihen mehr oder weniger esoterischer Schallplatten-Alben mit den dazugehörigen *high-fidelity*-Geräten. Verglichen mit der Langspielplatte ist das Taschenbuch eine kurzlebige, leicht abgetane Sache; zu einer echten Bibliothek führt es nicht. Musik ist heute zu einem Hauptfaktor in der Laienkultur geworden. Nur wenige Erwachsene lesen einander noch laut vor, noch wenigere verbringen einen regelmäßigen Teil ihrer Freizeit in einer öffentlichen Bücherei oder einem Lesesaal, so wie die Generation von 1880 es getan hat, aber es gibt viele, die sich vor dem HiFi-Gerät versammeln oder an musikalischen Darbietungen teilnehmen.

Die Gründe hierfür sind komplexer psychologischer und gesellschaftlicher Natur. Das Tempo des urbanen und industrialisierten Lebens läßt den einzelnen am Abend erschöpft zurück. Wenn man ermüdet ist, läßt sich Musik, selbst schwere Musik, leichter genießen als ernste Literatur. Sie belebt das Empfinden, ohne das Gehirn zu strapazieren, und sie gestattet selbst denen noch einen Zugang zu den Meisterwerken der Klassik, die wenig Vorbildung besitzen. Und sie isoliert die Menschen nicht auf Inseln der Stille und Zurückgezogenheit, wie die Lektüre eines Buches, sondern verbindet sie in der Illusion einer Gemeinschaft, um die unsere Gesellschaft so sehr bemüht ist. Wo einst in der viktorianischen oder der Gründerzeit die Freier ihren Bräuten und Angebeteten Angebinde in Versen zusandten, wählt der moderne Liebhaber die Schallplatte als Kulisse für Träumerei oder Verführung. Wer daraufhin moderne Albenhüllen näher betrachtet, erkennt, daß Musik ein Ersatz für Kerzenlicht und dunklen Samt geworden ist, die unser Lebensstil nicht mehr bereitstellt.

In Kürze: der musikalische Klang, und in geringerem Grad auch das Kunstwerk und seine Reproduktion, beginnen in der gebildeten Gesellschaft einen Platz einzunehmen, der früher einmal standhaft vom Wort behauptet wurde.

Aus der Notwendigkeit eine Tugend gemacht hat diejenige Stilrichtung in der zeitgenössischen Literatur, die vielleicht als die dominierende anzusprechen ist. Der Stil von Hemingway und der seiner unzähligen Nachahmer ist eine glänzende Erwiderung auf die Verminderung der sprachlichen Möglichkeiten. Sparsam, lakonisch und hochgradig gesucht in seinem Trachten nach Kürze und Untertreibung, suchte dieser Stil das Vorbild von Flaubert – *le mot juste* – auf die Ebene der Umgangssprache zu reduzieren. Man mag so etwas bewundern oder nicht, unleugbar aber basiert sein Konzept auf einer im höchsten Maße begrenzten Vorstellung von den Mitteln und Wegen der gebildeten Sprache. Überdies verleitet die technische Meisterschaft eines Hemingway leicht dazu, einen entscheidenden Unterschied zu verwischen: man kann mit einfachen, schlichten, anspruchslosen Wörtern komplexe Gedanken und Gefühle ausdrücken, wie bei Tacitus, im Common Prayer oder in Swift's *Tale of a Tub*; oder man kann mit ihnen Bewußtseinszustände ausdrücken, die in sich selbst rudimentär sind. Durch das Beschneiden und Einsparen der Sprache zu einer Art kraftvoll lyrischer Kurzschrift engt Hemingway den Umfang des beobachteten und wiedergegebenen Lebens ein. Man wirft ihm häufig sein monotones Festhalten an Jägern, Fischern, Stierkämpfern und trunksüchtigen Soldaten vor. Diese Unwandelbarkeit jedoch ist nur ein notwendiges Resultat seiner verfügbaren Ausdrucksmittel. Wie könnte Hemingways Sprache das Innenleben von Charakteren mitteilen, die vielfältiger und artikulierter angelegt sind? Man stelle sich einen Übertragungsversuch aus der Bewußtseinslage des Raskolnikow in das Vokabular von *The Killers* vor. Womit die Vollkommenheit dieser erbarmungslos harten Bestandsaufnahme keineswegs geleugnet werden soll. Und doch sammelt sich in *Schuld und Sühne* ein Lebensinbegriff an, der gänzlich über Hemingways spärliche Ausdrucksmittel hinausgeht.

Der Prozeß der Verdünnung und Auszehrung der Sprache hat einen großen Teil der jungen Literatur zur Mittelmäßigkeit verurteilt. Daß der *Tod des Handlungsreisenden* hinter der klar erkennbaren Reichweite von Arthur Millers Begabung zurückbleibt, mag verschiedene Gründe haben, doch ein besonders deutlicher ist die Armut der Sprache in diesem Stück. Die harte, snobistische Wahrheit ist, daß Männer, mit denen es zu Ende geht, tragischer sind, wenn sie wie Macbeth sprechen, als solche, die Platitüden im Stil von Willy Lohman von sich geben. Miller hat viel von Ibsen gelernt; doch hat er es versäumt, hinter Ibsens realistischen Konventionen den beständig schlagenden Puls der Poesie herauszuhören.

Die Sprache sucht sich an denen zu rächen, die ihr Schaden antun. Ein schlagendes Beispiel dafür bietet O'Neill, ein Dramatiker, der auf eine bedeutungsschwere, melancholische und nicht wenig ergreifende Art an die Praxis schlechten Schreibens gebunden ist. In dem aufgedunsen-dumpfen Morast von *Eines langen Tages Reise in die Nacht* finden sich eingestreute Passagen von Swinburne. Die Rollentexte bestehen aus prunkvoll verziertem, romantisch überladenem Wortschwall, und sie sollen die jugendlichen Unzulänglichkeiten derer ans Licht bringen, die sie hersagen. Doch tritt das Gegenteil ein, sobald das Stück über die Bühne geht. Die Spannkraft und das Gefunkel der Swinburnschen Sprache brennen ein Loch in das umgebende Gewebe, sie heben die Handlung über das unbedeutende Niveau hinaus, und anstatt die handelnden Personen bloßzustellen, wird der Autor bloßgestellt. Selten geht ein moderner Autor straffrei aus, wenn er die heranzieht, die ihm überlegen sind.

Doch sind mitten auf dem fluchtartigen Rückzug vom Wort auch eine ganze Menge schneidiger Nachhutgefechte ausgetragen worden, von denen ich hier nur auf ein paar Fälle aus dem englischen Sprachbereich eingehen will.

Der verschwenderischste Gegenangriff, den je ein Schriftsteller der Moderne gegen den Sprachschwund in Bewegung gesetzt hat, ist zweifellos von James Joyce ausgegangen. Die Literatur hat nach Shakespeare und Burton keinen imposanteren Gourmand des Wortes gekannt. Als sei er sich der Tatsache bewußt gewesen, daß der Sprache durch die Wissenschaft viele ihrer einstigen Besitzungen und Randprovinzen verloren gegangen waren, zog er es vor, sich ein eigenes unterirdisches Reich aufzubauen. *Ulysses* fängt mit seinem heiter strahlenden Netz die verhedderten Knäuel des unterbewußten Lebens ein; *Finnegans Wake* fördert die unterirdischen Bastionen des Schlafes zutage. Für englische Ohren ruft das Werk von Joyce (mehr als alles andere, was nach Milton geschrieben worden ist) die ganze Fülle und Klangpracht des sprachlichen Erbes wieder ins Gedächtnis zurück. Dieses

Werk kommandiert über eine gewaltige Wortstreitmacht, es stellt lange in Vergessenheit geratene, eingerostete Wörter wieder in Dienst und es rekrutiert neue unter dem Druck dichterischer Notwendigkeit.

Trotzdem können wir im Rückblick auf die eindeutig gewonnene Schlacht wenig positive Ergebnisse, kaum irgendeine Bereicherung im weiteren Sinne buchen. Bemerkenswert bleibt, daß Joyce im englischen Sprachbereich ohne einen Nachfolger geblieben ist, dies vielleicht, weil es gar keinen geben kann für ein Talent, das sich innerhalb der eigenen Leistungsfähigkeit so erschöpfend verausgabt hat. Was noch mehr ins Gewicht fällt: alle die Schätze, die Joyce der Sprache durch seine weitreichenden Streifzüge wiedergegeben hat, verbleiben verlockend um seine eigenen Arbeiten aufgestapelt. Zu einer gültigen Valuta haben sie es nicht gebracht. Keine allgemeine Neubelebung des Geistes der Sprache ist von ihnen ausgegangen, so wie sie auf Spenser und Marlowe folgte. Weshalb, weiß ich nicht. Vielleicht ist die ganze Aktion zu spät gekommen; oder die allzu privaten Stellen und logisch unzusammenhängenden Abschnitte in *Finnegans Wake* haben sich da als hinderlich erwiesen. Jedenfalls ist das Werk von Joyce, so wie es heute dasteht, mehr ein Denkmal als eine lebendige Kraft.

Ein weiteres Nachhutgefecht oder Stoßtruppunternehmen hinter die feindlichen Linien hat Faulkner geliefert. Faulkners Stilmittel sind in erster Linie die der romantischen und viktorianischen Redekunst. In einer Syntax, deren Gewundenheiten in sich schon Ausdruck der Faulknerschen Landschaft sind, übt eine überladene und gekünstelte Dialektsprache beständig Überfälle auf unsere Gefühle aus. Oftmals scheinen die Wörter wie Krebsgeschwüre anzuwachsen, die dann andere Wörter in unbeherrschten Einschiebseln mit sich ziehen. Zuweilen geht der Sinn unter wie in einem Moordunst. Fast immer aber besitzt diese bis zur Idiosynkrasie überempfindliche viktorianische Nachtsprache Stil. Faulkner scheut sich vor Wörtern nicht, auch wo sie ihn überfluten und ertränken. Und wo er sie beherrscht, gewinnt Faulkners Sprache eine Stoßkraft und vitale Sinnlichkeit, die mitreißend ist. In seinen Romanen ist vieles überfrachtet oder gar schlecht geschrieben, immer aber ist der Roman durch und durch *verfaßt*. Der Akt der Beredsamkeit, worin die eigentliche Definition des Schriftstellers liegt, gerät nie in Verzug bei ihm. Die Einwände, die gegen Lawrence Durrell erhoben werden, sind mir bekannt. Sein Stil stemmt sich gegen den Wind der Moderne. Jedem Leser, der auf Hemingway eingestellt ist, wird unwohl dabei und er fühlt sich überfüttert. Vielleicht aber liegt der Fehler bei uns, die wir zu lange mit Wassergrütze und Schleimsuppen gefüttert worden sind. Durrells Lehrmeister heißen Burton, Sir Thomas Browne, de Quincey, Joseph Conrad. So steht er ganz in der alten Tradition einer Prosa der Fülle und des Reichtums. Er unternimmt den Versuch und das Wagnis, die Sprache wieder in ein angemessenes Verhältnis mit den mannigfaltigen Wahrheiten der Erfahrungswelt zu bringen. Im Gefolge seiner Bemühungen stehen Maßlosigkeiten; Durrell ist häufig geziert, und dann ist die Durchführung seiner Gestaltungskraft oberflächlicher und belangloser als die ihm zur Verfügung stehenden technischen Hilfsmittel. Doch was er durchzuführen versucht, hat Bedeutung und Gewicht: es ist nichts weniger als die Bemühung, die Literatur literaturfähig zu erhalten.

Wie wir bereits festgestellt haben, zeichnet sich in der Literatur nur ein begrenzter Teil der universellen Krise ab. Zwar ist der Schriftsteller Wächter, Pfleger und Gestalter des sprachlichen Ausdrucks, aber er kann diese Arbeit nicht allein durchführen, etwas was heutzutage mehr denn je zutrifft. Die Funktion des Dichters innerhalb unserer Gesellschaft und im Geltungsbereich des Wortes hat ganz erheblich nachgelassen. Die meisten wissenschaftlichen Fachbereiche liegen gänzlich außerhalb seiner Reichweite, und um seine Ideale klarer, schöpferischer Rede durchzusetzen, bleibt ihm nur der eingeengte Spielraum der Geisteswissenschaften.

Heißt das nun, wir müssen dem ungebildeten Jargon und der Pseudowissenschaft jene entscheidenden Domänen geschichtlicher, moralischer und gesellschaftlicher Untersuchung überlassen, in denen nach wie vor das Wort regieren sollte? Heißt das, wir hätten keine Rechtsgrundlage, um gegen das schrille Verstummen der Künste Revision einzulegen?

Da sind jene, die eine schwache Hoffnung anbieten. J. Robert Oppenheimer hat darauf hingewiesen, daß das allgemeine Versagen der Kommunikation innerhalb der einzelnen Wissenschaften ebenso besorgniserregend ist wie das zwischen Natur- und Geisteswissenschaften. Der Physiker und der Mathematiker gehen in einem wachsenden Maße gegenseitigen Nicht-mehr-Verstehens ihrer Wege. Der Biologe und der Astronom betrachten ihre Arbeit gegenseitig über einen Abgrund des Schweigens hinweg. Überall splittert das Wissen sich in hochgradige Spezialisierung auf, überwacht und kontrolliert durch technische Ausdrucksweisen, die vom Verstand des einzelnen immer weniger bewältigt werden können. Die Komplikation der Wirklichkeit ist uns derartig zum Bewußtsein gekommen, daß jene Vereinheitlichungen und Synthesen der Verständigung, die in der Alltagssprache möglich waren, nicht mehr funktionieren. Oder sie funktionieren nur noch auf der rudimentären Ebene täglicher Notwendigkeit. Oppenheimer geht noch weiter: er weist darauf hin, daß schon allein der Versuch, Brücken zwischen den Sprachen herzustellen, in die Irre führen muß. Es kommt nichts dabei heraus, wenn man versucht, dem Laien den Realitätsbegriff in der modernen Mathematik oder Physik klar zu machen, es läßt sich ja doch nicht auf eine ehrliche und der Wirklichkeit entsprechende Weise tun. Es mit bildhaften Annäherungswerten tun, heißt irrtümliche Auffassungen verbreiten und falsche Begriffsvorstellungen fördern. Was wir dagegen brauchen, so empfiehlt Oppenheimer, ist eine strenge Bescheidung, die nachdrückliche Erklärung nämlich, daß der Durchschnittsbürger eben nicht alles verstehen kann und daß sogar die Realitäten im Kenntnisbereich eines hochentwickelten Intellekts dünn gesät sind.

Was die exakten Wissenschaften betrifft, scheint diese niederdrückende Ansicht unanfechtbar zu sein; vielleicht ist das meiste Wissen Stückwerk, von vornherein zu einem fragmentarischen Charakter verurteilt. Aber wir dürfen nicht so ohne weiteres die Segel streichen, wenn es sich um geschichtliche, ethische, wirtschaftliche Fragen handelt oder um Untersuchung und Formulierung des sozialen und politischen Verhaltens. Hier muß sich wieder die Autorität der humanen Bildung gegenüber dem Fachjargon durchsetzen. Wie weit sich das durchsetzen läßt, weiß ich nicht; aber auf dem Spiel steht viel. Die Sprache der politischen Machenschaften in unseren Tagen ist verseucht durch Verdunkelung und Besessenheit. Keine Lüge ist zu plump, als daß ihr nicht eifrig und angestrengt Ausdruck verliehen würde; keine Grausamkeit zu schauderhaft, als daß sie im historisierenden Wortschwall nicht eine apologetische Erklärung fände. Gelingt es uns nicht, dem Wort in unseren Zeitungen, in unserer Gesetzgebung und in unseren politischen Handlungen ein bestimmtes Maß von Klarheit und bindender Kraft zurückzugeben, wird unsere Existenz weiter dem Chaos entgegentreiben. Ein zweites Dunkles Mittelalter wird über uns kommen. Die Aussicht ist gar nicht so fernliegend. »Wer weiß«, erklärt R. C. Blackmur, »es kann durchaus möglich sein, daß sich das kommende Zeitalter überhaupt nicht mehr in Worten ausdrückt... denn das nächste Zeitalter ist vielleicht gar nicht mehr gebildet in dem Sinne wie wir es verstehen, beziehungsweise wie die letzten dreitausend Jahre es verstanden haben.« Der Dichter des *Pervigilium Veneris* schrieb seine Verse in einer sich verfinsternden Zeit, inmitten des Zusammenbrechens der klassischen Bildung, und es war ihm bewußt, daß die Musen in Schweigen versinken können:

Ich habe die Muse durch Schweigen zugrunde gerichtet und

Apollo schaut nicht mehr auf mich: so ist auch Amyclae, weil man schweigen mußte, durch Stille zerstört worden.*

»Durch Schweigen zugrunde gerichtet«: eine Zivilisation, auf der das Auge Apolls nicht mehr ruht, wird nicht lange bestehen.

---

* Amyclae, arum f (Ἀμύκλας) Stadt südlich von Sparta. Sie wurde von den Dorern überrumpelt, weil man, ärgerlich über Gerüchte vom Anrücken des Feindes, durch ein Gesetz verbot, von ihm zu sprechen.

Der Dichter und das Schweigen

Sowohl die hebräische wie die klassische Mythologie bergen Spuren einer uralten Angst in sich. Der zerbrochene Turm von Babel und ein in Stücke gerissener Orpheus; der geblendete Prophet, dem die Sehkraft nach außen zu einer Einsicht nach innen wird; die erschlagene Tamyris und der geschundene Marsyas, dessen Stimme zum blutigen Aufschrei im Winde wird – sie alle künden von einer Einstellung zur Gewalttat und Raserei in der menschlichen Rede, die tiefer wurzelt als jede historische Überlieferung.

Daß das artikulierte Sprechvermögen die Grenze sei, die den Menschen von den tausendfältigen Formen belebten Seins scheidet, daß die Sprache des Menschen einzigartige Vorrangstellung über dem Schweigen der Pflanze und dem Grunzen des Tieres bestimme – stärker, listenreicher, länger lebend als es – ist lange vor Aristoteles eine mit Recht anerkannte Lehre. Schon in Hesiods *Theogonie* (584) treffen wir sie an. Für Aristoteles ist der Mensch ein Wesen des Wortes. Wie und auf welche Weise das Wort zum Menschen kam, ist, wie Sokrates im *Kratylos* warnend zu bedenken gibt, ein Rätsel, eine Frage, der Mühe wert, gefragt zu werden, um den Intellekt anzuspornen, um das Ich auf die Wundergabe seiner Mitteilungskraft zu stoßen, doch sicher keine Frage, auf die eine zuverlässige Antwort in menschlicher Reichweite liegt.

Von der Sprache beherrscht, von ihr besessen, und dadurch, daß das Wort die Plumpheit und Gebrechlichkeit der menschlichen Verfassung für sein eigenes bezwingendes Leben auserwählte, konnte das menschliche Individuum aus dem großen Schweigen der Materie ausbrechen. Oder um ein Bild von Ibsen zu gebrauchen: vom Hammer getroffen, begann das empfindungslose Erz zu singen.

Dieses Ausbrechen aber, das der menschlichen Stimme ein

Echo zutrug, wo vordem Schweigen herrschte, ist gleichzeitig ein Wunder und eine Gewalttat, Sakrament und Blasphemie. Es bedeutet eine deutliche Abtrennung von der Welt des Tieres, dem Vorgänger des Menschen und seinem zeitweiligen Nächsten, vom Tier, das, begreifen wir die Mythen um den Zentauren, den Satyr und die Sphinx recht, mit der eigentlichen Substanz des Menschen eng verbunden gewesen ist, dessen instinktgebundene Unmittelbarkeiten und physische Seinsformen nur teilweise aus unserer eigenen Wesensform gewichen sind. Dieser herbe Entwöhnungsprozeß, dessen sich die antike Mythologie in so unruhevoll besorgter Weise bewußt blieb, hat seine Narben hinterlassen. Unsere eigenen neuen Mythologien nehmen das Thema auf: bei Freud in finsterer Andeutung von des Menschen rückwärts gerichtetem Sehnsuchtstrieb, seinem heimlichen Verlangen nach einem Wieder-Eintauchen in einen frühen unartikulierten Zustand organischer Existenz; bei Lévi-Strauss in den Spekulationen über die Selbstverbannung des Menschen, durch seinen Prometheischen Feuerdiebstahl (die Wahl, anstelle roher, gekochte Nahrung zu sich zu nehmen), und weiterhin durch seine mastery der Sprache aus den natürlichen Rhythmen und Anonymitäten der Tierwelt.

Wenn schon der sprechende Mensch aus dem Tier seinen stummen Diener oder Feind gemacht hat – die wilden Tiere in Feld und Wald verstehen unsere Worte nicht, wenn wir um Hilfe rufen –, hat seine Macht über das Wort auch an dem Tor der Götter gerüttelt. Mehr noch als das Feuer, dessen Macht zum Erhellen oder zum Verzehren, sich auszubreiten oder nach innen zu dringen, sie auf eigentümliche Weise ähnelt, ist die Sprache Kern, Herz und Mark in des Menschen aufrührerischen Beziehungen zu den Göttern. Mittels der Sprache äfft er ihre Privilegien nach oder fordert sie heraus. Der sichere Hort Nimrods war aus Worten erbaut; Tantalus war ein Schwätzer, als er die Geheimnisse der Götter in einem Behälter aus Wörtern auf die Erde brachte. Nach der neuplatonischen und der Johanneischen Metapher stand am Anfang das Wort; wenn aber dieser *Logos*, dieser Akt und Geist Gottes in letzter Instanz die Summe aller Zusammenhänge ist, wenn sich das Wort seinen eigenen Inhalt, seine eigene Seinswahrheit schafft – was wird dann aus dem Menschen als dem sprechenden Tier? Auch er schafft Wörter und schafft mit Wörtern. Gibt es noch eine andere Koexistenz als die von gegenseitiger Qual und Rebellion belastete zwischen der Totalität des *Logos* und den Leben wie Welt erschaffenden Fragmenten unserer eigenen Sprache? Reicht der Vorgang des Sprechens, welcher den Menschen definiert, nicht auch über ihn hinaus in eine Rivalität gegenüber Gott? Diese Ambiguität ist am ausgesprochensten beim Dichter gegeben. Er ist es, der über die Lebenskraft der Sprache wacht und sie vervielfältigt. In ihm werden die betagten, abgenutzten Wörter volltönend erhalten und die neuen, noch nicht vertrauten aus dem aktiven Dunkel des Einzelbewußtseins ins Licht der Allgemeinheit gehoben. Der Dichter handelt in gefährlicher Gottähnlichkeit. Sein Gesang ist Erbauer von Städten; seine Worte besitzen jene Macht, die die Götter dem Menschen vor allen anderen Gaben verweigern möchten: die Macht, beständiges Leben zu verleihen. So wie Montaigne es bei Homer erkennt:

> *Und wirklich, ich wundere mich oft, daß er,*
> *der durch seine Autorität mehrere Gottheiten*
> *hervorgebracht und in Umlauf gesetzt,*
> *nicht selbst den Rang eines Gottes erworben hat…*

Der Dichter ist Erschaffer neuer Götter und Erhalter der Menschen: daher leben Achill und Agamemnon weiter, brennt der große Schatten des Ajax noch immer, weil der Dichter aus der Sprache einen Damm gegen die Vergänglichkeit errichtet und der Tod sich die scharfen Zähne vergebens an seinen Worten ausbeißt. Und weil unsere Sprachen auch ein Futurum haben, was allein schon ein Stein des Anstoßes, eine Untergrabung der Moral darstellt, sind der Seher, der Prophet, die Männer also, für die die Sprache eine hochgradige Lebensvoraussetzung ist, auch dazu befähigt, über das Zeitliche hinaus zu sehen und dem Wort eine Kraft über den Tod hinaus zu geben. Für diese Anmaßung – anmaßen bedeutet *antizipieren*, aber auch *usurpieren* – werden sie auch entsprechend unnachgiebig hoch besteuert.

Homer, der große Baumeister und Rebell gegen die Zeit, aus dem beständig die Überzeugung jubiliert, daß das »geflügelte Wort« den Tod überdauere, erblindet. Orpheus wird in blutige Stücke zerrissen. Das Wort aber wird nicht getilgt, es singt weiter aus ihrem toten Munde:

Die Glieder (des Orpheus) liegen hier und dort zerstreut, sein Haupt aber und seine Leier nimmst du auf, Hebrus.
Und während sie mitten auf dem Strome dahintreibt, da –
welch Wunder – stimmt sie an, auf unbeschreibliche Weise
klagend; klagend auch lallt die leblose Zunge und die Klagen
*geben wieder die Ufer.**

Ovid, Metamorphosen, XI 50–53

Mirum! so ruft Ovid aus: ein Wunder, ein Erstaunen, und ebenso auch Schande und Herausforderung der Götter. Aus den Pforten des Todes fließt des Menschen Lebensstrom aus Worten. Und wie können wir Qual und Marter des Marsyas, des Herausforderers Apollos, diese grausame Fabel von der Lyra gegen die Flöte, welche die Renaissance bis in die Zeit von Spenser verfolgt hat, wie können wir sie heute anders deuten, denn als einen Hinweis auf die schmerzlichen Vertraulichkeiten und unvermeidlichen Racheakte zwischen Gott und Dichter? Dichter sind nicht, wie eine offiziös übereifrige Mythologie es gerne haben möchte, die Söhne Apolls, sondern des Marsyas. In seinem Todesschrei hören sie ihren eigenen Namen:

---

* Der angeredete Hebrus (Ἕβρος) ist der Hauptstrom des eigentlichen Thraziens. Er war im Altertum fast sprichwörtlich wegen seiner Kälte und außerdem berühmt durch den (hier angesprochenen) Mythos des an seinen Ufern von Bacchantinnen zerrissenen Orpheus.

das hält der gott mit den nerven aus kunststoff
länger nicht aus

über die buchsbaumbewachsene
schotterallee
entfernt sich der sieger
und sinnt
ob aus dem heulen des Marsyas
nicht mit der zeit
ein neuer zweig
der – sagen wir – konkreten
Kunst erwachse

da fällt
eine versteinerte nachtigall
vor seine füße

er wendet sich um
und sieht
daß der baum an den Marsyas gefesselt war
ergraut ist

gänzlich

Gefährlich ist es, die privilegierte Eigenheit und Einsamkeit des Menschen im Schweigen der Schöpfung auszusprechen oder sie als sicher vorauszusetzen. Von ihr mit der höchsten Wortkraft, der des Dichters, zu sprechen, im höchsten Maße. Infolgedessen bedeutet Schweigen selbst für den Schriftsteller, für ihn vielleicht mehr noch als für andere, eine Verführung, ein Refugium vor der Nähe Apolls.

Diese Ambivalenz im Geist der Sprache, diese Auffassung vom dichterischen Akt als einer mit Gott rivalisierenden und deshalb potentiell frevlerischen Verhaltensweise findet immerwiederkehrenden Ausdruck in der westlichen Literatur. Von der lateinischen Dichtung des Mittelalters bis zu

Mallarmé und der symbolistischen Verskunst Rußlands kehrt das Motiv der unerläßlichen Begrenzungen des menschlichen Wortes häufig wieder. Es enthält gleichzeitig eine kritische Andeutung dessen, was außerhalb der Sprache beschlossen liegt, was den Dichter erwartet, sollte er die Grenzen der menschlichen Rede überschreiten. Der eigentlichen Natur seines Handwerks gemäß ein nach dem Höchsten Greifender, hat sich der Dichter davor zu hüten, im faustischen Sinne ein Übertrumpfer zu werden. Die dämonische Schöpferkraft seines Instruments sondiert die Außenbezirke der Civitas Dei, der von Gott gemachten Stadt; er muß wissen, wann er sich zurückzuziehen hat, um nicht wie Ikarus verzehrt zu werden von der schrecklichen Nähe einer mächtigeren Anlage, eines *Logos*, der unvereinbar ist mit seinem eigenen (in dem Garten der Lüste wird der Dichter des Hieronymos Bosch auf seiner eigenen Harfe gefoltert).

Es ist aber eine schlüssige Tatsache, daß auch Sprache ihre Grenzen hat, daß sie an drei weitere Arten und Weisen der Bekundung grenzt – Licht, Musik und Schweigen –, was den Beweis für eine transzendierende Gegenwart im Gewebe der Welt liefert. Eben weil wir nicht weitergehen dürfen, weil uns die Sprache auf so unfaßbare Weise im Stich läßt, erfahren wir die Gewißheit einer göttlichen Bedeutung, die über uns hinausragt und uns umschließt. Was hinausreicht über des Menschen Wort, ist beredtes Zeugnis Gottes. Das liegt in der freudig hingenommenen Enttäuschung, die in den Versen Juan de la Cruz zum Ausdruck kommt, und es liegt in der Tradition der Mystik.

Wo das Wort des Dichters aufhört, setzt ein großes Leuchten ein. Diesem *topos* und seinen historischen Vorstufen in der Neuplatonischen und Gnostischen Lehre verdankt Dantes *Paradiso* seinen geistigen Hauptantrieb. Wir können die Schilderungen im *Paradiso* als ein Exerzitium verstehen, vorzüglich gemeistert und doch voll äußerster moralischer und poetischer Wagnisse, eine Übung unter dem Kalkül sprachlicher Möglichkeiten. Absichtlich werden die sprachlichen

Möglichkeiten bis an die äußerste Grenze getrieben. Mit jedem Aufstieg, aus einer strahlenden Sphäre in die andere, bleibt Dantes Sprache einer intensiveren und strengeren visionären Spannung unterworfen; göttliche Offenbarung dehnt die menschliche Ausdrucksweise aus und entzieht sie mehr und mehr den Begrenzungen blinden, alltäglichen Gebrauchs. Durch erschöpfende Metaphern und die Verwendung zunehmend kühnerer und präziserer Gleichnisse – man hört das Flehen und Beten in der Syntax – bringt Dante es fertig, uns die Formen und Bedeutungen seiner außerordentlichen, übernatürlichen Erfahrungswelt verbal verständlich zu machen.

Die bestimmende rhetorische Bewegung geht aus von einem anfänglichen Zurückweichen vor der grellen, hermetischen Herausforderung, dem ein Kräftesammeln von äußerster Konzentration folgt, und dann ein Vorstoß in noch nicht dagewesene, beispiellose sprachliche Bezirke, in Analogien und Wendungen hinein, die der Dichter erst entdeckt, von denen ihm vordem nicht bewußt war, daß sie in seinem Vorstellungsvermögen lägen. Zuerst unterliegt er. Was der Pilger sieht, vermögen Worte nicht mitzuteilen:

Ob ich Verstand anrief und Kunst und Übung,
Doch schildert' ich's nicht so, daß man sich's denke;

(x)

Und dieser Seelen Sang war eine solche.
Drum wer sich nicht beschwingt, hinaufzufliegen,
Der mag vom Stummen dorther Kund' erwarten.

(x)

Seine Zuflucht sucht der Dichter im Verstummen; woraufhin die Aufwärtswoge, die Verbalisierung des vorher nicht Mitteilbaren durch ein Wunder an Unkompliziertheit und Schlichtheit eintritt, nämlich durch ein Gleichnis, das ein Ballspiel heraufbeschwört: heißes Wachs tropft aus dem Eindruck eines Siegelringes, der Schuhmacher hämmert auf seine Nägel. So als sei die Gnade göttlichen Sinnes derart, daß sie unter der dichterischen Überredungskunst auf dem geradesten, natürlichsten Wege in unsere Vorstellungen eingehen kann.

Aber sobald sich der Dichter dann in die Nähe der göttlichen Gegenwart bewegt, wird die Mühe der Umsetzung in verständliche Rede umso anstrengender. Die Worte erweisen sich weniger und weniger der schwierigen Aufgabe gewachsen, das unmittelbar Offenbarte zu übertragen; in vermindertem Maße geht die Erleuchtung in Sprache über; anstatt daß die Syntax die Bedeutung transparent macht, scheint sie überzulaufen vor Überschwang oder das Wort zu Asche zu verbrennen. Hier liegt das Drama des abschließenden Gesanges: in dem Maße wie der Dichter sich aufwärts bewegt, hinken seine Worte nach. Bis schließlich in Vers 55 des dreiunddreißigsten Gesanges *il parlar nostro*, unsere menschliche Rede ganz und gar versagt:

> *Fortan war höh'r mein Schaun, als unsre Sprache,*
> *Die solchem Anblick weicht, und das Gedächtnis*
> *Auch muß so vielem Übermaße weichen.*

Mit den Worten, die ihren Dienst versagen, versagt auch das Erinnerungsvermögen, das sie zusammenhält. Hier haben wir es mit einem Übermaß zu tun; aber es ist ein heiliges, bestätigendes Unmaß, eine feste Bestätigung, etwas zu sein, was alles menschliche Ausdrucksvermögen übersteigt. Aus dieser buchstäblich unsagbaren Lichtfülle und Herrlichkeit bemüht sich des Dichters Zunge, einen einzigen Funken Leben zu uns zurück zu bringen:

> *Und meine Zunge laß so mächtig werden,*
> *Daß einen Funken deiner Herrlichkeit nur*
> *Dem künft'gen Volk ich hinterlassen möge!*

Danach fügt sich die Sprache wieder dem unaussprechlichen Ausdruck der Erleuchtung, während der Dichter, auf dem absoluten Gipfel seiner Kräfte angelangt, seine Kunst in unvorteilhafter Weise mit den unartikulierten Lauten eines noch nicht entwöhnten Kindes vergleicht:

> *Von nun an wird, verglichen selbst mit meiner*
> *Erinnrung, kürzer sein mein Wort, als eines*
> *Kindleins, das an der Brust noch netzt die Zunge.*

Der Kreis schließt sich: da wo sie am weitesten vordrängt, wo sie die Grenzen der Erleuchtung berührt, wird die menschliche Sprache so unartikuliert wie die eines Kindes, ehe es Herr seiner Worte wird. Diejenigen aber, die mit dem Worte über den von Gott verfügten Lebensbereich hinausdrängen, die den *Logos* im Wort einengen wollen, vergehen sich sowohl am Geist der Sprache wie an der Unübersetzbarkeit unmittelbarer Offenbarung; sie werfen ihre Hände ins Feuer, anstatt ins Licht. Daß gelenkte Lichtstrahlen (Laser) eines Tages zu Wortträgern werden würden, hätte Dante als ein zwar verwunderliches, aber nicht vernunftwidriges Attribut seiner Vision angesehen.

Während die eine Überlieferung Licht an den Grenzen der Sprache findet, findet eine andere, nicht weniger alte und rege, in unserer Poesie und Dichtkunst dort die Musik.

Die beiderseitige Durchdringung von Poesie und Musik ist so dicht gewebt, daß ihr Ursprung unteilbar bleibt und gewöhnlich in einem gemeinsamen Mythus wurzelt. Noch heute überschneidet sich das Vokabular der Prosodie und der poetischen Form, der sprachlichen Tonalität und Kadenz ganz absichtlich mit der Musik. Von Arion und Orpheus bis zu Ezra Pound und John Berryman bleibt der Dichter Hersteller von Gesängen und Sänger in Worten. Es gibt viele und viele komplizierte Melodien (in sich schon eine musikalische Bezeichnung) im Gesamtkonzept des musikalischen Charakters poetischer Ausdrucksweise. Die Geschicke von Orpheus, wie wir sie bei Pindar und Ovid, bei Spenser, Rilke und Cocteau verfolgen können, sind mit der Natur und den Funktionen der Poesie fast synonym. Und weil er ein Stück von Orpheus ist, ist der Dichter in der westlichen Literatur ein Mythenbildner, ein Zauberer über das Barbarische, ein Pilger zum Tode. Die Auffassung, daß die Struktur des Universums durch Harmonie geordnet sei und daß eine Musik existiere, deren Tonarten die Elemente sind, vom Zusammenklang der kreisenden Planetenbahnen, dem Einklang von Wasser und Blut, geht zurück bis auf Pythagoras und hat ihre metaphorische Kraft nicht verloren. Bis zum siebzehnten Jahrhundert, bis zur Enträtselung des Himmels, bildet ein bestimmter Glaube an die Musik der Sphären, an die von Pythagoras und Kepler aufgestellten Ordnungssysteme zwischen den Sternen und Planeten, zwischen harmonischen Funktionen in der Mathematik und den vibrierenden Saiten der Laute, oft die Grundlage für den Dichter zur Durchführung seiner eigenen Tätigkeit. Die Sphärenmusik ist für ihn Bürge und Kontrapunkt für sein eigenes Ordnungssystem in harmonischen »Zahlen« (die Terminologie der Rhetorik ist konsequenterweise musikalisch).

Wer dieser Musik lauscht wie Lorenzo im Garten von Belmont, dem wird nicht bloß ihr Echo, sondern die Gewißheit einer transzendenten Gegenwart zuteil, die über ihn hinausgeht und ihn konzentrisch umfaßt, so wie sie Dante unter der gewaltigen Lichtfülle im *Paradiso* zuteil wird:

> *Sieh, wie die Himmelsflur*
> *Ist eingelegt mit Scheiben lichten Goldes!*
> *Auch nicht der kleinste Kreis, den du da siehst,*
> *Der nicht im Schwunge wie ein Engel singt,*
> *Zum Chor der hellgeaugten Cherubim.*
> *So voller Harmonie sind ew'ge Geister!*

Mit der Wahl des Wortes *patens* – Scheiben oder Oblaten – will uns Shakespeare darauf aufmerksam machen, daß Kommunion und Kommunikation miteinander blutsverwandt sind durch die transzendente Harmonie.

Aus dem weitgespannten Stoffbereich der Wechselwirkungen zwischen Musik und Sprache möchte ich in diesem Rahmen nur ein Thema näher untersuchen: Die Annahme, Poesie führe zur Musik *über*, sie werde in dem Augenblick zur Musik, wo sie ihre höchste Intensität erreicht. Dieser Gedanke enthält die einleuchtende und starke Folgerung, daß die Musik in letzter Instanz der Sprache überlegen sei, und daß sie mehr, beziehungsweise unmittelbarer aussage. Die Rivalität zwischen Dichter und Musiker beruht seit eh und je auf der Antithese und hat sich als solche von Anfang an für beide Seiten erfüllt; sie liefert Orpheus entschiedener aus als die Frauen von Thrazien. Und sie hat eine lange, wenn auch meistens verborgene Geschichte. Beweise dafür finden wir bei Plato in der Debatte über die jeweiligen Aufgaben von Dichtung und Musik in der Erziehung, ebenso in patriarchalischen Glaubenssätzen, die nach Auslegung und Schlußfolgerung mit dem Platonismus gleichzeitig verwandt und verschieden sind, über die dämonischen Kräfte in der Musik als Gegensatz zur Rationalität und Nachweisbarkeit des Wortes. In dem Evangelium des Johannes steht das Wort am Anfang; bei den Pythagoräern der Akkord. Die rivalisierenden Ansprüche von Sänger und Sprecher sind überdies ein Renaissance*topos*, lange bevor sie bei Molière im *Bürger als Edelmann*, bei Richard Strauss in seiner Adaption Molières und in dem Musik-Sprache-Wettstreit der *Ariadne* ein komödiantisches Echo finden sollten. Die mögliche Hintergründigkeit dieser Auseinandersetzung und die Richtung, in der sich hier die Verbindung der Seele zu Gott abzeichnen könnte, steht im Mittelpunkt von Thomas Manns *Doktor Faustus*.

Es soll aber nicht der Wettbewerb sein, auf den ich hier hinweisen will, vielmehr ist es das periodisch wiederkehrende Eingeständnis bei Dichtern, also bei Beherrschern der Sprache, daß die Musik der tiefere, der umfassendere Schlüssel *ist*, und daß die Sprache, wenn sie wahrhaft begriffen wird, nach musikalischem Range strebt und durch den dichterischen Genius an die Schwelle dieses Ranges gebracht wird. Durch eine allmähliche Loslösung oder Transzendenz seiner eigenen Ordnungsprinzipien strebt das Gedicht danach, den linearen, den benennenden und logisch bestimmten Bindungen sprachlicher Syntax zu entrinnen, um in etwas überzugehen, was der Dichter als Gleichzeitigkeiten, Unvermitteltheiten und freies Spiel der musikalischen Form auffaßt. In der Musik also hofft der Dichter das Paradoxe eines schöpferischen Akts zu lösen, der für den Schöpfer einzigartig ist, weil er das Gepräge seines eigenen Geistes trägt und sich doch in jedem unbeschränkt erneuert.

Die vollste Bekundung dieser Hoffnung, dieser Unterwerfung des Wortes unter das musikalische Vorbild, ist bei den deutschen Romantikern anzutreffen. Sowohl in den Werken wie im tätigen Leben von Tieck, Novalis, Wackenroder und E. T. A. Hoffmann wird die Idee der Musik als äußerste Quintessenz der Kunst und die des Wortes als ihres vorangehenden Dieners bis auf die höchsten Höhen technischer und philosophischer Überlegungen getragen. Die *Hymnen an die Nacht* von Novalis bilden eine Metapher kosmischer Musikalität, sie versinnbildlichen den menschlichen Geist als eine von naturgewaltigen Harmonien bespielte Lyra und versuchen die Sprache bis in jenes Stadium zu steigern, von wo aus sie unwillkürlich in Gesang übergeht. Von E. T. A. Hoffmann bis zu Thomas Manns Adrian Leverkühn ist der Künstler als Archetyp ein Musiker; denn weit mehr als in den verbalen und plastischen Künsten werden ästhetische Konventionen in der Musik dicht an die Quelle reiner schöpferischer Energie getragen, dort wo ihre Wurzeln im Unterbewußten, im Faustischen Lebenskern am intimsten angerührt werden.

Diese Romantiker waren nicht immer erstrangige Schriftsteller, doch ihren Einfluß auf das europäische Gefühls- und Geistesleben zu unterschätzen, wäre ein mißliches Unterfangen. Durch sie geht die Idee von der »Correspondenz« – alle sinnlichen Reize sind austauschbare und miteinander ver-

flochtene Dialekte einer universalen Sprache der Wahrnehmung – geht der Glaube an die einmalig fruchtbare Beschaffenheit musikalischen Komponierens, an ihren »privilegierten
Dämonenglauben«, geht die Schlüsselidee, verbale Sprache
sei zwar in gewisser Hinsicht etwas Geringeres als Musik,
führe aber zu ihr hin, ins Repertoire des romantischen,
symbolistischen und des neuzeitlichen Fühlens ein. Diese
Dichter, Essayisten, Schriftsteller, Denker waren Wegbereiter
für Wagner, ihre Vorahnungen fanden in ihm und teilweise
auch in Nietzsche eine außerordentliche Entsprechung.
Wagner gehört zur Sprache und Geistesgeschichte in eben
dem reichen Maße wie zur Musik (auf lange Sicht hin vielleicht noch mehr). Er hat die Verbindungen zwischen Sprache und Musik zum Problem und Angelpunkt seiner Vision
gemacht. In seiner Konzeption vom Gesamtkunstwerk werden das Aufstreben des Wortes zum musikalischen Ton und
der latente Antagonismus innerhalb der beiden Ausdrucksar-
ten in eine Synthese totalen Ausdrucks zusammengeführt. Im
Liebesduett des zweiten Aktes von *Tristan* verblassen die
Worte zum Aufschrei, zu einem Gestammel ohnmächtig werdenden Bewußtseins (mit Bedacht infantil gehalten, wie des
Dichters Gestammel auf dem Gipfel im *Paradiso*), um dann
mittels einer Virtuosität klangvoller Anspannung in etwas
überzugehen, was mit Sprachlichem nichts mehr zu tun hat.
Hier greift Musik in die Zone des Halbdunkels, um das Wort
in ihre eigene, umfassendere Syntax einzuschließen. Was bei
Wagner in der Theorie nicht ganz offenkundig wird, tritt hier
voll zu Tage: die Musik erhält immer den Löwenanteil. Sprache, die zur Synthese, oder genauer gesagt, zu organischer
Koexistenz strebt, verliert dabei die Fähigkeit zur rationalen
Feststellung, zur Kennzeichnung durch beherrschte Gliederung, worin ihre eigentliche Anlage besteht.
Der Einfluß Wagners auf die literarischen Ästhetiker von
Baudelaire bis Proust, auf die Philosophie und die Sprache
von Nietzsche bis zum frühen Valéry, ist ungeheuer. Mit sich
bringt dieser Einfluß zwei verschiedene und doch miteinan-

102

der in Beziehung stehende Begleitmotive: das Jubeln und Frohlocken des Poeten, *fast* ein Musiker zu sein (ein Wunschbild, das bei Mallarmé nicht weniger wirksam ist als bei Auden), und ebenso eine bekümmerte Herablassung gegenüber dem verbalen Medium, die Verzweiflung darüber, an eine Ausdrucksform gebunden zu sein, die dünner, begrenzter als die der Musik und viel näher an der Oberfläche des schöpferischen Geistes liegt. So schreibt Valéry im April 1891 an Gide:

Ich bin bis zu den Augen im Lohengrin ...
Diese Musik, das kündigt sich schon an, wird mich noch dazu bringen, nicht mehr zu schreiben. Zuviele Schwierigkeiten halten mich schon davon zurück. Narziß hat in der Wüste gesprochen ... so weit von seinem Traum entfernt sein ... Und dann, welche geschriebene Seite reicht an die Höhe der wenigen Noten heran, die das Graalsmotiv bilden?

Etwas von dieser hochmütigen Verbitterung lebt bei Valéry in seiner späten Auffassung von der Dichtkunst als einer bloßen »Bestätigung«, einem »Zeitvertreib«, die der Mathematik zwar verwandt doch keineswegs überlegen sei.

»Welche geschriebene Seite reicht an die Höhe der wenigen Noten heran, die das Graalsmotiv bilden?« Die Frage und die in ihr inbegriffene Rangordnung sprachlicher und musikalischer Mittel durchzieht die gesamte symbolistische Bewegung. Aufs sorgfältigste in die Praxis umgesetzt ist sie in der Dichtung Rilkes, in Rilkes Entschiedenheit, sowohl den Geist der Sprache wie ihre verwandtschaftlichen Rechte zur Musik zu bewahren. Rilke zelebriert das Vermögen der Sprache in ihrem Aufstieg zur Musik, und das erlesene Instrument für diese Aufwärtsverwandlung ist der Dichter. Erreichen aber läßt sich die Metamorphose nur, wenn die Sprache selbst ihr Eigenleben, ihren sich bemühenden Charakter bewahrt, wenn sie gewissermaßen im Zustand der Schwebe bleibt. In den

Sonetten an Orpheus meditiert gleichsam das sprachliche Ausdrucksvermögen mit feiner Präzision über seine eigenen Grenzen; das Wort hält sich im Schwebezustand für die plötzliche Umformung in Musik. Dennoch erkennt Rilke, daß in der krönenden Umwandlung etwas Bestimmtes aufgelöst wird, ja unter Umständen gänzlich verloren geht:

> *Gesang, wie du ihn lehrst, ist nicht Begehr,*
> *nicht Werbung um ein endlich noch Erreichtes;*
> *Gesang ist Dasein. Für den Gott ein Leichtes.*
> *Wann aber* sind *wir? Und wann wendet* er
> *an unser Sein die Erde und die Sterne?*
> *Dies* ists *nicht, Jüngling, daß du liebst, wenn auch*
> *die Stimme dann den Mund dir aufstößt, – lerne*
> *vergessen, daß du aufsangst. Das verrinnt.*
> *In Wahrheit singen, ist ein andrer Hauch.*
> *Ein Hauch um nichts. Ein Wehn im Gott. Ein Wind.*

Die hauptsächlichsten Stimmungen und Kräfte des Symbolismus und der Wagnerianischen Dialektik von der musikalischen Totalität liegen heute hinter uns. Doch der Gedanke, daß Musik tiefer, umfassender *ist* als Sprache, und daß sie unmittelbarer aus den Quellen unseres Seins aufsteigt, hat im Sinn nichts an Relevanz und hypnotischer Anziehungskraft verloren. Wie oft genug festgestellt wird, ist in der modernen Dichtung und Erzählung häufig der Versuch unternommen worden, ein literarisches Gebilde durch analoge musikalische Mittel zu vertiefen oder zu verstärken; zum Beispiel in *Vier Quartette* von T. S. Eliot, bei Proust, in Hermann Brochs *Tod des Vergil*. Aber der Antrieb zum musikalischen Vorbild ist weitgehender.

Es besteht in der modernen Zivilisation eine weitverbreitete, wenn auch bisher nur unbestimmt definierte Befürchtung einer gewissen Erschöpfung der verbalen Mittel, einer Brutalisierung und Entwertung des Wortes durch die Massenkulturen und die politische Vermassung unseres Zeitalters. Was bleibt da noch zu sagen? Wie kann sich mitten im Geheule verbaler Inflation noch Gehör verschaffen, was neu und scharfsinnig genug ist, um ausgesprochen zu werden? Das Wort, namentlich in seinen typographisch aufeinanderfolgenden Gebilden, mag vielleicht nur eine unvollkommene Übergangschiffre gewesen sein. Musik allein kann die beiden Erfordernisse erfüllen, die an ein striktes Kommunikationssystem im semiologischen Sinne zu stellen sind: in sich einzigartig (unübersetzbar) und doch unmittelbar verständlich zu sein. Von dieser Basis aus (als Herausforderung, meine ich, gegen die einseitigen Konventionen verschiedenartiger musikalischer »Sprachen«) argumentiert Lévi-Strauss. Er charakterisiert den Komponisten, den Erfinder der Melodie, als ein gottgleiches Wesen, also genauso wie Homer von Montaigne charakterisiert worden ist. Lévi-Strauss sieht in der Musik das höchste Geheimnis der Wissenschaften vom Menschen, gegen das sie stoßen und das den Schlüssel ihres Fortschritts bewahrt. Als Einzelne können wir in der Musik für unsere ertaubten Seelen das Gefühl für die innere Antriebskraft und Gelassenheit wiedergewinnen und unsere Gesellschaftsform so etwas wie den verlorengegangenen Blick für menschliche Eintracht. Die Künste und exakten Wissenschaften aber könnten durch die Musik zu einer gemeinsamen Syntax kommen.

Wir sind wieder bei Pythagoras angelangt, oder, bescheidener ausgedrückt, wir leben in Räumen, in denen das Schallplatten-Kabinett das Bücherregal ersetzt hat.

Obwohl sie über den Sprachbereich hinausgehen und verbale Kommunikation hinter sich lassen, sind sowohl die Umsetzung in Licht wie die Metamorphose in Musik beides positive geistige Vorgänge. Selbst dort, wo es zu existieren aufhört oder eine grundlegende Mutation durchmacht, legt das Wort Zeugnis ab für eine unaussprechliche Wirklichkeit, beziehungsweise für eine Syntax, die wendiger, durchdringender ist als seine eigene.

Es gibt aber noch eine dritte Art der Transzendenz: in ihr hört

Sprache rundheraus auf, und der geistige Antrieb manifestiert sich nach außen überhaupt nicht. Der Dichter betritt den Raum des Schweigens. Hier grenzt das Wort nicht mehr an das Strahlende oder an Musik, sondern an die Nacht.

Diese Wahl des Schweigens bei den Beredtesten und Artikuliertesten ist, glaube ich, historisch betrachtet jüngeren Datums. Der strategische Mythus des Philosophen, der es vorzieht entweder wegen der unaussprechlichen Reinheit seiner Schau oder wegen mangelnder Bereitschaft seiner Zuhörer zu schweigen, hat einen Präzedenzfall in der Antike. Er trägt zu dem Motiv des Empedokles auf dem Ätna bei und auch zu dem gnomenhaften Abseitsstehen des Heraklit, der nichts damit zu tun haben will. Daß aber ein Dichter sich freiwillig ins Schweigen zurückzieht, daß ein Schriftsteller in voller Fahrt seine deutlich ausgesprochene Persönlichkeitsdarstellung preisgibt, ist etwas Neues, an das wir noch nicht gewöhnt sind. Ereignet hat es sich, als Erlebnis vereinzelt dastehend, doch furcherregend in allgemeinen Zusammenhang gebracht, bei den zwei hervorragendsten Meistern, Formern und, wenn man will, heraldischen Persönlichkeiten neuzeitlicher Geisteshaltung: bei Hölderlin und Rimbaud.

Jeder von ihnen zählt zu den führenden Dichtern seiner Sprache; jeder von ihnen hat das schöpferisch gestaltete Wort bis an den äußersten Rand der syntaktischen und perzeptuellen Möglichkeit vorangetragen. In Hölderlin erreicht die deutsche Verskunst eine Konzentration, Reinheit und Geschlossenheit der Form, die beispiellos dasteht. Es gibt keine zweite europäische Dichtung, die ausgereifter wäre, unausweichlicher in dem Sinne, daß sie jede lockerere, prosaischere Anordnung ausschließt. Ein Gedicht von Hölderlin füllt immer eine Lücke menschlicher Erfahrung, auch wenn wir vorher nicht gewußt haben sollten, daß diese Lücke existierte. Bei Rimbaud nimmt die Dichtung für sich die Bindungslosigkeit der modernen Großstadt in Anspruch – jene Privilegien auf Indirektheit, auf technische Autonomie, auf innere Anspielung und eine Rhetorik mit doppeltem Boden, die für den Lebensstil des zwanzigsten Jahrhunderts schon beinahe kennzeichnend geworden sind. Rimbaud hat im Namen und Wesen der heutigen Poeten seinen Daumenabdruck so auf der Sprache hinterlassen wie Cézanne den seinen auf Äpfeln.

Und so bedeutsam wie das Werk in sich ist das starke Weiterleben, das Hölderlin und Rimbaud innerhalb der Mythologie und in den betriebsam umgehenden Metaphern der heutigen literarischen Situation führen. Über die Gedichte hinaus, fast noch stärker als sie, berührt uns der Tatbestand des Verzichts: das selbstgewählte Schweigen.

Im Alter von dreißig Jahren hatte Hölderlin nahezu sein gesamtes Werk vollendet; wenige Jahre danach verfiel er in eine friedliche Umnachtung, die sechsunddreißig Jahre andauerte, während der aber Lebensfunken der vergangenen luziden Kraft auftraten (der berühmte Vierzeiler, den er offenbar im April 1812 aus dem Stegreif niedergeschrieben hat). Rimbaud schloß die *Saison en enfer* mit achtzehn Jahren ab und machte sich dann auf den Weg zu jener anderen Hölle sudanesischen Großhandels und äthiopischen Waffenschmuggels. Von dort ergoß er eine Flut von Briefen, die zwar alle den Stempel seines gereizten Temperaments und seiner scharfen Prägnanz tragen, aber keine Zeile Dichtung oder Bezugnahme auf das hinterlassene Werk enthalten. In beiden Fällen bleiben die genauen Beweggründe und Ursprünge für das Schweigen ungeklärt. Doch die Mythen über Sprache und dichterische Funktion, die aus diesem Schweigen resultieren, sprechen für sich und bilden ein vielsagendes Vermächtnis.

Hölderlins Verstummen ist nicht als Annullierung seiner Dichtung gedeutet worden, sondern in gewissem Sinne als ihre letzte Erfüllung und höchste Folgerichtigkeit. Die zunehmende Kraft der Stille innerhalb und zwischen den einzelnen Verszeilen ist als ein primäres Element ihrer Besonderheit empfunden worden. Ebenso wie leerer Raum ein ausdrücklicher Bestandteil der modernen Malerei und Plastik geworden ist, und tonlosen Intervallen eine wesentliche Bedeutung in einer Komposition v. Weberns zukommt, scheinen die freien

Stellen in Hölderlins Dichtungen, insbesondere in den späten Fragmenten, unentbehrlich für die Vervollständigung der dichterischen Leistung zu sein. Sein posthumes Leben im Schneckengehäuse der Stille bedeutet, ähnlich dem von Nietzsche, daß das Wort über sich selbst hinausgeht, daß es sich nicht in ein neues Medium verwandelt, sondern in etwas verwirklicht, was seine widerhallende Antithese und bestimmende Negation ausmacht: Schweigen.

In einem wesentlich anderen Sinne wird das Abtreten von Rimbaud gesehen: die Höherstellung der Tat über das Wort. »Eine Rede«, die nicht zu Taten führt«, schrieb Carlyle, »mehr noch, die sie hemmt, ist ein Ärgernis auf Erden.« Rimbaud, nachdem er die Mittel der Sprache gemeistert und ausgeschöpft hat, wendet sich jener edleren Sprache zu, die Handeln ist. Das Kind träumt und plappert – der Mann handelt.

Beide Gefühlsreaktionen, beide theoretischen Modellfälle haben einen ungeheuren Einfluß ausgeübt. Die Aufwertung des Schweigens – in der Epistemologie von Wittgenstein, in der Ästhetik von v. Webern und Cage, in der Poetik von Beckett – ist eine der originellsten und bezeichnendsten Äußerungen moderner Geisteshaltung. Die Vorstellung des Wortes, das unausgesprochen bleibt, der Musik, die nicht gehört wird und *deswegen* voller und klangreicher sein soll, ist bei Keats noch ein engstirniges Paradox, ein neuplatonisches Ornament. Bei einem großen Teil moderner Dichtung repräsentiert Schweigen die Ansprüche des Ideals; auszusprechen bedeutet, daß man weniger sagt. Für Rilke sind die Verlockungen des Schweigens untrennbar verbunden mit dem Wagnis und Risiko des dichterischen Vorgangs:

Was spielst du, Knabe? Durch die Gärten gings
wie viele Schritte, flüsternde Befehle.
Was spielst du, Knabe? Siehe deine Seele
verfing sich in den Stäben der Syrinx.

Was lockst du sie? Der Klang ist wie ein Kerker,
darin sie sich versäumt und sich versehnt;
stark ist dein Leben, doch dein Lied ist stärker,
an deine Sehnsucht schluchzend angelehnt. –

Gib ihr ein Schweigen, daß die Seele leise
heimkehre in das Flutende und Viele,
darin sie lebte, wachsend, weit und weise,
eh du sie zwangst in deine zarten Spiele.

Wie sie schon matter mit den Flügeln schlägt:
so wirst du, Träumer, ihren Flug vergeuden,
daß ihre Schwinge, vom Gesang zersägt,
sie nicht mehr über meine Mauern trägt,
wenn ich sie rufen werde zu den Freunden.

Diese Einstellung zum Kunstwerk als etwas, das überlistet werden muß, hört auf, sobald es gegliedert und geformt ist und damit in einen zugleich statischen und öffentlichen Zustand eintritt, kann man nicht mystisch nennen, auch wenn ihr einige traditionelle Klänge aus der Mystik anhaften. Begründet ist diese Einstellung vielmehr in einem geschichtlichen Sachverhalt, in einer späten Phase linguistischer und formaler Zivilisation, wo die ausdrucksvollen Werke und Leistungen der Vergangenheit ausgiebig auf den Möglichkeiten der Gegenwart zu lasten scheinen, wo Wort und Genre stumpf und abgeflacht wie bei einer zu lange im Umlauf befindlichen Münze erscheinen. Auch liegt das an einer Erkenntnis, die sich während der romantischen Bewegung herausbildete und später durch Freud neue rationale Metaphern erhielt, wonach Kunst, sofern sie eine öffentliche Funktion ausübt, an einen allgemeinen Kodex äußerlicher Bedeutung gebunden bleibt, der die individuelle, die einmalige Lebenskraft des unbewußten schöpferischen Akts notwendigerweise verallgemeinern und auch verarmen muß. Im idealen Falle müßte jeder Dichter seine eigene Sprache haben, individuell abgestellt auf sein persönliches Aussagebedürfnis; in Anbetracht der gesellschaftlich konventionalisierten Beschaffenheit menschlicher Rede kann eine derartige Sprache nur das Schweigen sein.

Doch weder das Paradox des Schweigens als letzte Logik des poetischen Ausdrucks noch die verzückte Verherrlichung der Wirkung einer verbalen Aussage, die so stark im romantischen Existentialismus ausgeprägt ist, berücksichtigen ein Phänomen im zeitgenössischen Empfinden, in dem sich die vielleicht aufrichtigste Versuchung zum Schweigen spiegelt. Es gibt nämlich noch einen dritten und stärkeren Impuls, der ungefähr bis auf das Jahr 1914 zurückgeht. Mrs. Bickle, die Hauptfigur aus James Purdy's Bühnenstück *Cabot Wright Begins*, dieser Schwarzen Komödie über Schriftsteller und andere Widerspenstigkeiten der Zeit, stellt am Ende fest: »In einer Zeit wie heute möchte ich kein Schriftsteller sein.«

Die Möglichkeit, daß die politische Unmenschlichkeit des Zwanzigsten Jahrhunderts und gewisse Elemente in der technologischen Massengesellschaft, die sich aus dem Verschleiß der europäischen bürgerlichen Werte ergeben, der Sprache schwere Schäden zugefügt haben, ist das grundlegende Thema dieses Buches. Die spezifischen Aspekte dieser sprachlichen Abwertung und Ent-Menschlichung habe ich im einzelnen in den verschiedenen Essays abgehandelt.

Einem Schriftsteller, der erkannt hat, daß die Voraussetzungen der Sprache in Frage gestellt sind, der spürt, daß dem Wort etwas von seiner humanen Eigentümlichkeit verloren geht, stehen im wesentlichen zwei Wege offen: Er kann entweder sein eigenes Idiom stellvertretend in den Dienst der allgemeinen Krisensituation stellen, indem er mit ihm die riskante Unsicherheit, Anfälligkeit und Verletzlichkeit im Vorgang der Kommunikation verdeutlicht; oder er kann die selbstmörderische Rhetorik des Stillschweigens wählen. Ursprünge und Verbreitung beider Haltungen lassen sich besonders deutlich in der neuzeitlichen deutschen Literatur ablesen, die, wie es sich ergibt, in der Sprache geschrieben wird, die am reichlichsten die Grammatik des Un-Menschlichen in sich aufgenommen und durchgemacht hat.

Für Kafka bedeutete – und hier liegt der Schwerpunkt seiner repräsentativen Rolle in der modernen Literatur – der schriftstellerische Akt ein übernatürliches Ärgernis. Die glutgeladene Unverhülltheit seines Stils setzt keine Silbe als selbstverständlich voraus. Kafka benennt alle Dinge von neuem in einem zweiten Garten Eden voller Asche und Zweifel. Daher die peinigenden Skrupel bei jedem seiner sprachlichen Vorhaben. Die *Briefe an Milena* (unter den modernen Liebesbriefen die lautersten, am wenigsten zu entbehrenden) kommen immer wieder auf die Unmöglichkeit einer adäquaten Aussage zurück, auf die Vergeblichkeit der schriftstellerischen Aufgabe, die darin bestehe, eine Sprache zu finden, die noch nicht befleckt, nicht zum Klischee erstarrt und durch unbedachten Verschleiß ausgehöhlt ist. Gebunden ans eigene Leben und die Umwelt, zwischen widerstreitenden Sprachen (tschechisch, deutsch, hebräisch) stehend, konnte Kafka sich dem eigentlichen Vorgang der Sprache von außen her nähern. Da er dem dunklen Geheimnis Sprache mit geschärfterer Demut als der normale Mensch lauschte, hörte er in der europäischen Gemeinsprache den Todesjargon auffällig anwachsen. Nicht in irgendeinem vagen, allegorischen Sinne, sondern in exakter Voraussage. Aus dem unverfälschten Alptraum der *Metamorphosen* kam die Kunde, daß *Ungeziefer* die Kennzeichnung für Millionen Menschen werden würde. Die Amtsstuben-Sprache im *Prozeß* und im *Schloß* ist inzwischen zu einer Alltäglichkeit in unserm Herdendasein geworden. Das Folterinstrument aus der *Strafkolonie* ist zu gleicher Zeit auch eine Druckpresse. Auf eine kurze Formel gebracht: Kafka hörte den Namen Buchenwald schon im Worte *Birkenwald*. Als habe die Stimme aus dem Brennenden Dornbusch noch einmal für ihn gesprochen, erkannte er, daß über die europäische Menschheit eine gewaltige Woge der Unmenschlichkeit kommen werde und daß man sich in diesem Prozeß nicht nur der Sprache bedienen, sondern sie sogar

111

zur Basis machen würde (man braucht nur an die Modulation von »central intelligence« aus der fiktiven Welt von Henry James zur Central Intelligence in Washington zu denken). In einer solchen Zeit kann das Schreiben entweder ein Akt der Frivolität sein – der Schrei im Gedicht, der den Schrei auf der Straße erstickt oder beschönigt – oder ganz und gar unmöglich werden. Kafka fand die Metaphern für beide Alternativen.

Dasselbe ist Hoffmannsthal in seiner reifsten und besonders schwer verständlichen Komödie *Der Schwierige* gelungen. Hans Karl Bühl, der im Kriege verschüttet war, kehrt heim mit einem tiefen Mißtrauen gegenüber der Sprache. Die Worte so zu gebrauchen, als ob sie den Pulsschlag und die Verlegenheiten des menschlichen Empfindens getreulich mitteilen könnten, und, was einen zutiefst bewegt, der inflationistisch aufgedunsenen Münze gesellschaftlicher Konversation anzuvertrauen, heißt sich einer Selbsttäuschung hingeben und etwas »Indezentes« tun (das Schlüsselwort des Stückes). »Ich verstehe mich selbst viel schlechter, wenn ich red, als wenn ich still bin«, gesteht Bühl. Aufgefordert, im Herrenhaus über das hohe Thema »Völkerversöhnung« zu sprechen, zieht Karl sich mit einer indigniert pessimistischen Einsicht zurück. Seinen Mund über einen Gegenstand wie diesen aufzumachen, hieße »heilloseste Konfusionen anrichten«. Schon die bloße Tatsache, daß gewisse Dinge *ausgesprochen* werden, »ist indezent«. Die enge Gleichzeitigkeit zwischen Wittgensteins *Tractatus* und den verschiedenen gleichnishaften Auslassungen über das Schweigen bei Hofmannsthal und anderen deutsch-österreichischen Dichtern in den zwanziger Jahren verlangt nach einer Analyse. Sehr wahrscheinlich war die Entfremdung von der Sprache nur Teil einer allgemeineren Vertrauenskrise gegenüber der Stabilität und Autorität der mitteleuropäischen Zivilisation.

Neun Jahre nach dem Tode Kafkas, am Vorabend der eigentlichen Barbarei, schloß Arnold Schönberg seine Oper *Moses und Aaron* mit dem Notschrei ab: »Oh Wort, du Wort, das mir fehlt.« Fast zur gleichen Zeit sollte die Unvereinbarkeit einer ausdrucksvollen Sprache, der höchsten Lust des Dichters, mit der un-menschlichen Beschaffenheit der politischen Wirklichkeit zum Grundthema der Kunst Hermann Brochs werden.

Weil ihre eigene Sprache Hilfsdienste für Bergen-Belsen leistete und weil sich Wörter für alle jene Dinge einstellten, ohne daß den Menschen, die sie aussprachen, das Wort im Halse stecken geblieben wäre, verloren deutsche Schriftsteller, die ins Exil gegangen oder den Nazismus überlebt hatten, alle Hoffnung auf ihre Muttersprache. In seinem *Sang aus dem Exil* verkündete Karl Wolfskehl, daß das wahre rechte Wort, der Laut lebendigen Geistes, gestorben sei:

> *Und ob ihr tausend Worte habt:*
> *Das Wort, das Wort ist tot.*

Elisabeth Borchers stellte fest: »Ich breche die Sterne am Himmel auf und finde nichts und wieder nichts, und dann ein Wort aus fremder Sprache.« Eine Schlußfolgerung zu einer sprachwissenschaftlich-logischen Analyse, die Wittgenstein von emotionellen Anspielungen sorgfältig freigehalten hat, obschon sie, in ihrer eigentümlich poetischen Formulierung an die Stimmung von Hölderlins Anmerkungen zu Sophokles und auch an Lichtenbergs Aphorismen erinnert, ist zu einer grimmigen Wahrheit, zu einer Maxime für den Dichter über die selbstzerstörerische Menschheit geworden: »Wovon man nicht sprechen kann, darüber muß man schweigen.«

Dieser Todesgeruch in der Sprache aber, dieses Versagen des Wortes angesichts des Un-Menschlichen, ist keineswegs auf die deutsche Sprache beschränkt geblieben.

Während der politischen Krisensituation von 1938 fragte sich Adamov, ob nicht der Gedanke, Schriftsteller zu sein, ein unpassender Witz sei; ob es für den Schriftsteller in der europäischen Zivilisation jemals wieder ein lebendiges und humanes Idiom geben werde, mit dem sich arbeiten ließe:

Der Name Gott dürfte nicht mehr über die Lippen eines
Menschen kommen. Dieses seit langem abgenutzte Wort
bedeutet nichts mehr. Es ist sinnlos, blutleer geworden ... Die
Wörter, diese Wächter des Sinnes, sind nicht unsterblich,
unverwundbar ... Wie die Menschen leiden auch die Wör-
ter ... Einige können überleben, andere sind unheilbar ... In
der Nacht verschwimmt alles, es gibt keine Namen, keine
Formen mehr.

Als dann der Krieg ausbrach, schrieb er: »Verbraucht, faden-
scheinig, abgedroschen und ad acta gelegt, sind Wörter zu
einem Kadaverhaufen aus Wörtern, Phantomwörtern geworden; jeder kaut und wiederkäut ihren trübseligen Klang zwischen seinen Kinnbacken.«
Jüngst erst hat Ionesco das Folgende aus seinen Tagebüchern
veröffentlicht:

Es kommt mir vor, als hätte ich infolge meiner Verwicklung
mit der Literatur sämtliche denkbaren Symbole aufge-
braucht, ohne zu ihrem wirklichen Sinn durchzudringen; für
mich haben sie keinerlei lebenswichtige Bedeutung mehr.
Wörter haben Vorstellungen und Ideen umgebracht oder verschleiern sie. Eine Zivilisation aus Wörtern ist ein Zerrbild
einer Zivilisation. Wörter schaffen Verwirrung. Wörter sind
nicht das Wort ... Es gibt keine Wörter für das tiefste Erleben. Je mehr ich mir Mühe gebe, mich verständlich zu
machen, um so weniger verstehe ich mich selbst. Gewiß, nicht
alles ist unsagbar, nur die lebendige Wahrheit.

Die beiden letzten Sätze wiederholen fast wörtlich, was Hofmannsthal seinem Helden Karl Bühl in den Mund legt. Der
Schriftsteller, seiner Berufung nach Meister und Diener der
Sprache, stellt fest, daß die bleibende Wahrheit nicht mehr
sagbar ist. Von dieser Einsicht qualvoll durchdrungen ist das
Theater von Beckett. In Weiterentwicklung der von Tschechow vertretenen Auffassung von einer Beinahe-Unmöglich-

keit eines wirksamen verbalen Austausches, überspannt diese Theaterform ihre Kräfte in einer Richtung, die auf Schweigen, auf einen *Akt ohne Worte* hinausläuft. Bald wird es Stücke geben, wo absolut nichts mehr gesprochen wird, wo die handelnden Charaktere nur noch bemüht sind, die Vergewaltigung, beziehungsweise die Nutzlosigkeit der Sprache bis an jenen Punkt zu treiben, wo die Laute in Kauderwelsch übergehen oder in grimassierenden Mündern ersticken. Und beim ersten artikulierten Wort wird der Vorhang fallen.

Unter dem vermutbaren Einfluß von Heidegger und seiner Glorifizierung Hölderlins legt neuerdings auch in Frankreich die jüngere sprachwissenschaftliche Philosophie dem Schweigen eine spezielle Funktion und nimbusartige Autorität bei. Für Brice Parain ist »Sprache die Schwelle zum Schweigen«. Henri Lefèbvre findet, daß Schweigen »zugleich im Innern der Sprache und an ihren Außenbezirken liegt«. Vieles in seiner Sprachtheorie ist durch die Schweigemuster bedingt, die in dem sonst durchgehend unentzifferbaren sprachlichen Kodex aufgebaut sind. Das Schweigen hat »eine andere Sprache als die gewöhnliche Rede«, aber sinnvolle Rede bleibt es dennoch.

Hierbei handelt es sich nicht um irgendwelche makabren Phantasien oder logisch widersinnige Behauptungen. Aber die Frage, ob der Dichter reden oder schweigen soll, ob die Sprache in einem Zustand ist, der mit seinen Bedürfnissen in Einklang steht, ist ein echtes Problem. »Kein Gedicht nach Auschwitz«, so drückte es Adorno aus, und Sylvia Plath stellte den seiner Feststellung zugrundeliegenden Sinn in einer Art und Weise dar, die theatralisch ebenso übertrieben wie tiefschürfend echt ist. Hat nun unsere Zivilisation dank der von ihr zuerst begangenen und dann mit Absicht übergangenen Un-Menschlichkeit – wir alle sind Helfershelfer dabei, was uns so indifferent bleiben läßt – ihre Anrechte auf diesen unentbehrlichen Luxus, genannt Literatur, für immer verwirkt? Nicht für immer und nicht überall. Bloß im Hier und Heute. Wie eine Stadt, wenn sie bedrängt und belagert ist, außerhalb ihrer Mauern ihre Anrechte auf die Freiheit der Winde und die Kühle des Abends einbüßt.

Damit sage ich nicht, daß die Schriftsteller das Schreiben einstellen sollten. Das wäre töricht und albern. Ich frage nur, ob sie nicht zu viel schreiben, ob die Fülle bedruckten Papiers, mit der wir unsere tauben Ohren zuzustopfen suchen, an sich nicht schon eine Sinnzerstörung darstellt. »Eine Zivilisation aus Worten ist ein Zerrbild einer Zivilisation.« Eine Zivilisation nämlich, in der die beständige Inflation verbaler Münze den einst umfassenden Akt schriftlicher Kommunikation derart entwertet hat, daß dem Gültigen, Triftigen und wahrhaft Neuen kaum noch eine Chance bleibt, vernommen zu werden. Jeden Monat hat ein Meisterwerk zu erscheinen, auf diese Weise wird das Mittelmäßige von der Presse in einen kurzlebigen falschen Ruhm gepeitscht. Die Männer der Wissenschaft versichern uns, das Ansteigen von spezialisierten monographischen Werken habe derart zugenommen, daß demnächst Büchereien im Orbit eingerichtet werden müßten, die die Erde umkreisen und im Bedarfsfalle rasch elektronisch durchblättert werden könnten. Der wuchernde Wortschwall innerhalb der humanistischen Forschung, die vielen als Gelehrsamkeit oder kritische Neubewertung herausgeputzten Plattheiten und Belanglosigkeiten bedrohen das Kunstwerk selbst, sie verwischen es und töten die erforderliche Frische einer persönlichen Begegnung und Auseinandersetzung ab, auf die jede echte Kritik angewiesen bleibt. Auch sprechen wir viel zu viel und zu leichthin, wir machen damit gemein, was privat ist, und sperren in klischeehaft falsche Überzeugungen ein, was provisorisch-persönlichen Charakter trägt und daher im Schwebezustand bleiben sollte. Wir leben in einer Kultur, die in wachsendem Maße zu einem luftleeren Raum aus Klatsch und Gerede geworden ist; ein Gerede, das sich von der Theologie und Politik bis zum beispiellosen Geschrei um persönliche Sorgen erstreckt (die Hohe Schule des Geredes ist der psychoanalytische Prozeß). Diese Welt wird eines Tages weder mit einem Knall noch mit

116

einem Gewimmer enden, sondern mit einer Schlagzeile, einem Slogan, einem Groschenroman, gewaltiger als die Zedern des Libanon. Inwieweit kann in dem Wortstrom, der sich da ergießt, das Wort gedeihen – und wo ist das Schweigen, das wir brauchen, um jene Metamorphose zu vernehmen?

Der zweite Punkt betrifft die Politik, und zwar in fundamentalem Sinne. Dem Dichter steht es besser an, sich die Zunge abzubeißen als das Un-Menschliche zu ehren, sei es durch sein Talent oder durch sein Desinteresse. Wenn ein totalitäres Regime bis an den Punkt durchgreift, wo es alle Warnungen, alle satirischen Aussichten erstickt, dann soll der Dichter das Dichten einstellen und der Philologe aufhören, ein paar Kilometer vom Todeslager entfernt die Klassiker zu redigieren. Genau so verhält es sich: weil hier die Signatur seiner Menschlichkeit liegt, weil sich hier zeigt, was aus dem Menschen ein suchend ringendes Wesen macht, darf das Wort kein wildes Dasein führen, keine Freistatt haben an den Stätten der Bestialität. Schweigen *ist* eine Alternative. Wenn die Worte in den Städten von Wildheiten und Lügen wimmeln, spricht nichts vernehmlicher, auffälliger, greller als das nichtgeschriebene Gedicht.

»Nun haben aber die Sirenen eine noch schrecklichere Waffe als den Gesang«, schrieb Kafka in seinen *Parabeln*, »nämlich ihr Schweigen. Es ist zwar nicht geschehen, aber vielleicht denkbar, daß sich jemand vor ihrem Gesang gerettet hätte, vor ihrem Schweigen gewiß nicht.«

Wie still, wie ruhig muß jene See gewesen sein; wie aufnahmebereit für die Wunderwerke des Wortes.

Das Pythagoreische Genre

Mutmaßung zu Ehren von Ernst Bloch

Alte Männer lesen selten Romane. Historisches über die Republik von Venedig, Abhandlungen über Botanik, Memoiren, politische Traktate oder metaphysische Schriften – Bücher also, in denen des Lebens Stoff und Gehalt direkt und unmittelbar diskutiert werden. Romane aber nur wenige und dann nur solche, die zu »Klassikern« geworden sind, nachdem sie kraft der Zeit oder der Autorität der Einbildung in den Lichtkreis unbestechlicher Wahrheit und geschichtlichen Protokolls eingegangen sind. Romane etwa wie die von Stendhal oder Tolstoi, die uns mehr als Äußerung der Historie denn durch das persönlich zufällige Dekret erdachter Erfindung ansprechen. Vielleicht, weil alte Männer weniger Zeit haben, weil das Leben sie zu Meistertaxonomen gemacht hat, die den Reiz und die Ordnung im Haushälterischen suchen, in der schlichten und nahrhaften Kost aus dokumentierter Feststellung und kondensierter Tatsache. Als wären Romane in einem wichtigen Bezug uninteressant und nicht rentabel.

Der Begriff (oder wie Ernst Bloch sagen würde, »die Kategorie«) des Unrentablen ist hier einschlägig. Ein kaum merklicher, aber beständiger Puritanismus nörgelt nämlich an der Prosadichtung herum, solange sie existiert: die Vorstellung nämlich, gefördert zuerst durch die kalvinistische Verketzerung des freien Fühlens, dann unterstützt durch den bürgerlichen Nachdruck auf Nützlichkeit und Sparsamkeit im Bereich emotioneller Bindung, wonach Prosadichtung für den Erwachsenen eben keine rechte, keine seriöse Sache sei. Daß das Lesen von Romanen unwirtschaftlich, ein im höchsten Maße bedenklicher Zeitvertreib sei. Mehr wahrscheinlich als jedes andere literarische *genre* hat sich der heutige Prosaroman im Zusammenhang mit solchen herabwürdigenden Analogien entwickelt: die Kindermär, der *roman rose* einerseits, und die ungeheure Überschwemmung mit Schundliteratur, ob erotisch, melodramatisch oder bloß sentimental auf der anderen Seite. So erklärt sich die eifrige Verteidigung, die Flaubert, Turgenjew und Henry James vorgetragen haben, sei es durch klare Argumente oder am Beispiel gewissenhafter Kunstsinnigkeit, wonach die Belletristik eine Form der Aussage von höchstem Ernst ist und an die geistigen und die Gefühlskräfte im Leser ebenso reiche und reife Anforderungen stellt wie jede andere literarisch hochstehende Form. Ein Plädoyer, das um so dringender ist, als sich bei so vielen Romanciers – Hawthorne, Tolstoi, Zola, Kafka – die alte, nie zur Ruhe kommende Frage erhebt: ist die erzählende Literatur *wirklich* eine seriöse Beschäftigung? Sollte ein Mensch seine Begabung, seine sprachlichen Mittel und Lebenseinsichten nicht für eine mehr *offene* Kritik am Leben einsetzen (Kunst ist selbst auf ihrer formellsten und feierlichsten Wegstrecke noch eine Kritik an Werten, ein Gegenvorschlag an das Leben im Namen der freieren, der tieferen Möglichkeiten)?

Das Stichhaltige dieser Herausforderung, die Tatsache nämlich, daß so viele Romanciers ihr Unbehagen bekundet haben, erklärt auch das realistische Format und die besonderen Ambitionen dieser Gattung »Fiktion« im Zeitraum zwischen Balzac und Joyce – dem kurzen Jahrhundert des großen, des mündig gewordenen Romans. Als sei er sich bewußt, daß die Welt der Fiktion für den herrschenden Historismus und Positivismus der Moderne im buchstäblichen Sinne verstiegen war, suchte der Roman sich selbst zum Beherrscher und zur Bestandsaufnahme des Inbegriffs vom Leben zu machen. Entscheidend für die weltliche *commedia* Balzacs, für die eingehende Mythologie des urbanen und ländlichen Englands bei Dickens, und entscheidend für Joyce, ist das Ideal einer umfassenden protokollarischen Niederschrift, einer gegliederten Gestaltung sämtlicher gegebenen gesellschaftlichen und psychologischen Einzelheiten innerhalb eines fiktionalen Gerüsts. Nichts Menschliches ist ihm fremd: angetrieben von einem unbändigen Beobachtungstrieb, entwickelte der realistische Roman ein so weites Fassungsvermögen, daß er jede neu auftretende Erfahrungsquelle in ihrer Beschaffenheit und ihrem Auftreten absorbieren konnte. Angefangen von Scott und Manzoni bis zu den Modernen, war der historische Roman bemüht, aus dem Vergangenen eine lebenserfüllte Gegenwart zu machen (dasselbe taten die Historienmaler, die Spitzbogen-Dekorateure und Bühnenmaler in der bürgerlich-realistischen Epoche). Die populärwissenschaftliche Gattung der *science fiction* versucht rationale Landkarten der Zukunft zu entwerfen. Jules Verne und H. G. Wells sind Naturalisten, die vorwärts transponieren. Zwischen Vergangenheit und Zukunft liegt die Zone gegenwärtiger Gesamtheit, und jede ihrer Kategorien – ökonomisch, sexual, politisch, technologisch, ideologisch, religiös – ist in der einen oder anderen Hinsicht zum Gegenstand fiktionaler Darstellung gemacht worden. Bis schließlich in folgerichtiger Kulmination der Umfang aller greifbaren Gegebenheiten, das große Knäuel aus Fakten und Folgen, selbst zum Thema, zur zentralen Fabel des Romans wurde. Eben dies tritt bei Proust und dem *Ulysses* ein, wo die schöpferische Phantasie übersättigt und schwelgerisch um die Zusammenfassung, um das Kompendium, die *summa* europäischer Zivilisation kreist.

Diese Übersättigung brachte eine natürliche Reaktion mit sich. Die wenigen Romane, die nach Joyce ins Gewicht fallen, die für das *genre* neue Möglichkeiten auskundschaften oder im Leser ein neues Echo heranbilden, fallen durch die Verringerung ihres Gesichtskreises auf, durch eine stillschweigende Entschlossenheit, an die Wirklichkeit mit Vorsicht heranzugehen. Ähnlich wie der Maler Klee zieht sich Kafka gänzlich in den Hinterhalt zurück, so als könne man sich innerhalb des rationalen Anrufs auf nichts mehr als solide oder tragfähig verlassen, als sei unter den Füßen ein beständiges Erdbeben im Gange. Hermann Brochs *Tod des Vergil*, das einzige Werk aus der Welt der Fiktion, das sich von Joyce weg eine Spur nach innen bewegt, konzentriert seine phantastischen Mittel der Einsicht und des Ausdrucks auf einen einzigen dahinschwindenden Punkt, auf den Augenblick des Übergangs zum Tode, den flüchtigen Durchgangsmoment zu etwas, worüber nicht mehr berichtet werden kann, weil er um eine Haaresbreite *hinter* der Sprache liegt. Thomas Manns *Doktor Faustus* bleibt ein Wendepunkt nicht allein, weil er durch scharfsinnige tragische Verwicklung den Vorrang der Musik mit ihren polyphonen Formen, ihrer Unabhängigkeit von realistischen Stützen, über Sprache und verbale Mitteilung aufzeigt; sondern weil das Werk auch erkennen läßt, wie unzertrennlich die klassische Form und die Ansprüche des Romans mit der Linie der bürgerlich-humanistischen Kultur verbunden sind und wie sehr ihr Untergang mit ihr zusammenfällt. (Insofern ist es kein Zufall, daß die im wesentlichen aus den Werten der humanistischen Vergangenheit gespeiste Kritik an der Revolution des Kommunismus ein Roman, nämlich *Doktor Schiwago*, ist; wohingegen die aus dem Innern eines kollektiven Idioms geprägte Kritik im Namen der Zukunft der lyrische Vers jener neu auf dem Plan erschienenen jungen Dichter und Sänger sein sollte).

All das läuft auf die Feststellung hinaus: wir haben eine Krise des Romans. Die verschiedenen Dementis sind bekannt: die Versicherung, daß ja noch immer vollwertige Romane geschrieben würden; daß man seit je jedes bedeutende literarische *genre* des Niedergangs und der Altersschwäche angeklagt habe; und daß sich weder die Schriftsteller noch die Leser der Belletristik irgendeines wirklich unheilvollen Zustandes bewußt seien. Die Antwort darauf heißt: Ja, aber. Ein deutliches Gefühl von Verwirrung ist jedenfalls an beiden Enden des Spektrums festzustellen, ob es sich nun um die monoton hysterischen »Echtheiten« der Reportage-Belletristik handelt oder um die Preisgabe des Auges an die Blindheit der Kamera oder um den *nouveau roman* mit seinem fetischistischen Naturalismus und seiner moralischen Unausgesprochenheit. Dasselbe geht aus der wahnwitzigen Aufwärtskurve im Romangeschäft hervor. Bei grober Schätzung werden in Europa und den Vereinigten Staaten täglich zehn Romane auf den Markt geworfen. Der weitaus größte Teil ist ephemerer Abfall und zum fast unmittelbaren Untergang bestimmt. Die herausragende Spitze bilden die mutmaßlich ernsthaften Romane: sie treten in eine Lotterie, in ein Wettrennen um Erfolg ein, bei dem nur ein winzig kleiner Teil am Leben bleiben kann. Bei einem halben Dutzend wöchentlich zu besprechender Bände Schöner Literatur muß der Kritiker notgedrungen ungereimte, oberflächlich modische Arbeit verrichten. Oft läuft alles nur auf Erfolg oder Mißerfolg hinaus. Ein Mißerfolg aber bleibt unreparabel. Die Spielregeln des Gewerbes sind derart, daß der verrissene oder überhaupt nicht besprochene Roman innerhalb von vierzehn Tagen aus der Verlagswerbung und vom Tisch des Buchhändlers verschwindet. Daraus folgt, daß er als Restauflage im modernen Antiquariat verramscht oder eingestampft wird. Der Sättigungsgrad ist also nahezu erreicht. Bezeichnenderweise zeigen Statistiken über Neuerscheinungen und ihren Verkauf in England (wo Zahlen meist sehr verläßliche Angaben sind), einen deutlichen Rückgang der *Schönen Literatur* zugunsten einer Hinwendung des gebildeten Publikums zu Geschichte, Biographie, Wissenschaft und allgemeiner Diskussion.

Doch das sind Äußerlichkeiten.
Untergraben wird das Feld des Romans von zwei Seiten.

Erstens durch den Wandel in der Natur und die schöpferische Verwendbarkeit jener gesellschaftlich-sozialen und psychologischen Wirklichkeit, in der die Romanciers bislang ihr Hauptmaterial fanden. Der letzte in sich zusammenhängende Versuch einer *summa mundi* bleibt wahrscheinlich der *Ulysses*. Schon Faulkners Chronik einer Familie ist mit Bedacht kleinstädtisch, geschickt überspannt angelegt, und beschränkt sich als Stoff und Schauplatz auf zeitgenössische Angelegenheiten. Während der letzten vierzig Jahre hat das Tempo und die Kompliziertheit des Erlebens unter der großstädtisch technologischen Gesellschaftsform meßbar zugenommen. Was Goethe im Prolog zum *Faust* voraussah, was Wordsworth im Vorwort zu den *Lyrical Ballads* und 1846 in dem Sonett über »Illustrierte Bücher und Zeitungen« befürchtete, ist mittlerweile zur Alltäglichkeit geworden: der dramatische, »totalisierende« Ablauf heutiger politischer und wirtschaftlicher Geschehnisse, die graphische Macht und Fixigkeit, mit der sie uns durch die Hilfsmittel unmittelbarer Reproduktion ins Haus an Nerv und Hirn geworfen werden, sowie der Nerven verschleißende »Journalismus« unserer Existenz, haben die Frische und Unmittelbarkeit unserer schöpferischen Reaktionsfähigkeit energisch vermindert. In dem Bemühen, unser Interesse zu erregen und wachzuhalten, muß der Roman mit Medien dramatischer Darbietung konkurrieren, die weit mehr »authentisch« sind und viel einfacher von unseren träge und schwerfällig arbeitenden Empfindungsnerven verdaut werden können. Um mit den schrillen Alternativen von Film und Fernsehen, der Photographie und der Tonbandaufnahme überhaupt Schritt halten zu können, mußte der Roman neue emotionelle Schockbereiche ausfindig machen – oder genauer: der seriöse Roman mußte sich Themen zuwenden, die früher vom Schundroman ausgebeutet wurden. Daher der manische Zwangs-Sadismus und die triebhafte Erotik in so vielen marktgängigen Romanen.

Anstatt den dokumentarischen Stoffhintergrund zu bewältigen und das tausendfältige Material für sein eigenes künstlerisches und kritisches Vorhaben auszuwählen und von neuem zu gestalten, ist der heutige Romanschreiber zu einem gemarterten Zeugen geworden. Er ist nicht mehr Herr, sondern Knecht seiner Beobachtungen; der Übergang kann bei Zola abgesteckt werden. Die große Masse der erzählenden Literatur trägt den Charakter der Reportage – weniger überzeugend, weniger scharfsinnig und von geringerer Eindruckskraft für das Gedächtnis als die gängigen Werke geschichtlicher, biographischer, sozialer und politischer Darstellung. In einer zwar lächerlich sinnwidrigen, aber unangreifbaren Logik nennen sich jetzt Zeitschriften mit Massenauflage-Charakter, die den Markt mit sentimentalen Liebesgeschichten und ausgedachten Schreckens- und Greuelberichten versorgen, »True Fiction – wahre Einbildung«.

Der Wandel im Lebensklima und die Machtstellung der Medien, die dieses Klima beherrschen und weitergeben – denn für die meisten in einer urbanen Massenmedien-Kultur lebenden Menschen, schaut jetzt die Welt so aus und fühlt sich auch so an, wie Zeitung oder Fernsehen sie ihnen zu präsentieren belieben – wirkt sich auf den Roman wiederum in einer bestimmten Richtung aus.

Literarische *genres* haben ihren spezifisch wirtschaftlichen und sozialen Zusammenhang. Wir können das Heldenepos von dem besonderen Charakter aristokratisch-vorfeudalistischen Stammesbewußtseins ebensowenig trennen, wie wir das Theater von Racine und Molière von dem komplizierten Gleichgewicht zwischen dem Absolutismus und dem aufsteigenden Mittelstand Frankreichs im siebzehnten Jahrhundert loslösen können. Bekanntlich sind Aufstieg und Vorrangstellung des Prosa-Romans mit denen der nachrevolutionären Bourgeoisie eng verwoben. In seiner moralischen und psychologischen Einstellung, in der gewerblichen Organisation seiner Herstellung und Verteilung, sowie in der häuslichen Zurückgezogenheit, Muße und inneren Disposition zum Lesen, die er von seinem Publikum verlangt, fügt sich der Roman genau in die große Epoche des kaufmännisch-industriellen Bürgertums ein. *Floruit* 1830–1930, von Balzac zu Proust und Joyce. Diese Epoche ist augenscheinlich vorbei, ausgebrannt durch zwei Weltkriege und das Abnehmen der wirtschaftlichen Vorrangstellung Europas. Die neuen Umrisse der Geschichte – kollektiv, in hohem Maße motorisiert und wissenschaftlich orientiert – heben sich jetzt deutlich

124

ab, auch wenn sie in ihrem vollen Wesen und Gewicht vorerst schwer zu bewerten sind. Der gebildete Mittelstandsbürger, der einen Roman liest, der ihm gehört und für den er im eigenen Haus oder in der Eigentumswohnung eine Bücherecke in einem ruhigen Zimmer hat (Ruhe als eine Funktion der Größe), diese Gestalt verkörpert einen Komplex wirtschaftlicher Vorrechte und Beständigkeiten psychologischer Sicherungen und mit Bedacht gehegter Vorlieben, für welche Thomas Mann der letzte gültige Repräsentant und ironische Festredner gewesen ist.

Hieraus geht hervor, weshalb das Taschenbuch in seiner momentanen äußeren Aufmachung ein charakteristisches Phänomen des Übergangs ist. Es verwirklicht beides: die großen Erfolge und die starken Illusionen der neu heraufgekommenen nachbürgerlichen Bildungsschicht. Es trägt an ein ungeheuer weitreichendes Publikum von oftmals begrenzten Mitteln das gesamte Potential hoher Literatur heran. Aber seiner äußeren Gestalt haftet von Natur etwas Kurzlebig-Ephemeres an; es macht nichts her für eine privat zusammengetragene Bibliothek; seine geringe optische Anziehungskraft und bequeme Anschaffung mögen durchaus dazu geführt haben, daß weit mehr Bücher gekauft als gelesen werden. Vor allem aber: das literarische Erlebnis ist, wie so vieles andere auch in unserem technisch gelenkten Leben, »vorfabriziert«. Taschenbücher bewirken keine eigenen Entdeckungen, sie nötigen den Leser in keinen persönlichen Dialog mit dem Autor, der erst dort entsteht, wo eine komplette Sammlung von Werken beteiligt ist, wo der vernachlässigte oder der weniger erfolgreiche Autor seinen qualifizierten Platz neben dem Klassiker einnimmt. Ein gewisser Staub und Schwierigkeiten des Findens gehören zur echten Bildung, einer Bildung nämlich, die wir mit dem eigenen Nerv entdecken. (Kürzlich erwarb ich zwölf Bände George Eliot in tadellosem Zustand für drei englische Pfund. Der Buchhändler erklärte, sie wären unbemerkt liegen geblieben, während eine ziemlich kostspielige Paperback-Ausgabe eines bestimmten Romans, modisch eingeleitet und aufgemacht, ganz rapiden Absatz gefunden hätte. Um gelesen zu werden? Oder nur um ein weiteres Dekorationsstück für jene Kaninchengehege abzugeben, in denen so viele von uns ein von unechter Freude strahlendes Leben führen?)

Und was soll nach dem Roman kommen? An anderer Stelle gab ich zu verstehen, daß in einem Zeitalter elektronischer, vorwiegend visueller Aussagemittel und bei den neu entstehenden kollektiven Gesellschaftsformen das Theater – und speziell eine Dramenform, die der Beteiligung und Kritik durch das Publikum ausgesetzt ist – eine ungeheure Zukunft besitze. Mehr als jedem übrigen *genre* ist es dem Theater gegeben, das Bewußtsein eines werdenden Gemeinwesens heranzubilden, zu erforschen und zu symbolisieren. Und es vermag den Übergang seines Publikums von präliterarischen zu literarischen Darstellungsweisen sehr genau zu stimulieren, indem es innerhalb seines elastischen Ensembles jedes Idiom, vom Tanz über die Pantomime und Musik bis zu hochgradig stilisierten verbalen Ausdrucksformen miteinander verknüpft.
In der westlichen Kultur jedoch mit ihrem urbanen und technologischen Grundzug scheint mir eine Art dokumentarischer Poetik oder »nachträglicher Fiktion« das repräsentative Übergangs-*genre* zu sein.
Wenn eine bestimmende literarische Form absinkt, sind damit ihre Energien und Anreize durchaus noch nicht in alle Winde zerstreut: sie beleben die neuen Methoden. Auf diese Weise haben sich die Leistungen des Heldenepos (und selbst die *Ilias* und *Odyssee* waren in diesem Sinne späte Rekapitulierungen) in starkem Maße auf die Sprache, die mythischen Gebräuche und die heroische Geisteshaltung der Griechischen Tragödie übertragen. In der wachsenden Selbstsicherheit des Romans, in seiner organisch gefügten Verdeutlichung von Stimmung, Milieu und Atmosphäre beobachten wir das Vermächtnis der verfallenden klassischen Dramenform. Con-

greve und Sheridan hatten auf der englischen Bühne keine angemessenen Nachfolger; ihre Beherrschung des Dialogs und privater Krisensituationen aber ist in der Kunst von Jane Austen lebendig. Auch wenn der Roman in sich heute kein besonders interessantes Medium mehr darstellt, hat er doch ein weites Feld von Vorbildern und technischen Mitteln entwickelt, die anderen literarischen Verfahrensweisen zugute gekommen sind. Praktisch können wir diese jetzt allenthalben auf dem mannigfaltigen Felde der Sachbuch-Literatur beobachten.

In modernen biographischen und historischen Darstellungen herrscht eine weitgehende Zusammenarbeit, ein geheimes Einverständnis möchte man fast sagen, zwischen Tatsachenmaterial und einer ausgeprägten Rhetorik seiner lebendigen Herausstellung. Der farbige Rahmen, die dramatisierte Psychologie, der imaginäre Dialog – alles Mittel, die vom Roman hergeleitet sind – stehen zur Benutzung im Archiv bereit. Das Problem liegt hier nicht in der stilistischen Lebendigkeit, sondern in den unvermeidlichen Manipulierungen, die Idiom und Psychologie des Romans in die geschichtlichen Tatsachen hineintragen. Soziologische Darstellungen, namentlich in ihren populäreren und wirkungsvolleren Abarten nehmen die dramatische Vergegenständlichung und Personifizierung der Prosadichtung ausgiebig für sich in Anspruch. Die latente Stärke des dichterischen Vorbildes läßt sich sogar in den hochgradig »objektiven«, neutralen Zusammenstellungen soziologischer Unterlagen ablesen. Oscar Lewis' *Die Kinder von Sanchez* ist zweifellos eine Auswahl zuverlässig gemachter Tonbandaufnahmen; zusammengestellt aber und vom einzelnen Zuhörer »gehört«, nimmt der Rohzustand Leben die sich steigernde Anordnung eines Romans an.

Die vom Roman ererbten technischen Kunstmittel spielen auch eine entscheidende Rolle bei dem für unsere Gegenwart so charakteristischen *genre*, das man »Edeljournalismus« nennen könnte. Das Auge des politischen und des gesellschaftlichen Reporters ist unmittelbar ererbt vom Romancier.

Daher die unverkennbare Stilisierung, der täuschende dramatische oder sentimentale Anstrich über so manchem, was sich
als gewissenhaft exaktes Zeugnis ausgibt. Vieles an Interpretation und Aufzeichnung, was uns über die Beweggründe
politischer Taten, über das Verhalten großer Männer geboten
wird, folgt den dramatischen Konventionen des realistischen
Romans, Konventionen, die jetzt bis zum Klischee abgenutzt
sind.

Die sichere Verheißung des Romans auf Lebendigkeit, gestal-
tetes Gefühl und unmittelbare Ansprache wird auch bei einer
ganzen Anzahl landläufiger Bücher über die Wissenschaften
eingelöst. Wir befinden uns in einer aufsehenerregenden Zeit
der Didaktik, der Bücher nämlich, die uns über die Tiefen der
Meere, über Radio-Satelliten, über Mikrobiologie oder
Archäologie unterrichten. Und sie tun es in einer unbehinder-
ten, eleganten, angepaßten Prosa und Gefühlshaltung.

Hier wiederum ist Thomas Mann Meister des Übergangs: die
Musikologie im *Doktor Faustus*, die Passagen über Morpho-
logie, Botanik und Kosmologie, die auf so gefällig-bedeut-
same Weise seinem *Felix Krull* eingewoben sind, gehen über
die bloße Einverleibung technisch-abstrakten »Materials«
direkt in den Kern des klassischen Romans ein. Es sind
Modellbeispiele einer neuen Kunstfertigkeit in der erklären-
den Auslegung von fachwissenschaftlicher Information für
den Laien.

In Kürze: Eine unübersehbare Menge von nicht-belletristi-
scher, nicht-erfundener Literatur existiert in diesem Augenblick, deren ausgeprägte Qualitäten an Lebendigkeit, dramatischer Spann- und psychologischer Anziehungskraft allein
auf die Tatsache zurückzuführen sind, daß hinter ihr die
Blütezeit des Romans steht. Nach einer Formulierung von de
Quincey hebt sich der Unterschied zwischen der »Literatur
des Wissens« und »der Literatur der Macht« heutzutage nicht
mehr so scharf und deutlich ab wie ehedem. Wo auch immer
sich die Möglichkeit bietet, und häufig sogar unter Mißach-

tung ihrer theoretisch-moralischen Bindungen und Verpflichtungen, zieht das Wissen die Macht an. Denkt man dabei an den der Französischen Revolution vorausgegangenen Zeitabschnitt der hohen Vulgarisierung, fragt man sich wohl, ob derartige Phasen – daß eine Gesellschaftsform eine Art totaler Bestandsaufnahme ihrer Fähigkeiten vornimmt – nur die Vorboten politisch sozialer Krisen sind. Ob auch eine Gesellschaftsform ihre Ernte vor dem Sturm einbringt?

Obwohl aber die »lyrische Dokumentation« gegenwärtig die tonangebende Mode insofern darstellt, als sich in ihr der beste Teil der Alltagssprache verdichtet und sie in jedem Jahr mehr Leser seriöser Belletristik erobert, ist sie trotzdem kein besonders bezeichnendes Genre. Denn sie kann nicht weit über sich selbst hinaustreten, es sei denn durch künstlichen Aufputz, beziehungsweise indem sie mit Nachdruck die Tatsache hervorhebt, daß sie mehr gibt als sie hat. Dazu kommt ein weiteres interessantes Phänomen: genau dort, wo es dieser »Literatur des Wissens« ehrlich um die laufenden Zustände in Politik, Wissenschaft und Geschichtsforschung geht, trägt sie einen selbsttätigen Mechanismus zur Abnutzung in sich, indem nämlich die Fakten beinahe so schnell veralten wie sie vorgelegt werden. Wir schätzen durchaus das beredte Willkommen, das dem heutigen Durchschnittsleser durch Wissenschaft, Technik, Historie, Soziologie und all die technologischen Geschicklichkeiten entgegengebracht wird, deren Umriß wir kennenlernen müssen, um weiter zu kommen, aber Seele und Inbegriff der literarischen Formgestalt liegen doch in mehr verborgen-eigenwilligen Kanälen.

Unsere Kultur hat Aufstieg und Niedergang des Versepos und des »erhabenen« Dramas erlebt; sie hat den Rückzug der Dichtkunst aus ihrer ursprünglich mnemotechnisch-argumentativen Funktion in der Gesellschaft erlebt; und augenblicklich erlebt sie das Versagen des Romans vor seiner eigentlichen Aufgabe. Doch sind andere Formmöglichkeiten undeutlich am Werke. In der Unordnung unserer Lebensverhältnisse – ein Durcheinander, das durch seinen anscheinenden inneren Zusammenhang mit dem Kitsch nur noch verschlimmert wird – tauchen neue Formen der Aussage, neue Grammatiken beziehungsweise Poetiken zur Erfassung des Lebens auf; sie sind von vorläufiger Natur und treten vereinzelt auf, doch sie existieren wie jene mit Energien geladenen Strahlenbündel, um die sich, wie es heißt, im turbulenten Weltenraum die Materie sammelt. Sie existieren, wenn auch nur in bestimmten, vereinzelten und wenig verstandenen Büchern.

Nicht die Aufzählung im einzelnen ist hier wichtig – jeder kann von sich aus unter dem Impuls eigener Erkenntnis das eine oder andere Werk hinzufügen oder wegnehmen – es ist der gemeinsame Faktor in diesen Arbeiten: das Aus- und Übergreifen der Sprache zu neuen Ufern, neuen Relationen (was wir Logik nennen), was im weiteren Sinne zu einer neuen Syntax führt, wodurch Wirklichkeit in die flüchtige, doch lebendige Ordnung von Wörtern gebannt werden soll. Es gibt Bücher, wenn auch nicht sehr viele, in denen unsere alten Abgrenzungen von Prosa und Vers, von dramatischem und epischem Ausdruck, von Phantasie und Dokument aufs allerschönste bedeutungslos und unrichtig werden. Gerade so wie die Kriterien konventioneller Wahrnehmbarkeit und allgemeiner Perspektive für den neuen Blickwinkel des Impressionismus bedeutungslos zu werden beginnen. Gegen Ende des achtzehnten und zu Anfang des neunzehnten Jahrhunderts erschienen zum ersten Male Bücher, die auf die Fragestellung: was für eine species Literatur stelle ich dar, welchem *genre* gehöre ich an, keine fertige Antwort zuließen. Werke, die so organisiert sind – zu leicht vergessen wir den Imperativ des Lebens bei diesem Begriff – daß ihre Ausdrucksform nur für sie integral ist, daß sie allein durch ihr Vorhandensein unsere Einstellung für Sinn und Bedeutung abändern.

In diesem Zusammenhang ist selbstverständlich Kierkegaard von Bedeutung. Jedes fragmentarisch herausgelöste Teilstück aus seinem unermüdlichen Diskurs, den Donne »den Dialog eines Einzelnen« nennen würde, trägt das geheime, aber durchwegs kohärente Siegel einer Logik und Architektur literarischer Form, die so angemessen und elastisch gehalten ist, daß in ihr die starken Kräfte aus Zweifel und Erneuerung nebeneinander bestehen und Ausdruck finden konnten, die Kierkegaards Meditationen bestimmten. Er selber hat sich über diese Formgebung nie geäußert, vielleicht sah er in ihr nur eine unberechenbare Laune. Wie dem auch sein mag, jedenfalls kündigen die dramatische Spirale der Fabeln in *Furcht und Zittern*, die Verschmelzung von persönlichem Gefühlsüberschwang und philosophischer Dialektik, von Leid und Logik in den Büchern Kierkegaards in genau derselben Weise wie die Unvollkommenheiten und verschiedenartig möglichen Anordnungen der *Pensées* von Pascal ganz entschieden den Einfluß einer neuen Form an. Nach Kierkegaard sind die Konventionen des philosophischen Arguments so »offen«, so revidierbar wie die Umrisse von Bäumen nach van Gogh.

Ein bestimmtes Bedürfnis, allem Gesagten einen einmaligen und beispiellosen Charakter zu verleihen, so stark, daß es in unvermeidlichem Schweigen endete, beherrscht die Aussageformen von Nietzsche. In Nietzsches Stil, in seiner ganzen experimentellen Werkfolge, herrscht ein beständiger Andrang neuer ungewohnter Auffassungen und Forderungen an die traditionellen Gepflogenheiten der philosophischen Darstellung. Versucht man es, die aphoristischen Abschnitte der *Morgenröte* oder etwa Teile aus *Jenseits von Gut und Böse* umzugruppieren, macht sich sogleich wie von selbst die Gegenkraft einer unerläßlichen Plazierung bemerkbar. Unterbrechungen, scheinbare Zusammenhanglosigkeiten, die den Leser in Atem halten und verwunden, verflechten sich zu einer unabdingbaren Logik, so wie Eisenfeilspäne unter einem verborgenen Magneten. Der *Zarathustra* ist in einer Hinsicht beinahe altmodisch: das Rhapsodische, der bardenhafte Strophencharakter, die orientalisierenden Kadenzen sind von Ossian bis Whitman und Renan im ganzen Jahrhundert anzutreffen. In einer anderen Hinsicht jedoch ist das

Werk durch und durch originär: es verkündet – so wie der berühmte Zweizeiler *M'illumino d'immenso / Ich erleuchte mich durch Unermeßliches* von Ungaretti verkündet. Es hat ein polyphones Gefüge, worin unterschiedliche literarische Stile und Tonarten fast gleichzeitig nebeneinander entwickelt werden. Da gibt es großartig gebaute Gedankenfugen, die bis zur eigentümlichen Konsequenz musikalischer Auflösung durchgeführt werden: unversöhnte Kräfte innerhalb von Stille. Diese Anwendung musikalischer Mittel, nicht als äußere Klangfülle oder rhythmischer Kunstgriff gedacht, vielmehr als ein Muster für geistige Vorgänge innerhalb der Sprache – als eine Begleitung in Dur, die das schriftstellerische Bewußtsein im Grundton doppelsprachig werden läßt – ist sowohl für Kierkegaard wie für Nietzsche eine unbedingte Notwendigkeit (wobei letzterer tatsächlich ein Musiker ist).

In wenigen Worten: immer dann, wenn ein literarischer Organismus nach neuen Entwicklungsmöglichkeiten strebt, überall wo alte Kategorien unter echtem Zwang in Frage gestellt sind, greift der Schriftsteller zu einer anderen wichtigen Grammatik für menschliche Wahrnehmung: der Kunst, der Musik oder, wie in jüngster Zeit, der Mathematik.

Es gibt weitere Beispiele von neu entstehender Form, wo anarchischer Stil neuen Disziplinen entgegenstrebt. Péguy bleibt eine untergeordnete Figur und ein Vergewaltiger der Sprache, sein Bemühen aber, die von Natur aus rasche Gangart der französischen Sprache zu verlangsamen und der Prosa von *Nôtre Jeunesse* und *Victor-Marie, Comte Hugo* eine gewichtige Kraft, erodierend wie Lava, zu verleihen, geht über das bloß Rhetorische hinaus. Péguy wollte aus der Logik der Überredung ein Organ der Beschwörung machen, wie sie es seit der Zeit vor Descartes nicht mehr gewesen war: Beweis entspringt aus der Glut und dem Ungestüm der immer wieder von neuem hervorgebrachten Behauptung.

Wie Péguy war Karl Kraus Pamphletist, ein Mann, der seine Beredsamkeit aus journalistischem Anlaß gewann. Seine *Letzten Tage der Menschheit* sind aber mehr als das. Teils

Mammut-Drama, teils philosophischer Dialog, teils lyrisches Feuilleton, demonstriert dieses Werk die schwere Gleichgewichtsstörung zwischen den traditionellen Gattungen der Literatur und der waltenden Eigenart und Stimmung der Zeit. Mit der ihm eigenen übermäßigen Bestimmtheit erklärt Kraus, daß weder die Dichtung noch das realistische Theater, weder der Essay noch der Roman der Zeit gewachsen sind, und daß ihre abgeklärt festgelegten Formen durch die formlos ungestalten Wildheiten der gesellschaftlichen und politischen Gegebenheiten Lügen gestraft werden. Grundsätzlich liegt bei Kraus das Bemühen vor, zu einer »totalen Form«, einem Gesamtkunstwerk zu gelangen, obwohl ihm die notwendige Erfindungsgabe und bestimmte »negative Fähigkeiten« abgingen, um es aufrechtzuerhalten.

Solche Fähigkeiten mögen in Walter Benjamin gelegen haben, wenn er nicht nach einem vom Schicksal übermäßig verfolgten und gehetzten Leben so früh gestorben wäre. Doch gehören Benjamins Essays mit ihrer Entschlossenheit aus der literarischen Kritik eine fast lyrische Form zu machen, zu unserem Thema. Dazu gehören auch seine *Vexierbilder und Miniaturen* sowie ein durch Baudelaires *Tableaux Parisiens* inspirierter Essay über Paris, der nach Form und Anlage eine genaue topologische Nachbildung dieser Stadt darstellt, wo ein Bezirk dem andern folgt mit den plötzlich auftretenden Avenues und den gewundenen Gäßchen. In einem Essay aus der Frühzeit hat Benjamin von der unvermeidlichen sprachlichen Undurchsichtigkeit und der Schwierigkeit gesprochen, der ein Schriftsteller gegenübersteht, weil jede Sprache sich nur selbst, nur ihren eigenen Wesenskern mitteilt. Daher muß sich der Schriftsteller, der Neues auf dem Herzen und mitzuteilen hat, seine eigene Sprache gleichsam gegen den Strich herausarbeiten, eben nur nach einer Richtung der konventionellen Zusammensetzung von Worten, Symbolen und Grammatiken. Wie anders sonst sollte *er* vernommen werden?

Diese Weigerung, sich mit dem Genügen an den einmal etablierten literarischen Schemata einverstanden zu erklären, dieses Verlangen, aus jedem Buch ein unabhängiges aber notwendiges *genre* zu machen und zugleich der literarischen Fasson die Spannung musikalisch-mathematischer »Sprache« aufzuerlegen, liegt dem Werk von Hermann Broch zugrunde. Ein derart reichhaltiges und zugleich ungleiches Werk, das man mit ihm in summarischer Interpretation nicht fertig werden kann. Bereits in den *Schlafwandlern* finden wir ein Zusammentreffen aus Erzählung und philosophischem Essay. In den *Schuldlosen* finden wir nicht nur eine festgefügte Verbindung aus Novelle und Vers, sondern wir treffen eine erzählerische Vorlage an, die um eine musikalische Mittelachse montiert ist (in Mozarts *Don Giovanni* soll die Form durch die Erzählung ihre letzten Umrisse bekommen). Der *Tod des Vergil* ist in Form eines Streichquartetts komponiert, wobei die Prosa in den verschiedenen Abschnitten Stimmung und Rhythmus entsprechender musikalischer Sätze annimmt. Bei Broch entsprang die Lust am technischen Experiment, so wie es ein muß, soll das Experiment nicht im oberflächlich Nichtigen enden: aus einer moralischen Notwendigkeit, aus dem Bedürfnis, für das Leid oder den Zorn oder die prophetische Erschütterung eines suchend forschenden Geistes die angemessenen Symbole und Umrisse zu finden. Gegen Ende seines Lebens wandte Broch sich mehr und mehr der Mathematik und dem Schweigen zu (wobei die Mathematik in einer Art auch die Sprache des Schweigens ist).

Das ist kein Zufall. Die gesamte radikale experimentelle Überlieferung, auf die ich hingewiesen habe, trägt einen latenten Keim zum Schweigen in sich, die erkannte Möglichkeit nämlich, daß die literarische Produktion unzulänglich sein kann. Vielleicht ist unsere Kultur zu verschwenderisch mit dem Worte umgegangen, vielleicht hat unsere Bildung billig werden lassen oder gar erschöpft, was Wörter einst an Bewußtseinssicherheit und festem Wertvertrauen enthielten. Diese Überlegung wird zum ersten Male in einer Begriffsunterscheidung zwischen redseligen und lakonischen Kulturen angestrengt, die Lévi-Strauss in seiner *strukturalen Anthro-*

pologie vorgenommen hat. Noch eindringlicher hat er auf diesen Punkt hingewiesen in *Das Rohe und das Gekochte*, einem Buch, in dem nachdrücklich bestätigt wird, daß Musik der Sprache überlegen ist, denn sie ist beides zugleich: verstandesmäßig faßbar und unübersetzbar; ein Buch zudem, das nach musikalischem Muster aufgebaut ist: Ouvertüre, Thema und Variation, Kantate, symphonisches Zwischenspiel.

Wo Literatur bis an die Grenzen des mit Worten Ausdrückbaren vordringt, gelangt sie an die Küsten des Schweigens. Darin steckt gar nichts geheimnisvoll Mystisches. Einzig die Feststellung, daß der Dichter wie der Philosoph, indem sie Sprachliches mit der äußersten Genauigkeit und Erleuchtung versehen, sich weiterer Dimensionen bewußt werden (und sie dem Leser bewußt machen), die sich eben nicht in Worte fassen lassen. Dies gab Broch eine Möglichkeit auszusprechen, daß der Tod eine andere Sprache spricht. Auf dem Wege linguistischer Philosophie und formaler Logik erfaßt (Logik ist eine der Prosodien des Ichs, eine Möglichkeit unter anderen, prüfend die Welt zu betrachten), liegt Wittgensteins Grenz-Feststellung: wovon wir nicht sprechen können, darüber müssen wir schweigen.

Sein *Tractatus* ist ein anschauliches Beispiel für den Typ Buch, seine formalen und geistigen Antriebe, die ich hier näher zu definieren versuche. Als schöpfte es aus einer anderen Gewißheit, baut es sich auf aus Aphorismen und Zahlen. Es erschafft sich seine eigene Syntax und Sprache, seine eigenen Objekte, die angezweifelt und rigoros bewertet werden. Wittgenstein besitzt die Fähigkeit des Dichters, jedes Wort neu und voll ungebrochener Lebenskraft erscheinen zu lassen. An verschiedenen Stellen liest sich der *Tractatus* in seiner darstellerischen Sparsamkeit und drucktechnischen Gliederung fast wie ein Gedicht. Und ähnlich wie die *Sonette an Orpheus*, deren zeitlicher Nachbar er ist, vertraut uns der *Tractatus* dem Schweigen an.

Fassen wir alle diese einzelnen Elemente zusammen – die

Entschiedenheit, mit der hier Stil und *genre* einzigartig auf den speziellen Fall abgestimmt sind; die Nähe von Musik und Mathematik zur Einstellung des Autors zum eigenen Medium; und eine unmittelbar aus der Sprache aufsteigende Implikation, (nennen wir es die Seele der Magie), daß wir uns hier in unmittelbarer Nähe des Schweigens bewegen – dann steigt ganz von selbst eine Bezeichnung, eine Metapher auf, die alle diese verschiedenen Bücher zusammenhält. Verwandtes unter Gegenständen läßt sich vollständig nur erfassen, nachdem man ihre Rangzugehörigkeit erkannt hat. Somit werden wir dahin kommen, diese anscheinend zusammenhanglose und geistig isolierte Reihe, die in den Regionen von Blake und Kierkegaard einsetzt und sich fortgesetzt hat bis zu Wittgenstein, als Bestandteil einer neuen Form zu begreifen. Ich möchte es das »Pythagoreische Genre« nennen.

So nennen möchte ich diese Gruppe nicht nur wegen des musikalischen Elements und der Zahlen, nicht nur wegen der metaphysischen Poetik und häufigen Meditation, sondern weil die vorsokratische Philosophie – oder zumindest was wir aus der seit je zweifelhaften Reihenfolge ihrer überkommenen Fragmente schließen können – das Bild einer Zeit zurückruft, da das literarische Gebilde ein zauberischer Akt, nämlich Beschwörung uralten Chaos war. Eine Epoche, da Metaphysik und Mineralogie in Versen redeten und den Worten noch die gehetzte Kraft des Tanzes innewohnte. Die in diesem Zusammenhang genannten Bücher sind wie Funken aus dem Feuer des Heraklit.

Oft genug tauchen Pythagoras und Heraklit in Blochs *Prinzip Hoffnung* auf. Und so läßt sich das, was ich hier ausgeführt habe, auch wohl als Fußnote zu einem anderen Aspekt im Lebenswerk von Ernst Bloch ansehen. Ich wollte zu verstehen geben, daß wir in ihm den vielleicht heute führenden Schriftsteller des Pythagoreischen Genre zu sehen haben.

Die Bedeutung Ernst Blochs für den Historiker des utopischen Marxismus, für den Epistemologen und Studierenden des Naturrechts, für den Kulturphilosophen und Historiker deutsch-jüdischen Geistes im zwanzigsten Jahrhundert ist offenkundig. Ein stattlicher Teil aber seiner Leistung geht auch den Literaturkritiker und den Sprachforscher an. Bereits zur Zeit seiner ersten Essays von 1912 bis 1917 und des *Thomas Münzer* macht Bloch aus der Handlung des Schreibens eine eigentümlich persönliche und nachdrückliche Tat. Obwohl stark vom Expressionismus beeinflußt, besitzt die frühe Prosa von Bloch ihre eigene, ganz unzeremonielle lyrische Beharrlichkeit. In seiner reifen Prosa finden sich Passagen, die wir in ihrer subtilen Leuchtkraft getrost neben Hölderlin und Nietzsche stellen können. Wie nur ganz wenige Meister der deutschen Sprache vor ihm hat er die von Hause aus schwerfällig umständlichen Normen der deutschen Syntax durchbrochen.

Das Prinzip Hoffnung ist als Buch unvergleichbar. Nicht leicht läßt sich eine Kennzeichnung finden für seine besondere äußere Form und Note, für seine phantastische Reichweite und metaphorische Logik. Gleich auf der ersten Seite treffen wir auf Zahlen und Spatien (das typographische Äquivalent für Stillschweigen), auf Überschriften, die uns stutzig machen und auf drei kurze Prosastellen, von denen jede länger als die vorhergehende ist, als handele es sich um strophische Form. Von dieser Seite geht ein unerhörter Zwang aus. Der erste Satz ist in fetten Buchstaben gedruckt – als Morgenlied an das Ich bei Antritt einer großen Reise: »Mit leeren Händen beginnen wir.« Hier liegt das Losungswort für die Pythagoreische Form. Das Buch, das wir morgen zu schreiben beginnen, muß so sein, als hätte es vorher nie eines gegeben: neu und unbändig wie die Morgensonne.

Ein Orpheus mit seinen Mythen:
Claude Lévi-Strauss

Über den Einfluß, den Claude Lévi-Strauss auf das Geistesleben in Frankreich ausübt, kann heute kein Zweifel mehr bestehen – er steht vielleicht nur noch hinter dem von Sartre zurück. Aber die genaue Beschaffenheit dieses Einflusses ist nicht leicht zu definieren. Vieles in Lévi-Strauss' Werk besitzt einen ausgesprochen fachlichen Charakter. Seine neueren Arbeiten sind in ihrer Ausdrucksmethodik und der Art ihrer Bezüge außerordentlich kompliziert und fast verschlossen. Wer von denen, die seinen Namen anrufen und seine Denkmethoden beschwören möchten, hat die gesamte *Strukturale Anthropologie*, oder *Das wilde Denken* tatsächlich gelesen? Ganz abgesehen von *Das Rohe und das Gekochte*? Hier mag die Schwierigkeit an sich zur Faszination gehören. Wie Bergson vor ihm ist Lévi-Strauss imstande gewesen, eine bestimmte Note, eine fast dramatisch zu nennende Präsenz in eine Kultur hineinzuprojizieren, die geistige Ideen traditionsgemäß als etwas hochgradig Besonderes angesehen hat und die, anders als England oder Deutschland, der philosophischen Diskussion einen öffentlichen, emotionell zugespitzten Sinn einräumt.

Eine Textseite von Lévi-Strauss ist unverwechselbar (die beiden ersten Sätze der *Traurigen Tropen* sind in die Mythologie der französischen Sprache eingegangen). Die Prosa von Lévi-Strauss besitzt eine herbe, schmucklos asketische Objektivität, die zeitweilig an La Bruyère und an Gide erinnert; in sorgfältiger Ausgewogenheit benutzt sie lange, gewöhnlich in ansteigenden Rhythmen gegliederte Sätze und plötzlich auftretende lateinische Wortgruppen. Während diese Prosa scheinbar die Konventionen neutraler, gelehrter Darstellung einhält, läßt sie doch brüske persönliche Einmischungen und

Zusätze zu. Dann scheint Lévi-Strauss den Leser für einen kurzen Moment beiseite, hinter die Kulissen zu nehmen, um ihn zum Mitwisser einer tiefsinnig-subtilen Belustigung auf Kosten des Themas und anderer Leute Überheblichkeit zu machen. Danach zieht er sich wieder zurück hinter eine Barriere fachlicher Analyse und Gelehrsamkeit, so aufreibend anspruchsvoll, daß alle bis auf den Eingeweihten ausgeschlossen sind.

Aber durch seine abseitige Rhetorik mit ihren ironischen Kunstgriffen und gelegentlichen Ausbrüchen lyrischen Elans hat Lévi-Strauss eine faszinierende, scharf umrissene Persönlichkeit verwirklicht. Indem er Sartres Sicht einer dialektisch geordneten Geschichtsauffassung nur als einen neuen Mythos, als eine bloße weitere konventionelle beziehungsweise willkürliche Anordnung von Realitäten verwirft, setzt Lévi-Strauss hinzu: »Diese Perspektive hat nichts Alarmierendes für ein Denken, das keine Transzendenz beunruhigt, und sei es in maskierter Form.« Dieser Satz ist charakteristisch in mehrfacher Hinsicht: durch seine affektiert Pascalische Knappheit und Syntax; durch die selbstverständliche Gleichsetzung seiner eigenen Person mit der »abstrakten Konkretisierung« von *une pensée*; hauptsächlich aber durch den Ton stoischer Herablassung. Diese charakteristische Note, dieser kühl nach innen und nach unten gerichtete Blick, der Hochmut enttäuschter Einsicht, ist es denn auch, der die Jünger wie die Gegner von Lévi-Strauss gleichermaßen anzieht. Wie die Jugend einst danach trachtete, die nervöse Leidenschaftlichkeit von Malraux zu kopieren, so sucht sie heute die Höhe und die sententiöse Stimme des Professors für Sozial-Anthropologie am Collège de France nachzuahmen.

Wenn Lévi-Strauss heute die Anthropologie zur Grundlage für eine verallgemeinerte Kritik an Werten macht, folgt er darin nur einer spezifisch französischen Tradition, die von Montaignes umstürzlerischer Betrachtung über die Kannibalen bis zu Montesquieus *Lettres persanes* und seiner Auswertung einer vergleichenden Studie über Kulturen und Sitten als

Kritik gegen den ethisch-politischen Absolutismus verläuft. Diese Tradition schließt auch den weitreichenden Gebrauch von Reiseliteratur und Völkerkunde durch Diderot, Rousseau und die »Philosophen« ein und erstreckt sich bis in die moralischen Polemiken, die Gide so kunstvoll in seine afrikanischen Reisetagebücher einwob. Der *moraliste* benutzt sogenannte »primitive« Kulturen, ob persönlich erlebt oder aus zweiter Hand erfahren, als eine Stimmgabel, mit der er die Dissonanz im eigenen Milieu abstimmt. Lévi-Strauss ist ein *moraliste* in diesem Sinne, der sich in Stil und Anschauung seiner Ähnlichkeiten mit Montesquieu und mit Diderots *Supplément au Voyage de Bougainville* bewußt ist. Der Begriff läßt sich so ohne weiteres nicht mit »Moralist« übersetzen, er führt eine literarische, beinahe journalistische Bedeutung mit, die einen unmittelbaren Vergleich, sagen wir mit den Cambridger Platonikern, nicht zuläßt. Der *moraliste* kann sich des Romans, der journalistischen, der dramatischen Form bedienen, so wie Camus es getan hat. Er kann auch, wie Lévi-Strauss, nach außen gekehrt, von dem Bestehenden in seiner Herkunft und technischen Gestalt ein höchst spezialisiertes Interessenfeld entwickeln.

Nur der vergleichende Anthropologe und der Völkerkundler besitzen das fachliche Rüstzeug, um ein Urteil zu fällen über die Lösungen, die Lévi-Strauss für komplexe Fragen der Verwandtschaftssysteme und des Totemismus, über Kulturverbreitung und »primitive« Psychologie anzubieten hat. Die Fachliteratur über die Arbeiten von Lévi-Strauss ist heute schon umfangreich, doch die Bedeutung dieser Arbeiten für den Begriff der Kultur, für unser Verständnis des sprachlichen und geistigen Prozesses, für unsere Geschichtsdeutung ist eine so unmittelbare und ungewohnte, daß eine bestimmte Kenntnisnahme seines Gedankenguts zum Bestand unserer Bildung gehört. »Ähnlich wie Freud«, so stellt Raphael Pividal fest, »hat Claude Lévi-Strauss bei der Aufklärung von Spezialfragen gleichzeitig einen neuen Weg zum Wissen vom Menschen gewiesen.«

Dieser Weg bahnt sich an mit den klassisch gewordenen Leistungen von Durkheim, Hertz und Mauss in der Soziologie und Anthropologie. In dem »Essay über gewisse primitive Formen der Klassifizierung« (1901–2) von Mauss und Durkheim sehen wir bereits wichtige Aspekte der Studie über Taxonomie und »konkrete Logik« aus *Das wilde Denken* umrissen. Wie Lévi-Strauss in seiner eigenen »Introduction a l'oeuvre de Marcel Mauss« herausstellt, verdankt er dessen Einstellung zum Problem von Verwandtschaft und Sprache, vor allem aber dem Essay über *Die Gabe* von Mauss aus dem Jahre 1924 bestimmte wissenschaftliche Voraussetzungen und Methoden, die sein gesamtes Werk beseelen sollten. In jenem Essay nämlich stellt Mauss die Behauptung auf, daß Verwandtheitsbeziehungen, Beziehungen von wirtschaftlichem und förmlichem Austausch sowie sprachliche Beziehungen wissenschaftlich im Grunde gleichen Wesens sind.

Angefangen von seinem Aufsatz über strukturale Analyse in der Linguistik und Anthropologie (*Word*, 1945) und seiner erstmalig vollwissenschaftlich durchgeführten Abhandlung *Les Structures élémentaires de la parenté*, 1949, hat Lévi-Strauss diese Konjektur über Wesensgleichheit zum Kernstück seiner wissenschaftlichen Methodik und Weltschau gemacht. Wenn er beispielsweise ein spezifisches Problem aus der Nomenklatur der Verwandtschaft im Zusammenhang mit den Tabus der Ehe untersucht, stellt Lévi-Strauss die Behauptung auf, daß sich der Gattungsbeweis nur aussortieren läßt, indem man die ehelich ausgetauschten Frauen als *message* betrachte, die ermögliche, daß zwei unterschiedliche Gruppen miteinander in Verkehr treten und damit eine lebendige Ordnung rationaler Praxis errichten. Von diesem Sonderfall angefangen hat Lévi-Strauss dann die Grundanschauung entwickelt, wonach es sich bei allen kulturellen Phänomenen um eine Sprache handelt. Dementsprechend kann man die menschliche Denkstruktur und die komplexe Totalität gesellschaftlicher Beziehungen am besten studieren, wenn man sich die Methoden und die Entdeckungen der modernen

Linguistik zu eigen macht. Was das politische Wirtschaftssystem für das marxistische Geschichtskonzept ist (unter der genauen fachlichen Basis liegt wesentlich ein metaphysisches und teleologisches Argument), sind die Arbeiten von Saussure, Jakobson, M. Halle und der heutigen Schule der strukturalen Sprachwissenschaft für Lévi-Strauss.

Wie sich schon aus der kurzen Zusammenfassung der Kapitel über »Sprache und Verwandtschaft« in der *Strukturalen Anthropologie* ergibt, läßt sich der Kulturbegriff von Lévi-Strauss ganz wörtlich als ein Syntax erklären. Mit Hilfe unseres Einfühlungsvermögens in diese Syntax können dann bestimmte Riten, biologisch-wirtschaftliche Austauschprozesse sowie die vom Volksmund zum Ausdruck gebrachten Mythen und Klassifizierungen als sogenannte »Phoneme« gewertet werden. Diese Analyse zeigt dann die wahren Wechselbeziehungen von sonst ungleichartigen oder sich gar widersprechenden Elementen auf, denn wie die Linguistik betrachtet die strukturale Anthropologie von Lévi-Strauss den Glaubenssatz als axiomatisch, wonach jedes Element des gesellschaftlichen und psychologischen Daseins nur in Beziehung zu dem übergeordneten System Bedeutung gewinnt. Wenn wir aber dieses System nicht kennen, bleiben die Zeichen, so anschaulich sie sein mögen, stumm.

Bei einer Rede anläßlich einer Tagung von Anthropologen und Sprachwissenschaftlern an der Universität von Indiana im Jahre 1952 beschwor Lévi-Strauss das Idealbild einer künftigen kombinierten »Wissenschaft vom Menschen und dem menschlichen Geist«, in der beide Disziplinen ineinander aufgehen. Seitdem ist er noch ein Stück weitergegangen, und es ist keine Übertreibung festzustellen, daß er heute die gesamte Kultur als einen Austauschcode und alle gesellschaftlichen Prozesse als eine Grammatik ansieht. Nur auf dem Wege dieser Annäherung kann man in angemessener Weise fertigwerden mit der in fast jeder seiner Schriften auftauchenden Fragestellung: Wie sollen wir unterscheiden zwischen Kultur und Natur, wie soll der Mensch seine Identität begreifen in bezug auf die natürliche Welt und die gesellschaftliche Gruppe?

Die eigentliche Verfahrensweise, in der Lévi-Strauss das Rüstzeug der strukturalen Sprachwissenschaft, oder genauer gesagt, das Analogon linguistischer Mittel anwendet, um Probleme von Verwandtschaft, Totemismus und Ökologie zu behandeln, ist viel diskutiert worden. Unter anderem zeigt ein scharfsinniger Aufsatz von Dr. E. R. Leach in den *Annales* (Ausg. Nov.-Dez. 1964), wie stark sich in der Lévi-Strausschen »Kultur-Linguistik« die Techniken und logischen Vorwegnahmen der modernen Informationstheorie und der Linear-Programmierung widerspiegeln. Die Mythen und Verhaltensweisen der primitiven Gesellschaften bewahren und übermitteln lebenswichtiges Wissen: dasselbe geschieht im Elektronengehirn und auf dem magnetischen Band des Computers. Lévi-Strauss betrachtet geistige und gesellschaftliche Prozesse grundsätzlich als binäre Einheiten, die in positiven und negativen Impulsen kodifiziert sind und sich am Ende in einer Gleichung aus Glauben und Volksbrauch ausbalancieren, welche gleichzeitig harmonisch und ökonomisch ist. Von hier aus erklären sich auch jene Binär-Elemente, die seine Beweisführung zu beherrschen scheinen: Animosität/Humanität, Natur/Kultur, feucht/trocken, Geräusch/Schweigen, roh/gekocht. Das Binär-System aber ist, wie Dr. Leach darlegt, nicht das einzige, beziehungsweise unerläßliche Auskunfts-System. Analog-Computer führen heute Aufgaben durch, für die Digital-Computer nicht mehr ausreichen. Insbesondere, so führt Dr. Leach aus, läßt die Matrix, die Lévi-Strauss zur tabellarischen Anordnung der linguistisch-ethnischen Beziehungen und der totemistisch-mythischen Sitten aufstellt, keine Wertschattierungen, keine partiellen Auslesen zu zwischen Alternativen, die nicht unzweideutig positiv oder negativ sind.

Nun, hier haben wir es mit einer Kontroverse zu tun, von der sich der Laie am besten fernhält. Das Auffallende dabei sind die vielen fruchtbaren Anregungen, die Lévi-Strauss mit seiner »Meta-Linguistik« der allgemeinen Kultur-Theorie und der Dichtung wie der Psychologie zuführt. In der *Strukturalen Anthropologie* zum Beispiel finden wir die Auffassung vertreten, daß unsere Zivilisation mit der Sprache maßlos umgehe, daß Wörter in einem beständigen Hang zum Reden nutzlos vergeudet würden. Demgegenüber neigen primitive Kulturen dazu, übertrieben haushälterisch zu sein: »die sprachlichen Bekundungen sind dort auf vorgeschriebene Anlässe begrenzt, außerhalb derer man die Worte spart.« Und für den ironischen Moralismus bei Lévi-Strauss bleibt es charakteristisch, daß er seine Diskussion der Ehe-Grammatik in primitiven Kulturen – Worte und Frauen analog gesetzt als Kommunikationsmedien – ausgerechnet mit dem Aphorismus abschließt: »Im Gegensatz zu Frauen sprechen Wörter nicht.«

Man kann heute das Denken von Lévi-Strauss im wachsenden Maße als einen festen Bestandteil jener Erneuerung der Sprache und ihrer Symbolkraft deuten, als deren Vorläufer man Vico und Leibniz anführen könnte, deren einschneidende Auswirkungen aber in der Neuzeit stattgefunden haben. Nicht minder als Wittgensteins *Tractatus* ziehen *Das wilde Denken* und *Das Rohe und das Gekochte* den Schluß, daß des Menschen Platz in der Ordnung der Wirklichkeit eine Angelegenheit der Syntax, der Anordnung von Sätzen ist. Und nicht minder als Jung bestätigt Lévi-Strauss mit seinen Untersuchungen über Magie und Mythus, über Totemismus und *logique concrète*, daß symbolische Darstellungen, Legenden, Bilderschriften Mittel zum Bewahren und Konzipieren von Wissen sind, daß geistige Entwicklungsprozesse kollektive Vorgänge sind, weil sich in ihnen fundamentale strukturale Gleichheiten fortpflanzen.

Wo »persönliches« und wissenschaftliches Denken miteinander um die Anordnung eines einzelnen Code wetteifern, ist »solches« Denken ein semantisches System, das, sich selbst beständig umgruppierend, die Gegebenheiten der empirischen Welt neu anordnet, ohne dabei die Anzahl der abstrakten Elemente zu verringern. Die wissenschaftliche Methodologie ist selbstverständlich etwas ganz anderes als die »konkrete Logik« primitiver Menschen. Aber sie ist deshalb nicht unbedingt besser oder fortgeschrittener. Immer wieder kommt Lévi-Strauss darauf zurück, daß »die Wissenschaft des Konkreten« eine zweite wichtige Möglichkeit darstelle, um Natur und natürliche Beziehungen zu erfassen. Er bestreitet, daß es sich bei den hervorragenden Errungenschaften des neolithischen Menschen – Töpferei, das Weben von Bekleidung, Ackerbau, die Zähmung der Tiere – um rein zufällige Ergebnisse oder absichtslos erkannte Beispiele handelt. Diese glänzenden »Unterwerfungen«, die »den Nährboden unserer Zivilisation abgeben«, sind vielmehr das Produkt eines Wissens, das sich von unserem Wissen zwar unterscheidet, doch parallel zu ihm ein eigenes Wesen beibehält. Hätte sich die Magie nicht als eine so wendige und unbestechliche Wissensmethode erwiesen, warum dann sollte die Wissenschaft in dem experimentell-deterministischen Sinne erst so spät eingesetzt haben?

Lévi-Strauss sieht in der Geschichte keinen Prozeß linearen Vorrückens (hier liegt der Kern seiner Auseinandersetzung mit den Hegelianern und mit dem dialektischen Historismus von Sartre). Indem Sartre aus der Geschichte einen transzendenten Wert, ein verborgenes Absolutum machen möchte, schließt er ein wichtiges Stück vergangener und gegenwärtiger Humanität aus dem Bezirk bedeutsamer Erfahrung aus. Unser Geschichtssinn mit seinen Daten und der als selbstverständlich einbegriffenen Vorwärtsbewegung ist eine ganz besondere und willkürliche Auslegung der Realität. Er ist nicht natürlich, sondern kulturell erworben. Chronologie, Zeitfolge ist ein immer wechselnder Code. Das Netz von Daten, das wir für die vorgeschichtliche Zeit benutzen, basiert auf einem gänzlich andersartigen System von zulässigen Werten und Daten als das Netz, das wir beispielsweise anwenden, um einen Begriff von der Zeit zwischen 1815 und der Gegenwart zu bekommen. Es liegt im Wesen des primitiven

Denkens zeitlos zu sein und Erfahrung in simultanen und voreingenommenen *imagines mundi* zu begreifen. Eine solche Geistestätigkeit kann aber, wie Lévi-Strauss anmerkt, nicht ganz ohne Bezug sein auf das Weltbild der Quantenmechanik und Relativität.

Seit den *Traurigen Tropen* (1955), wenn nicht schon davor, hat Lévi-Strauss wenig dazu getan, um die allgemeinen philosophischen und soziologischen Implikationen seiner fachlichen Bestrebungen zu verheimlichen. Er ist sich klar darüber, daß er eine allgemeine Geschichts- und Gesellschaftsphilosophie vorträgt und daß seine spezifischen Analysen von Volksgebräuchen und Sprachgewohnheiten einen experimentellen Faktor in sich tragen. Es ist noch gar nicht so lange her, daß er, wie in instinktiver Erkenntnis einer nicht zu vermeidenden Rivalität, Sartre herausgefordert und damit die Relevanz der existenzialistischen Dialektik in Frage gestellt hat. Eindringlicher noch ist das Bemühen bei Lévi-Strauss gewesen, seine eigene Philosophie gegenüber den beiden Hauptarchitekten rationaler Mythologie, Marx und Freud, abzugrenzen. Beständig steht sein Werk in einem selbstbewußten Dialog mit den ihren.

Im autobiographischen Eingangstext der *Traurigen Tropen* hält er seine erste Begegnung mit dem Marxismus im Alter von ungefähr siebzehn Jahren in folgenden Worten fest:

eine ganze Welt offenbarte sich mir. Seither ist mein leidenschaftliches Interesse nie mehr erloschen, und selten nur geschieht es, daß ich mich auf die Klärung einer soziologischen oder ethnologischen Frage konzentriere, ohne zuvor meine Denkfähigkeit dadurch zu festigen, daß ich einige Seiten aus dem *18. Brumaire des Louis Bonaparte* oder aus der *Kritik der politischen Ökonomie* lese.

Marx hat uns gelehrt

ein Modell zu schaffen, seine Eigenschaften und die verschiedenen Umstände zu studieren, unter denen es im Laboratorium reagiert, um dann diese Beobachtungen bei der Deutung empirischer Einzelheiten anzuwenden, die weit entfernt von dem sein können, was man vorausgesehen hatte.

(Wie man bemerkt, handelt es sich hier um eine recht seltsame Auslegung von Marx, denn sie macht aus seinem konkreten Historismus eine fast abstrakte Phänomenologie.) In der *Strukturalen Anthropologie* zitiert Lévi-Strauss die bekannte Anmerkung von Marx, wonach der Wert des Goldes als Hort und Ausdruck von Wohlstand nicht allein ein materielles Phänomen sei, sondern auch seine symbolischen Ursprünge habe als »gediegenes Licht aus der Unterwelt«, und daß die indogermanische Etymologie Verbindungen zwischen Edelmetallen und den Farben aufgedeckt habe. »Somit«, sagt Lévi-Strauss, »ist es Marx selber, der uns auffordert, die symbolischen Systeme, die gleichzeitig der Sprache und den menschlichen Beziehungen zur Welt zugrunde liegen, zu erfassen und zu definieren.« Weiterhin gibt er zu verstehen, und hier liegt der Haken, daß der Marxismus als solcher nur ein Teilprozeß innerhalb einer übergeordneten Idee ökonomisch-linguistischer Orientierung und ihrer Wechselbeziehungen sei. Diese Theorie werde den Rahmen für eine wahrhaft rationale und umfassende Menschheits-Soziologie abgeben. Dabei überrascht es nicht, daß die Marxisten gegen die »totalitären« Ansprüche der Lévi-Strauss-schen »Menschheits-Wissenschaft« Einwände erhoben und ihre irrationalen, »antigeschichtlichen« Aspekte angegriffen haben. (Die prinzipiellen Streitpunkte sind in Lucien Sebags *Marxismus und Strukturalismus* sorgfältig dargelegt.)
In den *Traurigen Tropen* verknüpft Lévi-Strauss den Marxismus mit den beiden anderen wesentlichen Antrieben seiner eigenen geistigen Konzeption von der Ethnographie: Geologie und Psychoanalyse. Alle drei werfen die gleiche fundamentale Frage auf: »die nach der Verbindung zwischen dem sinnlich Wahrnehmbaren und dem Rationalen (le sensible et le rationnel): eine Art Super-Rationalismus, der das eine dem

anderen integrieren möchte, ohne dabei eines der beiden Merkmale zu opfern.« Was vielleicht nur eine übermäßig abstrakte Art und Weise ist, um zu sagen, daß Marxismus, Geologie und Psychoanalyse Ursachenforschungen sind, Versuche nämlich, um die Voraussetzungen der Gesellschaft, der materiellen Umgebung und des menschlichen Bewußtseins auf ihre verborgenen Wurzeln zurückzuführen. Umgekehrt sind die gesellschaftlichen Beziehungen, der Boden und kollektive Vorstellungen bzw. linguistische Formen, der Reihe nach eingesetzt, die primären Koordinaten von Lévi-Strauss' *Studium des Menschen*.

In dem Maße, in dem Lévi-Strauss tiefer vordringt in seine eigenen Ideen über Symbolismus und Geistesleben, werden bei ihm die Freudschen Analogien aufdringlicher und damit vielleicht störender. Daher die sporadisch auftretende, aber scharfe Kritik an der Psychoanalyse in seiner *Strukturalen Anthropologie*; daher seine Behauptung, die Freudsche Theorie, namentlich in ihrer amerikanischen Fassung und Handhabung, laufe nicht auf die Behandlung neurotischer Störungen, sondern auf »eine Umgestaltung der Welt des Patienten mit den Wendungen psychoanalytischer Interpretationen hinaus«. Daher auch, so möchte man annehmen, die Entschiedenheit bei Lévi-Strauss, das Ödipus-Motiv in weit größerem Zusammenhang anzuwenden als Freud ursprünglich vorsah. In der Lévi-Strausssschen Entschlüsselung der Sage und ihrer vielen Analogien unter den Indianerstämmen Nordamerikas liegt die primäre Bedeutung darin, daß auf jenes gewaltige geistig-psychologische Problem hingewiesen wird, dem eine Gesellschaft gegenübersteht, die vorgibt an die autochthone Schöpfung des Menschen zu glauben, wo sie es eigentlich mit der Erkenntnis der bisexuellen Natur des Menschen zu tun hat. Das Ödipus-Motiv verkörpert ja nicht die individuelle Neurose, sondern einen kollektiven Versuch, die Wirklichkeit im Hinblick auf neue, frische und verblüffende Einsichten umzugruppieren. Wie schon im Falle des Marxismus taucht hier die Freudsche Theorie vom Bewußtsein als ein zwar wertvolles, aber doch im wesentlichen vorläufiges Kapitel innerhalb einer größeren, weiter gesteckten Anthropologie auf.

Wie fügt sich nun aber *Das Rohe und das Gekochte* in diese mächtige Gedankenkonstruktion ein? Hier handelt es sich um eine detaillierte und hochgradig fachliche Analyse bestimmter Motive aus der Mythologie der Indianer am Amazonas, oder genauer, der Bororo und Ge Stämme. Der erste Band ist der Ausgangspunkt einer geplanten Reihe und behandelt ein bestimmtes Unterthema in der größeren binären Einheit: Natur/Kultur. Dieses Unterthema betrifft die Unterscheidung zwischen roher und gekochter Nahrung, wie sie sich in den Mythen und praktischen Gebräuchen der Indianer spiegelt. Ausgehend von einer Bororo »Schlüssel-Mythe«, untersucht Lévi-Strauss die bestimmenden Elemente in 187 Sagen und Volkserzählungen; mittels einer komplexen landschaftlichen, sprachwissenschaftlichen und lokalen Matrix beweist er, daß diese Mythen letzlich alle miteinander verbunden beziehungsweise kongruent sind. Der Beweisgrund führt zu der Feststellung, daß die Entdeckung des Kochens die menschliche Vorstellung von der Beziehung zwischen Himmel und Erde tiefgreifend verändert hat.

Ehe er Herr über das Feuer wurde, hat der Mensch Fleisch auf einen Stein gelegt, damit es sich unter den Strahlen der Sonne erwärme. Dieser Habitus brachte Himmel und Erde, Mensch und Sonne in eine vertraute Nebeneinanderstellung. Also hat die Entdeckung des Kochens recht eigentlich den Wirkungskreis der Götter und der Sonne von dem Lebensraum des Menschen entfernt. Auch hat sie den Menschen von der Welt der Tiere abgesondert, die ihre Nahrung roh zu sich nehmen. Es handelt sich somit um einen ungeheuer wichtigen Schritt in der metaphysischen, ökologischen und psychischen Trennung des *homo sapiens* aus seiner kosmischen und organischen Umgebung. Diese Loslösung (ein deutliches und unmißverständliches Echo findet sich in Freuds *Jenseits des Lustprinzips* und seinem *Unbehagen in der Kultur*) führt zu der differenzierten und gründlichen Gegenüberstellung von natürlichen und kulturellen Stadien der menschlichen Entwicklung.

Aber die Anlage des Buches geht noch hinaus über dieses weite Thema. Denn dem, was Lévi-Strauss als »primären Code« zur menschlichen Sprache und als »sekundären Code« zu den Mythen definiert hat, möchte er mit *Das Rohe und das Gekochte* noch einen »tertiären Code anfügen, durch den gewährleistet werden soll, daß Mythen auch auf reziproke Art und Weise ausgelegt werden können. Es wäre deshalb gar nicht so falsch, wenn man dieses Werk selbst als einen Mythos betrachten würde: nämlich als den Mythos der Mythologie«.

Die Formel ist lapidar und mehrdeutig, der Gedanke selber aber ist nicht neu. Er taucht schon bei Giordano Bruno auf, auch in Bacon's *De Sapientia Veterum*, wo Mythen oder »Fabeln« als durchsichtige Schleier betrachtet werden, »angesiedelt in der mittleren Region, die das, was vergeht, von dem, was überlebt, abtrennt«. Lévi-Strauss strebt eine Wissenschaft der Mythologie an, eine Grammatik symbolischer Konstruktionen und Assoziationen, die es dem Anthropologen gestattet, unterschiedliche Mythen so miteinander in Verbindung zu bringen wie der strukturale Linguist Phoneme und Sprachsysteme in Beziehung setzt. Wenn erst eines Tages der Mythenkodex dechiffriert ist und erkannt wird, daß er seine eigene Logik und Unübersetzbarkeit besitzt, sein eigenes Verteilernetz aus Werten und auswechselbaren Bedeutungen, dann wird dem Anthropologen ein Instrument von weitreichender Macht in die Hand gegeben, mit dem er Probleme menschlicher Ökologie, Probleme ethnischer und linguistischer Gruppierung und kultureller Streuung erfolgreich anpacken kann. Vor allem kann er Einblick in geistige Prozesse und Bewußtseinsvorgänge gewinnen, die ihm Indizien (die Fossilien bzw. die radioaktiven Elemente des Paläologen und Geologen) für das höchste Ereignis in der Menschheitsgeschichte liefern – den Übergang aus einem instinktgebundenen, möglicherweise prä-linguistischen Zustand in ein

Leben der Bewußtheit und des individuellen Selbstgewahrseins. Dies im Verein mit dem Florieren des menschlichen Geistes und der »konkreten Logik« während des neolithischen Zeitalters sind für Lévi-Strauss weit bedeutsamere geschichtliche Tatsachen als der kurze Anhang aus Tumult und politischem Kannibalentum der letzten 3000 Jahre.

Vom philosophisch-methodologischen Standpunkt her sind Weg und Methode bei Lévi-Strauss eindeutig deterministisch. Wenn es in der Welt der physikalischen Wissenschaften feste Gesetze gibt, dann gibt es sie auch im Reich der geistigen und sprachlichen Vorgänge. In der *Strukturalen Anthropologie* ahnt Lévi-Strauss ein kommendes Zeitalter voraus, wo individuelles Denken und Verhalten verstanden werden als momentane Verhaltensweisen beziehungsweise als Entsprechungen »der allgemeinen Gesetze, aus denen die unbewußte Tätigkeit des Geistes besteht«. Ganz ähnlich schließt *Das Rohe und das Gekochte* ab mit dem Hinweis auf eine gleichzeitig und reziprok vonstattengehende Wechselwirkung zwischen dem Ursprung von Mythen im Ich und der durch diese Mythen bewirkten Schöpfung eines Weltbildes, das bereits vorbestimmt (programmiert könnte man auch sagen) ist durch die spezifische Struktur der menschlichen Geistesverfassung. Wenn das menschliche Dasein von Grund her eine hochentwickelte Form der Kybernetik ist, dann wird das Wesen der verarbeiteten »Information«, der Rückkoppelung und des Code bedingt sein durch die jeweilige psychosomatische Konstruktion der geistigen Einheit. Oder anders ausgedrückt: eines Tages werden die Digital-Computer und die Analog-Computer es erlernen, verschiedene Träume zu haben.

Noch einmal: Substanz und empirische Zuverlässigkeit im Falle von Lévi-Strauss kann nur von qualifizierten Anthropologen beurteilt werden (hat er recht bei dem und dem Aspekt der Bororo-Untersuchung), aber die darüber hinausgehenden Implikationen bleiben von überragender Bedeutung. Das trifft vornehmlich zu auf die ersten dreißig Seiten von *Das*

Rohe und das Gekochte unter dem Titel »Ouverture«, das zugleich werthaltigste und schwierigste Stück, was er bis dato hervorgebracht hat. Neben dem *Tractatus* (von Wittgenstein) kann man sich schwerlich irgendeinen anderen Text vorstellen, der derartig engmaschig gewoben ist und so erfüllt von subtiler Kompliziertheit im Argumentieren, ja in verschiedenen Punkten berühren sich die Themen beider Werke sogar. Kaum eine der angestrengten Propositionen auf diesen dreißig Seiten, die nicht näher erwiesen oder veranschaulicht wäre durch Bezüge aus der Mathematik, Histologie, Optik oder der Molekularchemie. Oftmals wird ein einzelner Vergleichspunkt mit Hinweisen auf mehrere unterschiedliche wissenschaftliche Auffassungen verbunden. Bei näherer Betrachtung zeigt sich jedoch, daß viele der angeführten wissenschaftlichen Begriffe recht elementarer oder unbestimmt prätentiöser Natur sind. Was für mathematische Kenntnisse besitzt Lévi-Strauss tatsächlich, beziehungsweise braucht er für seine Arbeit? Dieser beständige Gebrauch von mathematisch-wissenschaftlichen Bezeichnungen weist auf einen viel weitergehenden und wichtigeren Beweggrund bei ihm hin. In der »Ouverture« umschreibt Lévi-Strauss ein tief eingewurzeltes Mißtrauen gegenüber der Sprache. Ein in vielen seiner Arbeiten latentes Thema tritt hier in den Vordergrund: im Vergleich zur reinen Syntax, den tautologischen Wirksamkeiten der Mathematik, in der symbolischen Logik und wissenschaftlichen Formeln, bleibt der traditionelle verbale Diskurs heute nicht länger das beherrschende, beziehungsweise voll befriedigende Ausdrucksmittel, das er einmal gewesen ist. Indem Lévi-Strauss seine strukturale Linguistik universal ansetzt, nimmt er tatsächlich der Alltagssprache manches von ihrer einmaligen Besonderheit und Autorität. Wie Speicherkammern oder Förderbänder (die Vakuumröhre und der Elektronenimpuls) gefühlten Lebens und menschlicher Ahnung enthalten Mythen Wörter, gehen aber weit über sie hinaus in Richtung auf eine mehr anpassungsfähige, erfinderische, universale Syntax..

Und selbst sie müssen zurücktreten hinter »dem vornehmsten Mysterium unter den Wissenschaften vom Menschen« – der Musik. Mit dieser verblüffenden Formel beschließt Lévi-Strauss einen fesselnden rhetorischen Gedankenflug, in dem er die Behauptung verficht, daß, wer mythologisch denkt, auch musikalisch denkt. Richard Wagner hat die Verwandtschaft von Mythe und musikalischer Aussage zur Genüge bewiesen. Unter allen existierenden »Sprachen« verbinden sich nur in der Musik die beiden Attribute: »für sich verstehbar und unübersetzbar zu sein«. Mehr noch: sie ist verstehbar für alle. Ein Faktum, das »aus dem Schöpfer der Musik ein götter-ähnliches Wesen macht«.

Dementsprechend wird *Das Rohe und das Gekochte* formal die Struktur eines Musikstückes mitgegeben: Ouvertüre, Thema und Variation, Sonate, Fuge, dreisatziges Zwischenspiel, ländliche Sinfonie in drei Sätzen. Neu ist das Konzept nicht: es findet sich in der von Baudelaire aufgestellten Theorie der »correspondance« (auf die Lévi-Strauss unausgesprochen Bezug nimmt), ferner bei Mallarmé, sowie im »Tod des Vergil«, einem in Angleichung an die rhythmischen – und Stimmungswechsel eines Streichquartetts aufgeteilten Roman von Hermann Broch. Lévi-Strauss unternimmt sonst wenig, um diese musikalische Formangleichung zu bekräftigen; sie bleibt eher ein sorgfältig ausgearbeitetes Gedankenspiel. Trotzdem behält die ihr unterliegende Konzeption eine tiefgründige Anziehungskraft. Die Vorstellung, daß Musik und Mythos zwei Brüder im Geiste sind und daß sie Seinsformen schaffen, die umfassender, universaler sind als Wort und Rede, ist seit altersher mit der westlichen Vorstellungskraft verbunden. Verkörpert wird diese Idee, wie Elizabeth Gewell gezeigt hat, in der Gestalt des Orpheus. Er ist selber ein Mythos, Herr und Meister des Lebens vermöge seiner Kraft, Harmonie zu schaffen inmitten der Trägheit des Urschweigens und der Wildheit der Zwietracht (die ungebändigten wilden Tiere halten inne und hören ihm zu). Seine Gegenwart – Ordnung und Einsicht als geistige Verfassung, wenn diese Verfassung der Musik am nächsten kommt – wird deutlich im Lehrsatz des Pythagoras wie in Bacon's *Magna Instauratio*; sie gewinnt die Kraft einer lebendigen Mythe bei Rilke und Valéry. In seiner Feier von Musik und Mathematik, in seinem dunklen Stolz, selber ein Mythos in der Entfaltung, ein Gesang des Ichs zu sein, ist *Das Rohe und das Gekochte* im wörtlichen Sinne ein Orphisches Werk.

Auch ist *Das wilde Denken* ein Werk, das noch unabgeschlossen ist, und deshalb wäre es töricht, heute schon ein Generalurteil über die komplexe Gesamtheit der Lévi-Strauss-schen Leistung zu fällen. Daß es sich um eine der originärsten und geistig erregendsten in der gegenwärtigen Zeit handelt, dürfte unbezweifelbar sein. Kein ernsthaft an Sprache oder Literatur, an Soziologie oder Psychologie interessierter Mensch kann sie ignorieren. Gleichzeitig offenbart diese neueste Veröffentlichung aber auch im störenden Maße gewisse Eigenheiten bei Lévi-Strauss, die seinem Werk latent sicherlich schon länger anhaften. Es ist weitschweifig wortreich, oftmals gewollt und preziös zum Rasendwerden (eine fachliche Untersuchung über Beziehungen zwischen den Mythen im Amazonas-Gebiet und den Tierkreiszeichen trägt den Titel »Die wohltemperierte Astronomie«). Die wissenschaftliche Argumentation wird durch einen Apparat pseudo-wissenschaftlichen Materials herausgeputzt, das gewichtiger und relevanter erscheint, als es in der Tat ist.

Hier liegen vielleicht Genialität und Gefahr eines sonst faszinierenden Unternehmens, das in erster Linie nicht als Anthropologie oder Ethnologie, sondern als eine in die Länge gezogene poetische Metapher zu beurteilen und zu bewerten sein mag. Um mit einer Wendung aus *Das wilde Denken* zu schließen: ähnlich wie vieles bei Marx und Freud wird die Leistung von Lévi-Strauss als »Bestandteil der Mythologie unserer Zeit« überdauern.

Das hohle Wunder*

Zugegeben: Deutschland nach dem Kriege ist ein Wunder. Aber es ist ein recht seltsames, ein sehr wunderliches Wunder. An der Oberfläche gedeiht und pulsiert das Leben prachtvoll, doch im Innern herrscht eine krankhafte Stille. Man gehe nur einmal selber hin: schließe vorübergehend die Augen vor dem Wunderwerk neuer Produktionsstätten und beide Ohren vor dem Brausen der Motoren.

Was in Deutschland so tot und abgestorben wirkt, ist die Sprache. Man schlage nur die Tageszeitungen auf, die Illustrierten, die Flut der populären und gelehrten Bücher, die sich aus den neuen Druckerpressen ergießt; man höre sich im

---

* Dieser im Jahre 1959 geschriebene Essay hat verständlicherweise viel Verstimmung und Verärgerung ausgelöst. Seine Diskussion und seine falsche Auslegung in Deutschland dauern an bis zum heutigen Tage. Die Zeitschrift *Sprache im technischen Zeitalter* widmete der Debatte eine Sondernummer, und im Frühjahr 1966, auf der Tagung der deutschen Schriftsteller *Gruppe 47* in den Vereinigten Staaten, entsprang die Kontroverse aufs neue. Eine besonders feindselige Einstellung gegenüber dem Fall bezog der akademische Berufsstand, dem ich selber mit einem gewissen Unbehagen zugehöre. Wenn ich »Das hohle Wunder« in diesem Buche erneut vorstelle, so geschieht es, weil ich der Meinung bin, daß es sich bei den Wechselbeziehungen zwischen Sprache und politischer Unmenschlichkeit um einen Gegenstand von sehr ernster Bedeutung handelt; und weil ich glaube, daß sich dieses mit besonders tragischer Dringlichkeit ablesen läßt am Gebrauch der deutschen Sprache während der Nazi-Periode und an der Vergeßlichkeits-Akrobatik, die dem Sturz Hitlers nachfolgte. Joseph de Maistre und George Orwell haben beide zum Thema Politik und Sprache geschrieben und wie das Wort unter dem Gewaltdruck politischer Bestialität und Verlogenheit seine menschlichen Sinnbedeutungen einbüßen kann. Bis jetzt aber haben wir kaum einen Anfang gemacht, ihre Einsichten auf die eigentliche Entwicklung von Sprache und Fühlen anzuwenden. Hier bleibt fast alles noch zu tun übrig.
Auch veröffentliche ich den Essay erneut, weil ich glaube, daß seine Beweisführung im großen und ganzen gültig geblieben ist. Bei seiner Niederschrift war mir das bemerkenswerte Buch von Victor Klemperer (LTI) *Aus dem*

Theater ein neues deutsches Stück an, achte auf die Sprache, die im Radio oder im Bundestag gesprochen wird. Das ist nicht mehr die Sprache von Goethe, Lessing, Heine und Nietzsche, auch nicht die von Thomas Mann. Etwas ungeheuer Verderbliches ist mit dieser Sprache passiert – sie macht Krach, sie teilt sich sogar mit, doch das Gefühl eines Gedankenaustauschs, einer Gemeinsamkeit schafft sie nicht.

Sprachen sind lebendige Organismen. Unendlich komplex in sich, doch nichtsdestoweniger zusammenhängende Organismen. In sich tragen sie eine bestimmte Lebenskraft sowie gewisse Kräfte zum Absorbieren und Wachsen. Aber sie können ebensogut auch verfallen und absterben.

Eine Sprache läßt erkennen, daß sie den Keim der Auflösung nach verschiedenen Richtungen in sich trägt. Geistige Prozesse, die ehemals spontan aus eigenem Antrieb erfolgten, werden zu mechanisch festgelegten Gewohnheiten (tote Meta-

Notizbuch eines Philologen nicht bekannt, das 1946 in Ost-Berlin erschienen ist und jetzt unter dem Titel »Die unbewältigte Sprache« (im Verlag Joseph Melzer, Darmstadt). Weit mehr als ich es vermochte, spürt Klemperer, ein geschulter Linguist, dem deutschen Sprach-Kollaps zum Nazi-Jargon und den sprachwissenschaftlich-historischen Hintergründen dieses Zusammenbruchs nach. Im Jahre 1957 erschien ein schmales und vorläufiges Lexikon der Nazi-Sprache: *Aus dem Wörterbuch des Unmenschen,* zusammengestellt von Dolf Sternberger, Gerhard Storz und W. E. Süßkind. Im Jahre 1964 griff Cornelia Berning die von mir gemachte Anregung zu eingehenderen Untersuchungen in ihrer Schrift »Vom Abstammungsnachweis zum Zuchtwart« auf, und Dolf Sternberger ist auf den gesamten Fragenkomplex in seinem Essay über »*Maßstäbe der Sprachkritik*« in seinem Buch *Kriterien* (Frankfurt, 1965) zurückgekommen. In Rolf Hochhuths *Der Stellvertreter*, namentlich in den Szenen um Eichmann und seine Spießgesellen, wird dem Nazideutsch ein peinlich genauer, nahezu Übelkeit erregender Ausdruck verliehen. Das Gleiche trifft zu für Peter Weiss' *Ermittlung* und auch für den Roman *Hundejahre* von Günter Grass, auf den ich in dem hier nachfolgenden Essay zu sprechen komme.

Dazu kommt, daß für den komplexen Werdegang der deutschen Sprache und ihrer Äußerungsformen in der politischen Wirklichkeit ein neuer Abschnitt eingesetzt hat. In Ostdeutschland entwickelt sich in der Sprache aufs neue ein Stil totalitärer Vereinfachung und grammatikalischer Lügen, der sich in der Ära der Nazis in hohem Maße durchgesetzt hat. Mauern lassen sich nicht nur ziehen zwischen zwei Hälften einer Stadt, man kann sie auch zwischen Wörtern und ihrem menschlichen Inhalt errichten.

phern, feststehende Vergleiche, Schlagworte, leere Redensarten). Die Wortgebilde werden länger und doppeldeutiger. Rhetorik tritt an die Stelle von Stil, und anstelle eines genauen, allgemeinverständlichen Sprachgebrauchs treten Kauderwelsch und Jargon. Fremde Wurzeln und entlehnte Worte werden nicht mehr absorbiert im Blutstrom der Muttersprache, sie werden unverdaut geschluckt und bleiben ein Fremdkörper. Alle diese technischen Mängel und Versager häufen sich dann an bis zum eigentlichen Bankrott: die Sprache schärft nicht mehr das Denken, sondern verwässert es. Anstatt jeden einzelnen Ausdruck mit der größtmöglichen Energie und Direktheit aufzuladen, lockert und zerstreut sie die Intensität des Empfindens. Die Sprache hört auf, ein Abenteuer zu sein (und die lebensvolle Sprache bedeutet das höchste Abenteuer, dessen die menschliche Intelligenz fähig ist). Kurz gesagt, die Sprache wird nicht mehr gelebt, sie wird nur noch gesprochen.

Dieser Zustand kann unter Umständen sehr lange Zeit anhalten; man denke nur daran, wie lange Latein noch im Gebrauch war, nachdem die Lebensquellen der römischen Zivilisation längst versiegt waren. Wo aber dieser Zustand einmal eingetreten ist, wird sich ein lebenswichtiger Bestandteil einer Zivilisation nicht mehr erholen. Und in Deutschland ist er eingetreten. Deshalb herrscht dort inmitten des Wunders der materiellen Wiederauferstehung geistig eine derart tiefgreifende Totenstille, ein so ausgeprägter Hang zur Trivialität und Verstellung.

Was hat den Tod der deutschen Sprache herbeigeführt? Das ist ein interessantes und verwickeltes Stück Geschichte. Es beginnt mit der paradoxen Tatsache, daß die deutsche Sprache am lebendigsten war, bevor es einen einheitlichen deutschen Staat gab. Die dichterischen Genies eines Luther, Goethe, Schiller, Kleist, Heine und zum Teil auch das von Nietzsche, gehen der Gründung der deutschen Nation voraus. Die Meister deutscher Prosa und Dichtung waren allesamt Männer, die sich nicht haben einfangen lassen vom dynamischen

157

Sog eines preußisch-germanischen Nationalbewußtseins, der sich nach der Reichsgründung 1870 entfaltet hat. Wie Goethe waren sie Bürger Europas und lebten in den fürstlichen Staaten, die zu unbedeutend waren, um nationalistische Gefühlswallungen zu schüren. Oder sie haben, wie Heine und Nietzsche, ihre Werke außerhalb Deutschlands geschrieben, was für den besten Teil der deutschen Literatur bis in die Moderne hinein gültig bleibt. Kafka schrieb in Prag, Rilke in Prag, Paris und Duino.

Schon zu Bismarcks Zeiten trugen Amtssprache und offizielle Literatur die Elemente der Auflösung in sich. Es war dies die große Zeit für militante Historiker, für die Philologen und die unverständlichen Metaphysiker. Diese Mandarine des neuen Preußenreiches produzierten jene angsterregende Zusammensetzung aus grammatikalischer Unbedarftheit und Humorlosigkeit, die aus dem Begriff »germanisch« ein Äquivalent für plumpe Wichtigtuerei gemacht haben. Jene, die der Verpreußung der Sprache damals entgingen, waren die Meuterer und die Exilierten, wie jene Juden, die eine hervorragende journalistische Tradition begründeten, oder wie Nietzsche, der im Ausland schrieb.

Der akademischen Gestelztheit und Schwerfälligkeit, wie sie zwischen 1870 und dem Ersten Weltkrieg von den Spitzen in Erziehung und Gesellschaft praktiziert wurden, hat das Kaiserliche Regime seine eigenen Gaben aus Pomp und Mystifizierung beigesteuert. Der in den Amtsstuben und Kanzleien der neuen Reichsregierung ausgeübte »Potsdamer Stil« war eine Mischung aus Grobheit (»der rauhe aber herzliche Soldatenton«) und hochfliegender romantischer Erhabenheit (der Wagner-Klang). Auf diese Weise verbanden sich Universitäten, Obrigkeit, Armee und Hof, um der deutschen Sprache Angewohnheiten einzuexerzieren, die sich nicht weniger gefährlich ausnahmen als diejenigen, die man dem deutschen Volke eindrillte: eine entsetzliche Schwäche für leere Schlagworte und hochtrabende Klischees (»Lebensraum«, »die gelbe Gefahr«, »die nordischen Tugenden«); ein automatisches Sich-Verbeugen vor dem umständlich langen Wort oder der lauten Stimme; eine fatale Neigung zum Sacharin-Pathos (Gemütlichkeit), hinter der sich bekanntlich jede Menge Ruppigkeit und Täuschung verbergen läßt. Bei dieser Abrichtung spielte die zu Recht gerühmte Schule der deutschen Philologie eine merkwürdige und komplexe Rolle. Philologie ordnet Wörter in ein System mit älteren und verwandten Worten ein, nicht aber in ihrem Zusammenhang mit moralischem Zweck und moralischer Handlungsweise. Die Philologie gibt der Sprache Formalität, nicht Form. Es kann also kein bloßer Zufall sein, daß die im wesentlichen philologische Struktur der deutschen Erziehung Preußen und dem Nazireich so getreue Diener gestellt hat. Den besten Aufschluß darüber, wie der Klassenzimmer-Drill zum Kasernenhofdrill führte, geben die Romane von Heinrich Mann, vor allem *Der Untertan.*

Als 1914 die Soldaten in den Krieg marschierten, zogen auch die Worte in den Krieg. Vier Jahre später kehrten die Soldaten zwar geschlagen und gequält zurück, doch die Worte, die Worte blieben an der Front und errichteten zwischen dem deutschen Geist und den harten Tatsachen eine Mauer aus Mythus und Fabel; sie haben die erste jener grandiosen Lügen in die Welt gesetzt, die für so manches im neuen Deutschland förderlich gewesen sind; die Lüge vom »Dolchstoß in den Rücken«. Die tapfere deutsche Armee sei nicht besiegt worden, vielmehr sei sie von hinten durch »Verräter, Schwächlinge und Bolschewisten« erstochen worden. Der Vertrag von Versailles sei nicht ein unbeholfener Versuch gewesen, in einem verwüsteten Europa die Scherben zu ordnen, sondern ein ränkevoller Racheplan, der Deutschland von seinen habgierigen Gegnern aufgezwungen wurde. Die Verantwortung, den Krieg entfesselt zu haben, lag bei Rußland oder bei Österreich oder den kolonialen Machenschaften im »perfiden England«, aber nicht beim preußischen Deutschland.

Es hat viele Deutsche gegeben, die erkannten, daß es sich

hierbei um reine Legendenbildungen handelte, und die auch den Anteil kannten, den der deutsche Militarismus und die Rassen-Arroganz bei der Ausführung des Massenmordes gespielt haben. Dem wurde in den politischen Kabaretts der zwanziger Jahre Ausdruck gegeben, ferner im Experimentiertheater von Brecht, in den Büchern der Brüder Mann, in der graphischen Kunst von Käthe Kollwitz und George Grosz. Der deutschen Sprache entsprang eine Lebendigkeit, die sie vorher unter dem Kommando der Junker und Philologen so niemals an den Tag gelegt hatte. Es war die glänzende, aufrührerische Übergangsperiode: Brecht gab der deutschen Sprache wieder ihre lutherische Einfachheit zurück, und Thomas Mann führte seinem Stil die leuchtende, geschmeidige Eleganz aus der klassischen und mediterranen Überlieferung zu. Diese Jahre zwischen 1920 bis 1930 waren die Wunderjahre im modernen deutschen Geistesleben. Rilke dichtete die *Duineser Elegien* sowie die *Sonette an Orpheus* im Jahre 1922 und verlieh der deutschen Verskunst damit Flügelschlag und Musik, die sie seit Hölderlin nicht mehr gekannt hat. *Der Zauberberg* erschien 1924, Kafkas *Schloß* 1926. Die *Dreigroschenoper* hatte 1928 ihre Premiere, und 1930 produzierte der deutsche Film den *Blauen Engel*. Im gleichen Jahr erschien der erste Band von *Der Mann ohne Eigenschaften*, Robert Musils ungewöhnliche und weitgespannte Betrachtung zum Niedergang der abendländischen Werte. In diesen zehn Jahren hatten deutsche Literatur und Kunst teil an jener großen schöpferischen Flutwelle westlich-abendländischer Phantasie, die auch Faulkner, Hemingway, Joyce, Proust, D. H. Lawrence, Picasso, Schönberg und Strawinski mit einschloß.

Aber es sollte nur eine kurze Atempause bleiben. Das Obskurantentum, die Bildungsfeindlichkeit und die Haßgefühle, seit 1870 im deutschen Temperament angelegt, waren schon zu tief verwurzelt. In einem unheimlich prophetischen »Brief aus Deutschland« vermerkte D. H. Lawrence, wie »der alte, borstige, heißspornige Geist wieder erwacht ist«. Er sah, wie dieses Land sich abwandte »aus dem Kontakt mit dem westlichen Europa, um in den östlichen Steppen zu verebben«. Brecht, Kafka und Thomas Mann sollte es nicht beschieden sein, ihre eigene Kultur zu zähmen und ihr etwas von der humanen und maßvollen Besonnenheit ihrer eigenen Talente zu vermitteln. Zuerst sahen sie sich als Sonderlinge, dann als Verfolgte. Neue Sprachregler erschienen auf dem Plan, um aus der deutschen Sprache eine politische Waffe zu schmieden, totaler und wirksamer als in jedem anderen Abschnitt der Geschichte, so daß die Würde der menschlichen Sprache auf das Niveau heulender Wölfe degradiert worden ist.

Dabei wollen wir ein Faktum nicht aus dem Auge lassen: die deutsche Sprache war an den Schreckenstaten des Nazismus nicht ganz unschuldig. Es ist kein bloßer Zufall, daß ein Hitler, ein Goebbels, ein Himmler deutsch sprachen. Das Nazitum fand in dieser Sprache genau vor, was es brauchte, um seiner Grausamkeit Stimme und Nachdruck zu verleihen. Hitler vernahm in seiner Muttersprache die latente Hysterie, das geistige Durcheinander, die Eigenschaft zur hypnotischen Trance, er tauchte mit untrüglichem Gespür ins Unterholz dieser Sprache, in jene Zone des embryonalen Aufschreis und der Finsternis, die der artikulierten Rede vorangehen und sich bilden, bevor das Wort sich einstellt. Er spürte in der deutschen Sprache eine andere Musik als die von Goethe, Heine oder Mann auf; eine rauhe, krächzende Kadenz, halb nebuloses Kauderwelsch, halb Gossenjargon. Und das deutsche Volk, anstatt sich ungläubig und angeekelt abzuwenden, gab dem Gebrüll des Mannes einen massiven Widerhall. Das Echo kam zurück aus Millionen Kehlen und Marschtritten. Ein Mann wie Hitler hätte in jeder Sprache ein Reservoir an Giftstoffen und moralischer Unbildung vorfinden können, nur standen sie ihm nirgends so bequem zur Verfügung, lagen nirgends so nahe an der Oberfläche der Umgangssprache. Eine Sprache, mit der man ein »Horst-Wessel-Lied« schreiben kann, kümmert sich einen Dreck um Muttersprache. Und wie soll das Wort *spritzen* je wieder gesunde Bedeutung gewinnen, nachdem es für Millionen Menschen das Kennzeichen für das vom Messer spritzende Judenblut war?

Und genau das ist geschehen im »tausendjährigen Reich«. Nicht Schweigen oder Ausflucht, sondern ein immenser Erguß von präzisen, zweckdienlichen Ausdrücken. Es gehört zu den eigentlichen Schaudern der Nazizeit, daß alles, was geschah, festgehalten, katalogisiert, aufgezeichnet und niedergeschrieben wurde; daß man den Worten Dinge auszudrücken aufgab, die eigentlich von keinem Menschenmund ausgesprochen und auf keinem von Menschenhand hergestellten Stück Papier festgehalten werden sollten. Ekelerregend und nahezu unerträglich ist es, wenn man sich heutzutage vergegenwärtigt, was da getan und gesagt worden ist – aber tun muß man es.

In den Kellerräumen der Gestapo haben Stenographen, gewöhnliche Frauen, alle Laute der Furcht und der Agonie der gebrannten, geschlagenen oder gemarterten Menschen sorgfältig aufgeschrieben. Die experimentellen Torturen, die in Belsen und Mauthausen an lebenden Wesen vorgenommen wurden, sind genauestens festgehalten. Die Anordnungen über die Zahl der Hiebe, die an den Marterpfählen von Dachau verabfolgt wurden, waren schriftlich fixiert. Wenn polnische Rabbiner gezwungen wurden, mit Hand und Mund offene Latrinen auszuräumen, standen deutsche Offiziere dabei, um den Tatbestand zu photographieren, zu protokollieren und zu etikettieren. Trennten die Wachmannschaften der SS an den Eingängen zu den Todeslagern Mütter und Kinder voneinander, gingen sie dabei nicht schweigend vor, sondern proklamierten die bevorstehenden Greuel durch lautstarken Hohn: »Heidi, heida, juchheisassa, Scheißjuden in den Schornstein!«

So wurde zwölf Jahre lang immer wieder das Unaussprechliche ausgesprochen, das Undenkbare aufgeschrieben, registriert, tabellisiert und zur Akte genommen. Männer, die Ätzkalk in die Kanalisationsrohre von Warschau gossen, um die noch Lebenden zu töten, und den Gestank der Toten zu ersticken, haben darüber in Briefen nach Hause berichtet. Sie sprachen davon, sie hätten »Ungeziefer ausgerottet« – wohlgemerkt in Briefen, in denen Familienphotos erbeten oder Weihnachtsgrüße ausgetauscht wurden. Stille Nacht, Heilige Nacht, Gemütlichkeit. Eine Sprache, aus der die Hölle spricht, nimmt auch die Gewohnheiten der Hölle in ihrer Syntax an. Allmählich verloren die Worte ihren ursprünglichen Sinn und nahmen alpdruckhafte Bedeutung an. Aus *Jude, Pole, Russe* wurden »zweibeinige Läuse«, faules Ungeziefer, die nach einem Leitfaden der Partei von jedem Arier zerquetscht werden müssen, »wie Wanzen an einer dreckigen Wand«. Das Wort »Endlösung« bedeutet den Tod von sechs Millionen Menschen in Gaskammern.

Die Sprache wurde nicht nur vergiftet durch diese ungeheuren Bestialitäten, sie wurde auch dazu bestimmt, zahllose Unwahrheiten mit Nachdruck durchzusetzen, den Deutschen einzureden, daß der Krieg gerechtfertigt und an allen Fronten siegreich sei. Als die Niederlage über das tausendjährige Reich hereinzubrechen begann, verdichteten sich die Lügen zu einem beständigen Schneetreiben. Die Sprache wurde auf den Kopf gestellt, um »Licht« zu sagen, wo Finsternis herrschte, und »Sieg«, wo Unheil lag. Gottfried Benn, einer der wenigen anständigen Schriftsteller, die im Nazi-Deutschland verblieben, hat einige der neuen Definitionen aus dem Wörterbuch für Hitler-Deutsch mit seinen Anmerkungen versehen:

Im Dezember 1943, also zu einer Zeit, in der die Russen uns fünfzehnhundert Kilometer vor sich hergetrieben und unsere Front dutzendfach durchlöchert hatten, sagt ein Oberstleutnant, klein wie ein Kolibri und sanft wie ein Kaninchen, mittags bei Tisch: »Hauptsache, die Schweine brechen nicht durch.« Durchbrechen, Aufrollen, Säubern, bewegliche Kampfführung – was für eine Gewalt haben diese Worte, positiv, um zu bluffen, und negativ, um Tatbestände zu verschleiern. Stalingrad: ein tragischer Unfall; die Niederlage der U-Boote: eine zufällige kleine technische Entdeckung der Engländer; daß Montgomery den Rommel von El Alamein bis Neapel viertausend Kilometer vor sich herjagte: Verrat der Badoglio-Clique.

Und als sich dann der Kreis der Rächer um Deutschland schließt, wird aus dem Schneegestöber ein wahnwitziger Schneesturm. Im Radio tönt, zwischen den Unterbrechungen durch Luftalarme, die Stimme von Goebbels und versichert dem deutschen Volk, daß »eine titanenhafte Geheimwaffe« kurz vor dem Einsatz stehe. An einem der endgültig letzten Tage der Götterdämmerung entstieg Hitler seinem Bunker, um eine angetretene Reihe von fünfzehnjährigen Jungen mit aschgrauen Gesichtern abzuschreiten, die man in Berlin als letztes Aufgebot für den Grabenkrieg ausgehoben hatte. Der Wehrmachtbericht sprach von »Freiwilligen« und Elitetruppen, die sich, unüberwindlich, um den Führer geschart hätten. So verpuffte der Alpdruck mit einer schamlosen Lüge. Dem *Herrenvolk* wurde feierlichst mitgeteilt, Hitler sei im Kampf gegen die roten Horden an der Spitze seiner Truppen gefallen. In Wahrheit lag er tot mit seiner Maitresse in der Tiefe seines bombensicheren Bunkers.

Sprachen besitzen starke Lebensreserven, mit deren Hilfe sie große Mengen von Hysterie, Analphabetentum und Gemeinheit absorbieren können (Orwell hat das für die englische Sprache dargelegt). Aber es gibt auch eine Belastungsgrenze. Benutzt man eine Sprache dazu, um Belsen zu organisieren, zu ersinnen und zu rechtfertigen, benutzt man sie dazu, um den Menschen in zwölfjähriger wohlüberlegter Bestialität zu entmenschen – dann passiert etwas mit ihr. Man mache aus den Worten, was Hitler, Goebbels und hunderttausend *Untersturmführer* aus ihnen gemacht haben: Übermittler von Unwahrheit und Terror – und mit den Worten passiert etwas. Etwas von der Lüge und dem Sadismus setzt sich im Mark der Sprache fest. Unmerklich zunächst, so wie radioaktive

Ausstrahlungen sich stillschweigend im Knochenmark fest-
setzen. Aber das Krebsgeschwür beginnt seine tiefsitzende
Zerstörungstätigkeit. Die Sprache gedeiht nicht mehr, sie
frischt sich nicht mehr von innen auf, und sie erfüllt nicht
mehr so gut wie sonst ihre beiden wesentlichsten Funktionen:
die Übermittlung von menschlicher Ordnung, die wir Gesetz
und Recht nennen, und die Vermittlung des Behenden im
Menschengeist, was wir Anmut und Anstand nennen. Im
Jahre 1940 äußerte Klaus Mann in einer gequälten Tagebuch-
notiz, er lese keine zeitgenössischen deutschen Bücher mehr:
»Ob wohl die Sprache Hölderlins und Nietzsches durch Hitler geschändet worden ist?« Sie ist es.

Und was geschah mit denen, die Wächter einer Sprache sind,
den Trägern ihres Gewissens? Was wurde aus den deutschen
Schriftstellern? Eine ganze Anzahl ist in den Konzentrationslagern umgekommen. Andere, wie Walter Benjamin, gaben
sich selbst den Tod, um nicht der Gestapo in die Hände zu
fallen. Die bekanntesten aber gingen ins Exil. Die besten
Dramatiker: Brecht und Zuckmayer. Die bedeutendsten
Erzähler: Thomas Mann, Werfel, Feuchtwanger, Heinrich
Mann, Stefan Zweig, Hermann Broch.

Dieser Exodus ist von größter Bedeutung, wenn wir verstehen
wollen, was man der deutschen Sprache und ihrer Seele,
deren stimmliches Organ sie ist, angetan hat. Einige dieser
Schriftsteller flohen um ihr Leben, da sie Juden, Marxisten
oder »unerwünschtes Ungeziefer« waren. Viele aber hätten
durchaus als »Ehrenarier« oder Gäste des Regimes dableiben
können. Nur zu gern hätten die Nazis den Glanz von Thomas
Manns Gegenwart und sein Prestige für sich gesichert. Nur
Mann wollte nicht dableiben. Er wußte genau, was man der
deutschen Sprache antun würde, und er spürte, daß er diese
Sprache für sich nur im Exil vor dem endgültigen Ruin
bewahren könne. Als er emigrierte, entzogen ihm die spei-
chelleckerischen Akademiker der Universität Bonn das
Ehrendoktorat. In seinem berühmten Offenen Brief an
den Dekan hat Mann dargelegt, daß jemand, für den die

deutsche Sprache ein Organ zur Vermittlung der Wahrheit und humaner Werte ist, nicht im Reiche Hitlers verbleiben könne:

Das Geheimnis der Sprache ist groß; die Verantwortlichkeit für sie und ihre Reinheit ist symbolischer und geistiger Art, sie hat keineswegs nur künstlerischen, sondern allgemein moralischen Sinn, sie ist die Verantwortlichkeit selbst, menschliche Verantwortlichkeit schlechthin, auch die Verantwortung für das eigene Volk, die Reinerhaltung seines Bildes vorm Angesicht der Menschheit ... Ein deutscher Schriftsteller, an Verantwortung gewöhnt durch die Sprache; ein Deutscher, dessen Patriotismus sich – vielleicht naiverweise – in dem Glauben an die unvergleichliche moralische Wichtigkeit dessen äußert, was in Deutschland geschieht, – und sollte schweigen, ganz schweigen zu all dem unsühnbar Schlechten, was in meinem Lande an Körpern, Seelen und Geistern, an Recht und Wahrheit, an Menschen, und an dem Menschen täglich begangen wurde und wird?

Natürlich hatte Thomas Mann recht. Aber der Preis, den ein Schriftsteller für solche Lauterkeit zu zahlen hat, ist kaum zu ermessen.

Die deutschen Schriftsteller mußten verschiedene Verlustgrade auf sich nehmen und reagierten auf verschiedene Weise. Sehr wenige nur hatten das Glück, in der Schweiz ein Asyl zu finden, wo sie mit dem Lebensstrom ihrer eigenen Sprache verbunden blieben. Andere wie Werfel, Feuchtwanger und Heinrich Mann siedelten sich in naher Nachbarschaft zueinander an, so daß sie im fremden Land Inseln ihrer angeborenen Sprache bilden konnten. Stefan Zweig, sicher in Südamerika angekommen, versuchte das kunstvolle Gewebe seiner Prosa dort wieder aufzunehmen. Doch die Verzweiflung übermannte ihn. Er war überzeugt, daß die Nazis aus der Sprache ein unmenschliches Kauderwelsch machen würden, er sah für einen der deutschen Sprache und Literatur ergebenen Menschen keine Zukunft und beging Selbstmord.

Andere wieder hörten überhaupt zu schreiben auf, denn nur die zähesten und begabtesten brachten es fertig, das Grausame ihres Schicksals in Kunst umzusetzen.

Brecht, von den Nazis von einer Zuflucht in die andere gejagt, machte aus jedem seiner Bühnenstücke ein glänzendes Nachhutgefecht. Seine *Mutter Courage* erlebte ihre erste Aufführungsserie in Zürich während der unheilschwangeren Frühjahrsmonate von 1941. Je weiter er gehetzt wurde, um so klarer und kraftvoller wurde sein Deutsch. Diese Sprache schien wie aus einem Elementarlehrbuch für das ABC der Wahrheit zu kommen. Zweifellos kam Brecht seine politische Einstellung zugute. Als überzeugter Marxist fühlte er sich als Bürger einer Welt, die weiterreichend als Deutschland war, und als Teilhaber am Fortschrittsmarsch der Geschichte. Er war bereit, Entweihung und Ruin des deutschen Geisteserbes hinzunehmen als ein notwendiges tragisches Vorspiel für die Gründung einer neuen Gesellschaftsform. In seinem Traktat »Fünf Schwierigkeiten beim Schreiben der Wahrheit« stand Brecht eine neue deutsche Sprache vor Augen, eine Sprache, in der das Wort mit der Tatsache und die Tatsache mit der Menschenwürde bruchlos im Einklang stehen.

Ein weiterer Schriftsteller, der aus dem Exil eine Bereicherung machte, war Hermann Broch. *Der Tod des Vergil* zählt nicht nur zu den bedeutendsten Romanen der europäischen Literatur seit Joyce und Proust, er ist auch die eigentümlich spezifische Behandlung der tragischen Situation eines Wortmenschen im Zeitalter der rohen Gewalt. Der Roman handelt von dem Entschluß des Vergil, das Manuskript der *Äneiden* zu vernichten. In seiner Todesstunde erkennt er, daß alles Wahre und Schöne in der Sprache nicht ausreichen, um mit dem menschlichen Leiden und der heraufziehenden Barbarei fertig zu werden. Man müsse eine Poesie finden, die von größerer Unmittelbarkeit und Hilfe für den Menschen sei, als die der Worte: eine Poesie der Aktion. Überdies hat Broch Grammatik und Rede weit über ihre herkömmlichen Bezirke hinausgetragen, als wären sie zu eng geworden, um den Belastungen aus Kummer, Gram und Einsicht standzuhalten, die dem Schriftsteller durch die Unmenschlichkeit unserer Zeit aufgebürdet werden. Gegen Ende seines vereinsamten und zurückgezogenen Lebens (er starb als ein nahezu Unbekannter in New Haven) gelangte er mehr und mehr zu der Einsicht, daß Kommunikation auch in anderen als den sprachlichen Mitteln, nämlich in der Mathematik liegen könnte.

Von all den im Exil Verbannten erging es am besten Thomas Mann. Immer schon ein Weltbürger, war er für den eigenen Geist fremder Sprachen und Kulturen von vornherein empfänglich. Im letzten Teil der Joseph-Trilogie scheinen in den Thomas-Mann-Stil gewisse Klangfarben aus dem Englischen einzudringen, der Sprache, in deren Mitte er nun lebte. Nach wie vor ist sein Deutsch das eines Wortkünstlers, doch hin und wieder scheint fremdes Licht durch. Dem Verfall des deutschen Geistes wendet sich Mann unmittelbar im *Doktor Faustus* zu. Der Roman gewinnt seine innere Form aus dem Gegensatz zwischen der Sprache des Erzählers und den Ereignissen, die er wiedergibt. Die Sprache ist die des klassischen Humanisten mit einem Anflug altmodischer Umständlichkeit, doch stets geöffnet für die Stimmen der Vernunft, der Skepsis und der Toleranz. In anderer Hinsicht ist die Geschichte vom Leben Adrian Leverkühns eine Parabel von Unvernunft und Katastrophe. Leverkühns Tragödie nimmt den Wahnsinn des deutschen Volkes im weiteren Sinne vorweg. Noch während der Erzähler sein pedantisches doch menschliches Zeugnis ablegt über die zügellose Vernichtung eines Genies, wird der Absturz des Reiches ins blutige Chaos aufgezeigt. Im *Doktor Faustus* werden auch direkte Überlegungen angestrengt über die jeweilige Rolle, die die Sprache und die Musik in der deutschen Seele spielen. Thomas Mann scheint darzulegen, daß sich die tieferen Kräfte der deutschen Seele seit je mehr in der Musik als im Wort geäußert haben. Und wie die Geschichte Adrian Leverkühns zu verstehen gibt, haben wir es hier mit einem gefahrvollen Faktum zu tun. Denn es liegen in der Musik Möglichkeiten zur völligen Irrationalität wie zur Hypnose beschlossen. Nicht daran gewöhnt, in der Sprache ein Richtmaß, eine letzte Norm zu finden, waren die Deutschen für den untermenschlichen Jargon der Nazisprache auch so geöffnet. Und hinter diesem Jargon klangen die schweren, dunklen Akkorde Wagnerscher Ekstase durch. In dem *Erwählten*, einem seiner letzten Werke, kehrte Thomas Mann mit den Mitteln von Parodie und Pastiche zurück zum Problem der deutschen Sprache. Die Erzählung ist geschrieben in einer sorgfältigen Nachahmung des mittelalterlichen Deutsch, als wollte er sie so weit wie möglich vom Deutsch der Gegenwart entfernen.

Aber trotz all ihrer Fähigkeiten konnten die deutschen Schriftsteller ihr geistiges Erbe vor der Selbstzerstörung nicht bewahren. Sie bewahrten sich die Lauterkeit ihrer Persönlichkeit, sie waren Zeugen des Beginns der Katastrophe gewesen, nicht ihrer vollen Entfaltung. So schrieb einer der Zurückgebliebenen: »Sie hatten nicht mit der Preisgabe ihrer eigenen Würde zu zahlen – wie also können sie sich denen mitteilen, die es taten?« Die Bücher, die Mann, Hesse und Broch in der Schweiz oder in Kalifornien oder in Princeton verfaßten, werden im heutigen Deutschland zwar gelesen, hauptsächlich aber als wertvolle Beweisstücke dafür, daß »woanders« eine privilegierte Welt weitergelebt hat, die außerhalb von Hitlers Reichweite lag.

Was wurde nun aber aus denen, die tatsächlich dageblieben waren? Die einen wurden zu Lakaien im amtlichen Hurenhaus »arischer Kultur«, der *Reichsschrifttumskammer*, andere logen sich so lange mit Zweideutigkeiten durch, bis sie darüber die Fähigkeit einbüßten, irgend etwas Klares und Bedeutsames zu sich selber zu sagen. Eine kurze Glosse von Klaus Mann gibt Aufschluß darüber, wie Gerhart Hauptmann, der alte Löwe des Realismus, mit den neuen Realitäten fertig wurde:

»Hitler . . . schließlich, . . . Aber meine verehrten Freunde! . . . nur nicht tragisch nehmen! . . . Wir wollen doch . . . Nein, bitte erlauben Sie mir... objektiv bleiben... Darf ich mir noch ein Glas einschenken? Dieser Sekt... sehr beachtenswert, in der Tat – ich meine Hitler als Mensch... eine sehr ungewöhnliche, eine außerordentliche Entwicklung... die deutsche Jugend... sieben Millionen Stimmen... Wie ich oftmals meinen jüdischen Freunden gegenüber geäußert habe... Diese Deutschen... unberechenbar... wirklich, sehr mysteriös... kosmische Impulse... Goethe... die Nibelungensage... im gewissen Sinne drückt Hitler... das habe ich meinen jüdischen Freunden klarzumachen versucht... dynamische Tendenzen... elementar, unwiderstehlich...«

Andere, wie Gottfried Benn oder Ernst Jünger, suchten ihre Zuflucht in der von Benn so bezeichneten »aristokratischen Form der Emigration«. Sie traten der deutschen Wehrmacht bei in der Meinung, dort »auf alte, ehrenvolle Weise« im Offizierskorps zu dienen und der Flutwelle allgemeiner Beflekkung zu entgehen. Jünger schrieb einen Bericht vom siegreichen Frankreich-Feldzug, ein lyrisch reizvolles kleines Buch unter dem Titel *Gärten und Straßen*. Nicht ein einziger grober Zug ist darin. Der Offizier alten Stils, der väterlich um seine französischen Gefangenen bemüht ist und »korrekte«, ja sogar huldvolle Beziehungen zu seinen neuen Staatsbürgern unterhält. Hinter seinem Ordonnanzwagen rollen die frisch aus Warschau eingetroffenen LKW's der Gestapo und der Eliteeinheiten. Jünger aber erwähnt keine dieser Unannehmlichkeiten. Er schreibt über Gärten.
Benn sah klarer und zog sich zuerst in eine Stilverdunkelung, dann in völliges Schweigen zurück. Doch die einfache Tatsache seiner Anwesenheit im Deutschland der Nazis scheint sein Fassungsvermögen für die Wirklichkeit abgetötet zu haben. Nach dem Kriege brachte er etwas aus seinen Erinnerungen zu Papier. Dabei stoßen wir auf einen unglaublichen Satz. Während er sich über den Druck ausläßt, den das Regime auf ihn ausgeübt hat, trifft Benn folgende Feststel-

lung: »Ich schildere das Vorstehende nicht aus Ressentiment gegen den Nationalsozialismus, der liegt am Boden und ich schleife Hektor nicht.« Es schwindelt einem, wenn man sich das Ausmaß geistiger Verwirrung vorstellt, das einen anständigen Schriftsteller veranlaßt, so etwas zu schreiben. Indem er sich eines altakademischen Klischees bedient, setzt er den Nazismus gleich mit dem vornehmsten homerischen Helden. Sobald eine Sprache leer und abgestorben ist, wird sie zur Lüge. Eine Handvoll Schriftsteller blieb in Deutschland, um einen heimlichen Widerstand durchzuführen. Einer von diesen wenigen war Ernst Wiechert. Einige Zeit brachte er im Lager Buchenwald zu. Im Kriege lebte er in selbstgewählter Zurückgezogenheit. Was er schrieb, vergrub er in seinem Garten. In beständiger Gefahr stand er die Zeit durch. Er hielt sich als ehrlicher Mann und hat Zeugnis abgelegt für die Geflohenen wie für die Überlebenden.

In seinem *Totenwald* gibt er einen knappen, ruhigen Rechenschaftsbericht von dem, was er im Konzentrationslager mit ansah. Ruhig, denn er wollte nicht, daß der Horror der Tatsachen die nackte Wahrheit übertöne. Er sah mit an, wie Juden unter der Last schwerer Holz- oder Steinmassen zu Tode gefoltert wurden (jedesmal wenn sie nicht mehr weiter konnten, wurden sie ausgepeitscht, bis sie tot umfielen). Als sich an Wiecherts Arm eiternde Geschwüre entwickelten, erhielt er eine Bandage. Juden oder Zigeuner aber hätte der Lagerarzt nicht einmal mit Handschuhen berührt, »um nicht schon vom Geruch ihrer Haut infiziert zu werden«. So starben sie, schreiend unter Brandschmerzen oder gejagt von Polizeihunden. Wiechert beobachtete es, und er erinnerte sich. Bei Kriegsende grub er das Manuskript in seinem Garten aus, und im Jahre 1948 erschien es in Buchform. Aber es war schon zu spät.

In den drei Jahren unmittelbar nach dem Kriege waren unzählige Deutsche bemüht, zu einer realistischen Einsicht der Ereignisse aus der Hitlerzeit zu kommen. Überschattet von Ruinen und wirtschaftlicher Misere, gab man sich dem

Gedanken hin, das monströse Übel des Nazismus sei aus der Welt geschafft. In langen Reihen defilierten Männer und Frauen an den Knochenhaufen der Todeslager vorbei. Zurückgekehrte Soldaten bekannten sich zu allerlei, was sich unter der Besatzung in Norwegen, Polen, Frankreich oder Jugoslawien getan hatte: Die Massenerschießungen von Geiseln, die Folterungen, die Plünderungen. Die Kirchen erhoben ihre Stimme und machten ihren Einfluß geltend. Es war eine Zeit moralischer Prüfung und bekümmerter Rückschau. Worte, die zwölf Jahre lang nicht laut ausgesprochen waren, wurden wieder gesprochen. Doch sollte die Zeit, da man der Wahrheit ins Auge sah, nicht lange andauern.

Der Wendepunkt scheint im Jahre 1948 eingetreten zu sein. Mit der Währungsreform, der Einführung der neuen Deutschen Mark, setzte in Westdeutschland ein wirtschaftlicher Aufschwung von übernatürlichem Umfang ein. Das Land betäubte sich buchstäblich durch angestrengtes Arbeiten. Das waren die Jahre, wo Männer in ihren wieder eingerichteten Werkstätten und Fabrikanlagen bis in die Nacht hinein arbeiteten, da ihre Wohnungen noch nicht recht bewohnbar waren. Und mit diesem Aufschwung materieller Kräfte zog ein neuer Mythus herauf. Millionen von Westdeutschen redeten sich und allen leichtgläubigen Ausländern ein, das Vergangene habe irgendwie gar nicht stattgefunden, und daß die Greuel durch Propaganda der Alliierten und der sensationslüsternen Presse gröblich übertrieben worden seien. Ja, Konzentrationslager hat es dem Vernehmen nach einige gegeben, und eine gewisse Anzahl von Juden und andere Unglückliche sind ausgerottet worden. »Aber nicht sechs Millionen, lieber Freund, nicht annähernd so viel. Das ist ja alles Propaganda.« Zweifellos sind auf fremdem Gebiet durch die SS und SA bedauerliche Brutalitäten passiert. »Aber diese Burschen waren eben Lumpenhunde, Raufbolde, die reguläre Wehrmacht hat sowas nicht getan, nicht unser tapferes deutsches Heer. Und über eins wollen wir uns doch ruhig klar sein, an der Ostfront standen wir ja auch keinen normalen Menschen gegenüber. Die Russen, lieber Freund, waren wie tolle Hunde! Und was sagen Sie zu Dresden?« Solche Argumente bekam man in Deutschland zu hören, wohin man auch reiste. Allmählich glaubten die Deutschen selber mit Inbrunst daran. Doch Schlimmeres war im Kommen. Deutsche aller sozialen Stufen fingen an zu erklären, von den Greueltaten der Nazis nichts gewußt zu haben. »Wir haben keine Ahnung gehabt, was da vor sich ging. Über Dachau, Belsen oder Auschwitz hat uns kein Mensch was gesagt. Wie hätten wir da dahinterkommen sollen? Dafür kann man uns nicht verantwortlich machen.« Gewiß, ein solcher Anspruch auf Schuldfreiheit ist nicht ohne weiteres zu widerlegen. Es *gab* zahllose Deutsche, die kaum eine blasse Ahnung hatten, was außerhalb ihres eigenen kleinen Gärtchens vor sich gehen mochte. Weite ländliche Gebiete und kleine, entlegene Ortschaften wurden sich der Wirklichkeit erst in den letzten Kriegsmonaten bewußt, als das Schlachtfeld ihnen näherrückte. Doch eine große, eine ungeheuer große Anzahl *wußte*. Wiechert beschreibt seine eigene lange Fahrt nach Buchenwald aus den relativ idyllischen Tagen von 1938. Er berichtet, wie sich johlende Menschenmassen an diversen Haltepunkten ansammelten, um die in Güterwagen gefesselten Juden und politischen Gefangenen zu verhöhnen und anzuspeien. Als die Todeszüge dann während des Krieges durch Deutschland rollten und die Luft immer dicker wurde, stellte man sie bei München auf Nebengleisen ab, ehe sie nach Dachau weiterfuhren. Im Innern der plombierten Waggons wurden Männer, Frauen und Kinder vor Durst und Furcht wahnsinnig. Sie schrien nach Luft und Wasser, sie schrien die ganze Nacht. Die Münchner hörten das und berichteten es weiter. Ein Zug auf dem Weg nach Belsen hielt auf einem anderen Bahnhof in Süddeutschland an; die Gefangenen wurden rennend den Bahnsteig entlang gejagt, während einer der Gestapobeamten seinen Hund mit dem Ruf losließ: »Mensch, faß die Hunde!« Ein Haufen Deutscher stand dabei und sah zu. Solche Fälle sind zahllos festgehalten worden.

Die meisten Deutschen mögen über die Einzelheiten der Liquidierungen nichts erfahren haben, sie mögen von den Mechanismen der Gaskammern (die ein amtlicher Nazi-Historiker »den Arsch der Welt« genannt hat) kaum etwas gehört haben. Wenn aber das Haus nebenan über Nacht ausgehoben wurde, oder wenn Juden mit dem gelben Erkennungsstern auf der Kleidung vom Luftschutzkeller ausgesperrt und genötigt wurden, sich irgendwo im Freien niederzukauern, dann kann nur ein blinder Ochse nichts davon gemerkt haben.

Dennoch setzte sich der Mythus durch. Gewiß, Ende der fünfziger Jahre ist das deutsche Publikum in den Theatern durch die Dramatisierung des *Tagebuchs der Anne Frank* ernstlich bewegt worden, doch blieb selbst der Terror aus diesem Tagebuch eine Ausnahme-Mahnung. Was Anne Frank im *Innern* des Lagers widerfahren ist, darüber sagen ja die Aufzeichnungen nichts. Für dererlei ist in Deutschland der Markt klein. Vergeßt das Vergangene, arbeitet tüchtig und werdet wieder wohlhabend. Die Zukunft gehört dem neuen Deutschland. Als man unlängst die Jugend befragte, was der Name Hitler für sie bedeute, gaben beachtlich viele Schulkinder, Oberschüler und Studenten zur Antwort, das sei der Mann, der die Autobahnen gebaut und die Arbeitslosigkeit beseitigt habe. Ob sie gehört hätten, daß er auch ein böser Mensch gewesen ist? Ja, doch warum, das wüßten sie nicht recht. Den Lehrern, die es unternommen hatten, ihnen etwas über die Geschichte der Nazizeit zu erzählen, wurde von offizieller Seite erklärt, derartige Dinge seien für die Kinder nicht geeignet. Lehrer, die trotzdem darauf bestanden, sind entweder aus dem Schuldienst entlassen worden oder wurden durch Elternschaft und Kollegen kräftig unter Druck gesetzt. Weshalb noch einmal ausgraben, was doch vorbei ist.

Hier und da sind die alten Gesichter wieder auf die öffentliche Bildfläche zurückgekehrt. Das steht heute fest. Auf den Gerichtsbänken sitzen Richter und Staatsanwälte, die ehedem die Hitlerschen Blutgesetze angelegt haben. Auf vielen Professorenstühlen sitzen Gelehrte, die als erste befördert worden waren, als man daranging, ihre jüdischen oder sozialistischen Lehrer in den Tod zu schicken. An unzähligen Universitäten in Deutschland wie in Österreich stolzieren wieder die patriotischen Renommierer mit ihren Mützen, Bändern und Schmissen »in couleur« und »rein germanischen Idealen« umher. Die ewige Litanei in der neu-deutschen Ära lautet: Davon wollen wir nichts mehr hören. Auch diejenigen, denen das schnelle Vergessen selbst schwer wird, nötigen andere, es zu tun. Eines der ganz wenigen Beispiele hochwertiger Literatur, das sich mit dem Entsetzen der Vergangenheit uneingeschränkt auseinandersetzt, ist das *Brandopfer* von Albrecht Goes. Eine jüdische Frau, der ein Beamter der Gestapo eröffnet, dort, wohin *sie* gebracht würde, bliebe ihr keine Zeit, um ein Kind zur Welt zu bringen, hinterläßt ihr Kinderwägelchen bei einer anständigen arischen Ladenfrau. Am darauffolgenden Tag wird sie zu den Gaskammern abtransportiert. Für den Erzähler wird der leere Kinderwagen zum Inbegriff dessen, was angerichtet worden ist. Die Frau faßt den Entschluß, ihr eigenes Leben als ein Brandopfer für Gott hinzugeben. Eine ganz hervorragende, niet- und nagelfeste Erzählung. Am Beginn zögert Goes, ob er sie überhaupt erzählen soll: »Man hat vergessen. Und es muß ja auch vergessen werden, denn wie könnte leben, wer nicht vergessen kann.« Vielleicht besser.

Alles vergißt – nur die Sprache nicht. Ist sie erst einmal infiziert mit Falschheit, Lüge und Unwahrheit, kann sie nur mit Hilfe der kräftigsten und vollsten Wahrheit gereinigt werden. Statt dessen aber hat die deutsche Sprache nach dem Kriege einen Werdegang gehabt, der von Verstellung, Heuchelei und vorsätzlichem Vergessen gekennzeichnet war. Die Rückerinnerung an das Grauen der Vergangenheit ist weitgehend getilgt worden, und dies um einen hohen Preis, den die deutsche Literatur heute schon bezahlt. Es gibt begabte Schriftsteller unter den Jüngeren und auch eine ganze Anzahl junger Dichter von Qualität und Eigenart. Der weitaus größere Teil dessen aber, was als seriöse Literatur verlegt wird, ist flach und birgt kein echtes Leben.* Man vergleiche einmal die besten Arbeiten auf journalistischem Gebiet mit einer beliebigen Ausgabe der *Frankfurter Zeitung* aus vorhitlerischen Tagen, und man muß zeitweilig daran zweifeln, daß beide in deutscher Sprache geschrieben sind.

Das soll durchaus nicht heißen, daß der deutsche Geist verstummt sei. Es ist ein glänzendes Musikleben zu verzeichnen, und nirgendwo anders in der ganzen Welt kann die experimentelle moderne Musik auf ein verständnisbereiteres Publikum zählen. Außerdem herrscht wieder lebhafte Aktivität in den Bereichen der Mathematik und Naturwissenschaften. Doch Musik und Mathematik sind »Sprachen«, anders als die Sprache, reiner und weniger durch vergangene Implikationen beschmutzt als diese, und somit möglicherweise auch geeigneter, um mit dem neuen Zeitalter der Automatisierung und elektronischen Steuerung fertig zu werden. Die Sprache scheint es nicht zu sein. Und doch ist sie, soweit die Historie erweist, stets ein Behälter für den Reiz und Anstand des Menschen, der eigentliche Träger der Zivilisation gewesen.

* Diese Feststellung trifft für das Jahr 1959, nicht aber für heute zu. Gerade dadurch, daß sie sich dem Vergangenen zuwenden, haben deutsche Bühnenwerke und die erzählende Literatur in Deutschland eine heftige, häufig journalistische, aber nicht zu bestreitende Lebenskraft wiedererlangt.

Anmerkung zu Günter Grass

Günter Grass, das bedeutet einen Industriezweig: 300 000 verkaufte Exemplare der *Blechtrommel* in Deutschland; über 60 000 in Frankreich; in Amerika hat die gebundene Ausgabe allein schon 90 000 überschritten und das Taschenbuch weit über 100 000 Exemplare erreicht. In England ist die Vignette des kleinen Mannes mit der dämonischen Trommel zum Signet eines Verlagshauses gemacht worden. Es gibt heute in ganz Europa kaum noch eine Buchhandlung, aus deren Schaufenster einem nicht der schwarze Hund aus Grass' zweitem bedeutendem Roman *Hundejahre* seine rote, phallusartige Zunge entgegenstreckte.

Doch nicht dieser enorme Erfolg von Grass soll es sein, der hier am meisten zählt, auch nicht die Tatsache, daß er der deutschen Literatur wieder einen internationalen Marktwert gegeben hat, sondern es ist die Macht dieser weithin tönenden, artikulierten Stimme, die alle sanften Sirenengesänge des Vergessenwollens ertränkt und die – wie bei keinem anderen Schriftsteller zuvor – die Menschen in Deutschland zwingt, ihrer monströsen Vergangenheit ins Angesicht zu schauen.

Auf dem Grunde der *Hundejahre* lauert eine grimmige Phantasie. Die Fabel dreht sich um Haß-Liebe und Blutsbrüderschaft zwischen einem Nazi und einem Juden. Walter Matern, der SA-Mann – Eduard Amsel, der Jude; Brüder im Geist und Fleisch, zwillingshafte Schattengestalten in einer grausamen Parabel von Deutschlands Sturz in die Nacht.

Die neurotische Vermutung einer verborgenen, vorbestimmten Wechselbeziehung zwischen Nazi und Jude, einer heimlichen Bruderschaft oder gegenseitigen Anziehung, tiefer reichend als das äußere Sichtbarwerden von Abscheu und Zerstörung, taucht mit einer immer wiederkehrenden Beharrlichkeit auf. Wir finden sie in dem mit unterschiedlicher historischer Geschicklichkeit vorgetragenen Verdacht, der Nazismus habe sein eigenes Dogma von der »auserwählten Rasse« vom Judaismus und seinem uralten nationalistischen Messiasglauben abgeleitet. Er tritt hervor in Hannah Arendts grauenvoller Lesart von Eichmanns »Zionismus«, und er zeigt sich in der beharrlichen Annahme beziehungsweise Aussage, daß bestimmte prominente Nazis wie Heydrich, Rosenberg, selbst Hitler Spuren jüdischer Herkunft getragen hätten.

Gespeist wird diese Annahme aus zwei tiefverborgenen Quellen. Ein bestimmter Masochismus auf seiten der Juden hängt zu Zeiten der Vorstellung nach, es existiere eine verborgene, düstere Grundlage für die Katastrophe: die zwar brutale, aber doch irgendwie naturbestimmte Zurückweisung auf die mit Stolz gehegte Hoffnung einer jüdischen Assimilierung in der deutschen Kultur. Auf der anderen Seite gibt sich der Deutsche oder der Außenstehende gerne der verschwommenen Vorstellung hin, irgendwie habe das deutsche Judentum den Sturm selber heraufbeschworen, und daß die vom Judentum ausgehende Versuchung viel zu verführerisch und zu deutlich gewesen sei, als daß man ihr hätte widerstehen können. An einer so deutlich auf Anerkennung und Vertilgung hinauslaufenden Entwicklung muß eine unsichtbare Komplizenschaft zwischen Folterknecht und Opfer beteiligt gewesen sein. Denn alle Menschen schlagen den Juden tot, den sie lieben.

Zwei Knaben spielen und träumen an den schilfigen, moorigen Ufern der Weichsel in der Nähe der polnischen Grenze bei Danzig, das von Grass in seiner Art einzigartig beschrieben ist. Matern, der zähneknirschende Müllerssohn, und Amsel, der Halbjude (oder mehr – wer weiß das?). Amsel wird von den Schulbuben rudelweise angebelfert. Er ist ein Fettkloß mit fürwitziger Zunge, und ihre Fäuste geben es ihm tüchtig zurück. Matern wird sein Schildknappe. Ist er in der Nähe, bleibt die Lage friedlich, und keiner schreit *Itzig!* Fettkloß schenkt Matern ein Taschenmesser. Vom Fluß geht eine seltsame Verführung aus, und als Matern eines Tages keinen Stein zur Hand hat, wirft er das Messer rein. Was ist schon dabei – das Messer war ja nur aus einem Woolworth-Laden, und Amsel ist ein kluges Köpfchen. Gib ihm ein paar alte Lumpen, etwas Hobelspäne und einige Stücke Draht, und er baut dir die schreckerregendste Vogelscheuche.

Matern ist auch nicht auf den Kopf gefallen. Er versucht es bei den Kommunisten. Aber er findet ihr Bier schal. Im Turnverein werden alle Burschen Braunhemden. Und das behagt denen sehr: »Daas sage ich Euch, Jungs, där Fiehrer, wie ich den säh, där had an ainem ainzchen Kommunist, där zum SA-Mann jeworden ist, mär Spaß als an zähn Zentrums-Bonzen, die nuä aus Schiß inne Partei jegangen sind.« Also tritt ihnen Matern bei. Warum auch nicht – zum Teufel! Und Amsel, dieser komische Kauz, ist scharf auf alle abgelegten SA-Uniformstücke, die Freund Matern ihm aus der letzten Saalschlacht besorgen kann. Er hängt sie seinen Scheuchen über, und diese aufgeblasenen Mannsknirpse stolzieren Augen rechts im Stechschritt mit erhobenem Arm an ihnen vorbei.

Der Vorgarten von Amsel liegt unter Schnee. Eines Tages passiert etwas Absonderliches. Eine Rotte der SA, die Gesichter maskiert wie Ku-Klux-Klan, schleichen sich über den Zaun. Der Judensprößling wird aufs Blutigste verdroschen. Hinterher rollt man ihn durch den Schnee, Schneemann Amsel ohne einen einzigen Zahn im Munde. Wer waren diese Rowdies? Jochen Sawatzki, Paul Hoppe, Willy Eggers ... Namen, die sich von Pommern bis zum Rheinland und nach Bayern erstrecken. Alfons Bublitz, Otto Warnke ... Wer noch? Acht Namen im ganzen. Aber es waren ihrer neun. Einer fehlt. Und er ist bis heut' noch nicht gefunden.

Doch Matern beschließt, der Sache nachzugehen. Der Krieg ist vorbei und das tausendjährige Reich liegt auf dem Misthaufen. Unter den Wandinschriften im Kölner Bahnhofspissoir liest Matern Namen und Adresse von Freund Sawatzki. Andere Namen findet er auch. Während er von Nord nach Süd durch die Mondlandschaft aus Schutt und Asche land-

179

streichert, spürt er einen nach dem andern auf. Es verlangt ihn nach Wahrheit und Gerechtigkeit. Wo warst du, als der verrückte Teppichbeißer uns in die große braune Flut hineinführte? Wo warst du als sie meinen Freund Eddi Amsel zu einem blutigen Schneeball rollten und sich die Stiefelabsätze an seinem Gesicht abwischten?

Matern ist nicht allein. Er reist mit einem großen deutschen Schäferhund. Prinz ist Hitlers Hund. Er ist entkommen aus dem Berliner Todesbunker, des Führers letzter Zuflucht, und während er nach Westen streunt, trifft er auf Matern, der gerade aus einem Kriegsgefangenenlager kommt. Von nun an sind die beiden unzertrennlich. Während Matern die Ehefrauen und Töchter seiner alten Busenfreunde beschläft und ihnen die Geschlechtskrankheiten aus einem P.O.W.-Camp anhängt, wird Prinz fetter und fetter. Jetzt aber heißt er Pluto, ist ein *guter* Hund wie aus Disneyland und bekommt Kekse.

Bald soll Matern zu einem Abgott der Radiohörer werden. Er willigt eines Tages ein, sich von einer Diskussionsgruppe junger, sauber gewaschener Leute, die Feuer und Flamme für das Neue sind, interviewen zu lassen. Doch irgendeine verdrehte Firma hat den jungen Leuten merkwürdige Sonnenbrillen verkauft. Wer sie aufsetzt, sieht plötzlich Vater und Mutter in wunderlich braunem Lichte. Man sieht, wie sie Ladenfenster einschmeißen, alte, eingeschüchterte Männer Latrinen mit Bärten abwischen lassen, und wie verrücktgewordene Affen herumrandalieren. So richten die wißbegierigen jungen Leute die Frage an Matern: Wer sind diese neun maskierten Gangster, die über den Gartenzaun gestiegen sind? Und Herr Walter Matern, Freund aller Juden und bis auf die Knochen ein Nazigegner, verkündet der reuevollen Nation über die Mikrophone ihre Namen. Acht Namen.

Dann macht er sich aus dem Staube. Ostwärts, zum andern Deutschland hinter der stummen Mauer. Pluto läßt er sicher angebunden auf dem Kölner Bahnhof zurück. Der Zug rast geräuschlos. Doch nebenher an den Gleisen jagt ein Hund schneller als jede Diesellokomotive mit ihm dahin. Und unmittelbar an der Grenze tritt eine Schattengestalt aus anderen Schattengestalten hervor. Ein alter Freund. Er hat ein Taschenmesser. Und als Matern es in den Landwehrkanal wirft, stört es ihn gar nicht. Kanäle können ausgebaggert werden. Gewisse Dinge können nie verlorengehen, nie abgeworfen werden. Messer zum Beispiel.

Die Erzählung endet mit einer grotesken Walpurgisnacht, dem Abstieg in ein Kalibergwerk, das auch der Vorhof zur Verdammnis ist. Nun wissen wir, was wir schon immer wußten: daß Walter Matern Eduard Amsel so sehr geliebt hat, daß er von ganzem Herzen Hand an ihn legen und seine zweiunddreißig Zähne vor sich im Schnee sehen mußte. Und daß deutsche Schäferhunde zu Höllenhunden werden, wenn nur der richtige Mann pfeift.

Eine kurze Zusammenfassung wie diese mag mehr als unzureichend sein (in diesem Ungetüm von einem Buch drängen sich ein halbes Dutzend Romane zusammen), aber sie ist vielleicht geeignet, um das Buch dichter und durchsichtiger erscheinen zu lassen als es an sich ist. Bevor der Leser zur Materniade gelangt – die satirische Persiflage von Materns rachelüsternen Phantastereien – muß er sich durch ein Dickicht aus Allegorien und Abschweifungen hindurcharbeiten. Der Mittelabschnitt, rund dreihundert Seiten – ist in Form von Briefen (zeitweilig eine Parodie auf Goethes *Wahlverwandtschaften*) abgefaßt, durch die wir einen Blick nicht allein auf die chaotischen Schicksale von Matern und Amsel werfen, der die Nazizeit unter einem falschen Namen überlebt, wir gewinnen auch Einblick in die Schicksale zahlreicher Nebenfiguren.

Der Nahtstellen gibt es viele. Prinz-Pluto hat einen langen Stammbaum, der einsetzt mit dem Wolfshund Perkum. Die Geschichte seiner Ahnen ist verwoben mit der der Materns. Die beiden Knaben spielen mit der Dogge Senta an den seichten Ufern des Flusses. Der Birkenwald, wo die Knaben den Rufen der Eulen lauschen, scheint sich aufzulösen und in tiefere Gehölze überzugehen – *Birken-Buchen* (was dabei herauskommt, wenn man nur eine Silbe an einen deutschen Baum hängt). Wenn auch der Fabulierer Grass mit noch so großen Schwung und Geschmack sein Garn knotet, schürzt und entwirrt, droht ihm das Buch auseinanderzufallen. Was haften bleibt, ist die allgemeingültige Aussage über das Chaos und die Brillanz der Einzel-Episoden.

Die Eröffnungskapitel der Knabenzeit am Fluß mit ihren Windungen, Ausbuchtungen und dem starken Rhythmus der Sprache, sind künstlerische Leistungen sondergleichen. Grass spinnt sich ein bis zur Selbstverpuppung in das innere Wesen von Kindern. Wie sie, sieht, fühlt und erkennt er in langsamem Erwachen und abrupten Ausbrüchen. Ähnlich wie schon in der *Blechtrommel* bekräftigen die *Hundejahre* den Eindruck, daß bei Grass in seiner schriftstellerischen Potenz ein absichtsvoller Hang zum Infantilismus liegt, zu der arglos brutalen Direktheit im Denken und Fühlen eines Kindes.

Die Schilderung einer SA-Saalschlacht in einem Bierkeller ist nicht mehr zu vergessen. Grass legt die Wurzeln nazistischer Brutalität in ihrer vollen Banalität bloß. Wir erleben die dunstige, vulgäre Gemütlichkeit in den Sitten und Gebräuchen des deutschen Kleinbürgertums, wir sehen die feuchte Zigarrenasche, den Klaps auf die Pobacken plötzlich in hysterische Raserei umschlagen. Jetzt begreift man auch, daß die schiere Grobheit in den Vergnügungen – die aufgeplatzten Bratwürste, die mit Blümchen verzierten Nachtgeschirre, die Bierwärmer und die fetten Männer in kurzen Lederhosen – ein idealer Boden für das sadistisch-sentimentale Gebräu im Nationalsozialismus sein mußte. Auch ist zu spüren, daß Grass sich und seinem Talent einen gewissen Freibrief zum Vulgären ausstellt, der seinem Eintauchen in den Geist und die Sprache eines Sawatzki und seiner Spießgesellen diese ekelerregende Wahrhaftigkeit verleiht. Etwas Ähnliches finden wir nur noch in dem wenig beachteten Roman *The Hooligan* von Rudolf Nassauer.

Unbarmherzig und gnadenlos verfährt Grass mit dem

Deutschland nach dem Kriege, mit dem Wunderwerk der Westdeutschen, die es mit Hilfe von Gedächtnisschwund und seiltänzerischem Geschick fertiggebracht haben, ihre Volkswagen in ein neues Morgenrot zu steuern. Mit mörderischer Genauigkeit gibt er die leeren Phrasen und Gesten, das private Stillschweigen und die öffentlichen Klischeevorstellungen wieder, womit das Adenauersche Deutschland sich, seinen Kindern und einem großen Teil des Auslandes einredete, daß alle jene gräßlichen Dinge gar nicht stimmten und die »Zahlen grobe Übertreibungen« seien. Oder anders ausgedrückt, daß in dem säuberlich rotgeziegelten Bad Pumpelheim kein Mensch geahnt hat, was vier Kilometer entfernt im Walde vor sich ging. Gewiß, damals *sind* ein paar hübsche Häuser und Villen zu Markte gekommen (Lieschen, ich und der kleine Wolfram bewohnen auch eins, das stimmt), aber wir wissen ja auch, wie Juden sind – ab nach Sorrent oder Südamerika. Der Führer? Da Sie's schon erwähnen, ich habe ihn nie mit eigenen Augen gesehen. Nur *einmal* seinen Hund. Guter Hund. Noch ein Stückchen Kuchen gefällig?

Grass schält das Moment des Unwahren heraus. In den drei Elendsjahren zwischen 1945 bis 1948 bestand für die Deutschen eine reelle Chance, sich einigermaßen klar zu werden über das, was hinter ihnen lag. »Nie war Deutschland so schön. Nie war Deutschland so gesund. Nie gab es ausdrucksvollere Köpfe in Deutschland als zur Zeit der tausendundzweiunddreißig Kalorien. Aber Inge Sawatzki meint, während das Mühlheimer Bötchen anlegt: ›Jetzt kriegen wir ja bald neues Geld.‹«

Mit der Währungsreform von 1948 und dem glanzvollen Wiederaufstieg der deutschen Wirtschaft (in denselben Gesellschaften und Stahlkochereien, in denen sich nur wenige Jahre vorher die Zwangsarbeiter zu Tode gequält hatten) wurde die Vergangenheit für irrelevant und unwichtig erklärt. Wohlstand ist ein chemisches Reinigungsmittel von unwiderstehlicher Wirkung: er fegt das Böse und den alten Geruch aus dem Haus. Grass fängt die ganzen Begleitumstände und

Nebengeräusche ein: die faulen Ausflüchte und die unverhohlenen Lügen, den Zynismus der kleinen Leute, die auf dem Dünger der Toten fett geworden sind, und dazu die ängstlich-nervösen Fragen der Jugend. Das Schattenbild Amsel (oder ist es Amsel selbst) ist voller Bewunderung für den deutschen Genius. Schau' sie dir an, all diese guten Leutchen, »so kochen sie ihr Erbsensüppchen auf blauen Gasflammen und denken sich nichts dabei«. Warum sollten sie auch? Oder haben Sie etwas gegen Gasöfen?

Am 8. Mai 1945 erreicht Prinz das Ufer der Elbe. Soll er sich nach Osten oder Westen wenden? Nach einigem Schnuppern sagt sich Hitler's Hund, daß für ihn der Westen der richtige Platz sei. In dieser im Mittelpunkt des Romans stehenden Fabel erhält das Deutschland unter Adenauer seinen ironischen Nachruf.

Die *Hundejahre* bestätigen aufs Neue, was schon in der *Blechtrommel* und in *Katz und Maus* deutlich wurde. Grass ist der stärkste und erfindungsreichste deutsche Schriftsteller, der nach 1945 auftaucht. Wie ein ungestümer Riese stampft er über eine Literatur hinweg, die so häufig durch dünne Bändchen geflüsterter Lyrizismen gekennzeichnet blieb. Die Stärke seiner erzählerischen Mittel und der Umfang, mit dem er sie einsetzt, sind phantastisch. Er erinnert an einen Aktionsmaler, der frohgemuten Sinnes mit einer riesenhaften Leinwand ringt, um sich am Ende in letzter Konsequenz seiner künstlerischen Absicht selber in der Farbe zu wälzen.

Die spezifische Energiequelle liegt in der Sprache. Die *Hundejahre* in fremde Sprachen zu übersetzen, dürfte nicht einfach gewesen sein (schon für den Titel findet sich schwer eine Entsprechung). In diesen siebenhundert Seiten spielt Grass mit einer unheimlichen Virtuosität auf dem Instrument des Wortes. Es wechseln lange Passagen im Danziger Dialekt ab mit Parodien im hitlerischen Jargon. Grass häuft die Worte zu feierlichem Kauderwelsch an oder läßt sie in unverdächtigen Anspielungen und Schlüpfrigkeiten zerstäuben. Er hegt eine triebhafte Vorliebe für Wort-Aneinanderreihungen, für ganze Aufzählungen seltener Wörter oder ausgefallener technischer Begriffe (in der Hinsicht ähnelt er sehr Rabelais). Wir finden ganze Seiten mit Fachausdrücken aus der Geologie, der Landwirtschaft, dem Maschinenbau und dem Ballettwesen. Die Sprache selbst mit ihren Kräften zum Verbergen und Übertreiben, ihrer privaten und amtlichen Fassung, wird in diesem Schwarzen Märchen zur unmittelbaren Gegenwart, zum lebendigen Kernstück.

Im vorangegangenen Essay wurde die Frage aufgeworfen, ob Wörter, die einmal von Goebbels vergiftet und zu einer Rechtfertigung von Belsen benutzt worden sind, jemals wieder den Erfordernissen moralischer Wahrheit und dichterischer Gestaltungskraft dienen können. Die *Blechtrommel* erschien im Jahre 1959, und schon traten viele Stimmen auf, die da ausriefen, die deutsche Literatur habe sich wieder gefangen und die Sprache sei unversehrt geblieben. So sicher bin ich nicht.

Grass hat eingesehen, daß nach diesem Kriege kein deutscher Schriftsteller der Sprache mehr ohne weiteres trauen darf. Daher unterzog er diese Sprache einer Bewährungsprobe und goß Worte, Begriffe, Dialektausdrücke, Phrasen, Klischees, Slogans, Wortspiele, Zitate und Aussprüche in einen großen Schmelztiegel. Heraus kam dabei eine heiße Lava. Die Prosa von Grass besitzt die zähe Kraft eines Stromes und die flinke eines Sturzbaches, sie ist angefüllt mit schwerem Geröll und spitzen Scherben, und sie schrammt, quetscht, stößt die Landschaft in eigenartig groteske, ausdrucksstarke Formgebilde. Häufig wird sie ihm, die Sprache selbst, zur Zielscheibe für seine Schleif- und Polierkraft.

Ein in dieser Hinsicht höchst bemerkenswerter Abschnitt ist der jener tödlich getreuen Nachzeichnung des metaphysischen Jargons von Heidegger. Grass kennt den Schaden, den die anmaßenden Verdunkelungen in der Ausdrucksweise der deutschen Philosophie dem Geist und seiner Fähigkeit zum klaren Denken und Sprechen verursacht haben. Es ist, als hätte Grass das Wörterbuch an der Kehle gepackt und versuchte nun, alles Falsche und Scheinheilige in den alten Wörtern zu erdrosseln, um sie so durch Gelächter und Entblößung zu reinigen, daß sie wie neu wirken. Daher seine manchmal unkontrollierte Weitschweifigkeit, seine Leviathan-Sätze und erfinderischen Neuprägungen, die nicht unbedingt geeignet sind, Vertrauen in das Medium zu vermitteln; sie zeugen von Verärgerung und Mißbehagen, von einem Steinmetz, der widerborstiges oder trügerisch geädertes Gestein behaut. Überdies schwächt seine verschwenderische Fülle am Ende den Form- und Wirklichkeitscharakter seines Werkes. Grass ist beinahe immer zu lang, beinahe immer zu laut. Die rauhen Roheiten, die er verspottet, strahlen auf seine Kunst aus.

Diese Kunst selber ist merkwürdigerweise eine Kunst der Vergangenheit. Der formale Zuschnitt des Buches, sein beständiger Rückgriff auf Montagetechnik und Überblendungen, auf die simultane Schilderung allgemeingültigen und privaten Geschehens sind den *USA* von Dos Passos eng angeglichen. Der Fall Grass ist nur einer von vielen, die den Rückschluß zulassen, daß nicht Hemingway, sondern Dos Passos der Hauptanreger in literarischer Hinsicht aus Amerika gewesen ist. *Hundejahre* zeigt auch den Einfluß von Joyce. Man kann sich den kontinuierlichen inneren Monolog und die Verwendung von Wortassoziationen zur Aufrechterhaltung des erzählerischen Flusses schwerlich vorstellen ohne das Vorbild des *Ulysses*. Und schließlich klingt die verwandte Stimme von Thomas Wolfe durch. Die Grass-Romane haben Wolfes Größe und ungeordnete Glut und Leidenschaft. *Von Zeit und Strom* nimmt im gewissen Sinne durch seinen Titel und den beständigen Fluß lyrischer Rückerinnerung den ganzen ersten Abschnitt der *Hundejahre* vorweg.

Dort, wo Grass an die deutsche Erzähltradition anknüpft, ist es nicht der Modernismus oder die Originalität von Broch und Musil, die den Ausschlag geben, sondern der »Dos-Passos-Expressionismus« der späten zwanziger Jahre. In technischer Hinsicht setzen *Die Blechtrommel* und die *Hundejahre* da ein, wo Alfred Döblins *Berlin Alexanderplatz* (1929) aufgehört hat.

Teilweise rührt das daher, daß Grass ganz entschieden »nicht-literarisch« ist, daß er alle literarischen Konventionen mit der unbedenklichen Naivität des Handwerkers handhabt. Er kam von der Malerei und Bildhauerei zur Sprache. Er steht den feingesponnenen Argumenten und Erwartungen moderner literarischer Theoretiker unparteiisch, wenn nicht gleichgültig gegenüber. Seine Annäherung an den Gegenstand ist im wesentlichen manuell. Aber dahinter steht noch ein anderer Grund. Totalitarismus macht provinziell. Die Nazis haben Gefühl und Verständnis der Deutschen von allem Lebendigen und Radikalen in der modernen Kunst so gut wie abgeschnitten. Somit setzt Grass da ein, wo die deutsche Literatur in den dreißiger Jahren verstummte (ebenso wie junge sowjetische Dichter heute für sich den Surrealismus und Cocteau »entdecken«). Seine umständliche Gangart, das aus der Mode gekommene Aroma seiner Frechheiten gehören zum Preis, den die deutsche Literatur für ihr jahrelanges Isoliertsein zu bezahlen hat.

Aber das soll uns nicht stören. In diesen beiden Romanen hat Grass den Mut, die Kühnheit und die unbedingt notwendige Taktlosigkeit besessen, das Vergangene heraufzubeschwören. Kraft seines makabren und oft anstößigen Witzes ist es gelungen, seine Leser sozusagen mit der Nase in den Unflat und das Erbrochene ihrer eigenen Zeit zu stoßen. Wie kein anderer hat er den Hang zur beruhigenden Vergeßlichkeit und zum Selbst-Freispruch verspottet und erschüttert, der unter dem materiellen Wiederaufstieg Deutschlands liegt. Vieles von dem, was in dem Deutschland der Krupps und der Bierkeller an Gewissen lebendig geblieben ist, liegt in dieses Mannes zotenreicher Obhut.

Postscriptum

Vor mir liegen, aufs Geratewohl ausgewählt, zwei Textausschnitte: der erste stammt aus dem *Buch der Agonie: Das Warschauer Tagebuch* des Chaim Kaplan; der zweite aus Jean-François Steiners Studie *Treblinka:*

Ein Rabbiner in Lodz wurde gezwungen, eine Thorarolle zu bespeien, die in der Heiligen Lade lag. Aus Furcht um sein Leben, fügte er sich und entweihte das, was ihm und seinem Volke heilig ist. Nach einer kurzen Weile hatte er keinen Speichel mehr, sein Mund war trocken. Auf die Frage der Nazis, weshalb er zu spucken aufgehört habe, gab der Rabbiner zur Antwort, sein Mund sei ausgetrocknet. Darauf begann der Sohn der »Herrenrasse«, dem Rabbiner in den Mund zu spucken, und der Rabbiner fuhr fort, die Thora zu bespeien.

Trotz aller Vorsichtsmaßnahmen, die seine Freunde für ihn unternahmen, wurde Professor Mehring beim Antreten aus den Reihen herausgerufen. Als das Strafkommando in Ausführung seiner täglichen »Übung« langsam zusammenschmolz, wurde Professor Mehring von einem außergewöhnlichen Willen zum Leben gepackt, und er begann wie ein Wahnsinniger zu rennen. Das beobachtete »Lalka«, und er ließ die »Übung«, nachdem schon ein Viertel der Gefangenen niedergesunken war, fortsetzen, um zu sehen, wie lange der alte Mann, einige Meter hinter den anderen herlaufend, es noch aushalten würde.
Er schrie – dein Leben ist gerettet, wenn du die andern einholst.
Und gab Befehl, die Übriggebliebenen durch Peitschenhiebe anzutreiben.
Die Übriggebliebenen hatten das Tempo verlangsamt, um

den Professor zu unterstützen; doch die Hiebe verdoppelten sich, so daß sie schwankten, ihre Bekleidungsstücke zerfetzt, ihre Gesichter mit Blut beschmiert wurden. Geblendet von dem Blut und sich vor Schmerzen windend, beschleunigten sie das Tempo wieder. Der Professor, der schon etwas Boden gewonnen hatte, sah sie davonziehen und warf die Arme vor, wie um die anderen Gefangenen festzuhalten. Er strauchelte einmal, dann ein zweites Mal; sein gepeinigter Leib schien auseinanderzufallen; er versuchte nochmals auf die Beine zu kommen, um dann auf einmal ganz zu erstarren und zusammenzubrechen. Als die Deutschen sich näherten, sahen sie, daß Blut aus seinem Munde floß. Professor Mehring war tot.

Dabei hat er noch Glück gehabt: man hat ihn nicht an den Füßen aufgehängt und dann zu Tode geprügelt wie Langner, bei dem die Schläge so eingeteilt wurden, daß er erst am Abend starb. Man warf ihn nicht bei lebendigem Leibe in den Verbrennungsofen. Er wurde nicht ertränkt, wie so viele andere, durch langsames Eintauchen in Urin und Kot. Hauptsächlich vielleicht deswegen, weil er nicht des Nachts in der Baracke mit eigenen Händen sein Kind erhängt hatte, um am nächsten Morgen vor weiteren Folterungen bewahrt zu bleiben.

Eines von den Dingen, die mir unbegreiflich bleiben, obwohl ich des öfteren über sie geschrieben und versucht habe, sie in eine erträgliche Perspektive zu bringen, ist die Zeitbeziehung. Ehedem, zu normalen Zeiten, saß Professor Mehring in seinem Studierzimmer, unterhielt sich mit seinen Kindern, las Bücher und ließ am Freitag Abend seine Hände über ein weißes Tischtuch gleiten. Und Langner, zu Tode geschunden »bis ihm das Blut langsam aus den Kopfhaaren tropfte«, war in gewissem Sinne die gleiche Art Mensch, der ein Jahr oder vielleicht ein knappes Jahr zuvor noch im hellen Tageslicht durch die Straßen lief, seinen Geschäften nachging, sich über ein gutes Essen freute, eine intellektuelle Monatsschrift las. Wo liegt hier der Sinn? Genau zur gleichen Stunde, da man

Mehring und Langner in den Tod schickte, war die überwältigende Mehrheit aller Menschen, drei Kilometer entfernt in den polnischen Dörfern, siebentausend Kilometer entfernt in New York, damit beschäftigt, zu essen und zu schlafen, ins Kino zu gehen, Liebe zu treiben oder Angst vor dem Zahnarzt zu haben. Hier liegt der Punkt, da mich meine Vorstellungskraft verläßt. Diese beiden simultanen Erlebniszustände sind so verschieden, sind mit jeder allgemeinen Norm menschlicher Werte derart unvereinbar, und ihr gleichzeitiges Nebeneinanderbestehen ist ein derart abstoßend widerliches Paradox – Treblinka *ist* beides, denn es wurde von ein paar Menschen errichtet und von fast allen zugelassen – daß es mir Kopfzerbrechen über die Zeit bereitet. Ob es tatsächlich, wie es populärwissenschaftliche Darstellungen und gnostische Spekulationen durchblicken lassen, innerhalb derselben Welt verschiedene Zeitgattungen gibt, sogenannte »gute Zeiten« und die sie mit einschließenden Runzeln einer unmenschlichen Zeit, in der die Menschen langsam in die Hände leibhaftiger Verdammnis fallen? Wenn wir derlei Vorstellungen ablehnen, wird es außerordentlich schwierig, die Kontinuität zwischen der normalen Existenz und der Stunde zu begreifen, da die Hölle ausbricht, ob auf dem Marktplatz, wenn die Deutschen mit den Deportierungen anfangen, beziehungsweise im Büro des *Judenrats* oder überall dort, wo zu einer festgelegten Stunde Frauen, Männer und Kinder von allem vorhergehenden Leben, von jedweder Stimme von »draußen« abgeschnitten werden und in jenen anderen Zeitraum von Schlaf und Ernährung und menschlicher Ansprache geworfen werden. Auf dem vorgetäuschten Bahnhof von Treblinka, der freundlich gestrichen und mit Schaukästen versehen war, um die Neueingetroffenen nicht durch die ein paar hundert Meter entfernt gelegenen Gaskammern zu alarmieren, war eine gemalte Uhr angebracht, die auf drei stand. Und zwar immer. Das wirft ein Schlaglicht auf Kurt Franz, den Kommandanten des Ausrottungslagers.

Dieser Begriff zweier Zeitordnungen, die ohne effektive Analogie oder Verbindung simultan verlaufen, mag für die übrigen von uns, die nicht dort gewesen sind, die wie auf einem anderen Planeten gelebt haben, nicht zu umgehen sein. Der springende Punkt liegt zweifellos hier: daß wir die Beziehungen zwischen denen, die dem Tode überantwortet wurden und denen, die damals am Leben waren, erkunden müssen und beider Beziehungen zu uns selber; daß wir so genau wie es die dokumentarischen Aufzeichnungen und die eigene Vorstellung gestatten, das Ausmaß an Nichtwissen, Gleichgültigkeit, Komplizenschaft, begangener Tat feststellen, das den heute Lebenden oder Überlebenden mit dem Erschlagenen verbindet. So daß wir heute, aufgeklärt wie nie zuvor über die Tatsache – und in diesem Punkt *verläuft* die Geschichte heute anders – daß, sagen wir vom nächsten Montag um 11.30 Uhr vormittags an, sich für uns und unsere Kinder die Zeit ändern und aus dem Verband der Menschheit herausfallen kann, am besten daran tun, unsere eigene Position auf die Bereitschaft und Verletzbarkeit gegenüber anderen Formen »totaler Möglichkeit« zu justieren. Sich ganz konkret klar zu machen, daß in der »Lösung« keine »Endlösung« lag, daß sie vielmehr bis in unser gegenwärtiges Dasein hineinreicht, bleibt der einzig zwingende Grund für uns, sich zur weiteren Lektüre dieser buchstäblich unerträglichen Zeugnisse zu zwingen und damit zurück in die Nicht-Welt der abgeriegelten Ghettos und Vernichtungslager zu gehen.

Mehr noch: trotz des Umfangs der von den Historikern geleisteten Arbeit, trotz der während der Gerichtsverfahren zusammengetragenen Berge von Dokumentationen, bleiben noch immer einige wichtige Fragen über »Beziehungen« im Dunkel oder unbeantwortet. Da ist vor allem die Angelegenheit mit dem Widerwillen der europäischen Länder und der Vereinigten Staaten, gegen Ende der dreißiger Jahre für die Rettung jüdischer Kinder mehr als nur schöne Gesten zu machen. Da ist ferner der bestürzende Nachweis über die in Polen und Westrußland offen an den Tag gelegte Begeisterung der örtlichen Bevölkerung, den Deutschen, wenn es darauf ankam, bei der Ausrottung der Juden behilflich zu sein. Von den Fünfhundert, denen es gelang, sich von Treblinka aus in die Wälder zu retten, überlebten nur vierzig, die Mehrzahl wurde von den Polen umgebracht. »Mach' daß du nach Treblinka kommst, wo du hingehörst«, war durchaus keine seltene Antwort an jüdische Frauen und Kinder, die in Polen Zuflucht bei Nachbarn suchten. In der Ukraine, wo viele Juden trotz des deutschen Vormarsches verblieben, weil eine stalinistische Anordnung jegliche Warnung über die Absichten der Nazihäscher sorgfältig untersagt hatte, waren die Dinge, wie man sich denken kann, noch schlimmer. Hätten die Völker im besetzten Europa sich dazu entschlossen, den Juden zu helfen, hätten sie sich wenigstens symbolisch mit dem Schicksal ihrer jüdischen Mitbürger identifiziert, so hätte das Nazi-Blutbad nicht gelingen können. Erwiesen ist das durch die Courage einiger christlicher Gemeinden, die ihre jüdischen Mitbürger in Norwegen, Dänemark und in einzelnen Teilen von Bulgarien unterstützt haben.

Wie aber sah es auf der anderen Seite aus, wie verhielten sich die Mächte, die mit dem Deutschland der Nazis im Kriegszustand waren? Hier ist der Nachweis bis dato umstritten und voll von entstellenden Tendenzen. Viele Fragen bleiben so gut wie tabu. Innenpolitische Motive, alte geschichtliche Vorurteile und persönlicher Haß mögen es gewesen sein, aus denen sich die Gleichgültigkeit oder gar die aktive Teilnahme an der Judenvernichtung im Rußland unter Stalin erklären läßt. Das Versagen der *Royal Air Force* und der *U. S. Air Force*, die Gaskammern und Eisenbahnlinien zu den Todeslagern zu bombardieren, nachdem aus Polen und Ungarn ausreichende Informationen über die »Endlösung« nach London gedrungen waren, und nachdem von Elementen der polnischen Untergrundbewegung verzweifelte Aufrufe durch Funk und Radiotelegraphie ausgesendet waren, bleibt nach wie vor ein widerwärtiges Rätsel. Das völlige Ausbleiben solcher Luftangriffe – selbst *ein Tag* Unterbrechung in den Gaskammern hätte das Leben von *zehntausend* Menschen bedeutet – kann durch bloße technische Gründe allein nicht erklärt werden. Tiefflieger der R.A.F. haben ein Gefängnistor in Frankreich gesprengt und dadurch entscheidende Angehörige aus der Résistance-Bewegung vor weiteren Folterungen und Exekutionen bewahrt. Wann sind wohl die Namen von Belsen, Auschwitz und Treblinka erstmalig in den Akten der alliierten Abwehrorganisationen aufgetaucht? Und was ist daraufhin unternommen worden?

Man hat erklärt, die Antwort liege in einer psychologischen Lähmung, in der schieren Unfähigkeit des »normalen« Verstandes, sich überhaupt davon eine Vorstellung zu machen, und der Ungeheuerlichkeit der Umstände und der Zwangslage praktisch Glauben zu schenken. Selbst solche, die dem Glauben schenkten – und es mögen ihrer wenige gewesen sein –, daß die Nachrichten aus Osteuropa verbürgt waren und daß mitten im zwanzigsten Jahrhundert Millionen von Menschen methodisch gefoltert und vergast wurden, taten dies unter abstrahierenden Scheuklappen, so wie wir einen Abschnitt aus einer theologischen Doktrin oder ein geschichtliches Geschehen aus ferner Vergangenheit zur Kenntnis nehmen. Es blieb ein Glaube ohne Bezug. Wir jedoch sind der *homo sapiens* post Auschwitz, weil das Beweismaterial, die Photographien von dem Meer aus Knochen und Goldfüllungen, von den Schuhen und Händen der Kinder, die an den Wänden der Verbrennungsöfen schwarze Abdrücke hinterließen, unseren Sinn für mögliche gesetzliche Handhaben gewandelt haben. Sollte das Geflüster aus der Hölle noch einmal an unsere Ohren dringen, wüßten wir, wie wir den Geheimcode zu entschlüsseln haben; die dünne Außenschicht unserer Hoffnungen ist noch dünner geworden.

Hier liegt ein wichtiges Argument, vor allem, wenn man es auf die Frage des Unterrichtetseins bei den Deutschen und auf die noch peinigendere Sache mit der Langsamkeit, dem Zweifel und der wenn auch nur passiv-metaphorisch zum Ausdruck gekommenen Ergebung in das Blutbad auf jüdischer Seite ausdehnt. Die Erde bei Treblinka barg an einer Ecke des

Lagers siebenhunderttausend Gebeine, »mit einem Gewicht von annähernd fünfunddreißigtausend Tonnen und einem Rauminhalt von neunzigtausend Kubikmetern«. Wenn die Juden bis zur endgültigen Schließung der Ofentüren, bis zum Aufhören des Gestanks aus der Feuergrube nicht daran glauben konnten, wenn schon die Intelligenz eines zweitausend Jahre lang auf apokalyptische Qual und Marter vorbereiteten Volkes sich nicht auf diese neue und letzte Möglichkeit einstellen konnte, wie kann es dann von anderen erwartet werden? Eines der dämonischen Merkmale des Nazismus (wie der sadistischen Literatur) liegt darin, diejenigen, die seine Vorstellungen als brauchbar akzeptieren – auch wenn sie sie voller Abscheu zurückweisen – mit einem Zug Selbst-Zweifel und Schwanken zu vergiften. Den aus Auschwitz von der Widerstandsbewegung herausgeschmuggelten Tatsachen *Glauben* zu schenken, ehe sie unwiderlegbar geworden, von aller Welt anerkannt waren, hieß gewissermaßen, daß man der Ungeheuerlichkeit der deutschen Intention nachgab. Skeptizismus aber (»So etwas kann doch nicht passieren, nicht mehr heutzutage, jedenfalls nicht in einem Volk, das einen Goethe hervorgebracht hat«), hatte etwas mit Würde und menschlicher Selbstachtung zu tun. Und dies auf eine tragisch zu nennende Weise bei den osteuropäischen Juden in ihrer komplexen Verbundenheit mit deutscher Kultur und westlicher Aufklärung.

Das geht aus beiden Zeugnissen deutlich hervor, in dem frei nacherzählten Bericht aus Wilna zu Beginn von Steiners *Treblinka*, wie aus den ersten Seiten der Tagebuchaufzeichnungen von Kaplan. Die Reaktionen auf jüdischer Seite schwankten aufgeregt hin und her zwischen der Hoffnung, die deutsche Besatzung werde das Leiden und Dulden vernünftig ordnen – das Eingesperrtsein in ein Ghetto hätte ja auch ein Schutz sein können gegen die regelmäßig wiederkehrenden, wenn auch planlos durchgeführten Roheitsakte nicht jüdischer Nachbarn – und der Hoffnung, Hitler würde eines Tages doch noch die Ausreise der Juden aus Europa zulassen.

Was an Nachrichten über Massenausrottungen durchsickerte, wurde lange Zeit hindurch als primitive Angstträume Eingeschüchterter abgetan oder als von Provokateuren ausgestreute Lügen angesehen, mit dem Ziel, die Juden zu demoralisieren oder sie zu einem Akt der Rebellion anzustacheln. Letzteres hätte den Nazis einen »Grund zum Durchgreifen« gegeben. Vor allem anderen aber bestand die Hoffnung, die Außenwelt würde helfend eingreifen. So schreibt Kaplan am 24. Januar 1940 in sein Tagebuch:

Ein schmaler Silberstreifen hinter dichtem Gewölk zeichnet sich am Himmel ab. Zu uns gelangt die Nachricht, daß die amerikanischen Quäker eine Rettungsmission nach Polen entsenden werden. Diesmal soll die Unterstützung ganz nach amerikanischem Muster ohne Unterschied von Rassen- oder Religionszugehörigkeit verteilt werden. Damit werden sogar die Juden in den Nutzen der verteilten Gaben kommen. Sie seien gesegnet! Für uns ist es das erste Mal, daß wir anstatt des üblichen »ausgenommen die Juden« die Formulierung »einschließlich der jüdischen Bevölkerung« vernehmen. Und in unseren Ohren tönt das wie ein fremder Klang. Ist es wirklich wahr?

Und am 11. Juni 1940 trösteten sich die Juden in Warschau mit dem Glauben, »daß die Franzosen wie Löwen mit dem letzten Aufgebot ihrer Kräfte kämpfen«. Diese Hoffnung, das dem Menschen angeborene Vermögen, sich mit anderen Menschen in einer Beziehung der Gegenseitigkeit zu wähnen, sollte Zentimeter um Zentimeter dahinwelken. Eine Erinnerung an diese Hoffnung klingt noch in einer der letzten Meldungen durch, die während des Warschauer Ghetto-Aufstandes an die Außenwelt gedrungen sind: »Die Welt schweigt. Alle Welt *weiß* (undenkbar, daß dem nicht so sei) und bleibt stumm; Gottes Stellvertreter im Vatikan ist stumm; in London, in Washington herrscht Schweigen; die Juden in Amerika verhalten sich schweigend. Dieses Stillschweigen ist ebenso verwunderlich wie empörend.« Immerhin entsteht auch Lärm, dicht vor den Mauern des Ghettos und von der deutschen Wochenschau sorgfältig festgehalten: das immer wiederkehrende Gelächter und der Applaus unter polnischen Zuschauern, die mitansahen, wie Menschen sich in die Flammen stürzten und die Häuser in die Luft gesprengt wurden.

Zu welchem Zeitpunkt hat sich Zuversicht zur Gewißheit verdüstert? Nach J. F. Steiner, dessen Bericht aber teilweise dramatisierte Nacherzählung ist, war es Langner, der unter Peitschenhieben sterbend mit der letzten Kraft seines Atems ausrief »ihr alle werdet dranglauben müssen. Die könnten euch gar nicht mehr rauslassen, nach allem, was ihr hier mitangesehen habt«. In den Zeugnissen von Kaplan schreitet die Erkenntnis stufenweise fort. Zunächst schien ihm jedes Anzeichen krampfhaft zäher Vitalität – ein zustande gekommener Witz, ein sattgewordenes Kind, ein überlisteter deutscher Wachtposten – eine Bürgschaft zum Überleben zu sein: »Eine Nation, die es fertigbringt, unter so entsetzlichen Umständen am Leben zu bleiben, ohne ihren Geist aufzugeben, ohne Selbstmord zu begehen – und die trotzdem noch lachen kann – wird unfehlbar überleben. Wer verschwindet zuerst von der Bildfläche – der Nazismus oder das Judentum? Ich möchte wetten, daß der Nazismus zuerst abtritt!« So am 15. August 1940. Im Juni 1942 dann trat die Möglichkeit der »Endlösung« offen zutage. Obwohl selber »eingekerkert hinter Doppelmauern, eine Mauer aus Stein für unsere Leiber und eine zweite aus Schweigen für unsere Lebensgeister«, konnte Kaplan schon am 25. Juni feststellen, daß man dabei war, das Judentum in Polen völlig abzuschlachten. Sogar die Vergasung erwähnt er schon. Doch erst Ende Juli 1942, als man den Erlaß zur Deportierung gab, brach die Untergangserkenntnis ganz durch. Das Gerücht lief um, es bereite Himmler einen sadistischen Spaß, das Dekret gerade am Vorabend des Neunten Av zu erlassen, »einem Tag der Leiden, der Generationen hindurch als Tag schicksalsvoller Trauer bestimmt war. Doch das alles ist nicht so wichtig. Wenn man die Sache genau untersucht, sind das zufällige, für den Tag bestimmte Manifestationen; der eigentliche Grund für das Dekret liegt hier nicht. Die wirkliche Absicht geht tiefer und ist fundamentaler Natur – die totale Vernichtung der jüdischen Nation«. Die Tatsache jedenfalls, daß diese Absicht über das Ende des Nazireiches hinweg bei vielen Menschen und in gewissen Gesellschaftsformen, immer noch lebendig ist, selbst in solchen Gesellschaftsformen, wo kaum noch lebendige Juden anzutreffen sind, und daß sie dicht unter der Oberfläche vieler Erscheinungen im Leben der Sowjets umgeht, verstärkt die Notwendigkeit zu einem Blick zurück. Es existieren antisemitische Elemente, die tiefer liegen als alle Soziologie oder Ökonomie, ja, die selbst über den historischen Aberglauben hinausgehen. Der Jude steckt jedem Nationalismus im Halse wie ein Knochen. »Gott aller Götter!« schrieb Kaplan in sein Tagebuch, als das Ende nahe war, »soll das Schwert für immer deine Söhne verzehren?«

Das Tagebuch bricht ab in den Abendstunden des 4. August, als jüdische Polizei unter Aufsicht und Anleitung der SS die Straßen der Stadt Block um Block durchkämmten. Zum sogenannten »Umschlagplatz« gebracht (dessen äußere Kennzeichen samt einer Gedächtnistafel vom gegenwärtigen Regime in Warschau entfernt worden sind), sind Kaplan und seine Frau dann deportiert worden. Dem Vernehmen nach hat man sie in Treblinka im Dezember 1942 oder Januar 1943 umgebracht. Durch Kaplans eigene Vorsorge und die Hilfe eines Polen außerhalb des Ghettos konnten die in kleinen, unauffälligen Notizbüchern festgehaltenen Aufzeichnungen sichergestellt und der Nachwelt übergeben werden. Zusammen mit den *Aufzeichnungen aus dem Warschauer Ghetto* von Emanuel Ringelblum stellen diese Tagebücher die einzige vollständige Niederschrift dar über das jüdische Leben in Warschau vom Tage des Kriegsausbruchs bis zur Zeit der Deportierungen. Ein über das andere Mal stellt Kaplan fest, daß diese Aufzeichnungen für ihn der einzige Grund zum Weiterleben seien, und daß sie als getreuliches

Protokoll der Greueltaten an die Außenwelt dringen müßten. Im letzten Satz heißt es: »Und wenn mein Leben endet – was wird aus meinen Tagebüchern?« Sein Spiel mit verzweifelt hohem Einsatz hat er gewonnen; seine Stimme ist Sieger über die Asche und das Vergessen geblieben. Es ist die Stimme eines sehr selten gewordenen Menschen. Lehrer des Hebräischen, Essayist und genauer Kenner jüdischer Geschichte und Sitten, hat Chaim Aron Kaplan es 1941 vorgezogen, in Warschau zu bleiben, obschon ihm seine Bekannten in Amerika und Palästina ein Ausreisevisum hätten garantieren können. Geschrieben hat er auf hebräisch, aber mit jenem kritisch belesenen Bildungshintergrund aus klassischem und europäischem Humanismus, der charakteristisch bleibt für die heutige jüdische Intelligenzschicht. Sein Glaubensbekenntnis hat er am 26. Oktober 1939 abgelegt:

Auch wenn wir gegenwärtig entsetzliches Leid und schwere Prüfungen durchzumachen haben und für uns die Sonne schon am Mittag untergeht, haben wir die sichere Hoffnung nicht verloren, daß die Zeit der Heiligkeit für uns anbrechen wird. Unsere Existenz als Volk wird nicht enden. Den einzelnen mag man vernichten können, doch die Juden als Gemeinschaft werden weiterleben. Jede einzelne Eintragung ist deshalb kostbarer als Gold, solange ich sie inmitten des Geschehens und ohne Übertreibung und Entstellung niederschreibe.

Diese letzte Klausel führt er denn auch bis zu einem Grade durch, der beinahe übernatürlich ist. Inmitten der Hölle unterscheidet Kaplan scharf zwischen dem, was er mit eigenen Augen gesehen, und den lediglich berichteten Greueln. Durch äußerste Genauigkeit gelangt er zu einer tiefen diagnostischen Einsicht. Schon am 28. Oktober 1939 hatte er das Verhältnis zwischen Juden und Deutschen an der Wurzel gepackt: »In den Augen der Sieger stehen wir außerhalb der Kategorie menschlicher Lebewesen. Das ist die Ideologie der

Nazis, und alle die ihr nachfolgen, ob einfache Soldaten oder Offiziere, machen diese Ideologie zur lebendigen Wirklichkeit.« Er hat also damals schon erkannt, was viele Leute platterdings heute noch nicht zu erkennen bereit sind: daß der Antisemitismus bei den Nazis nur der logische Kulminationspunkt der Jahrtausende alten christlichen Vorstellung und Lehre vom Juden als Gottesmörder ist. Als Kaplan sich zu den blutigen Prügelszenen jüdischer Bürger durch deutsche und polnische Rotten äußert, fügt er den Satz hinzu: »Die christliche Moral ist deutlich bemerkbar geworden im Leben – wehe uns!« Ihm fällt das dunkle Mysterium deutscher Kultur auf, das gleichzeitige Nebeneinander im selben Menschen von Bestialität und beflissener Bildung: »Wir haben es hier mit einer Nation von hochstehender Kultur zu tun, mit ›einem Volk der Bibel‹. ... Auf eines sind die Deutschen versessen – auf Bücher ... Wo Raub und Plünderung zur Ideologie, zu einer Weltanschauung erhoben werden, die ihrem Wesen nach etwas Geistiges ist, da ist ihr an Zähigkeit und Ausdauer nichts Gleichwertiges entgegenzustellen ... Der Nazismus arbeitet mit Buch und Schwert, und da liegt seine Widerstandskraft und Macht.« Daß das Buch durchaus ein Goethe wie ein Rilke sein kann, bleibt eine ebenso entscheidende wie empörende Tatsache, daß wir sie am liebsten nicht wahrhaben möchten, daß wir unsere Hoffnung weiterhin großspurig auf »Kultur« setzen, als sei sie nicht dazu da, uns die Zähne auszubrechen. So weit könnte es durchaus kommen, gelangen wir nicht endlich dahin, ihre eigentliche Bedeutung mit der Abgeklärtheit, der Seelenruhe und Genauigkeit eines Kaplan zu begreifen.

Diese Genauigkeit geht bei Kaplan bis in seine Beobachtungen menschlicher Anwandlungen auf seiten der Deutschen Dankbar wird das beschämte Erröten auf dem Gesicht eines deutschen Wachtpostens registriert; eines Offiziers, der auf der Straße anhält, um einem Kinde zu Hilfe zu kommen, das von einem deutschen Soldaten mit Füßen getreten wird, und der dann die Worte hinzufügt: »Geh' und verkünde deinen

Brüdern, daß ihr Leiden nicht mehr lange anhält...«, wird gedacht, als sei er ein geheimnisvoller Herold, ein Vorbote der Gande. (31. Januar 1940.) Immer wieder zeigt sich das Bemühen zu verstehen, wie es möglich war, daß »dieses pathologische Phänomen Nazismus«, dieses »seelische Gebrechen« ein ganzes Volk befallen konnte. Bei Kaplan wird die wahrheitsgetreue Beobachtung zu einer Übung in der praktischen Anwendung rationaler Möglichkeiten, zu einer Gegenerklärung auf die Tollheiten und Erniedrigungen der Straße. Kaum ein Anflug von Haß ist in diesem Buch, lediglich der Wunsch nach Verstehen, das Verlangen, die Einsicht durch den Verstand zu überprüfen. Während er einen Deutschen beobachtet, der auf offener Straße einen alten Hausierer zu Tode prügelt, schreibt Kaplan:

Schwerlich zu begreifen ist das Rätsel dieses sadistischen Phänomens... Wie ist es möglich, daß sich jemand auf einen ihm fremden Menschen stürzt, einen Menschen aus Fleisch und Blut wie ich, um seinen Leib grundlos mit Wunden, Quetschungen und Striemen zu bedecken? Wie ist das möglich? Doch ich schwöre, all das habe ich mit eigenen Augen gesehen.

In diesem Bemühen um Verständnis liegt die einzig mögliche Art der Vergebung. Nur diejenigen im Grunde genommen, die durch diese Hölle geschritten sind, die Auschwitz überlebt haben, nachdem sie Zeuge wurden, wie ihre Eltern zu Tode geprügelt oder vergast worden sind (wie Elie Wiesel), oder diejenigen, die ihre eigenen Angehörigen unter den Leichnamen vorfanden, denen sie die Goldzähne ausziehen mußten, was in Treblinka ein tägliches Vorkommnis war, nur sie haben das Recht zum Vergeben. *Wir* haben dieses Recht nicht. Ein wichtiger Punkt, der oftmals falsch verstanden wird: Was die Nazis in den Lager und Folterkammern begangen haben, ist gänzlich unverzeihlich, ist ein Brandmal auf dem Sinnbild des Menschen und wird es bleiben; durch dieses Gewährenlassen eines Untermenschentums, das in uns allen latent ist, ist ein jeder von uns in seinem menschlichen Wert herabgesetzt worden. Solange aber jemand die Sache nicht am eigenen Leibe durchgemacht hat, bleiben Haß und Vergebung nur Spielwerk im Geiste – zweifellos ernst gemeint, doch Spielwerk nichtsdestoweniger. Das *jetzt* Beste vielleicht, nachdem so viel gesagt, erklärt und veröffentlicht worden ist, ist den Mund zu halten; schon um die Belanglosigkeiten literarisch-soziologischer Debatten nicht bis zur Farce auszudehnen. So argumentiert Elie Wiesel, so hat eine Anzahl der Zeugen im Eichmann-Prozeß argumentiert. Das *Nächst*beste, glaube ich, ist, daß jeder sich um Verständnis bemüht und den Glauben an eine Sache behält, die vielleicht in der utopischen, aber innerlich verpflichtenden Bindung an Vernunft und geschichtliche Analyse eines Mannes wie Kaplan liegt.

Doch während ich diese Gedanken niederschreibe, setzt sich ein winziger Splitter des Ungeheuerlichen bei mir fest. So einen wie Chaim Aron Kaplan gibt es nicht mehr. Bei jedem Tode ist das so. Aus dem Bestand menschlicher Erneuerungsquellen geht etwas in metaphysischer Hinsicht absolut Einmaliges dahin. Aber der Tod ist trotz seiner auf der Hand liegenden Demokratie nicht gleichwertig. Die geistige Lauterkeit und Abgeklärtheit, der humane Rationalismus, der auf jeder Seite dieses nicht zu entbehrenden Buches an den Tag gelegt wird, und in dem sich eine ganz spezifische Gefühls- und Ausdruckstradition zeigt, ist unwiederbringlich verloren gegangen. Der besonders im mittel- und osteuropäischen Judentum verwirklichte Typus menschlicher Möglichkeiten ist ausgelöscht. Wir wissen so gut wie nichts über genetische Reserven, über das Rohmaterial, der einander ablösenden Erbfolgen, woraus die Spezies Mensch ihre Fortentwicklung nimmt. Doch die numerische Fortpflanzung ist ja nur ein Teil der Geschichte. Indem sie einen Mann wie Chaim Kaplan und seinesgleichen dahinmordeten, indem sie sicherstellten, daß aus ihren Kindern Asche geworden ist, haben die Deutschen die Menschheitsentwicklung um eine ihrer zukünftigen Gestaltformen beraubt. Völkermord bedeutet das äußerste an Verbrechen, weil er ein Vorkaufsrecht auf die Zukunft anstrebt, denn er reißt eine der Wurzeln aus, aus denen die Zukunft erwächst. Es kann keine Vergebung geben, weil es da auch kein Reparieren gibt. Und dieses Vakuum in unserer Zwangslage, in unserem evolutionären Hoffen, sowie das Fehlen der in Belsen und Treblinka ausgelöschten hohen moralischen, psychologischen und cerebralen Qualitäten, begründen beide Erscheinungen: das hartnäckige Fortbestehen der Nazi-Tätigkeit und die langsame, kummervolle Rache der unbekannten, namenlosen Toten.

Ein gewisser Mangel an Zurückhaltung und jene feinschattierte Ironie, die das Warschauer Tagebuch kennzeichnen, fiel besonders auf bei den Debatten über *Treblinka*, einem weiteren Rechenschaftsbericht aus den Todeslagern. Geboren 1938 als Sohn eines jüdischen Vaters, der deportiert und umgebracht worden ist, und einer katholischen Mutter, hat Jean François Steiner das eigentliche Blutbad nicht miterlebt. Vielmehr war es eine Reise nach Israel und das dort unter den jüngeren Juden herrschende Unbehagen – »warum sind die Juden in Europa wie Lämmer auf die Schlachtbank gegangen?« – die Steiner veranlaßt haben, persönliche Interviews mit jener kleinen Zahl der Überlebenden von Treblinka durchzuführen (zweiundzwanzig in Israel, fünf in den Vereinigten Staaten, einer in England), um später einen Bericht über »die Revolte in einem Vernichtungslager« zu verfassen. Obwohl von Madame de Beauvoir als Rechtfertigung jüdischer Tapferkeit und als Pioniertat soziologischer, psychologischer Deutung einer Höllengemeinschaft hoch gepriesen, ist *Treblinka* von anderer Seite (darunter von David Rousset und Léon Poliakov) wegen seiner angeblichen Unkorrektheiten, seines Rassenwahns, und auch weil seine Allgemeinthese über jüdische Passivität Hannah Arendt in die Hand spiele, hart angegriffen worden. Die Anschuldigungen sind so häßlich gewesen wie die im Fall Arendt vorgebrachten. Und das ist durchaus erklärlich, so demütigend und untergrabend so etwas auch für die Intelligenzler ist. Denn es steht keineswegs fest, daß mit derartigen Fragen auf rationaler Basis allein fertig zu werden *ist*, denn sie liegen eben an der Grenze der normativen Syntax menschlicher Kommunikation, nämlich im ausschließlichen Bereich des Bestialischen. Auch ist gar nicht erwiesen, ob gerade diejenigen unter uns, die nicht im vollen Maße darinsteckten, an solche unvernarbten Agonien rühren sollen. Diejenigen aber, die dabei waren – Elie Wiesel in *La Nuit, Les Portes de la forêt, Le Chant des morts*, und Koppel Holzmann in *Die Höhlen der Hölle* – finden schon das rechte Wort, oftmals allegorisch und häufig nahe am Schweigen, um zu sagen, was sie zu sagen haben. Wir Nachkömmlinge dagegen verhalten uns laut und schrill und beschweren einander mit zornigen Ansprüchen auf unparteiisches Verstehen. Léon Poliakov spricht von den regelmäßig auftretenden Skandalen, die bisher sämtliche Veröffentlichungen zur Ermordung der Juden begleitet hätten, angefangen von Schwarz-Bart *Der Letzte der Gerechten* bis zu Hochhuths *Stellvertreter* und jetzt *Treblinka*. Stillschweigen beim Mord, aber lautstarke Proteste über die Bücher.

Steiner stellt sich die schwierige, bisweilen ungewöhnliche Aufgabe: Leben und Aufruhr in einem Todeslager in Form einer fiktiven Dokumentation zu rekonstruieren; eine sachgerecht belegte Reportage, die sich imaginärer Dialoge, kurzer Charakterbeschreibungen und der dramatisierten Montage bedient. Da fast sämtliche Überlebenden aus dem Aufstand vom 2. August 1943 später entweder von der polnischen Landbevölkerung, durch Banden ukrainischer Faschisten oder durch die Wehrmacht umgebracht worden sind, blieb Steiner bei der Zusammenstellung seines Hauptmaterials auf der zerquälten Erinnerungen einer kleinen Anzahl von Personen angewiesen. Seine Entscheidung für ein dramatisiertes *genre*, das zutiefst aufrichtig ist, insofern es das Bemühen eines Nicht-Zeugen erweist, zurückzusinnen und die Hölle auf dem Weg seiner Vorstellungsgabe zu betreten, bürdet ihm selbstverständlich Risiken auf. Während des Eichmann-Prozesses ist es wiederholt vorgekommen, daß Zeugen auf Fragen des Anklägers unverblümt geantwortet haben: »Das können Sie nicht verstehen. Wer nicht *da* war, kann sich keine Vorstellung machen.« Und außerstande, sich eine vollständige Vorstellung zu machen, das Dokumentarisch-Aktenkundige in die eigene Person hineinzutransponieren, es zu einem unauslöschlichen Stempel seiner selbst zu machen, nimmt Steiner, wahrscheinlich unbewußt, Zuflucht bei den konventionellen Darstellungsmustern von Gewalt und Spannung, wie sie im modernen Roman und höheren Journalismus anzutreffen sind.

Dementsprechend bedient er sich in *Treblinka* der filmischen Zeitfolge und Herausstellungstechnik einer *Time*story. Das Buch ist voll von denkwürdigen Dialogen und Stellen dramatischen Schweigens. Wirkliche und vorgestellte Personen erscheinen in episodenhaften Zwischenhandlungen, die nach Anordnung und Zuschnitt deutlich ein geschultes Auge verraten (ein in leidenschaftliche Wut geratener Truman Capote). Die geistige Schwungkraft von Kurt Franz (»Lalka«) wird mit Dostojewski-Schattierung wiedergegeben. Jetzt zweifle ich selber nicht mehr daran, daß alle diese monströsen und heldenhaften Szenen wirklich stattgefunden haben: daß Väter und Söhne in den Unterkünften einander beim Selbstmord behilflich waren; daß nackte Mädchen sich in einem letzten Ringen um ihr Leben den Kapos anboten; daß ukrainische Wachtposten und dem Verderben überantwortete Juden an warmen Sommerabenden gemeinsam getanzt und musiziert haben in dem von Franz errichteten grotesken Todesdorf. Aus anderer Quelle weiß ich, daß das von Steiner erwähnte Symphonieorchester Treblinka wirklich existiert hat, daß von ihm beschriebene Boxkämpfe und Kabarettveranstaltungen tatsächlich stattgefunden haben und daß eine Gruppe von jüdischen Männern und Frauen, die man über jedes erträgliche Maß hinaus verfolgt hatte, freiwillig an die Lagertore kam und um Einlaß und Tod bat. In den allermeisten Fällen beruhen also Erzählung und Dialog auf handfesten dokumentarischen Beweisen. Weil diese Fakten aber alle übertroffen werden von der starken literarischen Begabung des Schreibers, weil sich zwischen die Tollheit der Tatsachen und die gründliche Vorplanung des Buches immer wieder eine Erzählerpersönlichkeit von hohen Graden und großer stilistischer Kraft schiebt, wird dem Ganzen eine gewisse Unwirklichkeit aufgenötigt. Wir schenken ihm Glauben, und doch müssen wir nicht bis zum Unerträglichen daran glauben. Denn wir können neuen Atem schöpfen in der Erkenntnis, es mit einem Kunstgriff der Literatur, einem stilistischen Hieb zu tun zu haben, der letzten Endes dem in einem modernen Schockroman nicht unähnlich ist. Das Ästhetische macht es erträglich.

Trotzdem sind viele der gegen Steiner erhobenen Einwände ungerechtfertigt.

Es stimmt, daß aktive Empörung nicht so selten gewesen ist wie es bei Steiner zu sein scheint – Augenzeugenberichte aus Bialistok, Grodno, Sobivor, Auschwitz und vor allem aus Warschau sind festgehalten worden. Trotzdem war Treblinka das einzige Todeslager, das durch einen jüdischen Aufstand tatsächlich zerstört worden ist, und die Bedingungen, unter denen dieser Aufstand geplant und durchgeführt wurde, sind wirklich nicht zu begreifen.

Als Buch ist *Treblinka* nicht der erste oder kompetenteste Versuch einer Soziologie der Verdammten. Eugen Kogons *SS-Staat* und Bruno Bettelheims *Informed Heart* sind wesentlich zuverlässiger. Aber Bettelheims Beobachtungen insbesondere stützen sich auf eine frühere und noch relativ vorstellbare Form des Lagerlebens. In Treblinka mit seiner unaufhörlich arbeitenden Fließbandtechnik zur Massentötung, seinem vorgetäuschten Bahnhof und seiner altdeutschheimeligen Dorfanlage, mit seinen auf die Geschlechtsteile der Männer abgerichteten Hunden und seinen offiziellen jüdischen Eheschließungen hatte das Leben einen steilen Grad äußersten Wahnsinns erreicht. Jean-François Steiner übermittelt diese der Vernunft gegenüber exterritoriale Welt, wie ich mir denken kann, nicht in ihrer vollständigen, ungeschminkten Wahrheit. Wie könnte er das auch? »Ich, der ich dort gewesen bin, kann es immer noch nicht verstehen«, schreibt Elie Wiesel. Was Steiner aber aus dem Stillschweigen, dem Vergessen und der begreiflichen Voreingenommenheit in Worte übersetzt, ausgelegt und nachgedeutet hat, verleiht der Wahrheit einen weithin hallenden Nachklang. Vor allem bekommt der Leser einen Begriff von der planmäßigen Folter aus Hoffnung und freigestellter Wahl, mit der die Nazis die Triebfedern des Willens im Menschen zerbrachen. In eine Welt, in der, wie in der grausamen Fabel von Platos *Gorgias*, die Menschen beständig ihren eigenen Todeskalender vor Augen hatten, führten die Nazis ein selbsttätiges Schaltwerk für Minimal-Hoffnung ein. »Du darfst weiterleben, wenn du dies und das für unsere Genugtuung tust.« Dieses Tun aber schloß unveränderlich eine so abstoßend scheußliche und degradierende Wahl in sich ein, daß es die menschliche Natur derer, die sie trafen, noch weiter herabsetzen mußte. Der Vater hatte zu entscheiden, daß sein Kind starb; der Kapo hatte unnachgiebiger zuzuschlagen; der Zuträger hatte einen Verrat zu begehen; der verheiratete Mann hatte die Ehefrau unwissend in die Gaskammer gehen zu lassen, um nicht selber auf der Stelle dazu ausgewählt zu werden. Um am Leben zu bleiben, hatte man sich zu entschließen, weniger Mensch zu bleiben.

Genau dieser Prozeß wird bei Kaplan analysiert. Er lief hinaus auf das bekannte Spiel mit gelben oder weißen Bescheinigungen und den Arbeitskarten. Was bedeutet Tod und was Leben? Etwa so: Für eine Familie von vieren werden drei Karten ausgestellt, so daß Eltern und Kinder einen der Ihren für die Ausrottung auszuwählen hatten. Irregeführte Hoffnung kann die menschliche Persönlichkeit rascher als Hunger brechen. Aber Hunger gab es trotzdem, und die beständige körperliche Qual, und das plötzliche Aufhören jeglicher Privatsphäre.

Demnach liegt des Rätsels Lösung *nicht* darin, daß die osteuropäischen Juden es an Widerstand hätten fehlen lassen, oder daß sie, ausgestoßen aus der Menschheit, aller Waffen beraubt und systematisch ausgehungert, nicht aktiv revoltiert hätten (hier leidet die These von Hannah Arendt an mangelnder Vorstellungsgabe). Das ist eine von vornherein unberechtigte Fragestellung, die oft genug gerade von denen erhoben wird, die zur Zeit des Blutbades den Mund gehalten haben. Die Frage vielmehr muß heißen, wie war es für Chaim Kaplan möglich, seinen Verstand zu bewahren, und wie haben Galewski und seine Widerstandsgruppe es fertiggebracht, aus stinkenden Bergen Toter aufzuerstehen und einen Angriff gegen die Maschinenpistolen der SS anzuführen. Hierin sollte man des Rätsels Lösung suchen: wie ein *einziger* Mann sich die Erinnerung ans Normalleben soweit erhalten konnte, daß er in seinen Gefährten und im eigenen brutalisierten Gegenbild den Menschen wiedererkannte. Nur aus dieser Erkenntnis können Rebellion sowie jene äußerste Heldentat und Persönlichkeitsleistung erwachsen, sein eigenes Leben für das Überleben anderer hinzugeben. Wie die gesamte Gruppe in Treblinka es getan hat.

Gewisse jüdische Mystiker haben ausgesprochen, Belsen und Treblinka verkörperten die Verfinsterung oder das vorübergehende Abtreten Gottes; andere wiederum haben von Gottes besondersartiger und daher unerforschlicher Nähe zu den von IHM auserwählten Söhnen gesprochen. Wir haben es hierbei mit metaphorischen Erklärungen zu tun, wenn die Vernunft an der Verzweiflung, beziehungsweise an einem noch schmerzlicherem Übelstand als Verzweiflung leidet. Was wir den aktenkundigen Beweisen entnehmen können, ist: daß sich im Dunkel von Gottes Abwesenheit gewisse Männer, die lebendig begraben waren, begraben unter jenem Stillschweigen der westlichen Zivilisation und des Christentums, welches alle diejenigen, die sich indifferent verhielten, zu Komplizen der Nazis machte, sich erhoben und ihr Höllenlos zerstört haben. Der Vorwurf gegen Jean-François Steiner, daß er die Juden in etwa gedemütigt hätte, indem er sie mit den Augen ihrer deutschen und ukrainischen Folterknechte zeigt, und daß seine Darstellung des ursprünglichen jüdischen Gelähmtseins in Treblinka zu einer Legendenbildung über jüdische Passivität beitrage, scheint also unbegründet. Dieser Vorwurf übersieht Steiners wesentlichste Absicht: sich und uns das Unvorstellbare vorzustellen und da zu sprechen, wo eigentlich Schweigen oder der Kaddesch für die ungezählten Toten am Platze gewesen wäre.

Aber genug jetzt der Debatte. Bücher und Dokumente wie diese sind ja nicht zur »Besprechung« da, es sei denn »Besprechen« bedeutet »Rückschau«, wie in diesem Falle zum Ausdruck gebracht werden sollte.

Ein Kind im Warschauer Ghetto vertraute seinem Tagebuch das Geständnis an: »Mich hungert und ich friere; wenn ich groß bin, möchte ich ein Deutscher sein, dann werde ich nicht mehr hungern und frieren.« Diesen Satz schreibe ich hier noch einmal nieder: »Mich hungert und ich friere; wenn ich groß bin, möchte ich ein Deutscher sein, dann werde ich nicht mehr hungern und frieren.« Und sage ihn viele Male vor mich hin, im Gebet für das Kind, im Gebet für mich. Denn, als dieser Satz niedergeschrieben wurde, hatte ich zu essen und zu trinken, mehr als ich brauchte, und schlief in Sicherheit und schwieg.

Marxismus und Literaturkritik

».. . Schwierigkeiten beim Schreiben der Wahrheit«

I

Am Beginn der marxistischen Literaturtheorie stehen drei kanonartig zelebrierte Texte. Zwei davon sind Zitate aus den Briefen von Engels, der dritte entstammt einem kurzen Aufsatz von Lenin. Engels schrieb im November 1885 an Minna Kautsky:

Ich bin keineswegs Gegner der Tendenzpoesie als solcher. Der Vater der Tragödie, Äschylus, und der Vater der Komödie, Aristophanes, waren beide starke Tendenzpoeten, nicht minder Dante und Cervantes, und es ist das beste an Schillers »Kabale und Liebe«, daß sie das erste politische deutsche Tendenzdrama ist. Die modernen Russen und Norweger, die ausgezeichnete Romane liefern, sind alle Tendenzdichter. Aber ich meine, die Tendenz muß aus der Situation und Handlung selbst hervorspringen, ohne daß ausdrücklich darauf hingewiesen wird, und der Dichter ist nicht genötigt, die geschichtliche zukünftige Lösung der gesellschaftlichen Konflikte, die er schildert, dem Leser an die Hand zu geben.

Eindeutiger drückte sich Engels dann in einem englisch geschriebenen Brief an die Schriftstellerin Margret Harkness, Anfang April 1888 aus.

Ich bin weit davon entfernt, darin einen Fehler zu sehen, daß Sie nicht einen waschechten sozialistischen Roman geschrieben haben, einen »Tendenzroman«, wie wir hier in Deutschland sagen, um die sozialen und politischen Meinungen des Autors zu verherrlichen. Das meine ich keineswegs. Je mehr die Ansichten des Autors verborgen bleiben, desto besser für das Kunstwerk.

Aufgrund dieser Einstellung verteidigt Engels seine Vorliebe für Shakespeare mehr als für Schiller, für Balzac mehr als für Zola. Der dritte Text dagegen ist gänzlich anders. In einem Artikel über »Partei-Organisation und Partei-Literatur, der im November 1905 in *Norvaia Jizn* erschien, schreibt Lenin:

Aus der Literatur muß eine Parteiliteratur werden... Nieder mit den unparteiischen *littérateurs*! Nieder mit den Übermenschen der Literatur! Die Literatur muß Teil der allgemeinen Sache des Proletariats sein, »ein Rädchen und Schräubchen« im gesellschaftlich-demokratischen Mechanismus, eins und unteilbar – ein Funktionsprozeß, der von der gesamten klassenbewußten Avantgarde der arbeitenden Klasse in Gang gebracht wird. Die Literatur muß zu einem integralen Bestandteil der planmäßig organisierten und vereinten Anstrengungen der sozial-demokratischen Partei werden.

Diese Anweisungen wurden als taktische Argumente für die polemische Auseinandersetzung mit dem Ästhetizismus herausgestellt. Aber die Forderung Lenins nach einer *Tendenzpoesie* im unverhülltesten Sinne ist mehr und mehr als eine generelle Richtschnur für die marxistische Interpretation der Literatur angesehen worden.
Deutlich läßt sich in den Erklärungen von Engels und der Auffassung von Lenin eine tiefe Divergenz, wenn nicht gar ein offizieller Widerspruch erkennen. Diese Unterschiedlichkeit ist auch den Theoretikern des Marxismus nicht entgangen. Georg Lukács hat zweimal den Versuch unternommen, Engels' Verteidigung der dichterisch ungebundenen Integrität mit der Forderung Lenins nach völliger Parteilichkeit und ästhetischer Zucht zu versöhnen. In seinem großen Essay über Engels als Theoretiker und Kritiker der Literatur (1935) zitiert Lukács aus dem Brief an Minna Kautsky und schlägt eine komplizierte Auslegung vor. Er argumentiert, daß jene Art von *Tendenz*, die Engels willkommen heiße, im Grunde »identisch ist mit jenem ›Element der Partei‹, das seit Lenin

im Materialismus beschlossen liegt«. Nach dieser Analyse hat Engels nichts gegen eine *littérature engagée* einzuwenden, sondern nur gegen ein Gemisch »aus bloßem Empirismus und nichtssagender Subjektivität« im bürgerlichen Roman seiner Zeit. Offensichtlich unbefriedigt mit dieser Behandlung des Problems, kommt Lukács 1945 in seiner »Einführung in die ästhetischen Schriften von Marx und Engels« erneut darauf zurück. Hier behauptet er, daß Engels zwischen zwei Formen sogenannter »Thesenliteratur« unterscheide. Nach der Lesart von Lukács ist alle große Literatur »von Grund auf parteiisch«. Ein Schriftsteller kann zu einer ausgereiften und verantwortlichen Beschreibung des Lebens nur dann gelangen, wenn er sich dem Fortschritt verschreibt und das Reaktionäre ablehnt, wenn er »das Gute liebt und das Schlechte verwirft«. Wenn ein Kritiker von der Scharfsinnigkeit und Strenge eines Lukács zu solchen Banalitäten greift – Banalitäten, die eine Herausforderung seiner eigenen Werke über Goethe, Balzac und Tolstoi darstellen – wissen wir, daß hier etwas nicht in Ordnung ist. Der Versuch, das Literaturbild aus dem Artikel von Lenin mit dem von Engels in Übereinstimmung zu bringen, ist eine recht verzweifelte Erwiderung auf die Druckmittel der Orthodoxie und der stalinistischen Forderung nach voller Kohärenz innerhalb der marxistischen Doktrin. Nicht einmal die feingesponnenste Exegese könnte die klare Tatsache verbergen, daß Engels und Lenin von zwei ganz verschiedenen Dingen sprachen, daß sie auf kontrastierende Ideale hinwiesen.

Dieses Faktum sollte für den weiteren Werdegang der marxistischen Literatur wie der marxistischen Literaturkritik von außerordentlicher Bedeutung werden. Immer wieder stieß die Idealvorstellung einer Literatur, in der »die Anschauungen des Autors verborgen bleiben«, mit der feststehenden Formel Lenins einer kämpferischen Parteilichkeit zusammen. Je nach der Wahl zwischen der Ästhetik von Engels und der von Lenin, die sie, auch unbewußt, zu treffen gezwungen waren, sind die marxistischen Kritiker vornehmlich in zwei Lager gespalten: die orthodoxe Gruppe und jene, die der Franzose Michel Crouzot zutreffend mit Para-Marxisten bezeichnet hat. Die Anhänger von Andrej Schdanow und der erste sowjetische Schriftstellerkongreß von 1934 proklamierten rigoros die orthodoxe Position. In seiner Ansprache auf dem Kongreß benutzte Schdanow absichtlich Engels' eigene Formulierungen, verwarf aber Engels' Anschauung im Namen des Leninismus:

Unsere Sowjetliteratur hat keine Angst vor dem Vorwurf des »Tendenziösen«. Ja, die Sowjetliteratur ist tendenziös, denn im Zeitalter des Klassenkampfes gibt es und darf es keine Literatur geben, die nicht klassenbewußte, nicht tendenziöse, nicht angeblich unpolitische Literatur ist.

Bucharin leistete ihm Gefolgschaft und erklärte, daß Tendenzdichtung und die aus rein formalen Gründen als erstrangig befundene Dichtung nur allzu oft ein und dasselbe seien. Zum Beispiel führte er Namen wie Freiligrath und Heine, Barbier und Béranger an, die in der marxistischen Poetik unaufhörlich anklingen.

Die orthodoxe Schule – wobei orthodox in diesem Falle mehr ein politischer als ein geschichtlicher Begriff ist – unterhält ihre eigenen Zeitschriften in Rußland wie im Westen (*Sowjet-Literatur* und *La Nouvelle Critique* sind hervorragende Beispiele). In Deutschland hat sich der orthodoxe Druck am stärksten in den Gedichten und Aufsätzen von Johannes R. Becher niedergeschlagen. Im Jahre 1954 stellte Becher von sich fest: »Daß ich die Dinge allmählich sehen lernte, wie sie in Wirklichkeit sind, verdanke ich in erster Linie Lenin.« Unabänderlich bleibt die Berufung auf Lenin der Talisman des orthodoxen Kritikers.

In der Sowjetunion nahm die Orthodoxie den finster aufgeblähten Ausdruck der Schdanow-Stalinistischen Ästhetik an. Ihr verdanken wir die konsequenteste und tragischerweise auch am erfolgreichsten durchgeführte Kampagne, die jemals ein politisches Regime durchführte, um die gestaltgewinnenden Kräfte literarischer Begabung entweder für seine eigenen Zwecke in Anspruch zu nehmen oder sie zu zerstören. Nur wer genötigt ist, sich aus beruflichem Interesse durch die amtlichen kritischen Journale und offiziellen Publikationen hindurchzuarbeiten, kann ganz ermessen, bis zu welchen Stufen der Gefühllosigkeit und leeren Wortschwalle die *belles lettres* und mit ihr die Kunstform der Kritik absinken können. Das Grundmuster ist das einer hoffnungslosen Monotonie: endlose Diskussionen, ob dieser Roman, dieses Gedicht im Einklang mit der Parteilinie steht oder nicht; schrille Selbstanklagen von Autoren, die durch vorübergehendes Versagen ihrer geistigen Beweglichkeit, einen »unrichtigen« Standpunkt gegenüber einem bestimmten Aspekt des sozialistischen Realismus bezogen haben; die unablässige Forderung, aus der erzählenden Literatur, den Bühnenwerken und der Poesie »Waffen des Proletariats zu schmieden«; Glorifizierungen des »positiven Helden« und in ihrem Puritanismus manchmal hysterisch wirkende Verurteilungen irgendeiner erotischen Anspielung, einer stilistischen Doppeldeutigkeit. Das Ideal des sogenannten Schdanowismus lief ganz genau auf die Degradierung der Literatur zu »einem Rädchen und Schräubchen« im Mechanismus des totalitären Staatswesens hinaus. Durch einen genialen Zufall oder parteiischen Zorn hätte eine solche Literatur (obschon es nie eingetreten ist) durchaus ein Werk wie *Onkel Toms Hütte* hervorbringen können. Jedes Werk von unverfälschter Komplexität oder Unparteilichkeit stellt eben im Keim eine Bedrohung der »planmäßig organisierten und vereinten Anstrengungen der Arbeiterklasse« dar. Für einen Kritiker aber bleiben unter diesen Umständen nur zwei Funktionen: er ist Dolmetscher des Parteidogmas und klarer Erkenner der Irrlehre. Genau dies war die unrühmliche und im Selbstmord endende Rolle von Fadejew.

Weder das Imprimatur noch das Anathema zählen zu den Arbeitsaufgaben eines Kritikers. Was an echten kritischen

Impulsen lebendig blieb, floß heimlich ins Gelehrtentum ein. Die Überbleibsel liberaler Bildungskräfte suchten ihre Zuflucht im Handwerk des Redakteurs, Herausgebers und Übersetzers. Daher finden wir unter dem Bann ideologischen Terrors noch kompetente Übertragungen und Analysen der Werke von Shakespeare und Goethe, von Molière und Balzac. Der Krieg hat dann die Öde und Trübseligkeit auf der literarischen Szene in der Sowjetunion etwas gedämpft. Die persönliche Qual des einzelnen und der patriotische Eifer wuchsen zusammen mit den politischen Zwangsläufigkeiten des Augenblicks. In der Kritik aber gab es keinerlei Evolution, die den Leistungen der Romanciers und Dichtern gewachsen war. Der Krieg recht eigentlich hat die Lenin-Schdanow-These noch verstärken helfen, wonach Literatur ein Kampfmittel ist und ihre höchsten Werte in einer Rhetorik der Überredung und totaler Bindung liegen.

Im wesentlichen aus diesem Grunde hat sich der orthodoxe Flügel der marxistischen Literaturkritik und -theorie, die Parteinahme Lenins für eine *Tendenzpoesie*, die für den Schreibenden und die Partei verbindlich ist, letzten Endes als steril und unrentabel erwiesen. Es existieren nur ganz verschwindend wenig Beispiele für gänzlich orthodoxe und schöpferisch gültige Anwendungen Leninscher Prinzipien auf einen literarischen Text. Die hervorragendsten und vornehmsten sind anzutreffen unter den kritischen Schriften von Brecht. Man sollte diese theoretischen Arbeiten Brechts gesondert von seinen Bühnenstücken betrachten, über die gewöhnlich der erhellende Schatten der Ketzerei gebreitet ist. »Fünf Schwierigkeiten beim Schreiben der Wahrheit« (1934) besitzt den Nachdruck des Authentischen und große Überzeugungskraft. Die Schrift erläutert beispielhaft das Diktum eines anderen marxistischen Kritikers, wonach literarische Kritik und das Studium der Poetik »ein strategischer Akt im Literaturkampf« sind. Brechts interessantestes Exerzitium in kritischer Orthodoxie dagegen kam viel später, nämlich im Jahre 1953. Es handelt sich um eine dialektische Untersuchung, vorgetragen in der Verkleidung eines Gesprächs zwischen Regisseur und Schauspielern, des ersten Aktes von Shakespeares *Coriolanus*. In Leninschen Wendungen wird die Frage aufgeworfen: Wie soll man die Szene der Plebejer auslegen und spielen, damit von ihr ein Höchstmaß an politischer Erkenntnis ausgehe – einer Erkenntnis, die mit der dialektischen Geschichtsauffassung übereinstimmt. Im Verlaufe der Diskussion wird ein hohes Maß kritischer Intelligenz für theatralische Möglichkeiten an den Shakespeare-Text gewandt. Besonders erhellend ist der abschließende Meinungsaustausch:

R Meinen Sie, daß all dies und das Weitere aus dem Stück herausgelesen werden kann?

B Herausgelesen und hineingelesen.

P Ist es dieser Erkenntnis wegen, daß wir das Stück spielen wollen?

B Nicht nur. Wir möchten den Spaß haben und vermitteln, ein Stück durchleuchteter Geschichte zu behandeln. Und Dialektik zu erleben.

P Ist das letztere nicht etwas sehr Feines, einigen Kennern vorbehalten?

B Nein. Selbst in den Panoramen der Jahrmarktsschaubuden und in den Volksballaden lieben die einfachen Leute, die so wenig einfach sind, die Geschichten vom Aufstieg und Sturz der Großen, vom ewigen Wechsel, von der List der Unterdrückten, von den Möglichkeiten der Menschen. Und sie suchen die Wahrheit, das, »was dahinter ist«.

Aber dieses »Erleben der Dialektik« und das freie Spiel von Ironie und Einfühlung gegenüber dem literarischen Gegenstand ist unter den Marxisten selten anzutreffen, die lieber Lenins in der *Novaia Jizn* festgelegte Antwort auf die Literatur als die von Engels für sich adoptieren. (Die Einschränkung auf den Zeitungsartikel ist hier notwendig, denn Lenin hat an anderer Stelle – in zwei kurzen Aufsätzen über Tolstoi und in Bemerkungen Maxim Gorki gegenüber – subtiler und toleranter über die dichterische Freiheit geurteilt.

II

Von weit größerer Bedeutung hinsichtlich der vergangenen Leistung und zukünftigen Einflußnahme ist die Arbeit der para-marxistischen Schule für Kritik und ästhetische Theorie. Sie schließt eine große Breite von Haltungen und Werten ein – vom frühen Edmund Wilson, dessen Marxismus im wesentlichen eine Erweiterung des historischen und gesellschaftlichen Determinismus von Taine war, bis zu Theodor W. Adorno, dem Kritiker am Rande der Orthodoxie. Was nun haben die Para-Marxisten (wir können sie auch »Engelianer« nennen) gemeinsam? Die Meinung, daß alle Literatur bedingt ist durch die historischen, gesellschaftlichen und wirtschaftlichen Kräfte; die Überzeugung, daß der ideologische Gehalt und die deutlich gemachte Weltanschauung eines Schriftstellers bei der literarischen Beurteilung entscheidend beteiligt sind; ein bestimmter Argwohn gegenüber jedem ästhetischen Grundsatz, der vorwiegend Nachdruck auf die irrationalen Elemente in der dichterischen Schöpfung und auf die Forderung nach »reiner« Form« legt. Schließlich teilen sie die Vorliebe für ein dialektisches Vorgehen beim Argumentieren. So sehr sie jedoch dem dialektischen Materialismus verpflichtet sein mögen, nähern sich die Para-Marxisten dem Kunstwerk mit Respekt vor seiner inneren Lauterkeit und Ganzheit. Mit Engels sind sie sich eins, jene Gattung von Literatur als untergeordnet zu betrachten, die nach den Worten von Keats einem allzu handgreiflichen Zweck dient. Vor allem aber – und hierin unterscheiden sie sich von den orthodoxen – praktizieren die Para-Marxisten die Grundsätze der Kritik und nicht die einer Zensurbehörde.

Diese Kritiker gediehen aus ersichtlichen Gründen hauptsächlich außerhalb des Wirkungsbereiches der Sowjetmacht.

Eine Ausnahme bleibt jedoch von einschneidender Bedeutung. Georg Lukács ragt wie ein großer einsamer Turm aus der graufarbenen geistigen Landschaft des osteuropäischen Kommunismus heraus. Seine hohe Bedeutung als Kritiker und Ästhetiker steht außer Frage. Was geistigen Atem und Reichweite angeht, rangiert er mit den Meisterkritikern unserer Zeit auf gleicher Höhe. Kein einziger zeitgenössischer Kritiker mit der einen möglichen Ausnahme von Benedetto Croce hat an die Fragen der Literatur ein philosophisches Rüstzeug von ähnlicher Kapazität angelegt. Bei keinem zweiten nach Sainte-Beuve ist der geschichtliche Sinn, das Gefühl für das Verwurzeltsein der schöpferischen Phantasie mit Zeit und Ort so zuverlässig und scharfsinnig gewesen. Die Schriften von Lukács über Goethe und Balzac, über Schiller und die Hegelianer, über den Ursprung des historischen Romans und über die dunklen Aufwallungen von Irrationalität in der deutschen Dichtung sind von erstem Range und allseitig anerkannt. Nur wenige haben sich mit feinerem Unterscheidungsvermögen über Tolstoi und Thomas Mann geäußert. Der Umfang seiner Arbeiten – eine gesammelte Ausgabe würde mehr als zwanzig Bände umfassen – stellt allein schon eine Wundertat dar: Das Heranwachsen und die Standfestigkeit einer unabhängigen Ästhetik unter kommunistischer Herrschaft, die ein ums andere Mal von der Orthodoxie Lenins und Stalins abweichende Wege geht. Gegenwärtig liegt eine unheilschwangere Ungewißheit über dem Ausgang von Lukacs' persönlicher Odyssee.* Seine Leistungen aber liegen jenseits vom Bereich der politischen Ehrabschneidung, sie beweisen, daß der Marxismus einen Poetiker und Metaphysiker höchsten Ranges hervorbringen kann.

Jede Erwägung über die Engelssche Spielart marxistischer

---

* (Das ist glücklicherweise nicht mehr der Fall. Lukács überstand die Nachwehen des ungarischen Aufstandes und hat mitangesehen, wie Osteuropa neue und komplexe Umrisse eines Nationalgefühls annimmt. Ob ihm das Wiederaufleben von Kräften, die im wesentlichen der nationalistisch-agrarischen Vergangenheit entstammen, Trost bringen wird, ist natürlich eine andere Sache.)

Literaturkritik führt unvermeidlich zu Lukács. Vieles in seinem Werk kann durchaus als eine Verbreiterung jener berühmten Unterscheidung zwischen Balzac und Zola angesehen werden, die Engels in dem Schreiben an die englische Schriftstellerin Margaret Harkness gemacht hat.

Wir werden auf die Bände füllenden kritischen Arbeiten von Lukács in einem weiteren Essay zurückkommen und wollen hier nur noch auf eine Anzahl weniger bekannter Kritiker hinweisen, die nach Substanz und Methodik zwar alle Marxisten sind, von denen aber kein einziger der leninistischen Vorstellung der Literatur als einem Rädchen und Schräubchen im proletarischen Moloch beipflichten würde.

Um den harten Kern des französischen Stalinismus, einem strengen und disziplinierten Kader, der eigenartigerweise vom »Tauwetter« (1953–54) unberührt blieb, blühte immer ein weitgespannter und anregender Kreis intellektuellen Marxismus. Seine führenden Köpfe, wie Merleau-Ponty und Sartre, neigten häufig dazu, sich dem Strudel totaler Unterwerfung zu beugen. Doch im letzten Moment zogen sie sich immer wieder zurück und versuchten eine ideologische Position außerhalb der Parteilinie, ihr aber nicht feindselig gesonnen, aufzubauen. Ein solcher Versuch ist beiderseits, vom dialektischen wie vom praktischen Gesichtspunkt aus, zur Ambivalenz und damit zum Scheitern verurteilt. Aber schon die Tatsache, daß sie sich dazu anschicken, verschafft dem geistigen Leben in Frankreich eine seltene Intensität und gibt selbst der abstrakten Auseinandersetzung eine starke Konfliktchance. In Frankreich sind sogar alte Männer zornig.

Es liegen bedeutsame Elemente der para-marxistischen Einstellung in den Schriften von Sartre vor, aber ein reineres und bündigeres Beispiel liefert uns das Werk von Lucien Goldmann. Seine umfangreiche und solide Abhandlung *Le Dieu caché* führte unter anderem zu einer Neubewertung der Rolle des *Jansenismus* innerhalb der Literatur des siebzehnten Jahrhunderts. Wenn es in der Kritik und in Gelehrtenkreisen Frankreichs in den letzten Jahren zu einer *affaire Racine* gekommen ist, dann ist dafür Goldmann zum Teil verantwortlich. Seine knorrige und kompliziert geführte Auseinandersetzung – man muß bedenken, daß die Aura des Hegelianismus sich sozusagen quer über die Direktheit eines französischen Stils gelegt hatte – sucht die »tragische Vision« von Pascals *Pensées* und die Dramen Racines zu einer radikalen Gruppe innerhalb der Bewegung um den Jansenismus zu verknüpfen. Goldmanns Anschauungen über Religin, Theologie und Literatur sind die eines klassischen Marxisten. In einer Philosophie oder einem Gedicht sieht er ein ideologisches Gebäude – was bei Marx der *Überbau* ist – dessen Fundamente wirtschaftlicher, politischer und gesellschaftlicher Natur sind. Mit einem Überfluß an textsicherer Belesenheit zeigt Goldmann auf, wie klassenkämpferische Elemente im siebzehnten Jahrhundert noch in die verzwicktesten und weltabgewandtesten theologischen Konflikte eindrangen. Doch ähnlich wie Engels und Marx selber kommt er immer zurück auf die radikale Komplexität der ideologischen Struktur und darauf, daß Beziehungen zwischen den wirtschaftlichen Kräften und philosophischen und poetischen Organismen niemals automatisch einseitig linear verlaufen. Das verleiht seiner Behandlung der Lebensgeschichte von Racine einen überzeugenden Scharfsinn. Der Racine, der uns aus *Le Dieu caché* entgegentritt, ist ein in der Geschichte und ihren Abläufen verankerter Dichter. Zum Beispiel ist es jetzt nicht mehr möglich, die direkten Verbindungen zwischen der Verfinsterung seiner Weltschau und der zeitlichen Desillusion zu ignorieren, die nach 1625 den französischen Jansenismus erfaßt hatten.

Nichts hat unter den orthodoxen Marxisten in Goldmanns Buch größere Beunruhigung hervorgerufen als ein Zusatz auf der *errata-et-addenda-Seite*. Da erklärt Goldmann, daß er wenn er sich auf Lukács beziehe (was er beständig tut), vor allem dessen *Geschichte und Klassenbewußtsein* im Auge habe, jenen weithin gerühmten Essay, der, erstmalig 1923 veröffentlicht, seit langem von der kommunistischen Partei der UdSSR und von dem Autor als unrichtig verurteilt worden ist. Gerade dieser Essay aber ist es, dem Walter Benjamin, der begabteste Kopf unter den deutschen »Engelianern«, 1924 seine Bekehrung zum Marxismus verdankt.

Aber den Stilisten und Denker Benjamin zu kennzeichnen, ist nicht einfach. Mehr vielleicht als bei jedem anderen Marxisten nimmt die sprachliche Textur einen Vorrang ein und bestimmt die Konturen der Argumentation. Seine Texte sind eng geknüpft und voll von Anspielungen; eine Prosa, die im Hinterhalt liegt und sich ihres Gegenstandes auf Umwegen bemächtigt. Walter Benjamin ist der R. P. Blackmur des Marxismus – eines Marxismus freilich, der persönlich und indirekt ist. Ähnlich wie Rilke und Kafka war Benjamin geradezu besessen von Einsicht in die Gefühlsroheit des industrialisierten Daseins, von einer apokalyptischen Vision der modernen Metropolis (die Großstadt des *Malte Laurids Brigge* von Rilke). In der Theorie der »Entmenschlichung« von Marx und Engels' Darlegungen über die Arbeiterklasse fand er dieses Gefühl bestätigt und urkundlich belegt. Somit ist der Essay von Benjamin »Über gewisse Motive bei Baudelaire« (1939) im wesentlichen eine Meditation über die brütende, lastende Unermeßlichkeit der Großstadt Paris im neunzehnten Jahrhundert und der damit verbundenen Einsamkeit des Dichters. Der gleiche Antrieb steht hinter seiner Bewunderung für Proust – einer Bewunderung, die vom Gesichtspunkt der Partei verdächtig sein müßte. Die beiden grundlegenden Essays von Benjamin, *Goethes Wahlverwandtschaften* (1924/25) und *Ursprung des deutschen Trauerspiels*, zählen innerhalb der europäischen Kritik zu den schwierigsten und am sorgfältigsten diskutierten. Doch wenn irgend etwas an ihnen dialektisch ist, so geht das auf eine »Phantasie-Dialektik« zurück, wie Benjamins Freund und Herausgeber Adorno festgestellt hat.

Nur einmal ging Benjamin mit einer durch und durch marxistisch geprägten Parteilichkeit an ein Problem heran. Das Ergebnis ist denn auch von größtem Belang. In einem

Aufsatz unter dem Titel »Das Kunstwerk im Zeitalter seiner technischen Reproduzierbarkeit« (1936) empfiehlt Benjamin, weder die proletarische Kunst noch die Kunst der klassenlosen Gesellschaft zu betrachten, sondern eher die Kunstentwicklung »unter den gegenwärtigen Produktionsbedingungen« ins Auge zu fassen. Die Doppeldeutigkeit in dem Begriff »Produktion« – der industrielle Prozeß im allgemeinen und die »Reproduktion« von Kunstwerken im besonderen – ist ihm von Wichtigkeit für seinen Gegenstand. Hier ist Benjamin deutlich Malraux vorausgegangen im Erkennen der »Materialität« von Kunst und der Abhängigkeit ästhetischer Sensibilität vom Wandel der Reproduktions-Techniken in Malerei und Plastik. Er fragt sich, so wie es Schiller schon einmal getan hat, ob der Entwicklung der Technologie durch eine entsprechende »Entwicklung des menschlichen Wahrnehmungsvermögens« überhaupt noch etwas Gleichwertiges entgegengestellt werden könne. Auch enthält der Essay noch einen weiteren, erst in den Anfängen steckenden Gedanken. Benjamin kommt auf die lautstarke Unterstützung zu sprechen, die seinerzeit Marinetti und seine italienischen Futuristen der Invasion Äthiopiens gezollt haben. Er erinnert an die Tatsache, daß es im Wesen des Faschismus liegt, die äußere Fassade und die eigentlichen Scheußlichkeiten des politischen Lebens zu verschönern. Alle Anstrengungen aber zu einer »Ästhetisierung der Politik« liefen fatalerweise immer wieder auf die Vorstellung vom »glorreichen« Krieg hinaus. Der Kommunismus dagegen handhabt die Politik nicht künstlerisch, er macht die Kunst politisch. Auf diesem Wege liegen nach der Ansicht von Benjamin auch Vernunft und Frieden.

Eine komplexe Auffassung, die man entweder aufgreifen oder verwerfen kann. Zu ihrer Klärung sollte Benjamin nicht mehr beitragen können, denn er fiel dem Faschismus zum Opfer. Theodor W. Adorno hat bemerkt, Benjamin hätte den dialektischen Materialismus seinem Denken beigemischt, als einen notwendigen Giftstoff, an dessen fremden, reizerregenden

Stoffen sich dann seine starke schöpferische Sensibilität kristallisiert habe. Soweit es die Literatur angeht, ist Adorno seinerseits als Einzelfall von geringem Interesse. Seine Bedeutung liegt vielmehr in der Anwendung marxistischer Prinzipien auf die Ästhetik und Geschichte der Musik.

Auch Sidney Finkelstein, der einer kleinen aber interessanten Gruppe amerikanischer Marxisten angehört, ist in erster Linie Soziologe und Musikkritiker. »Die Formen der Musik«, so schreibt er, »sind ein Produkt der Gesellschaft... Die Gültigkeit musikalischer Form beruht nicht auf ihrer ›Reinheit‹, sondern auf dem Grad ihrer jeweiligen Kommunikationsfähigkeit zu ihrer Zeit und zum Gedanken.« In seinem Buche *Art and Society* aber durchstreift er das Gebiet in umfassenderem Sinne und erläutert dabei einen altbekannten Zug der marxistischen Auffassung – die enge Beziehung zwischen der neuen Kultur des Proletariats und den alten Volksbräuchen. »Ein politisches System habe ich angelegt«, so erklärt er:

Im Kern des marxistischen Denkens begründet liegt die Tatsache, daß Ideen nur in enger Verbindung mit den materiellen Realitäten des Lebens zu verstehen sind, und daß die Realitäten des Lebens nur aus den Bedingungen ihrer inneren Konflikte verstanden werden können, aus Bewegung und Veränderung. Karl Marx und Friedrich Engels sagen: Während die Menschen ihre materielle Produktion und ihren materiellen Austausch weiterentwickeln, verändern sie mit ihrer eigentlichen Wirklichkeit auch ihr Denken und die Produkte ihres Denkens. Das Leben wird nicht durch das Bewußtsein, sondern das Bewußtsein wird durch das Leben bestimmt – hier liegt mein eigener Zugang zur Kunst.

Die musikalischen Kunstformen, denen Finkelstein einen besonders dauerhaften Wert beimißt, sind diejenigen, deren Wurzeln in allgemein volkstümlichen Vorbildern liegen. Auf diese Weise, so argumentiert er, beziehe der Bachsche

Fugenstil seine Kraft und Strenge aus der Tatsache, daß seine stimmliche und kontrapunktische Aufteilung auf der damaligen Volksmusik basiert. Im entsprechenden Sinne hinwiederum stamme vieles vom Besten der amerikanischen Literatur – Mark Twain, Whitman, Sandburg, Frost – aus der volkhaften Sprache und volkstümlichen Überlieferung der Balladendichtung. Finkelstein sieht in der Abstraktheit und »Schwierigkeit« der modernen Kunst eine direkte Folge der Entfremdung zwischen dem einzelnen Künstler und den Massen. Er trifft sich mit Engels in der Meinung, daß diese Entfremdung von der kommerziellen Ästhetik der Bourgeoisie verursacht wurde. Angewidert von der »flitterhaften Billigkeit« (Ezra Pound) des bürgerlichen Geschmacks, haben Ende des neunzehnten und Anfang des zwanzigsten Jahrhunderts bestimmte Künstler ihre Anker gelichtet und sind in See gestochen. Dort halten sie sich jetzt auf, in einer Welt, die in zunehmendem Maße privaten Charakter trägt und sich damit auch in zunehmendem Maße vom Energiestrom des kommunalen Lebens loslöst.

Doch verharrt Finkelstein in eigenwilliger Abweichung von der orthodoxen Stellungnahme Schdanows und seiner Anhänger nach wie vor in Bewunderung für so vereinsamte Seefahrer wie Schönberg, Proust und Joyce. *Ulysses* betrachtet er nicht wie Radek auf dem Schriftstellerkongreß von 1934 als – einen von Würmern wimmelnden Dunghaufen, mikroskopisch mit einer Filmkamera fotografiert – sondern als tragischen und vielleicht selbstzerstörerischen Protest gegen »die Seichtheit und Unehrlichkeit jener Tonnen von leerem Wortschwall«, den die kommerzialisierte Tagesliteratur ablade. Ein weiterer höchst origineller Gedankengang von Finkelstein zielt auf das Wesen des Romantischen ab. Er sucht zwischen negativen und positiven Spannungsseiten romantischer Sensiblität zu unterscheiden und ordnet Dostojewski der ersten Gattung zu. Dies ist ein Punkt von einiger Bedeutung, denn die Frage, wie man an Dostojewski herangeht, ist für die marxistischen Kritiker der Augenblick der Wahrheit.

Nicht einmal Lukács gelang es, sich ganz von der leninistisch-stalinistischen Verdammung freizumachen, die in Dostojewskis Weltbild etwas dem dialektischen Materialismus unversöhnlich Feindliches sieht. Ein Kritiker, der es vor 1954 gewagt hat, sich überhaupt mit den Werken von Dostojewski einzulassen, lieferte allein schon dadurch einen Beweis für Courage und Unabhängigkeit. Mit Bezug auf die *Brüder Karamasoff* sagt Finkelstein über Dostojewski, daß er

durch das Hervorheben der irrationalen über die rationalen Kräfte, durch die Hindeutung auf unterbewußte Antriebe, die weder verstanden noch zurückgehalten werden können, zum Gipfelpunkt des Romantizismus führt, auf dem sich Künstler und Wesen von der Welt vollständig als unwirklich abschneiden.

In der Dichtung von Aragon dagegen sieht er »den positiven Wert des romantischen Geistes«, seine Verwandtschaft mit den liberalen Instinkten und der sinnlichen Vitalität der Massen.

Man könnte noch eine ganze Anzahl weiterer Gestalten unter den Kritikern und Historikern untersuchen, um die unterschiedlichen Taktiken in der marxistischen Überlieferung zu illustrieren, doch das wesentliche Unterscheidungsmerkmal ist unschwer zu treffen: außerhalb der starren Grenzen der Parteiideologie existieren zahlreiche Kritiker und Kunstphilosophen, deren Arbeiten entweder von Grund auf oder doch in wesentlichem Maße von der dialektischen Methode und historischen Mythologie des Marxismus geprägt sind. Es gibt unter ihnen Theoretiker und praktische Kritiker, die zu ignorieren für jeden ernsthaft mit der Literatur Befaßten ein Fehler sein würde.

Der Kampf zwischen der leninistischen Orthodoxie und dem Para-Marxismus ist ein erbitterter und unaufhörlicher. Er hat sowjetische Publizisten sogar genötigt, die Schriften von Engels selber in Frage zu stellen. Sie können seinen Bewertungsunterschied zwischen Balzac und Zola nicht akzeptieren, halten aber zu gleicher Zeit an Lenins Grundsatz fest, daß die höchste Tugend der Kunst in ihrer Parteilichkeit liege. Daher das eigenartig gequält wirkende Buch von Boris Reizow *Der Schriftsteller Balzac (Balzac the Writer)*. Noch einmal wieder wird die ungelöste und vieldiskutierte Frage aus dem Harkness-Brief aufgegriffen, die wie Fadejew in seinen »Anmerkungen zur Literatur« (Februar 1956) etwas bekümmert zugesteht, »einige Verwirrung stiftet«. Man erinnere sich, daß Engels Balzac als einen weit größeren Meister des Realismus beurteilte als sämtliche Zolas *passés, présents et à venir*. Getan hat er es trotz der Tatsache, daß Balzac Legitimist und Katholik war und einer unheilvollen und reaktionären Kaste angehörte:

Daß Balzac auf diese Weise gezwungen war, gegen seine eigenen Klassensympathien und politischen Vorurteile anzugehen, daß er die Notwendigkeit zum Sturz der von ihm geschätzten Adligen sah und sie als Menschen dargestellt hat, die kein besseres Schicksal verdienten; und daß er *sah*, wo die eigentlichen Männer der Zukunft allein zu finden waren — darin erblicke ich einen besonders großen Sieg des Realismus und zugleich einen der vornehmsten Züge des alten Balzac.

Aus dieser berühmten Textstelle ist dann die Theorie von der Trennung zwischen Ideologie und dichterischer Schau entsprungen. »Die Literaturgeschichte«, bemerkt Lucien Goldmann, »ist angefüllt mit Autoren, deren persönliche Einstellung im scharfen Gegensatz stand zum Sinn und Aufbau ihres Werkes (Balzac, Goethe etc. unter vielen anderen Beispielen).« Gleichzeitig aber stellt jene Äußerung von Engels und ihre natürlichen Folgen – »je mehr nämlich die Ansichten des Autors verborgen bleiben, um so besser für das Kunstwerk« – eine derbe Herausforderung an das leninistische Idealbild der Parteiliteratur dar. Wenn dem tatsächlich so ist, daß ein reaktionärer Romancier einen stärkeren Realismus zustande bringt als ein anderer, dessen Ansichten ausdrücklich »progressiv« sind, wird ja das ganze Konzept von der ideologischen Kunstverpflichtung in Zweifel gestellt. Um dieses ausweglose Dilemma zu lösen, muß Reizow durchblicken lassen, daß Engels geirrt habe; auf die Beklemmung, die hinter einer solchen Hypothese liegt, braucht man gar nicht näher einzugehen. Reizow sieht in Balzacs Weltschau

unmittelbare Bindeglieder mit der revolutionären Philosophie der französischen Enzyklopädisten ... Balzac bleibt ein echter Nachfolger der Philosophen der französischen Revolution, was für Erklärungen über seine eigene Einstellung er persönlich auch abgegeben hat.

Historisch gesehen ist das natürlich Unsinn. Aber andererseits stellt es auch einen ernsten Versuch dar, die Ansichten von Engels und, *a fortiori*, diejenigen von Lukács in eine gewisse Übereinstimmung mit Lenins Orthodoxie zu bringen. Denn wie Valentin Asmus in einem bedeutsamen Artikel über »Realismus und Naturalismus« (Sowjet Literature, März 1948) schrieb, sah Lenin im Gegensatz zu Engels in einer »direkten und offenen Festlegung« des Tendenziösen »das oberste Unterscheidungsmerkmal zwischen dem proletarischen Schriftsteller und dem bürgerlichen Apologeten des Kapitalismus«.

Daß der »proletarische Schriftsteller« bis jetzt kaum etwas von bleibendem Wert hervorgebracht hat, ist eine Tatsache, deren sich die sowjetischen Kritiker periodisch bewußt sind. Auf dem zweiten Sowjet-Schriftsteller-Kongreß von 1955 riskierte Scholochow in seiner berühmten Intervention die Feststellung, daß jetzt die Hauptaufgabe der zeitgenössischen russischen Literatur darin bestehe, aus der amtlichen Mittelmäßigkeit auszubrechen, um sich ihres großen Erbes würdig zu erweisen. Die gleiche Ansicht hat auch Lukács beständig verfochten. Daher sein Widerwille, sich näher mit der erzählenden Literatur der Stalin-Ära einzulassen. Für einen orthodoxen Kritiker aber grenzt diese Haltung schon an Verrat. Wenn es nach Lenin ginge, ist noch die mittelmäßigste nachrevolutionäre Literatur wesentlich nützlicher und brauchbarer für den heutigen Leser als alle Klassiker aus der Zeit des Feudalismus oder der Herrschaft der Bourgeoisie. Wie Schdanow kategorisch erklärt hat, ist die Sowjetliteratur ihrer Bestimmung nach »die ideenreichste, die fortschrittlichste und die revolutionärste«. Dementsprechend muß natürlich ein Kritiker, der den größten Teil seiner Arbeiten den Werken von Schiller, Goethe, Balzac, Puschkin und Tolstoi widmet, gegenrevolutionären Verführungen erliegen. Hier liegt auch der Kern der lange gedämpften, heute aber ganz offenkundig und mörderisch geführten Kampagne der kommunistischen Hierarchien in Osteuropa gegen einen Mann wie Lukács. Der unvermeidliche Konflikt ziwschen einer orthodoxen und einer para-marxistischen Geschichtsinterpretation würde durch die flüchtige Rolle, die Lukács im ungarischen Aufstand spielte, nur noch mehr dramatisiert, beziehungsweise sie würde nach marxistischem Sprachgebrauch »objektiviert«. Joseph Revai, der ungarische Schdanow, setzte den Angriff auf Lukács 1954 in Bewegung. In einem Pamphlet mit dem Titel *Literatur und Volksdemokratie* fragt er:

Was kann die ungarische Literatur aus der Parole von Lukács »Zola? Nein, Balzac!« gewinnen? Und welchen Vorteil könnte sie aus dem zweiten Schlagwort ziehen, das Lukács 1948 verbreitet hat: »Weder Pirandello noch Priestley, aber Shakespeare und Molière«? In beiden Fällen: nichts.

Lukács's Konzentrierung auf Balzac und Goethe, so läßt Revai durchblicken, sei gefährlich veraltet. Die Trennung zwischen der Ideologie eines Schriftstellers und seinem eigentlichen Werk sei nicht länger zulässig. Wenn ein Schriftsteller ein angemessenes Bild von der Wirklichkeit vermitteln will, dann muß, ja dann kann er dies nur innerhalb der Lehren von Marx und Lenin tun. Revai deutet dabei an, daß Lukács in letzter Bewertung »reine« oder »formalistische« literarische Maßstäbe über die Interessen der Partei und der Klasse setzt. Die logische Folge sei, daß Lukács unfähig ist, die Überlegenheit der Sowjetliteratur zu erkennen.

Auf den ersten Blick kommt einem das vor wie ein privater Streit des kleinen Schdanow-Kläffers mit einem großen Kritiker. Der eigentliche Konflikt jedoch liegt tiefer. Wiederum ist es die Konfrontierung zwischen der »engelianischen« und der leninistischen Kunstvorstellung und der Rolle des Künstlers in einer revolutionären Gesellschaft. Der ganze Streitfall wurde durch die Nachwehen des ungarischen Aufstands noch deutlicher. In einer jüngeren Erklärung beschuldigt Revai Lukács, einer von denen gewesen zu sein, die »unter dem Deckmantel des Kampfes gegen den Schdanowismus«, eines Kampfes, der sich in der Sowjetunion während der sogenannten Tauwetter-Periode nicht ganz unähnlich abspielte, »in Wirklichkeit den Leninismus zerstören möchten«. Wenn wir unter dem Begriff »Leninismus« die einmal im Jahre 1905 umrissene Literaturtheorie verstehen, hat Revai unzweifelhaft Recht; denn das ist eine Theorie, die weder Lukács noch irgendein anderer verantwortungsbewußter Kritiker akzeptieren kann.

Nur in einem Bereich kam es zwischen der orthodoxen und der para-marxistischen Kritik zu einer Annäherung. Während der »Entstalinisierung« hat man das verbotene Terrain der Dostojewski-Studien wieder für marxistische Untersuchungen freigegeben. Dieser Tatsache verdanken wir einen vorzüglichen Aufsatz von Wladimir Jermilow (Sowjet Literature, Februar 1956). Seine kritischen Voraussetzungen führen ganz offen auf Engels zurück. Jermilow stellt bei Dostojewski eine grundlegende Bewußtseinsspaltung fest, zwischen seinem Mitgefühl für menschliches Leid und seiner Feindseligkeit »gegenüber jedwedem Versuch, wirksame Mittel im Kampf zur Befreiung des Menschen aus Erniedrigung und Beleidigung zu finden«. Er versucht, diese allgemeine Deutung durch eine genaue Lektüre von *Der Idiot* zu belegen. Scharfsinnig erkennt er in diesem Roman eine Parabel von der erbarmungslosen Majestät des Geldes und einer »der politischen Rechten zugehörenden Kritik am Kapitalismus«. Jermilow geht in einzelnen Punkten oft blind und unkritisch vor; man liest seinen Essay mit dem unangenehmen Eindruck, *Der Idiot* sei ein nachgelassenes Werk Balzacs. Aber es besteht kein Zweifel darüber: Jermilows Schlußfolgerung stellt eine auffällige Veränderung im Ton der sowjetischen Kritik dar:

Die Menschheit darf einen Schriftsteller nicht übersehen, der entgegen den amtlichen Lügen seiner Zeit und den reaktionären Neigungen in seinen eigenen Anschauungen in sich trotzdem die Kraft fand, gegen Erniedrigung und Beleidigung zu protestieren.

Um hierfür eine vergleichbare Bestätigung zu finden, muß man schon bis in das Jahr 1920/21 zu Lunatscharski und den Feierlichkeiten zu Dostojewskis hundertsten Geburtstag zurückgehen.

Wenige Monate nach Erscheinen von Jermilows Aufsatz zog Frankreichs orthodoxer Kritizismus nach. Die Diskussion über *Der Idiot* von G. Fridlander (*La Nouvelle Critique*, Mai 1956) enthält wenig Bedeutsames. Auch er ist der Meinung, daß der »fortschrittliche Leser« zu unterscheiden weiß zwischen Dostojewskis akkurater Schilderung sozialer und psychologischer Konflikte in der bürgerlichen Gesellschaft und seinem eigenen falschen Gesichtswinkel. Das Element der Überraschung kommt gleich zu Beginn dieses Beitrages, wo Fridlander es für notwendig erachtet, seine kommunistischen Leser darüber zu informieren, daß Dostojewski in dem und dem Jahre geboren wurde, daß er sich einige Zeit in Sibirien aufhielt und daß er einige Romane geschrieben hat, darunter *Schuld und Sühne, Der Idiot* und so fort. Diese Offenheit spricht Bände.

IV

Die Fragen, mit denen wir uns bisher befaßt haben, sind interner Natur, sie betreffen die Parteidoktrin und die verschiedenen Meinungsabweichungen. Nun stellen wir die weiterreichende Frage: Was haben Marxismus als Philosophie und dialektischer Materialismus als Erkenntnis-Strategie der literarischen Kritik an neuen Erkenntnisquellen beigesteuert? An welche Gesichtspunkte der marxistischen Werkleistung wird sich ein künftiger Sainte-Beuve halten, der eine Geschichte der modernen Kritik schriebe?

Da ist erstens die Konzeption der Gedankentrennung – das Bild vom Dichter als einer Balaam-Gestalt, der gegen sein Wissen die Wahrheit spricht, beziehungsweise gegen die eigene eingestandene Philosophie. »Es liegt absolut nichts Ungereimtes«, so argumentiert Goldmann, »in der Vorstellung vom Dichter oder Schriftsteller, der die *objektive* Bedeutung seiner Werke nicht begreift.« Demnach kann zwischen seiner ausdrücklichen Ideologie und der Darstellung des Lebens, die er de facto liefert, ein Widerspruch liegen. Dieser Gedanke ist zuerst von Engels mit Bezug auf Goethe und Balzac vorgetragen worden; er wirft auch ein neues Licht auf Cervantes und Tolstoi – ob wir uns dem Letztgenannten nun über Lukács oder Isaiah Berlin nähern. Infolgedessen verläuft sowohl bei *Don Quixote* wie bei *Anna Karenina* die Rhetorik der ursprünglichen Absicht gewissermaßen gegen den Stirch der eigentlichen Darstellung. Bei vielen Werken der Weltliteratur werden wir uns dieses latenten Widersinns, dieser verborgenen Spannung bewußt, die eine solche innere Gegensätzlichkeit erzeugt. Von hier aus erklären sich die sehr merkwürdigen, wenn auch anregenden Ähnlichkeiten zwischen einer rein marxistischen Auslegung von Balzac und William Empson's kürzlicher Neubewertung des *Tom Jones*. Dort, wo Empson dem komplexen Spiel der Ironie nachspürt, würde der Marxist einen dialektischen Konflikt zwischen dem thematischen Stoff des Dichters und seiner eigentlichen Anschauung der Dinge herauslesen.

Da ist zweitens die verwickelte, doch letztlich überzeugende Unterscheidung, die die marxistische Theorie zwischen »Realismus« und »Naturalismus« vornimmt. Sie geht zurück auf die Überlegungen, die Hegel über die *Ilias* und die *Odyssee* angestrengt hat. Hegel kam dahinter, daß in den homerischen Epen die Veranschaulichung des Gegenständlichen, so detailliert und stilisiert sie auch gehandhabt wird, sich nicht organisch in den Rhythmus und die Lebenskraft der Dichtung einfügt. Andererseits fiel ihm im rein beschreibenden Element der modernen Literatur eine gewisse Zufälligkeit, Unsicherheit, Leblosigkeit auf. Hegel war auch der erste, der den erhellenden Fingerzeig gab, daß die industrielle Revolution und die damit zusammenhängende Arbeitsteilung die Menschen der gegenständlichen Welt entfremdet. Homers eingehende Erzählung vom Schmieden der Achillesrüstung oder der Herstellung vom Rettungsfloß des Odysseus setzt für die Beziehung des Künstlers zu einem Produkt eine Unmittelbarkeit voraus, die der heutige moderne industrielle Prozeß nicht mehr zuläßt. Der heutige Mensch lebt im Vergleich zur homerischen oder auch der mittelalterlichen Zeit in der naturgegebenen Welt wie ein raub- und habgieriger Fremdling. Dieser Gedanke beeinflußte Marx und Engels in hohem Grade und hat vieles zu ihrer eigenen Theorie von der »Entfremdung« des Individuums unter den kapitalistischen Produktionsmethoden beigetragen. Im Verlauf ihrer Beratungen und Aussprachen mit Lassalle und ihres Studiums von Balzac gelangten beide zu der Meinung, daß dieses Entfremdungsproblem in direkter Beziehung zur Frage des Realismus in der Kunst stehe. Die Dichter des Altertums ebenso wie die »klassischen Realisten« (Cervantes, Shakespeare, Goethe, Balzac) hatten ein organisches Beziehungsverhältnis erreicht zwischen objektiver Wirklichkeit und dem Inbegriff der Phantasie. Der »Naturalist« auf der andern Seite betrachtete die Welt wie einen großen Warenspeicher, von deren Inhalt er fieberhaft Inventur machen muß. »Der Eindruck von Wirklichkeit«, sagt ein zeitgenössischer marxistischer Kritiker, »wird nicht erzeugt durch getreuliche Nachbildung sämtlicher Einzelzüge eines Gegenstandes, sondern durch Beschreibung derjenigen Züge, die sein Wesen ausmachen ... während in der naturalistischen Kunst – infolge eines Bemühens um eine fälschliche Vollständigkeit – die gleichfalls unvollkommene Vorstellung beidem, dem *Wesentlichen* wie dem *Untergeordneten* und Unwichtigen, den gleichen Platz einräumt.« Diese Unterscheidung ist von weittragender Bedeutung, sie hat Einfluß auf den Niedergang des französischen Realismus nach Balzac und Stendhal, sie sagt uns manches über Zolas besessenen Versuch, aus dem Roman eine Art Sachregister der Welt zu machen, und durch sie ist es uns möglich, den »Realismus« von Tschechow und den »Naturalismus« von, sagen wir, Maupassant auseinanderzuhalten. Auch können wir mit Hilfe dieser Unterscheidung herausfinden, daß *Madame Bovary* bei allen Qualitäten als Roman doch eben belangloser ist als *Anna Karenina*. Im Naturalismus liegt Anhäufung, im Realismus das, was Henry James als »die tiefatmende Ökonomie« organischer Form bezeichnet hat.

Drittens hat der Marxismus dem Kritiker den Sinn für Zeit und Ort geschärft und somit dazu beigetragen, daß gewisse Gedankengänge, die Sainte-Beuve und Taine einleiteten, fortgeführt wurden. Wir sehen jetzt das Kunstwerk als fest verwurzelt in zeitlich-materiellen Gegebenheiten an. Unter dem komplexen Bau des lyrischen Triebwerks liegen die spezifisch geschichtlichen und sozialen Fundamente. Marxistische Empfindlichkeit hat also dazu beigetragen, dem modernen Kritizismus ein soziologisches Bewußtsein zuzuführen.

Es ist jenes in der Beobachtung von Lionel Trilling umgesetzte Bewußtsein, daß bei Dostojewski alle dramatischen Verwicklungen ihren Ursprung in schwierigen Geld- oder Klassensituationen haben. Die marxistische Perspektive hat außerdem Historiker und Kritiker der Literatur dahin gebracht, sich Gedanken über das Publikum zu machen. Ohne das marxistische Element im »Geist der Zeit« wäre vielleicht so mancher Kritiker unserer Tage nicht zum eigenen Verstehen der sozialen Dynamik in der Kunst gelangt.

Am schwierigsten herauszustellen ist der abschließende Gesichtspunkt, denn er könnte zu Mißverständnissen Anlaß geben, selbst wenn ich ihn auch noch so vorsichtig in Worte fasse. Aber es ist ganz einfach so: der Marxismus-Leninismus und die unter seinem Namen agierenden politischen Regime nehmen die Literatur *ernst*, verzweifelt ernst sogar. Auf dem Höhepunkt des Kampfes der sowjetischen Revolution um ihren eigentlichen Bestand hielt Trotzki die Gelegenheit für gekommen, folgendes festzustellen: »Die Entwicklung der Kunst ist der höchste Prüfstein für die Lebenskraft und den tieferen Sinn am Anfang jeder neuen Epoche.« Stalin selber erachtete es für notwendig und wesentlich, seinen bändefüllenden strategischen und wirtschaftlichen Verkündigungen eine Abhandlung über Philologie, Probleme der Sprache in der Literatur, hinzufügen. In einer kommunistischen Gesellschaft wird dem Dichter, als Zentralfigur für das Ganze der Politik, besondere Beachtung geschenkt. Solche Beachtung tritt erbarmungslos an den Tag in der Nachdrücklichkeit, mit der der ketzerische Künstler zum Schweigen gebracht oder ins Verderben gejagt wird. Diese beständige Sorge um das Leben des Ichs würde allein schon genügen, um marxistische Autokratie von anderen Gattungen totalitärer Machtausübung zu unterscheiden. Einen Menschen zu erschießen, weil man mit seiner Auslegung von Darwin oder Hegel nicht übereinstimmt, ist ein schlechter Tribut an die Überlegenheit und Vorrangstellung der Ideen in den Angelegenheiten der Menschen – aber ein Tribut nichtsdestoweniger.

Lassen Sie uns ferner den Marxismus und die Kunstphilosophie von Marx und Engels von den konkreten Tatsachen der stalinistischen Herrschaft unterscheiden. Dabei sollte uns die Angst vor der Bedeutung der marxistischen Literaturauffassung an gewisse Wahrheiten erinnern, die augenscheinlich nur wenige Kritiker im Westen mit Ausnahme von Ezra Pound und dem Engländer Dr. Leavis zu bestätigen geneigt sind. Die Gesundheit der Sprache *ist* wesentlich für die Aufrechterhaltung einer lebendigen Gesellschaft. Denn es ist nun einmal die Literatur, in der die Sprache am wahrhaftigsten herausgefordert und überwacht wird. Eine tatkräftige kritische Überlieferung, tatkräftig selbst noch in ihrer Polemik, ist kein Luxus, sondern eine strikte Notwendigkeit. Die Preisgabe von Werten unter dem Druck und Zwang des Geschäftsgeistes, das Versagen des Journalisten und Kritikers, einen Unterschied zwischen Kunst und Kitsch zu machen, trägt nur zum weiteren Verfall bei. Bei all ihrer Fortschrittsfeindlichkeit und Hartherzigkeit bleibt die marxistische Literaturanschauung weder akademisch-weltfremd in der Art des in Amerika praktizierten »Neuen Kritizismus«, noch ist sie provinziell wie so vieles in der landläufigen englischen Kritik. Vor allem aber ist sie nicht unbedeutend. Der echte marxistische Kritiker – anders als der Schdanowitische Zensor – kann nicht auf die Literatur herabsehen im Lichte jener französischen Redensart, die sprichwörtlich für das Nebensächliche geworden ist, *ce n'est que de la littérature.*

Georg Lukács und sein Pakt mit dem Teufel

I

Im zwanzigsten Jahrhundert ist es für einen ehrlichen Menschen nicht leicht, literarischer Kritiker zu sein. Es gibt ja so viel dringlichere Dinge, die zu bewältigen sind. Kritizismus ist ein Zubehör, ein Gehilfe. Die Kunst des Kritikers besteht darin, gerade solche Leser auf bestimmte Werke der Literatur aufmerksam zu machen, die solcher Hilfe am wenigsten bedürfen. Oder liest jemand Kritiken über Gedichte, das Theater oder einen Roman, der nicht selber schon in hohem Maße literaturkundig wäre? Dazu kommt etwas anderes: zwei Verführer stehen zu beiden Seiten: zur Rechten die Literaturgeschichte mit ihrem soliden Äußeren und dem akademischen Beglaubigungsschreiben, zur Linken die Buchbesprechung – recht eigentlich gar keine Kunst, sondern mehr eine Kunstfertigkeit und der nicht ganz glaubwürdigen Theorie verpflichtet, daß jeden Morgen etwas Lesenswertes publiziert würde. Selbst die besten Kritiker können einer der beiden Verführungen unterliegen. In dem Bestreben, geistiges Ansehen, einen festen Ruf als Kenner zu erlangen, kann der Kritiker, wie es bei Sainte-Beuve fast geschehen ist, zum Literarhistoriker werden. Oder er gibt sich zu sehr den Anforderungen des Augenblicks und des Ungewöhnlichen hin. Auf diese Weise zum Beispiel haben bedeutende Teile der kritischen Äußerungen von Henry James nicht die Belanglosigkeiten überdauert, an die er sie verschwendete. Gute Besprechungen sind sogar noch vergänglicher als schlechte Bücher. Es gibt aber noch einen weiteren wesentlichen Grund, weshalb es für einen in dieses geplagte und gefährliche Jahrhundert hineingeborenen Geist so schwierig geworden ist, seine Hauptkraft der literarischen Kritik zu widmen. Wir leben mehr als überdeutlich im Zeitalter der Naturwissenschaften.

Neunzig Prozent aller Naturwissenschaftler leben heute. Das Maß an wissenschaftlichen Errungenschaften, das Zurückweichen des Horizonts vor dem forschenden, untersuchenden Geist, steht zum Vergangenen in gar keinem erkennbaren Verhältnis mehr. Jeden Tag werden neue Amerikas entdeckt. Folglich ist die Gereiztheit der Zeit von wissenschaftlichen Bedeutungen durchdrungen. Diese dehnen ihren Einfluß, ihre Faszination weit über die Grenzen der Wissenschaft im klassischen Sinne aus. Die Geschichtslehre, die Wirtschaftslehre beanspruchen für sich, ihrem innersten System nach Wissenschaften zu sein; ebenso die Logik und die Soziologie. Der Kunsthistoriker verfeinert Mittel und Verfahren, die er als wissenschaftlich erachtet. Der Zwölfton-Komponist führt seine asketischen Praktiken auf die der Mathematik zurück. Durrell versieht sein Alexandria-Quartett mit einer Vorrede, in der er zum Ausdruck bringt, daß er bemüht sei, die Perspektive der Relativitätstheorie in die Sprache und den Stil seiner Erzählweise zu übersetzen. Die Stadt Alexandria sieht er in vier Dimensionen.

Diese Allgegenwärtigkeit des Wissenschaftlichen hat sowohl eine neue Bescheidung wie einen neuen Ehrgeiz im Gefolge. Mißtrauisch gegenüber dem bloßen Impuls fordert die Wissenschaft gebieterisch eine Mythologie unbeugsamer Strenge und exakter Beweiskraft. Im berühmten Austauschverfahren bietet sie dafür die gegen jeden Zweifel abgeschirmte Fata Morgana der Gewißheit, der zuversichtlichen Kenntnis und des geistigen Besitzes. Der ganz große Wissenschaftler wird diese Perspektive ablehnen, er wird festhalten am Zweifel selbst noch im Zentrum der Entdeckung. Aber die Hoffnung auf objektiv-beweiskräftige Wahrheit ist immer gegeben, und sie hat die besten Geister unserer Zeit an sich gezogen.

In der literarischen Kritik aber gibt es kein Festland der Verheißung, keine etablierten Fakten, keine utopische Gewißheit. Kritik ist ihrer eigentlichen Natur nach eine persönliche Sache, weder geeignet für wissenschaftliche Demonstration noch für kohärente Beweisführung. Wenn auch Kritiker aller Zeiten und Länder nachzuweisen versucht haben, daß ihr *métier* eben doch eine Wissenschaft sei und über objektive Maßstäbe und Mittel zur Erreichung absoluter Wahrheiten verfüge, bleibt doch eine Tatsache bestehen: der literarische Kritiker ist ein individuelles Wesen, das einen gegebenen Text gemäß dem augenblicklichen Hang seiner Gedanken, gemäß der Stimmung oder Anlage seiner Überzeugungen beurteilt. Sein Urteil mag wertvoller als das anderer Menschen sein, weil es auf einem größeren Bildungsradius basiert oder mit überzeugenderer Klarheit vorgebracht ist, aber es läßt sich weder nach wissenschaftlicher Manier beweisen, noch kann es Anspruch auf Dauerhaftigkeit stellen. Die Winde des Geschmacks und der Mode sind wechselhaft, und jede Generation von Kritikern beurteilt die Dinge auf neue Weise. Zudem sind die Meinungen über Vorzüge und Werte eines Kunstwerkes unwiderlegbar. Balzac hielt Ann Radcliffe als Schriftstellerin für ebenso bedeutend wie Stendhal. Nietzsche, einer der scharfsinnigsten Geister, die sich je mit der Musik befaßt haben, hielt Bizet für einen größeren Komponisten als Wagner. Wir mögen noch so sehr überzeugt sein, daß solche Ansichten falsch und abwegig sind, doch ablehnen wie ein Wissenschaftler, der eine falsche Annahme zurückweist, können wir sie nicht. Wer weiß, ob nicht eine fernere Zukunft Urteilen beipflichtet, die heute unhaltbar sind. Die Entwicklung des guten Geschmacks verläuft in Spiralenform. Gedanken, die zuerst als zügellos oder avantgardistisch angesehen wurden, werden für eine nachfolgende Generation zu reaktionären und heilig gesprochenen Überzeugungen.

Daher schwebt der moderne Kritiker in einer doppelten Gefahr. Zunächst einmal haftet der Kritik etwas von einer gemächlicheren Zeit an. Den tosenden und erbitterten Herausforderungen wirtschaftlicher, sozialer und politischer Streitfragen aus moralischen Gründen zu widerstehen, ist schwierig. Wenn Barbarei und politische Selbstzerstörung drohen, erscheint einem das Verfassen von Artikeln über Schöne Literatur als eine Tätigkeit ziemlich am Rande. Das zweite Dilemma ist ein intellektuelles. Ein Kritiker, und sei er noch so hervorragend, kann sich an dem großen Abenteuer zeitgenössischen Geistes nach Erwerb positiven Wissens, nach Beherrschung wissenschaftlicher Fakten oder der Erforschung beweisbarer Wahrheit nicht beteiligen. Und wenn er ehrlich mit sich selber ist, erkennt er auch, daß seine Urteile keine bleibende Gültigkeit besitzen und morgen schon annulliert sein können. Eines nur kann seiner Arbeit ein gewisses Maß an Dauer geben: der Gehalt und die Schönheit seines Stils. Kraft ihres Stils kann nämlich eine kritische Arbeit zu Literatur werden.

Die Meister der zeitgenössischen Kritik haben diese Schwierigkeiten auf verschiedene Art und Weise zu lösen versucht. T. S. Eliot, Ezra Pound und Thomas Mann zum Beispiel machten aus der Kritik eine Nebenform des Schaffens. Für D. H. Lawrence ist Kritik Selbstverteidigung; wenn er angeblich über andere Autoren schrieb, sprach er in Wirklichkeit für seine eigene Kunstauffassung im Roman. F. R. Leavis packt den Stier bei den Hörnern und stellt seine kritischen Fähigkeiten in den passionierten Dienst einer moralischen Anschauung. Er ist entschlossen, der Literatur feste Wertmaßstäbe für Reife und Ordnung zu geben, damit sich auch die Gesellschaft im Ganzen reifer und gesitteter bewege.

Doch keiner hat die moralischen und intellektuellen Schwierigkeiten, denen die heutige Literaturkritik ausgesetzt ist, einer radikaleren Lösung zugeführt als Georg Lukács. Zwei Glaubenssätze sind in seinem Werk verkörpert. Erstens der, daß die literarische Kritik alles andere als ein Luxus ist und nichts zu tun hat mit dem, was ein besonders spitzfindiger amerikanischer Kritiker »eine Vorlesung für Liebhaber und Amateure« genannt hat, sondern vielmehr eine zentrale sittliche Kraft, die mit hilft, das Leben der Menschen zu formen. Zweitens erklärt Lukács mit allem Nachdruck, daß die Arbeit eines Kritikers weder subjektiv noch unzuverlässig zu sein braucht. Kritik sei eine Wissenschaft von eigener Strenge und Genauigkeit, deren Urteilsrichtigkeit nachgewiesen werden kann. Georg Lukács ist natürlich ein Marxist. Und er ist in der Tat die einzig überragende Begabung, die bisher aus der grauen Knechtschaft der marxistischen Welt auftauchte.

II

In einem Aufsatz, der auf das Jahr 1948 zurückgeht, stellte Lukács eine für ihn sehr bezeichnende geschichtliche Analogie auf. Er erklärte, daß die physikalischen Erkenntnisse eines Newton dem Bewußtsein des achtzehnten Jahrhunderts einen vorwiegend befreienden Impuls gegeben hätten, indem sie dem Ich beibrachten, im Leben das gewaltige Abenteuer der Vernunft zu bestehen. Laut Lukács sollte in unserer Zeit diese Rolle von der politischen Ökonomie übernommen werden. Wir sollten also unseren Begriff vom menschlichen Zusammenwirken nach der politischen Ökonomie im marxistischen Sinne ausrichten. Lukács selber kam zur Literatur über die Ökonomie, so wie man von Aristoteles sagen kann, er kam zum Drama über eine systematische Erforschung der Sittenlehre.

Der dialektische Materialismus vertritt die Meinung, daß die Literatur wie alle übrigen Formen der Kunst ein »ideologischer Überbau«, ein geistiges Gebäude sei, das auf dem Fundament der wirtschaftlich-sozialen und politischen Wirklichkeit errichtet werde. Das Kunstwerk reflektiert also in Stil und Inhalt genauestens seinen materiellen historischen Ausgangspunkt. Die *Ilias* war nicht weniger durch soziale Umstände bedingt (eine Feudal-Aristokratie, die in einzelne rivalisierende Königtümer aufgesplittert wurde) als die Romane von Dickens, die so deutlich das System des Fortsetzungsromans und das Heranwachsen eines neuen Massenpublikums spiegeln. Deshalb, so argumentiert der Marxist, ist der Fortschritt der Kunst den Gesetzen historischer Notwendigkeiten unterworfen. Wir können uns *Robinson Crusoe* nicht ohne den vorausgehenden Merkantilismus vorstellen.

Im Niedergang des klassischen französischen Romans nach Stendhal sehen wir das Bild des weiterreichenden Niedergangs der französischen Bourgeoisie. Wo aber Gesetze vorliegen, da gibt es auch Wissenschaft. Und somit vertritt der marxistische Kritiker die Überzeugung, er habe es nicht mit persönlichen Meinungen, sondern mit Bestimmungen der objektiven Wirklichkeit zu tun. Ohne diese feste Überzeugung hätte sich Lukács wohl kaum der Literatur zugewandt. Zur geistigen Reife gelangte er inmitten der chaotischen Kriegs- und Revolutionszustände im Innern Europas. Zum Marxismus gelangte er über die gewundene Straße der Hegelschen Metaphysik. In seinen frühen Schriften schon heben sich zwei kennzeichnende Züge ab: das Suchen nach einem Schlüssel für den offensichtlichen Aufruhr in der Geschichte und das Bemühen eines Intellektuellen, sich selbst gegenüber das kontemplative Leben zu rechtfertigen. Ähnlich wie Simone Weil, an die er mich häufiger erinnert, besitzt Lukács die Seele eines Calvinisten. Man kann sich vorstellen, wie er mit sich gerungen hat, um seinen angeborenen Hang zur literarischen und ästhetischen Seite der Dinge zu disziplinieren. Der Marxismus gewährte ihm die entscheidende Möglichkeit, ein literarischer Kritiker zu bleiben, ohne dabei das Gefühl haben zu müssen, er hänge seine geistigen Kräfte an ein Streben, das irgendwie die Zeit vertrödelt und nicht fest zu umreißen ist. Im Jahre 1918 trat Lukács der Kommunistischen Partei Ungarns bei. Während der ersten kurzen Herrschaft unter kommunistischer Zauberformel in Budapest diente er als politischer und Kultur-Kommissar bei der Fünften Roten Armee. Nach dem Fall von Bela-Kun ging Lukács ins Exil. Er blieb bis 1933 in Berlin, dann suchte er Zuflucht in Moskau. Dort verblieb und arbeitete er zwölf Jahre, um erst 1945 wieder nach Ungarn zurückzukehren.

Dieser Umstand sollte für ihn nicht ohne Bedeutung bleiben. Lukács' Hauptsprache ist das Deutsche, seine Anwendung dieser Sprache aber ist brüchig und abstoßend geworden. Seine Ausdrucksweise ist die des Exils, sie hat die Gewohnheiten der lebendigen Umgangssprache verloren. Mehr noch: Lukács' ganzer Tonfall, der inbrünstige, zeitweilig begrenzte Tenor seiner Schau ist das Abbild der Verbannung. Von Moskau aus, umgeben von einer kleinen Schar Exilkameraden, beobachtete er das Näherrücken der westeuropäischen Krise. Seine damaligen Schriften zur deutschen und französischen Literatur wurden zu einem leidenschaftlichen Plädoyer gegen Täuschungen und Unwahrheiten der Nazizeit. Hier liegt auch die Erklärung für einen höheren Widersinn in seinem Schaffen. Kommunist aus Überzeugung und dialektischer Materialist aufgrund seiner kritischen Methode, behielt Lukács trotzdem unerschütterlich die Vergangenheit im Auge. Thomas Mann hat im Werk von Lukács einen außerordentlichen Sinn für Tradition gesehen. Ungeachtet des Drucks seiner russischen Gastgeber nahm Lukács von den vielgerühmten Leistungen des »Sowjet-Realismus« nur routinemäßige Notiz. Statt dessen hielt er fest an der großen Linie europäischer Dichtung und Erzählkunst, an Goethe und Balzac, an Scott und Flaubert, an Stendhal und Heine. Wo er sich zur russischen Literatur äußert, wendet er sich Puschkin oder Tolstoi zu, nicht den Poetastern des Stalinismus. Die kritische Perspektive ist marxistisch bis zur Unbeugsamkeit, doch die Wahl der Themen bleibt mitteleuropäisch und konservativ. Inmitten des anscheinenden Sieges des Faschismus bewahrte Lukács eine leidenschaftliche Klarsicht und Gelassenheit. Immer wieder bemühte er sich, den unheilvollen Defekt, den Ursprung des Chaos zu ermitteln, von dem der Wahnsinn Hitlers ausgegangen war. Eins seiner Werke, in sich selber ein kreischendes, oft unaufrichtiges Buch, trägt den Titel *Die Zerstörung der Vernunft* (1955). Es ist der Versuch eines Philosophen, jenes Mysterium aufzulösen, das Thomas Mann in seinem Roman *Doktor Faustus* dramatisiert hat. Wie kam die dunkle Strömung über die deutsche Seele? Lukács führt die Ursprünge des Unheils auf den Irrationalismus von Schelling zurück. Gleichzeitig aber besteht er auf der Unverletzlichkeit und Lebenskraft humaner Werte. Als Kommunist bestand für Lukács damals kein Zweifel, daß sich letzten Endes der Sozialismus durchsetzen würde. Er betrachtete es als seine besondere Aufgabe, die im Erbe europäischer Literatur und Philosophie liegenden geistigen Kräfte dem Zeitpunkt der Befreiung entgegenzuführen. Als später die Gedichte von Heine wieder in Deutschland gelesen wurden, war von Lukács ein Essay erhältlich, der eine Brücke baute zwischen der Zukunft und der von Schrecken gejagten Welt des Liberalismus, der Heine angehörte.

Somit hat Lukács eine Lösung für das zweiseitige Dilemma des Kritikers unterbreitet. Als Marxist macht er in der Literatur die Wirkung wirtschaftlicher, sozialer und politischer Kräfte deutlich. Diese Einwirkung erfolgt nach bestimmten Gesetzen geschichtlicher Notwendigkeit. Für Lukács ist also die Kritik viel eher eine Wissenschaft als eine Kunst. Seine Bevorzugung Balzacs vor Flaubert ist keine Angelegenheit des persönlichen Geschmacks oder der offiziellen Anordnung, es ist eine objektive Feststellung, zu der ihn die Analyse der materiellen Umstände geführt hat. Zweitens hat er seinem Stil eine intensive Unmittelbarkeit mitgegeben, die ganz in den politischen Kämpfen und sozialen Verhältnissen der Zeit verwurzelt ist. Seine Schriften zur Literatur, ähnlich denen von Trotzki, sind Kampfwerkzeuge. Durch das Verstehen der Dialektik in Goethes Faust, sagt Lukács, ist der Mensch besser für die Deutung der blutrünstigen Rätsel der Gegenwart ausgerüstet. Der Fall Frankreichs im Jahre 1940 sei bereits in der *Comédie humaine* urkundlich festgelegt. Die Argumente, die Lukács vorbringt, sind immer relevant zu Problemen und Streitfragen, die im Zentrum unseres Daseins stehen. Seine Kritiken sind nicht bloß ein Echo auf die Literatur. Selbst wo es sektiererhaft und polemisch ist, besitzt ein Buch von Lukács eine eigenartige Vornehmheit. Es besitzt, was Matthew Arnold »hochgradige Ernsthaftigkeit« nannte.

III

Wo nun aber liegen in praxi Lukács' hauptsächliche Leistungen als Kritiker und Ideenhistoriker?

Ironischerweise stammt eines seiner einflußreichsten Werke aus der Zeitspanne, da sein Kommunismus mit dem Makel der Ketzerei belastet war. *Geschichte und Klassenbewußtsein* (1923) ist eine legendenumsponnene Angelegenheit, ein *livre maudit*, ein verbranntes Buch, von dem relativ wenig Exemplare übriggeblieben sind. In ihm finden wir eine grundlegende Untersuchung über die Verdinglichung der Menschen, die Degradierung der menschlichen Individualität zu einem statistischen Objekt durch industrielle und politische Prozesse. Das Buch selbst wurde von der Partei verdammt und vom Autor zurückgezogen. Aber es hat ein zähes Untergrunddasein geführt, und bestimmte Schriftsteller wie Sartre und Thomas Mann haben es stets als Lukács' Meisterwerk angesehen.

Meiner eigenen Überzeugung nach liegt die hervorragende Bedeutung von Lukács woanders, nämlich in den Aufsätzen und Monographien, die er während der dreißiger und vierziger Jahre schrieb und die dann allmählich nach Kriegsende in einer Reihe stattlicher Bände erschienen sind. Der wesentliche Lukács ist enthalten in der Studie *Goethe und seine Zeit* (1947), in den Essays zum Thema *Der Russische Realismus in der Weltliteratur* (1949), in dem Band mit dem Titel *Deutsche Realisten des Neunzehnten Jahrhunderts* (1951), in dem Buch über Balzac, Stendhal und Zola (1952), sowie in dem großen Werk *Der historische Roman* (1955). Hinzufügen sollte man dem noch eine Anzahl von Arbeiten streng philosophischen Charakters wie die *Beiträge zur Geschichte der Ästhetik* (1954) und vielleicht das *magnum opus* von Lukács, sein Hegelbuch, dessen erster Band im Jahre 1948 erschien.

Eine kurze, doch angemessene Darstellung eines so weiten Stoffbereichs zu geben, ist unmöglich, aber einige Leitgedanken heben sich deutlich als gültige Bereicherung unserer Einsicht in die Literatur ab. Da ist zunächst Lukács' Untersuchung über das Absinken des französischen Romans. Er ist heute der führende Kenner Balzacs und sieht in der *Comédie humaine* das Meisterbauwerk des Realismus. Seine Interpretation der *Illusions perdues* ist beispielhaft in der Art, mit der die Anschauung des Historikers auf das Gewebe eines Kunstwerks geltend gemacht wird. Dieser Blickwinkel ist es auch, der bei Lukács zu einer Verdammung von Flaubert führt. Zwischen Balzac und Flaubert fällt die Niederlage von 1848. Verblaßt ist der Glanz der liberalen Hoffnungen und Frankreich bewegt sich auf die Tragödie der Kommune zu. Balzac blickt auf die Welt mit der primitiven Inbrunst der Eroberung. Seine *Menschliche Komödie* ist ein Imperium aus Sprache wie das Napoleons eines der Tat. Flaubert betrachtet die Welt geringschätzig durch ein Vergrößerungsglas. In *Madame Bovary* ist der künstliche Leerlauf der Sprache zu einem Ende in sich selbst gekommen. Wenn Balzac einen Hut beschreibt, tut er es, weil ihn jemand trägt. Der lange Bericht, den Flaubert von einer Mütze gibt, die Charles Bovary gehört, ist ein technisches Bravourstück, das seine Beherrschung des Schneider-Vokabulars an den Tag legt, den Gegenstand selbst aber leblos läßt. Und hinter diesem Gegensatz in der Kunst des Romans erkennt Lukács deutlich die Gesellschaftsumbildung durch einen reifen Kapitalismus. In einer vorindustriellen Gesellschaft, beziehungsweise dort, wo die Industrialisierung auf schmaler Basis bleibt, besitzt der Mensch zu den natürlichen Dingen seiner Umgebung ein unmittelbares Verhältnis. Das ist kaputt gemacht worden durch die Massenproduktion. Beständig unterliegen die Einrichtungen unseres Lebens Prozessen, die zu komplex und zu unpersönlich sind, als daß sie vom einzelnen bewältigt werden können. Abgeschnitten von der sinnlichen Wirklichkeit und abgestoßen von der gefühllosen Eintönigkeit der Fabrikwelt, sucht der Schriftsteller Zuflucht bei der Satire oder in romantischen Wunschbildern. Beiderlei Arten des Sichzurückziehens sind bei Flaubert durch Beispiele erläutert: *Bouvard und Pécuchet* ist ein Konversationslexikon der Geringschätzung, wohingegen *Salammbô* als Träumerei eines leicht sadistischen Altertumsforschers charakterisiert werden kann. Aus diesem Dilemma ist entstanden, was Lukács als die Illusion des Naturalismus bezeichnet, der Glaube nämlich, ein Künstler könne durch bloße Anhäufung einen Eindruck der Wirklichkeit geben. Wo der Realist eine Auslese trifft, gibt der Naturalist eine Aufzählung. Wie der alte Schulmeister aus Dickens' *Hard Times* verlangt es ihn nach Fakten und noch mehr Fakten. Zola besaß einen unerschöpflichen Appetit auf das eingehende Detail, eine Leidenschaft für Fahrpläne und Inventare (man erinnere sich an die Aufzählung der Käsesorten in seinem Roman *Der Bauch von Paris)*. Er fand ein wahres Vergnügen daran, einer trockenen Börsennotiz Leben einzuhauchen. Doch seine Roman-Idee war, wie Lukács argumentiert, von Grund auf unrichtig. Sie führt zum Tode der Phantasie und zur Reportage.

Lukács führt seine kritische These kompromißlos durch. Er verherrlicht Balzac, einen Mann mit monarchisch-christlichen Grundsätzen. Und er verdammt Zola, einen politischen Fortschrittler und Vorläufer des »sozialistischen Realismus«. Noch origineller und maßgeblicher verfährt Lukács in seiner Behandlung des historischen Romans. Ein literarisches Genre, dem man im Westen von kritischer Seite her nur kursorische Beachtung gegeben hat. Es bleibt ja auch ein schwieriges Unterfangen, Rahmen und Reichweite der historisierenden Gattung erzählender Literatur abzustecken. Zu Zeiten steckt sie ihr Haupt in die Mythologie und die Sterne, häufiger aber trifft man sie auf dem festen Boden kommerziellen Schunds an. Schon die bloße Vorstellung erinnert an unwahrscheinlich stattliche und tapfere junge Liebhaber, die in prunkvoll überladenen Salons hinter erschreckten, aber leicht bekleideten jungen Damen herjagen. Nur sehr selten, nämlich dann, wenn ein Autor wie Ranke-Graves auftritt, erkennen wir, daß der historische Roman auch seine Qualitäten hat und auf eine würdige Überlieferung zurückblicken kann. An sie wendet sich Lukács in einer wichtigen Abhandlung: *Der historische Roman.*

Als Form entsprang der historische Roman einer Bewußtseinskrise in Europa. Mit der Französischen Revolution und der napoleonischen Ära drang in das Bewußtsein des Durchschnittsmenschen eine bestimmte sinnliche Wahrnehmung der geschichtlichen Ereignisse. Während noch Friedrich der Große erwartete, daß Kriege so geführt würden, daß das Gleichmaß des Lebens nicht unterbrochen werde, marschierten die Armeen Napoleons kreuz und quer durch Europa und veränderten hinter sich das Gesicht der Welt. Geschichte blieb keine Angelegenheit mehr für Archive und Fürsten, sie war zum Stoff des täglichen Lebens geworden. Auf diese Veränderung gehen die *Waverley*-Romane von Sir Walter Scott unmittelbar und prophetisch ein. Wir nehmen Scott als Romancier heute nicht mehr ernst, was höchstwahrscheinlich ein Unrecht ist. Wenn wir aber erfahren wollen, was für ein bedachter Künstler Scott gewesen ist und mit welchem Geschichtssinn seine Romane durchdrungen sind, können wir gar nichts besseres tun als dieses in Moskau verfaßte Werk eines ungarischen Kritikers zu studieren.

Lukács geht der Entwicklung des historischen Romans weiter nach in der Kunst von Manzoni, Puschkin und Victor Hugo. Besonders zu denken gibt seine Auslegung von Thackeray. Er folgert, daß die antiquarischen Elemente in *Henry Esmond* und *The Virginians* Thackerays Kritik an den zeitgenössischen sozialen und politischen Verhältnissen mitteilen. Indem er dem achtzehnten Jahrhundert die Perücke abnimmt, verspottet der Romancier die Falschheiten der viktorianischen Konventionen (was ein Marxist *zeitgenössische Apologetik* nennt). Ich persönlich bin der Meinung, daß Lukács Thackeray mißdeutet, aber wie alle Irrtümer guter Kritik ist sein Irrtum ein fruchtbarer; denn er führt zu einem sehr originellen neuen Gedanken. Lukács stellt fest, daß eine altertümlich-archaische Ausdrucksweise, so geschickt sie im Ganzen verarbeitet sein mag, uns die Vergangenheit auch nicht näher bringt. Die klassischen Meister historischer Erzählung schrieben Dialog und Schilderung in der Sprache ihrer eigenen Tage nieder. Sie schaffen im Leser die Illusion historischer Gegenwärtigkeit durch die lebendige Kraft ihrer Vorstellung und weil sie selber die Verbindung zwischen vergangener Geschichte und ihrer eigenen Zeit als eine lebendige Kontinuität erleben. Ins Wanken gerät der historische Roman, sobald dieser Sinn von Kontinuität nicht mehr überwiegt, wenn der Schriftsteller erkennen muß, daß die Kräfte der Historie über sein rationales Fassungsvermögen hinausgehen. Dann wendet er sich unter Umständen aus Protest gegen das Leben seiner eigenen Zeit einer besonders entlegenen und fremden Vergangenheit zu, und wir treffen anstelle von freier, schöpferisch nachgestalteter Historie eine sich schwerfällig dahinschleppende Archäologie. Man vergleiche einmal die dichterisch gestaltete Historie, die in Stendhal's Roman *Die Kartause von Parma* beschlossen liegt, mit der gelehrsamen Künstlichkeit in *Salammbô*. Bei Künstlern mit handwerklich geringerem Geschick wird dieses Gefühl der Künstlichkeit noch verstärkt durch die Anwendung altertümlicher Ausdrucksweise. Der Erzähler gibt sich alle erdenkliche Mühe, sein Wunschbild der Vergangenheit dadurch glaubwürdiger zu machen, daß er den Dialog in Syntax und Stil so schreibt, wie er sich den relevanten Zeitabschnitt vorstellt. Ein Mittel ohne Kraft und Wirkung. Oder hätte Shakespeare seinen Richard II. besser im Englisch der Chaucer-Zeit sprechen lassen sollen?

Wie Lukács aufzeigt, fällt dieses Absinken der klassischen Konzeption des historischen Romans zeitlich mit dem Umschlag vom Realismus zum Naturalismus zusammen. In beiden Fällen verliert die Vorstellung des Künstlers an Unmittelbarkeit; er ist in gewisser Hinsicht ein Außenseiter für seinen eigenen Stoff geworden. Das Resultat ist, daß technisch-handwerkliche Züge auf Kosten der Substanz den Vorrang einnehmen. So wird das Bild von Karthago in

Salammbô zu einem Stück der restaurierten Altertumsforschung. Flaubert errichtet eine prachtvoll verschwenderische Hülle um eine davon unabhängig verlaufende Handlung; wie schon Sainte-Beuve festgestellt hat, ist es schwierig, die psychologischen Motivierungen der Charaktere mit dem angeblichen Schauplatz des Geschehens in Übereinstimmung zu bringen. Walter Scott glaubte an die rational fortschreitende Entwicklung in der englischen Geschichte. Er sah in den Ereignissen seiner eigenen Zeit eine natürliche Folge der während des siebzehnten und achtzehnten Jahrhunderts freigewordenen Kräfte. Flaubert dagegen wandte sich dem antiken Karthago oder Alexandria zu, weil er die eigene Zeitepoche unerträglich fand. Der Gegenwart entfremdet – er sah in der Commune eine verspätete Zuckung des Mittelalters – versagte auch seine Vorstellungskraft gegenüber der Vergangenheit.

Ob wir uns nun mit dieser Analyse in Übereinstimmung befinden oder nicht, ihre Originalität und das Ausmaß ihrer Bedeutung treten klar zutage. Sie veranschaulicht Lukács' Vorgehen: die strenge Untersuchung eines literarischen Textes im Lichte weiterreichender philosophischer und politischer Fragestellungen. Ausgangspunkt bleibt der Autor oder ein bestimmtes Werk. Von da aus setzt sich die Argumentation nach außen in Bewegung, um dann weite und komplexe Gebiete zu durchqueren. Aber die Grundidee oder das Grundthema bleibt ständig im Blickfeld. Am Ende schließt sich der dialektische Zirkel und stellt seine Beispiele und politischen Glaubenssätze heraus.

So beschäftigt sich der Aufsatz über den Goethe-Schiller-Briefwechsel vorwiegend mit dem fast zu Tode gequälten Gegenstand vom Wesen der literarischen Form. Eine Erörterung über Hölderlins *Hyperion* gibt ihm Gelegenheit zum eingehenden Studium der ebenso einschneidenden wie zweideutigen Rolle, die das hellenische Ideal in der Geschichte des deutschen Geistes gespielt hat. In verschiedentlich angestellten Überlegungen über Thomas Mann befaßt Lukács sich mit einem Phänomen, das für ihn das Paradox des bürgerlichen Künstlers in einem marxistischen Jahrhundert ist. Lukács zeigt, wie Mann es vorzog, außerhalb des geschichtlichen Stroms zu bleiben, sich aber der Tragik seiner Wahl bewußt war. Der Aufsatz über Gottfried Keller will Klarheit in die Frage der gehemmten Weiterentwicklung deutscher Literatur nach Goethes Tode bringen. In all diesen Fällen läßt sich bei ihm zwischen dem speziellen kritischen Urteil und dem weiteren philosophisch-sozialen Zusammenhang keine Trennungslinie ziehen.

Weil seine Argumentation so dicht und knapp gewebt ist, läßt sich schwer ein charakteristisches Zitat aus Lukács' Werk geben. Vielleicht aber ist eine kurze Stelle aus dem Aufsatz über Heinrich von Kleist dazu angetan, seinen besonderen Ton zu vermitteln:

Die Kleistsche Auffassung der Leidenschaft führt das Drama in die Nähe der Novelle: ein sehr zugespitzter Einzelfall wird radikal *in seiner Zufälligkeit* vorgetragen. In der Novelle ist dies durchaus legitim. Denn dort soll gerade diese ungeheure Rolle des Zufälligen im menschlichen Leben sinnfällig gemacht werden. Bleibt aber das gestaltete Geschehen auf dem Niveau dieser Zufälligkeit, um ohne Gestaltung seiner objektiven Notwendigkeit in die Höhe des Tragischen erhoben zu werden, so muß unvermeidlich etwas Widerspruchsvolles, etwas Dissonantes entstehen. Das Kleistsche Drama ist also weit davon entfernt, den großen Weg des modernen Dramas zu zeigen. Dieser Weg geht von Shakespeare über die Versuche Goethes und Schillers zum »Boris Godunow« Puschkins, später, infolge des ideologischen Niedergangs der bürgerlichen Klasse, ohne würdige Nachfolge. Kleists Drama ist dagegen ein *irrationalistischer Nebenweg* des Dramas, der, wie wir gezeigt haben, gerade deshalb für die Dramatik der Niedergangsperiode vorbildlich wird und in ihr eine verspätete Popularität erhält. Denn die in sich abgekapselte individuelle Leidenschaft zerreißt die organische Verbindung zwischen dem individuellen Schicksal und der gesellschaft-lich-historischen Notwendigkeit. Mit dem Zerreißen dieser Verbindung werden die weltanschaulichen und dichterischen Grundlagen des wirklichen dramatischen Konflikts zerstört. Die Basis des Dramas wird schmal und eng: rein individuell und privat... Die Kleistschen Leidenschaften sind freilich typische Leidenschaften innerhalb der bürgerlichen Gesell-schaft. Ihre innere Dialektik spiegelt typische Konflikte der scheinbar zu »fensterlosen Monaden« gewordenen Indivi-duen der bürgerlichen Gesellschaft wider.

Die Anspielung auf Leibniz ist charakteristisch. Bei Lukács ist die Gedankenführung philosophisch im fachlichen Sinne. Die Literatur konzentriert und konkretisiert ja Bedeutungsge-heimnisse, um die sich die Philosophie in erster Linie bemüht. In dieser Hinsicht ist Lukács einer angesehenen Tradition verpflichtet. Die *Poetiken* sind philosophischer Kritizismus (das Drama wird als theoretisches Modell für geistige Hand-lung angesehen); so sind auch die kritischen Schriften von Coleridge, Schiller und Croce angelegt. Wie andere Philoso-phen-Kritiker auch, reizen Lukács gewisse Fragen, die seit Plato der Forschung wie der Teufel im Nacken gesessen haben. Was in einem Kunstwerk ist »Wirklichkeit«, dieser uralt rätselhafte Schatten, der mehr wiegt als Substanz? Wel-che Verbindung besteht zwischen dichterischer Vorstellungs-kraft und der normalen Wahrnehmung? Lukács stellt auch die Frage nach der »typischen« Gestalt. Wie kommt es, daß gewisse Charaktere in der Literatur – Falstaff, Faust, Emma Bovary – eine stärkere Lebenskraft als viele andere imaginäre Gestalten und die meisten lebenden Wesen haben? Rührt es daher, daß es sich um Archetypen handelt, in denen allge-meingültige Züge zusammentreffen und Gestalt angenommen haben?
Die Untersuchungen von Lukács schöpfen aus einem außer-ordentlich weiten Beweismaterial. Er scheint nahezu die gesamte europäische und russische Literatur zu beherrschen.

Das ergibt bei ihm eine seltene Vereinigung von hartnäckig verbohrter philosophischer Exaktheit und Weite der Sicht. Aber die Medaille hat auch eine Kehrseite. Lukács' Kritik hat ihren Anteil an Blindheit und Ungerechtigkeit. Bisweilen schreibt er in einer verbissenen Unklarheit, als wolle er dartun, daß es sich beim Studium der Literatur um kein Vergnügen, sondern um disziplinierte Wissenschaft handelt, mühevoll und stachelig wie andere Wissenschaften auch. Dieser Umstand hat ihn empfindungslos für die großen Sprachmusiker gemacht. Lukács fehlt Gehör, er besitzt nicht die innere Stimmgabel, die es Ezra Pound ermöglicht, mit unfehlbarer Sicherheit den eigentlichen Glanzpunkt aus einem langen Gedicht, einem vergessenen Stück Poesie ausfindig zu machen. In Lukács' Nichtbeachtung von Rilke liegt ein dunkler Protest gegen das sprachliche Wunderwerk des Dichters. Und dann wieder schreibt er zu wunderbar gut. Wenn er es selber auch bestreiten würde, neigt Lukács dem Erzübel der viktorianischen Kritik zu: der Inhalt des Erzählten, die Beschaffenheit der Fabel beeinflußt sein Urteil. Daß er zum Beispiel Proust ausspart, wirft einen Schatten auf seine volle Übersicht der französischen Literatur. Aber die eigentliche Handlung von *Auf der Suche nach der verlorenen Zeit*, der Überfluß und die Perversitäten, die Proust in allen Einzelheiten schildert, bedeuten offensichtlich eine Herausforderung für die enthaltsam strenge Moralauffassung von Lukács. Marxismus ist eben ein puritanisches Glaubensbekenntnis.

Wie alle Kritiker hat er seine speziellen Abneigungen. Lukács verabscheut Nietzsche und ist unempfänglich für Dostojewski. Als konsequenter Marxist macht er aus der Blindheit eine Tugend und verleiht seinen Ablehnungen und Verdammungen eine objektiv-folgerichtige Bedeutung. R. R. Leavis kommt mit Melville offensichtlich nicht zurecht, und T. S. Eliot lag sein Leben lang in einem verzwickten Streit mit der Dichtung von Milton, doch dabei blieben die unerläßlichen Höflichkeiten gewahrt. Die Argumente bei Lukács gehen *ad hominem*. Aufgebracht über die Weltschau von Nietzsche und Kierkegaard, verweist er ihre Personen und Arbeiten ins geistige Inferno des Prä-Faschismus. Hier liegt natürlich ein großes Mißverstehen der Tatsachen vor.

In den letzten Jahren sind diese Sehfehler stärker geworden. Sie beeinträchtigen *Die Zerstörung der Vernunft* und die aus dieser Zeit stammenden Essays zur Ästhetik. Hier handelt es sich zweifellos um eine Frage des Alters. Lukács war 1955 siebzig, und seine persönlichen Abneigungen haben sich versteift. Zum Teil liegt es an der Tatsache, daß Lukács vom Ruin deutscher und westeuropäischer Zivilisation gequält ist, der wie ein Gespenst in seinen Gedanken umgeht. Er ist auf der Suche nach Missetätern, die er dem letzten Gericht übergeben kann. Über all dem aber, meine ich, liegt ein hochgradig gespanntes persönliches Drama. Zu Beginn seiner glänzenden Laufbahn hat Lukács einen Teufelspakt mit der historischen Notwendigkeit abgeschlossen. Der Dämon versprach ihm das Geheimnis der objektiven Wahrheit. Er gab ihm die Machtvollkommenheit, im Namen der Revolution und ihrer »geschichtlichen Gesetze« den Segen zu erteilen oder den Fluch der Verdammnis auszusprechen. Aber seit Lukács' Rückkehr aus dem Exil umschleicht ihn der Teufel und verlangt seinen Lohn. Im Oktober 1956 hat er hörbar an seine Tür geklopft.

IV

Hier rühren wir an Dinge und Zusammenhänge persönlicher Natur. Die Rolle, die Lukács im ungarischen Aufstand gespielt hat, und die nachfolgende klösterliche Abgeschiedenheit seines privaten Lebens haben offensichtlich geschichtliche Bedeutung. Aber sie enthalten ein Element privater Qual und Marter, zu dem ein Außenstehender kaum Zutritt hat. Ein Mensch, der seine Religion verliert, verliert seine Glaubenssätze. Und ein Kommunist, für den sich die Geschichte überschlägt, schwebt in Gefahr, seinen Verstand zu verlieren.

Was sehr wahrscheinlich noch schlimmer ist. Wer es nicht selber erlebt hat, kann sich schwerlich vergegenwärtigen, was ein solcher Zusammenbruch von Werten für einen Menschen bedeutet. Hinzu kommt, daß im Falle Lukács die eigentlichen Handlungsmotive unklar und mehrdeutig sind.

Er nahm den Posten des Kultusministers in der Regierung Nagy an. Nicht, wie ich mir denken kann, um unter den Anführern einer anti-sowjetischen Bewegung zu sein, sondern eher, um den marxistischen Charakter des geistigen Lebens in Ungarn am Leben zu erhalten und sein radikales Erbe gegen die wieder auflebenden Kräfte der katholisch-agrarischen Rechten zu schützen. Mehr noch vielleicht, weil ein Mann wie Lukács es nicht neben der Geschichte aushalten kann, selbst wenn diese vernunftwidrige Seiten annimmt. Er bringt es nicht fertig, Zuschauer zu bleiben. Doch am 3. November, einen Tag bevor die Rote Armee Budapest zurückeroberte, trat Lukács aus dem Kabinett aus. Was war der Grund? Hatte er für sich beschlossen, daß man als Marxist nicht gegen den Willen der Sowjetunion opponieren darf, in der, im Guten oder im Bösen, ja die Zukunft des dialektischen Materialismus verkörpert ist? Oder hatten Freunde, die um sein Leben fürchteten, ihn überredet, sich aus einer zum Scheitern verurteilten Sache zurückzuziehen? Man weiß es nicht.

Lukács durfte nach einer Exilphase in Rumänien in seine Heimat zurückkehren. Doch man gestattete es ihm nicht, weiter zu lehren, und sein früheres Werk wurde zum Gegenstand spottlustiger und zunehmend zügelloser Angriffe gemacht. Dieser Angriff auf sein Werk ging recht eigentlich dem Oktober-Aufstand voraus. Denn Ungarn besaß eine Miniaturausgabe von Schdanow, ein kleiner ungebärdiger Mann namens Joseph Revai. Ursprünglich ein Schüler von Lukács, später eifersüchtig auf die überragende Bedeutung des Lehrmeisters, veröffentlichte er 1954 eine Streitschrift über *Literatur und Volksdemokratie*. In ihr stellte er eine stalinistische Anklageschrift gegen Lukács' Lebenswerk auf. Er beschuldigte Lukács, beständig die zeitgenössische sowjetische Literatur vernachlässigt zu haben. Er stellte die Behauptung auf, die Konzentration von Lukács auf Goethe und Balzac sei unzumutbar und gefährlich veraltet. Selbst ein mittelmäßiger Roman eines Kommunisten, erklärt Revai, sei unendlich wünschenswerter als ein bedeutender Roman eines reaktionären oder vormarxistischen Autors. Lukács setze rein »formalistische« Ideale über die Interessen der Arbeiterklasse und der Partei. Sein Stil sei eben für einen proletarischen Leser unzugänglich.

Nach dem Oktober-Aufstand nahmen diese Anklagen ein schrilles Ausmaß an. Ungarische und ostdeutsche Publizisten ließen die alten Beschuldigungen der Ketzerei gegen Lukács' frühere Schriften wieder aufleben. Man erinnerte an seine jugendliche Bewunderung für Stefan George und spürte in seinem reifen Werk die Spuren eines »bürgerlichen Idealismus« auf. Aber der große alte Mann selbst wurde nicht angetastet und erhielt durch eine dieser merkwürdigen und kafkaesken Entscheidungen, die manchmal kommunistischen Regimen unterlaufen, sogar die Erlaubnis, bei einem westdeutschen Verlag einen kleinen Band mit Essays zu publizieren, *Wider den mißverstandenen Realismus* (Hamburg 1958).

Lukács' relativer Immunität mag es zu verdanken sein, daß sich einige Intellektuelle jenseits des Eisernen Vorhangs des Falles angenommen haben. Aber die wichtigere Frage ist wohl die: wie hat Lukács selber seine alten Glaubenssätze und Werkleistungen im Lichte der Oktober-Tragödie angesehen? Hat es ihn in die große Vorhölle aus Ernüchterung und Enttäuschung gezogen? Haben ihn seine Götter in letzter Instanz verlassen?

Man kann Fragen wie diese nicht allzu weit vortreiben, ohne in die Zone der Impertinenz zu gelangen; denn sie rühren an das Innerste einer unersetzlichen Illusion, an der sich das religiöse oder revolutionäre Gewissen aufrechterhält. Lukács' Beurteilung der ungarischen Revolution liegt in einem Vorwort, das er im April 1957 schrieb: »Inzwischen haben sich in

Ungarn und in anderen Ländern wichtige Ereignisse abgespielt, die uns zum Neudurchdenken vieler Probleme, die mit Stalins Lebenswerk zusammenhängen, zwingen. Die Reaktion auf dieses faßt sich in der bürgerlichen Welt und auch vielfach in sozialistischen Staaten zu einer Revision der Lehre von Marx und Lenin zusammen.« Diese kurze Äußerung scheint am Hauptpunkt verzweifelt vorbeizugehen. Doch eines dürfen wir dabei nicht aus dem Auge verlieren: für Männer wie Koestler oder Malraux war der Kommunismus ein zeitweiliges Vehikel ihrer Leidenschaft. Bei Lukács bedeutet Kommunismus die Wurzelfaser seiner Intelligenz. Was für eine Bedeutung oder Auslegung er der Oktoberkrise von 1956 auch gibt, stets wird sie aus dem konstruierten System der dialektischen Geschichtsschau abgeleitet sein. Ein Mensch, der sein Augenlicht verloren hat, betrachtet weiterhin seine Umgebung mit erinnerten Vorstellungen und Ideen. Um am Leben zu bleiben, muß Lukács sich wohl einen besonderen inneren Kompromiß ausgedacht haben. Solche bußfertigen Plünderungszüge ins eigene Bewußtsein sind für den marxistischen Bewußtseinszustand bezeichnend. Seine Erklärung hinsichtlich des drohenden Revisionismus gibt uns einen Fingerzeig. Habe ich ihn recht verstanden, meint er, daß die ungarische Episode die unabänderliche Verlängerung, eine *reductio ad absurdum* der stalinistischen Politik bedeutet. Diese Politik aber war ein treuloses Abweichen von der ursprünglichen Lehre von Marx und Lenin, und die Gewalttätigkeit ihrer Durchführung beweist nur ihren geistigen Bankrott. Eben aus diesem Grunde schließt die richtige Antwort auf die ungarische Katastrophe kein Aufgeben der marxistischen Grundprinzipien ein. Wir müssen im Gegenteil zu diesen Prinzipien in ihrer ursprünglichen Formulierung zurückkehren. Oder wie einer der Rebellenführer es ausdrückte: »Wir stellen uns der Roten Armee entgegen im Namen des Leningrader Arbeiter-Sowjets von 1917«. In dieser Idee liegt vielleicht auch der alte und höchst trügerische Traum beschlossen: ein Kommunismus, der losgelöst ist von

dem besonderen Ehrgeiz und Bildungshaß russischer Vor-
herrschaft.

Lukács hat sich stets der Geschichte gegenüber für verantwortlich gehalten. Diese Einstellung hat ihn befähigt, eine
Sammlung kritisch-philosophischer Arbeiten hervorzubringen, in der der grausame und lastende Geist unseres Zeitalters
seinen intensiven Niederschlag gefunden hat. Ob wir seine
Überzeugungen teilen oder nicht, eines steht fest, daß er der
Neben-Muse Kritik eine Würde verliehen hat, die in die
Augen fällt. Seine letzten Jahre der Abgeschiedenheit und
regelmäßig wiederkehrenden Gefahr unterstreichen nur noch,
was ich am Anfang bemerkte: im zwanzigsten Jahrhundert ist
es für einen ehrlichen Menschen nicht einfach, literarischer
Kritiker zu sein. Leicht war es nie.

Ein ästhetisches Manifest

Gegen Georg Lukács lassen sich viele Einwände erheben, und sie sind auch erhoben worden, aber der der Engstirnigkeit ist nicht darunter. Die Landkarte seines Geistes ist umfassend: er ist einer der letzten »Mitteleuropäer« mit jener hingebungsvoll unterscheidenden Kenntnis der klassischen Kultur und ihrer europäischen Sprachen und Literaturen. Und er ist seinem Glauben an die ursprüngliche marxistische Bindung an eine internationale Vision und an das Erbe der klassischen, radikalen Vergangenheit treu geblieben. Wie Marx selber ist Lukács mit nach-Kantischer Philosophie durchtränkt und hat sich in Hegel und Feuerbach versenkt. Der Radius seiner unmittelbaren Belesenheit erstreckt sich von den Vorsokratikern und Aristoteles bis zu Vico, Spinoza und Lessing; er umschließt *les philosophes*, den Bereich des französischen Romans von Lesage bis Zola, das historische Einfühlungsvermögen des europäischen Romantizismus – Scott, Manzoni, Puschkin – und die russische Erzählkunst des neunzehnten Jahrhunderts. Vor allem aber ist er mit Goethe engvertraut, mit Goethes rationalem Gefühlsüberschwang und seiner Intuition in die Kraft des Organischen.

In der Entwicklung von Lukács, wie auch in der von Brecht, gibt es weite Strecken dogmatischer Intoleranz, und es gibt Augenblicke der Furcht und Würdelosigkeit. Der Zusammenbruch der Weimarer Republik und die völlige Niederlage der Kommunistischen Partei Deutschlands – eine Schlappe, an der die zynischen Narrheiten des Stalinismus weitgehend beteiligt waren – trieb Lukács in ein langes Exildasein. Aber gerade in Moskau, wo er isoliert und beständig beargwöhnt war, hat er lieber über Shakespeare und Balzac als über Fadejew geschrieben. Und dort war es auch, wo er die wesentlich europäisch-humanistischen Ursprünge in der

Struktur der marxistischen Gedankenwelt aufs neue geltend gemacht hat.

In dieser Gedankenwelt existiert seit langem eine eingestandene Lücke. Obschon er immer wieder die Absicht hegte, hat Marx sich nie daran gemacht, eine Ästhetik zu verfassen. Die von ihm und Engels vorliegenden zahlreichen theoretischen und praktischen Einzelbeobachtungen über Kunst und Literatur wurden von Mikhael Lifschitz zu einem beispielhaften Kompendium zusammengetragen und laufen auf ein reizvolles Gemisch aus dialektisch formulierten Argumenten und persönlichen Geschmacksurteilen hinaus. Weiteres Einzelmaterial zu einer Kunstphilosophie ist in den Schriften von Mehring, Plechanow und Kautsky enthalten. Durch die individuellen und häufig ketzerischen Überlegungen von Caldwell, Adorno und Walter Benjamin ist dann die marxistische Ästhetik mit Anthropologie, Psychologie und bestimmten Elementen der modernen Linguistik in Verbindung gebracht worden.

Im großen und ganzen jedoch – und das trifft auf den größten Teil der besten Arbeiten von Lukács zu – hat der marxistisch orientierte Kritiker mit dem Werkzeug des Historismus des neunzehnten Jahrhunderts gearbeitet. Wo er nicht bloß Parteipropaganda von sich gab oder als Parodie endgültiger Beurteilung die Kunst in fortschrittliche und dekadente aufteilte, hat der marxistische Kritiker mit mehr oder weniger Begabung und Gewandtheit Kriterien historischer Observanz angewandt, die bei Herder, Sainte-Beuve und Taine beschlossen liegen. Insofern sie den Künstler und seine Leistung innerhalb des materiellen Rahmens ökonomischer und sozialer Kräfte lokalisiert, insofern sie auf dem wesentlich gesellschaftlich vorbestimmten Rahmen für künstlerische Einsicht und öffentliche Erwiderung beharrt (ein Beharren, das auch für die Argumentation von Kunsthistorikern wie Panowski und Gombrich entscheidend ist), ist marxistische Kritik Bestandteil eines umfassenderen Historismus.

Dieser Überlieferung hat sie bedeutende Verfeinerungen

zugeführt: Lukács' Unterscheidung zwischen Realismus und Naturalismus; Benjamins Einsicht in den Einfluß von Technik und Massenreproduktion auf das individuelle Kunstwerk; die Anwendung der Auffassungen von der Entfremdung und Entmenschlichung auf die Literatur und Malerei im zwanzigsten Jahrhundert. Im wesentlichen aber hat die marxistische Lehre der Ästhetik mehr ein diszipliniertes Gewahrwerden historischer Kräfte und einen radikalen Optimismus zugeführt – bestätigt in Trotzkis *Literatur und Revolution* als eine zusammenhängend klargegliederte Epistemologie. Es hat weder einen marxistischen Longinus noch einen *Laokoon* gegeben, die eine vollständige Theorie ästhetischer Formgestalt im Rahmen des dialektischen Materialismus aufgestellt hätten.

Die Schwierigkeiten liegen auf der Hand. Auffassungen wie die von der spontanen Unmittelbarkeit, einer irrationalen oder unterbewußten Formkraft, von der Gestaltung aus Verzweiflung und »Reaktion«, die der Kunst durchaus relevant sind, fügen sich eben schlecht in den »wissenschaftlichen Materialismus« ein. Da ist ferner das verlegene Rätselraten über den Anachronismus, mit dem Marx zu ringen hatte: wie kommt es, daß gerade einige der ausgereiftesten und eindeutigsten Kunstformen Gesellschaften entspringen, deren wirtschaftliche und Klassenstruktur veraltet oder vom moralischen Gesichtspunkt her unstatthaft ist? Wie läßt sich Sophokles, dessen *Antigone* Marx soviel bedeutete wie Hegel, in Einklang mit der Sklaverei bringen? Wie schon die Einsteinsche Physik haben sich Literatur, Kunst und Musik der Moderne für die marxistischen Voraussetzungen eines humanistischen Realismus als schwer einzufügende Größen erwiesen. Ein an Rembrandt und Balzac entwickeltes Verständnisvokabular, eine Richtschnur also, in welcher Wechselwirkungen zwischen gewöhnlicher Sinneswahrnehmung und künstlerischer Einsicht festgelegt sind, dürfte es nicht leicht haben, mit der Welt eines Klee oder Beckett fertig zu werden, außer bei mißbräuchlicher Anwendung.

Lukács ist sich dessen auch bewußt, wenn er vielleicht auch nicht in vollem Maße die Widersprüchlichkeit erfaßt, die zwischen der marxistischen Bindung an eine historisierende Beurteilung und dem Unvermögen der Marxisten liegt, sich über die Moderne einig zu werden. *Die Eigenart des Ästhetischen*, ein Werk, dessen 1700 engbedruckte Seiten nur den ersten Teil einer geplanten *summa* darstellen, sucht eine umfassende Kunstphilosophie aufzustellen, eine Epistemologie der Kunstformen und der künstlerischen Schöpfung auf der strikten Grundlage des dialektischen Materialismus und der Hegelschen Phänomenologie. Im wesentlichen bedeutet dies die Begründung einer kohärenten Ästhetik, die mit dem Historismus von Marx, der Psychologie von Pawlow und den von Marx und Lenin aufgestellten Theorien über Sprache und Gesellschaft im Einklang steht. Lukács gebührt das Verdienst, die schwierige Arbeit im Ganzen entworfen und abgesteckt zu haben. Er erkennt durchaus, daß eine marxistische Ästhetik ein unwiderlegbarer integraler Bestandteil einer marxistischen Totalschau der Welt und ihrer Analyse der menschlichen Verhaltensweise zu sein hat. Andernfalls bleibt jede marxistische Kritik nur ein Aggregat aus parteipolitischer oder ideologischer Polemik, aus beschränkten Einsichten und ausgeborgtem Fachjargon.

Die zielbewußte Absicht, zu einer systematischen Ästhetik zu gelangen, war in nahezu allen Schriften von Lukács deutlich erkennbar. Bereits 1911 tauchen Spuren davon in *Die Seele und die Formen* auf. Vom historisch vergleichenden Gesichtspunkt behandelt wird das Thema in einer 1956 zusammengetragenen Aufsatzreihe als *Beiträge zur Geschichte der Ästhetik*. Nicht umsonst erschien 1957 in Rom Lukács' *Prolegomeni a un'estetica marxista*. Die Anfangsgründe zu diesem Unternehmen gehen nämlich zurück auf Florenz und den Winter 1911–12. Lukács' Beweisführung stützt sich dabei auf weitläufige visuelle Eindrücke, die er zu dieser Zeit sammelte. Er selber würde mit Bestimmtheit erklären, daß die breite Ansammlung seiner praktischen Kritik zusammen mit seiner unvollständigen aber bedeutsamen Studie über Hegel nur die logischen Vorarbeiten für eine offizielle und systematische Aufstellung von Werten gewesen sind.

Es ist nicht ganz einfach, eine gedrängte Überschau dieser zwei Bände zu geben. Der zugrundeliegende Arbeitsplan ist analytisch: Lukács schlägt vor, die spezifische Kategorie der ästhetischen Form gesondert zu definieren, sie zu unterscheiden von der Gesamtheit menschlicher Funktionen und insbesondere loszulösen von anderen Bereichen geistiger Wahrnehmung und Wirkungsweise wie Religion, Geschichts- und Naturwissenschaften. Ausgehend vom obersten Gesetz des Marxismus, wonach das Sein das Bewußtsein bestimmt – *die Priorität des Seins* – und von dem materialistischen Axiom, wonach alles menschliche Verstehen ein Abbild objektiver Wirklichkeit ist, sucht Lukács die besondere »objektiv-subjektive« Natur des künstlerischen Schaffens und Reagierens zu bestimmen. Kunst ist ein »widerspiegeln« objektiver Wirklichkeit, doch liegt in diesem Vorgang eine entscheidende, weil nicht zurückführbare subjektive Komponente beschlossen. Hinter seiner epistemologischen Beweisführung läuft durchgehend die Feststellung, daß die Religion »von Tertullian bis Kierkegaard« von Grund aus notwendigerweise antiästhetisch ist. Das religiöse Empfinden hat in der Kunst einen tödlichen Feind erkannt. Von Epikur über Goethe bis zu Marx und Lenin stellt Kunst eine fundamental humanistische Alternative zu den Ansprüchen religiöser Offenbarung dar.

Lukács' Methode ist von Grund auf historisch. Indem er sich mit den von Marx, Lévy-Bruhl und Gordon Childe aufgestellten Leitlinien auseinandersetzt, sucht er die historische Genesis der ästhetischen Funktion aufzuzeigen. Er stimmt mit Ernst Fischer (Kunst und Menschheit) darin überein, daß die Subjekt-Objekt-Beziehung in sich das Ergebnis langwieriger geschichtlicher Prozesse sei, daß unser Sinn für persönliche Identität und »äußere« Wirklichkeit das stufenweise Ergebnis der Notwendigkeit zu arbeiten, Geräte zu benützen, die

Unterschiede unserer sinnlichen Fähigkeiten und schließlich der sozialen Gruppe zu entdecken und zu vervollkommnen. Und umgekehrt sind die Durchdringung und Anwendung der Wirklichkeit im besonderen Brennpunkt der Kunst das Produkt eines langen Werdeganges der Bewußtseinsspezialisierung und Verfeinerung. Es ist dieser Prozeß, insbesondere die scharfe Abgrenzung der ästhetischen Einsicht von anthropomorph-religiösen Einbildungen auf der einen und von »objektiver Wissenschaftlichkeit« auf der anderen Seite, der von Lukács vorwiegend im ersten Band untersucht wird. Religion und Wissenschaft also erheben die Forderung nach positiver Zustimmung, was die Kunst nicht tut.

Fünf Kapitel sind einer Untersuchung über Ursprünge und Entwicklung der Mimesis gewidmet. Unter Zugrundelegung des Materials, das vorliegt in der *Poetik* von Aristoteles, bei Frazer und in Gordon Childe's *Man Makes Himself*, ein Buch, das ihn anhaltend beeinflußt hat, sucht Lukács zu erweisen, wie eine allmähliche Loslösung der mimetischen Wiedergabe von einem unmittelbaren Nützlichkeitszweck (Magie) zur Entwicklung einer spezifischen Kunstbedingung und eines spezifischen Kunstsinnes führte. Gleichzeitig unterstreicht er das Ausmaß, in dem die Raum-Zeit-Übereinkünfte selbst noch in der »reinsten« Kunst verknüpft sind mit den materiellen Bedürfnissen und Möglichkeiten, mit den sozialen und wirtschaftlichen Gegebenheiten der menschlichen Evolution.

Zum Abschluß gebracht wird der erste Band mit einer komplizierten Untersuchung der Subjekt-Objekt-Beziehung im besonderen Lichte der Katharsis, der Ein- und Nachwirkungen also, die das Kunstwerk auf den »Empfänger« ausübt. Hier ist Lukács in seinem Element und ganz besonders subtil. Er verfolgt die Auffassung der Katharsis von Aristoteles bis zu Goethe und Lessing und führt die universale Relevanz des »kathartischen Vorgangs« auf die eigentliche Funktion der Kunst, auf ihre Formung und Bildung unserer Gefühle und Gedanken zurück. Die Argumentation schließt mit einer frei nach Matthew Arnold gestalteten Formel, wonach die Kunst eine angewandte Form der Lebenskritik darstellt. Auch sonst sind in diesem Schlußabschnitt häufig Berührungspunkte mit Marx und Matthew Arnold anzutreffen, die uns daran erinnern, daß beide wie Lukács selber in vieler Hinsicht Moralisten der viktorianischen Zeit und Erben des klassischen Humanismus sind.

Der zweite Band ist abgestellt auf eine bereichernde Modifizierung der Psychologie von Pawlow mit besonderem Hinblick auf die künstlerische Erfindung und Antwort. Lukács lehnt die Tendenz bei Pawlow ab, den Künstler mit einem lediglich fühlend wahrnehmbaren Organismus gleichzusetzen. Er unterbreitet dafür die Hypothese einer linguistisch-plastischen Kommunikation, die zwischen der Welt der objektiven Tatsachen und der der festgelegten geistigen Reflexe abgesteckt ist. Diese Zwischen-Sprache oder *das Signalsystem* mit ihrem subjektiven, nicht-utilitaristischen Charakter, ist die besondere Matrix der Kunst. Zwischen dem bedingten Reflex und der damit verbundenen verbalen Abstraktion liegt eine besondere Zone der Spontaneität und Entspannung. Das Erkennen und Verwerten dieser ästhetischen Domäne durch den Menschen ist das Ergebnis eines langwierigen Prozesses aus geistiger und emotionaler Arbeit. Ein bemerkenswerter Exkurs in diesem Buchabschnitt beschäftigt sich mit dem Versagen der Logik und Kontrolle in Hölderlins späten Gedichten. Die Geschichte des Falles deutet darauf hin, daß plastische Mimesis länger fortbesteht als linguistische Mimesis, wenn die komplizierteren Zentren physiologisch bedingter Reflexe beeinträchtigt oder beschädigt sind.

Nach einer Analyse des Kunstwerks als etwas *Für-sich-Seiendes* – eine integrale Energie, die auf die Welt des Menschen und nicht auf die der Naturphänomene gerichtet ist (eine Unterscheidung, die zuerst von Vico getroffen, dann von Marx übernommen wurde) – macht sich Lukács daran, verschiedene »Grenzbereiche« der Nachahmung zu untersuchen. Der Abschnitt über Musik ist Adorno verpflichtet und enthält eine Reihe anregender Gedanken. Bei der musikalischen Mimesis würde es sich danach um eine Nachahmung unserer inneren Bewußtseinskinetik durch Analogien aus Notenschlüssel, Rhythmus und dem Wechsel der Tonart handeln. Die Filmdiskussion macht noch einmal eine Unterscheidung geltend, die für Lukács' gesamte Theorie der Kritik bestimmend ist, nämlich die zwischen Realismus mit seiner schöpferischen Anordnung und Auswahl von »valeurs« und dem Naturalismus mit seiner unwirksamen seriellen Anhäufung von Details. Das Argument schließt an die glänzende Pionierarbeit von Benjamin an. Der Band schließt ab mit einer Kollektion ganz und gar undurchdringlicher Betrachtungen in nach-kantischer Philosophie über die natürliche Schönheit und ihren Platz innerhalb ästhetischer Maßstäbe.

Am Ende steht ein interessanter Epilog zum Thema Kunst und Befreiung des menschlichen Geistes von anthropomorpher Religiosität. Hier nimmt Lukács das Problem des Stalinismus auf, das seit 1956 seine moralischen Energien in Anspruch genommen hat. Stalin hat dadurch, daß er die Kunst nötigte, programmatisch und didaktisch vorzugehen, die kathartische Wirkung unmöglich gemacht – der innere Anstoß zu einer Vertiefung und Klärung des Bewußtseins, die das Ich von irrational religiösen Hoffnungen freimacht. Durch den Schock der Katharsis gelangt der Mensch dahin, im Leben deutlich das komplexe Ringen um höhere Werte wahrzunehmen. Er kommt dahin, die Wirklichkeit als eine fortschreitend dynamische Krise anzusehen, eine Auffassung, die eng verbunden ist mit Ernst Blochs utopischer Dialektik in *Das Prinzip Hoffnung*. Dadurch, daß der Stalinismus die Wirklichkeit simplifiziert und ihr einen Machtspruch endgültiger Wahrheit aufdrückt, hat er dem einzelnen Menschen in der Geschichte einen statischen Platz zugewiesen und ihn buchstäblich ohne Bedürfnis nach Hoffnung gelassen. In der stalinistischen Kunst stellte der Mensch kein mit widerspruchsvollen Antrieben und Möglichkeiten ausgestattetes

Einzelwesen dar, sondern eine Zahl in einer mathematischen Gleichung mit einer einzig richtigen Lösung. Kurz gesagt, das stalinistische Regime war ein letztlich irrationales Unternehmen, um den nach Hegel dynamisch verlaufenden Prozeß menschlicher Erfahrung aufzuhalten. Dessen ungeachtet und bezeichnenderweise schließt das Buch mit der Feststellung, die stalinistische Ära habe zu einer »größeren Stärke und Sicherheit des Sozialismus« geführt. Die Geschichte ist eben mächtiger als diejenigen, die ihre Gesetze verletzen möchten. Eine Zusammenfassung wie diese muß der vermittelnden Stellung und Weite der Argumentation von Lukács unzureichend gerecht werden. Aus einer Sicht, die an Auguste Comte erinnern läßt, unternimmt es Lukács, ein Protokoll aufzustellen von der stufenweisen Befreiung der menschlichen Psyche von religiösen Phantasien und jener moralischen Knechtschaft, die aus einem leeren Vertrauen auf ein »transzendentes Vakuum« herrührt. In dieser Aufstellung spielen die Kunst und die Entwicklung schöpferischer Objektivität eine dominierende Rolle. Einige Bereiche aber aus der Metaphysik, der Epistemologie, der Gesellschaftslehre und Psychologie sind dem allgemeinen Gegenstand nicht sachdienlich. Gewaltig ist das Ausmaß seiner exakten Quellenbezüge. Lukács bezieht sich auf Wagner und Tolstoi, auf Strindberg und Tertullian, und er betrachtet einen großen Teil des europäischen und des russischen Geisteslebens als seine eigene Domäne. Wie fast immer in seinen Arbeiten gilt seine Vorliebe einem umstürzlerisch radikalen Konservatismus. Er fordert die revolutionäre Zukunft im Namen klassisch humanistischer Ideale, von denen so manche einer geruhsamen und gemächlichen bürgerlichen Vergangenheit angehören. Es sind Ideale, die einen Bildungsgrad voraussetzen, dem gegenüber ein großer Teil westlicher Kritik nach Taine und Saintsbury eng und provinzlerisch anmutet.

Die Eigenart des Ästhetischen aber ist ein uneinheitliches Werk. Lange Strecken darin sind so geschwollen, daß sie beinahe unlesbar werden. In seiner Weitschweifigkeit ist das

Buch monströs. Es leidet unter einem Zwangserguß von Worten. Die Aufmerksamkeit geht unter in der Flut des Gedruckten. Da hat die deutsche Tradition der philosophischen Überfülle und des erschöpfenden krönenden Werkes ihre Spuren hinterlassen. Außerdem scheint die sich vertiefende Einsamkeit im Leben von Lukács, seine lange Isolierung vom lebendigen Strom der deutschen Sprache einen ungeheuren Monolog hervorgebracht zu haben. Das gedruckte Wort ist eben seine einzige Handlung, sein einziger Gesellschafter geworden.

Als Marxist ist Lukács dem Historismus verpflichtet, das heißt der Abgrenzung des Bewußtseins im Rahmen konkreter zeitlicher Tatsachen. Doch ist in diesem großen Baugerüst aus Generalisierung und axiomatischer Behauptung beinahe nirgends die Kontur einer spezifischen Wirklichkeit anzutreffen. Wo historische Überlegungen in Erscheinung treten, wie in den Abschnitten über Magie und primitive Mimesis, sind Nachweis und Beweisführung verschwommen und stammen oft aus zweiter Hand. Kaum je nimmt sich Lukács die Zeit, sich mit einer einzelnen Stelle oder einem einzelnen Kunstwerk auseinanderzusetzen. So entsteht ein unbeholfener Kompromiß aus detaillierter Abstraktion und verallgemeinerter Begründung. Paradoxerweise ähnelt dieses gestrenge und farblose Aufgebot philosophischer Argumente dem erregten Feuerwerk von Malraux' *Les Voix du silence*. Lukács verwischt durch allgemeine Bemerkungen, Malraux durch hingerissene Einzelheiten. Und keiner von beiden überzeugt den Leser. Oft liegt in einem kurzen Essay von E. H. Gombrich mehr an Allgemeinsubstanz als in diesem weitläufigen Torso.

Lukács' Anmerkungen über Literatur tragen deutlich den Stempel einer wieder aufgefrischten Vertrautheit, aber seine Sicht der Kunst, der Architektur und der modernen Musik ist unscharf und leblos, so als wäre sie fast gänzlich aus weit zurückliegenden Erinnerungen und Zeugnissen aus zweiter Hand gespeist. Wann, so fragt man sich, hat Professor Lukács zuletzt einen Film gesehen? Bis vor kurzem waren Auge und Phantasiekraft im östlichen Europa vom Werdegang des Neuen rigoros abgeschnitten. Es erscheinen zwar ein paar der unerläßlichen Namen im Sachregister bei Lukács, aber die meisten, wie Klee, v. Webern, Frank Lloyd Wright, sucht man vergeblich. Das Rüstzeug aus gefühlsmäßigem Gewahrsein, mit dem Lukács sich den optischen Künsten nähert, geht über das Jahr 1935 kaum hinaus. In ihm steckt wie bei so manchem anderen Nachhutwächter des europäisch orientierten Marxismus eine lange Abwesenheit von der Gegenwart.

Darf man sich auf ein so weit gespanntes Kompendium von abstrakten Behauptungen über Sprache, Kunst und Bewußtsein überhaupt einlassen, als hätte Wittgenstein nie existiert (er zählt zu Lukács' finstersten persönlichen Aversionen)? Als hätte es nie eine Herausforderung an Autorität und Nachprüfbarkeit linguistischer Beschreibung gegeben? Ist es im Jahre 1964 angängig, daß jemand Freud mit einer kurzen Nebenbemerkung abtut – die sein Werk sinnwidrigerweise mit dem von Jung gleichsetzt – und dann noch erwartet, daß man sein eigenes Psychologisieren ernst nimmt? Ist der Plan einer formalen Ästhetik nicht schon an sich ein Anachronismus, ein Leichenschauhaus mit metaphysischem Gebein?

Das sind gewiß unangenehme Fragen an einen Mann, der eine ungeheure Arbeitsleistung unter empfindlichen politischen und privaten Schwierigkeiten hinter sich gebracht hat, und das in einem Alter, in dem die meisten Menschen ausruhen. Doch vergleicht man die hohlen Unermeßlichkeiten der *Ästhetik* mit der Schärfe und Lebendigkeit seiner eigentlichen kritischen Arbeiten, überkommt einen unwillkürlich ein Gefühl von Verfall. Vornehmlich die Leserschaft, für die dieser Leviathan geschaffen ist, die jungen nachwachsenden Künstler und Intellektuellen in den osteuropäischen Ländern, die sich heute fragen, ob im Erbe des Marxismus noch etwas Schwung, Lebenskraft und Anreiz übriggeblieben ist, sie werden das Buch von Lukács verwirrt und verlegen aus der Hand legen. Denn in ihm finden sie schwerlich etwas, was ihren

Bedürfnissen entspräche. Dieses Werk gehört in die Welt von Richard Hamann, dem Verkörperer akademischer Ästhetik in den zwanziger Jahren, und es gehört in die Welt der unzähligen Abhandlungen über *le vrai et le beau*; aber in die Welt eines Kafka oder eines Jackson Pollock paßt es nicht. Und schon gar nicht in die von Brecht.

Die Schriftsteller und der Kommunismus

Einer der Unterschiede zwischen Faschismus und Kommunismus, die ins Auge springen, ist der: der Faschismus hat kein einziges bedeutendes Werk der Kunst inspiriert. Mit der möglichen Ausnahme von Montherlant hat er keinen Schriftsteller von Rang in seine Einflußsphäre gebracht. (Ezra Pound war kein Faschist; er hat sich der faschistischen Anlässe und ihrer Verzierungen für seine eigene fintenreiche Ökonomie bedient.) Im Gegensatz dazu hat sich der Kommunismus als zentrale Kraft für zahlreiche hervorragende Werke der modernen Literatur erwiesen, und persönliche Berührungen mit den kommunistischen Ideen haben sich sowohl im Bewußtsein wie in der Lebensgeschichte vieler wesentlicher Autoren unserer Epoche ausgewirkt.

Woher rührt dieser Unterschied? Gewiß ist Faschismus als Ideologie zu abstoßend und ordinär, um jene wohltätigen Gaben der schöpferischen Phantasie hervorzubringen, die für alle Kunst unerläßlich sind. Selbst dort, wo der Kommunismus bösartige Formen angenommen hat, bleibt er eine Mythologie auf die Zukunft des Menschen, eine an moralischem Anspruch reiche Vision menschlicher Möglichkeit. Faschismus ist letztlich ein Geheimschlüssel für den Rowdy im Menschen; der Kommunismus versagt, weil er der fragilen Vielfalt der menschlichen Natur und Verhaltensweise ein künstliches Ideal aus Selbstverleugnung und historischer Zweckbestimmung aufzwingen möchte. Faschismus tyrannisiert durch Menschenverachtung; der Kommunismus tyrannisiert, indem er die Menschen über jene Sphäre privaten Irrtums, privater Ambitionen und privater Zuneigungen erheben will, die wir Freiheit nennen.

Es besteht auch noch ein spezifischerer Artunterschied: Hitler und Goebbels waren geschickte Manipulierer des Wortes, aber hatten zu wenig Respekt vor dem Eigenleben des Geistes. Demgegenüber ist Kommunismus ein Credo, das vom ersten Augenblick seines geschichtlichen Ursprungs an durchdrungen war von einem ausgeprägten Sinn für die Werte des Geistes und der Kunst. Eindeutig ausgedrückt ist dieses Verständnis bei Marx und Engels, die bis ins Innerste Intellektuelle waren. Den höchsten Tribut der Ehrfurcht hat Lenin der Kunst entgegengebracht: er schreckte vor ihr zurück, womit er die im Unklaren bleibenden, aber überwältigenden Kräfte plastischer und musikalischer Form über die rationale Intelligenz anerkannte. Trotzki war ein littérateur im farbigsten Sinne des Wortes. Selbst unter Stalin nahmen der Schriftsteller und das literarische Werk als solche eine lebenswichtige Rolle in der kommunistischen Strategie und Taktik ein. Schriftsteller wurden verfolgt und ruiniert, eben weil man in der Literatur eine wesentliche und jederzeit gefährliche Kraft sah. Hier liegt ein entscheidender Punkt. Die Literatur wurde geehrt, so grausam und widernatürlich es auch geschah, allein dadurch, daß Stalin ihr mißtraute. Und als dann das teilweise Tauwetter eintrat, wurde die Position des Schriftstellers von neuem problematisch und kompliziert. Schwerlich kann man sich vorstellen, daß ein faschistisches Staatswesen durch ein bloßes Buch erschüttert werden könnte; doch im kommunistischen Rußland hat *Doktor Schiwago* zu einer der größten Krisen im Dasein der Intelligenzschicht geführt.

Ihrer Ausnahmestellung innerhalb der kommunistischen Ideologie sind sich die Schriftsteller entweder instinktiv oder durch Nachdenken immer bewußt gewesen. Sie haben den Kommunismus ernst genommen, weil *er* sie ernst genommen hat. So ist die Geschichte der Beziehungen zwischen Kommunismus und moderner Literatur in vieler Hinsicht der Werdegang beider.

Jürgen Rühle ist einer der Vielen, die als Autor und Intellektueller den Verführungen des Kommunismus erlagen, um dann später mit dem stalinistischen Regime zu brechen. Seitdem er Zuflucht in Westdeutschland fand, hat er sich als historischer Fachkenner und Beobachter des literarischen und theatralischen Geschehens in kommunistischen Ländern Geltung verschafft. In seinem Buch *Literatur und Revolution* unternimmt es Rühle jetzt, eine weltweite Darstellung über »den Schriftsteller und den Kommunismus« während der Zeit von 1917 bis 1960 zu schreiben. Ein ebenso gewichtiges wie weitgestecktes Unternehmen: es umfaßt den Verlauf der russischen Literatur von Blok bis *Schiwago*; es beschäftigt sich mit der Dichtung von Pablo Neruda und der Erzählkunst von Erskine Caldwell; es führt von einer Diskussion über die politischen Ansichten von Thomas Mann zu einer Kritik an Lu Hsün. Mit einer zeitgeschichtlichen Tabelle und einer Bibliographie ausgestattet, stellt *Literatur und Revolution* ebenso eine kritisch-essayistische Arbeit dar wie ein Nachschlagewerk. Ein kurzer Blick schon auf den Index und die Illustrationen läßt erkennen, daß es in unserer Zeit kaum einen wesentlichen Autor gibt (Proust, Joyce und Faulkner bilden bemerkenswerte Ausnahmen), der nicht in einer bestimmten Entwicklungsstufe seines Lebens und Schreibens vom Kommunismus angerührt gewesen wäre.

Der erste Abschnitt des Buches beschäftigt sich mit dem Schicksal der russischen Literatur unter Lenin, Schdanow und Chruschtschow, bewegt sich also auf vertrautem und bedeutungsschwerem Boden. Wir erleben noch einmal die Dämonie und das Ende der revolutionären Triade von Blok, Jessenin und Majakowski. Besonders interessant ist, was Rühle zum Thema von *Klim Samgin* zu sagen hat, diesem schwer zugänglichen, aber zu Unrecht vergessenen Roman von Gorki. Rühle legt nämlich ganz überzeugend dar, daß Gorki außerstande gewesen sei, dieses Werk zu beenden, weil er schon damals deutlich jenen Konflikt zwischen dem Leben des einzelnen und der kommunistischen Organisation erkannte, der später so viele sowjetische Schriftsteller zum Verstummen bringen oder in den Tod schicken sollte. Weiterhin läßt Rühle sich aus über die Chronisten des Bürgerkrieges, Isaak Babel und Scholochow. Wiederum besticht seine Interpretation: er stellt fest, daß Scholochow Zeit seines Lebens ein verknöcherter Regionalist altmodisch anti-intellektueller Prägung gewesen ist, der es zur gleichen Zeit fertigbrachte, Ausdruck und Stimme der nationalistischen wie der stalinistischen Haltung zu verkörpern. Rühle gibt auch eine einleuchtende Darstellung all der byzantinischen Ausflüchte und Dreistigkeiten, die Ehrenburg über Winter und Tauwetterperioden hinweg am Leben erhalten haben. Und hinter diesen Berichten über einzelne Lebensschicksale und Werke klingt unüberhörbar das Leitmotiv von Verbannung, Hinrichtung oder Selbstmord durch. Schließlich kommt Rühle auf Pasternak zu sprechen. Er sieht in Pasternak den wahren Ausdruck Rußlands, die Erscheinung, welche sich über die gegenwärtige Tyrannei hinweg durchsetzen wird. Er stimmt überein mit Edmund Wilson, wenn er in Lara und Schiwago eine nicht zu beantwortende Herausforderung für den Historismus und an den lebensverneinenden Determinismus der kommunistischen Ideologie sieht. Schon allein die Tatsache, daß Pasternak sich so etwas wie diese persönliche und aufrührerische Liebesgeschichte ausdenken konnte während er im Innern der Sowjetunion lebte, beweist, daß der russische Geist unter der Eiskruste der Parteidisziplin lebendig geblieben ist. Pasternak gehörte zu denen, die zuerst das hinterlassene Abschiedsgedicht von Jessenin zu lesen bekamen, das dieser mit dem eigenen Blute niedergeschrieben hat. Er wußte auch von der kurzen Selbstmordnotiz von Majakowski. Dank seiner Unerschrockenheit und Besonnenheit überlebte er. Und mit *Doktor Schiwago* hat er dann seine Anklageschrift gegen die sowjetische Geringschätzung des individuellen Lebens formuliert, auf die seine Dichtergefährten mit ihrem tragischen Tode hinwiesen.

Viel Wahrheit liegt darin, und Rühle verleiht ihr trefflich Ausdruck. Da er sich aber in letzter Zeit nicht mehr in der Sowjetunion aufgehalten hat, kann er nicht wahrnehmen, wie weit sich die Welt von Lara und Schiwago, von den Vorstellungen und Empfindungen der jungen Generation, entfernt hat. Die Herrschenden, die alten Männer sind es, die Angst vor dem Buch haben und auch versucht haben, es zum Schweigen zu bringen. Ich möchte wissen, ob die heutige Jugend in *Doktor Schiwago* mehr sieht als ein rührendes Märchen oder ein Stück historischer Erzählkunst, so entlegen wie *Anna Karenina.*

Bei weitem der wertvollste ist der zweite Teil von *Literatur und Revolution*, der äußerst sachkundig die Wechselbeziehungen zwischen Kommunismus und deutscher Literatur behandelt. Es ist durchaus nicht übertrieben, wenn man feststellt, daß es seit 1917 kaum einen deutschen Autor von Belang gegeben hat, der nicht dem Kommunismus gegenüber in positiver oder antagonistischer Hinsicht einen Standort bezogen hätte. Es besteht eine starke und tiefgründige Anziehung zwischen dem Historismus und systematischen Idealismus der marxistischen Ideologie und dem deutschen Geist, von dem er ursprünglich ausging. Wie Rühle aufzeigt, trifft sich in Deutschland häufig die extreme Rechte mit der extremen Linken in ihrer Neigung zum Totalitarismus. Der Hitler-Stalin-Pakt, so betrügerisch und kurzlebig er auch gewesen, war doch Sinnbild einer echten Verwandtschaft.

Ganz hervorragend ist Rühle in seiner ausführlichen Darstellung von Johannes R. Becher, dem Orpheus des Stalinismus, sowie über Egon Erwin Kisch, dem talentiertesten Journalisten, der je der marxistischen Sache gedient hat. Er bietet eine feinfühlige Auslegung der Werke von Anna Seghers und zeigt, wie ihre letzten Romane die Verdrehungskünste einer echten Künstlerin sichtbar machen, die angestrengt bemüht ist, mit den ergrauten Halbwahrheiten des »sozialistischen Realismus« einig zu werden. Er erläutert die Rolle der marxistischen Ideen in der historischen Fiktion bei Heinrich Mann und Lion Feuchtwanger. Ein sorgfältig dokumentiertes Kapitel deutet darauf hin, daß die Meinungsverschiedenheiten zwischen Heinrich und Thomas Mann einer weitreichenden Dialektik unterliegen: die Konfrontierung des deutschen

Intellekts mit den entgegengesetzten und doch verwandten Verführungen des rechts orientierten Nationalismus auf der einen und des radikalen Internationalismus auf der anderen Seite.

Wie schon in dem Abschnitt über die Sowjetliteratur läuft unterhalb der individuellen Lebensberichte beständig das Thema vom gewalttätigen Tod. Eine nach der anderen werden die verschiedenen Stimmen deutscher Dichtung, Dramatik und Kritik durch Exil, Mord oder Selbstmord erstickt. Liest man diese Zeittafel des Untergangs – v. Ossietzky, Mühsam, Kornfeld, Theodor Wolff, Friedell, Toller, Hasenclever, Ernst Weiss, Stefan Zweig – wird einem klar, daß die Literatur in der Tat das gefahrvollste aller Metiers ist.

Nach dieser meisterhaften Abhandlung über die deutsche Schriftstellerei wird die übrige literarische Welt in Augenschein genommen. Das Tempo wird etwas schwindelerregend. Auf nur dreißig Seiten erörtert Rühle die mannigfachen Einwirkungen des Kommunismus auf Autoren wie Camus, Sartre, Gide, Malraux, Eluard, Céline und Aragon. Weitere zwanzig Seiten registrieren die italienischen Schriftsteller wie Silone, Pavese, Malaparte, Carlo Levi, Moravia. Nicht ganz vierzig Seiten sind gefüllt mit den komplizierten Flirts amerikanischer Autoren wie Dos Passos, Upton Sinclair, Steinbeck, Hemingway und James T. Farrell mit marxistisch-kommunistischen Wunschträumen. Kurze Abschnitte wirbeln den Leser durch Lateinamerika und Asien. Damit wird unvermeidlich die zweite Buchhälfte in die Nähe eines Registers von Namen, Daten und Werktiteln gerückt – nützlich zum raschen Nachschlagen, doch unzureichend für die Mannigfaltigkeit und Kompliziertheit des Stoffes.

In den beiden abschließenden Kapiteln behandelt Rühle die hervorragendsten Abtrünnigen und Rebellen im marxistischen Literaturlager. Er bespricht Koestlers *Darkness at Noon,* Orwells *1984* und die reuigen Erinnerungen von Gide und Stephen Spender. Schließlich verbucht er die antistalinistische Rebellion junger polnischer und ungarischer Schriftsteller von 1956. Während der nachfolgenden Unterdrükkungsmaßnahmen in Ungarn verurteilte man Tibor Dery, weil er »eine staatsfeindliche Organisation« angeführt habe. Die Budapester machten daraus einen grimmigen Witz: Was mag das für eine Organisation gewesen sein? Antwort: das ungarische Volk. Und beim Ausklang dieser Übersicht erinnert Rühle uns an die vielen Schriftsteller, die nach wie vor in den Gefängnissen der Sowjetunion, Chinas und der Satellitenstaaten sitzen. Die Allianz von Literatur und Kommunismus bleibt weiterhin bestehen, sie ist beiderseits ein enges und tragisches Bündnis.

Als anregende Übersicht, die ein umfangreiches und weit verstreutes Material in übersichtliche Ordnung bringt, besitzt Rühles Buch hervorragende Qualitäten. Doch steckt in *Literatur und Revolution* auch manche Flüchtigkeit, was oft auf die bis ans Äußerste getriebene Gedrängtheit des Stoffes zurückzuführen ist. Man kann eben über einen bedeutenden Autor auf zwei oder drei Seiten nicht viel Neues und Offenbarendes aussagen. Auch liegt das oft an einer bloß unterstellten Annahme bei Rühle, die ihn dann zu Übervereinfachungen verführt. Er sucht durch das ganze Buch einen Grundzug von anfangs idealistischer Anziehung aufzustellen, auf die hin der klarsichtige Abscheu erfolgt. Der betreffende Schriftsteller fühlt sich zu den Idealen des Kommunismus hingezogen; er entdeckt die Realitäten der Parteibürokratie und der stalinistischen Bedrückung; er bricht aus. Die roten Götter haben ihren Sinn nicht erfüllt. In Wirklichkeit aber läßt sich dieses Grundmuster nur auf eine begrenzte Anzahl von Autoren anwenden und nicht einmal auf die bedeutendsten. Indem aber Rühle darauf beharrt, neigt er dazu, die Tatsachen zu entstellen. Dafür nur ein paar Beispiele.

Der Fall Malraux ist ein Testfall für die Einsicht des Kritikers in die Verstrickungen und Verführungen, die der Totalitarismus einem schöpferischen Geist im guten wie im bösen Sinne bietet. Die Erklärung, die Rühle für Malraux' Hinneigung und Abneigung gegenüber dem Kommunismus abgibt, ist rundheraus unzureichend. Obwohl er nacheinander im Bündnis mit der Linken und mit der Rechten kämpfte und sich dabei von der Internationalen Brigade im spanischen Bürgerkrieg bis ins Kabinett von de Gaulle bewegt hat, hat Malraux sich niemals auf ein konkretes politisches Programm festgelegt. Welchem geistigen Kampfbereich er sich jeweils auch zugewandt hat, stets suchte er das auf, was in der Politik an Heroismus, Leidenschaft und verschwörerischer Treue beschlossen liegt. Kurzum, seine politischen Grundsätze sind ästhetischer Natur. Was Malraux anzieht, sind die formalen und zeremoniellen Umrisse politischer Aktion, nicht der Inhalt. Ein Schlüssel zur gesamten Lebenslaufbahn von Malraux liegt vielleicht in der Beobachtung von Walter Benjamin, wonach diejenigen, die aus der Politik eine lautere Kunst machen wollen, stets in einer elitären oder totalitären Haltung enden – ob nun auf der Linken oder auf der Rechten. Das zu erkennen, versäumt Rühle, ja er nimmt nicht einmal Bezug auf Benjamin, der von allen marxistischen Kritikern der selbständigste und gründlichste gewesen ist.

Oder wir nehmen den Fall von George Orwell. *1984* ist nicht, wie Rühle unumwunden behauptet, eine Allegorie auf die totalitäre Herrschaft von Hitler, Stalin oder Mao Tse-tung. Die Polemik der Fabel verläuft nicht eingleisig. Orwells Kritik bezieht sich zu gleicher Zeit auf den Polizeistaat wie auf die kapitalistische Verbrauchergesellschaft mit ihrem Mangel an humanen Werten und ihren konformistischen Zwängen. »Newspeak«, die Sprache in Orwells Alpdruckbuch, entstammt sowohl dem Jargon des dialektischen Materialismus wie dem Wortschwall der kommerziellen Reklametechnik und ihrer Massenmedien. Die eigenartig tragische Überzeugungskraft von *1984* aber rührt gerade daher, daß Orwell sich weigert, die Dinge in Schwarz und Weiß zu sehen. Unsere eigene auf Erwerb und Gewinn ausgerichtete Gesellschaft hat ihn entsetzt, in ihr bemerkte er die Keime zu einer gefühllos unmenschlichen Brutalität, vergleichbar der, die im Stalinismus endemisch ist. Aus Katalonien kam Orwell zurück mit einer Art stoischem Kahlschlagglauben an einen humanen Sozialismus, den weder der Osten noch der Westen anders als in sehr begrenztem Umfang zu adoptieren bereit sind. Aus *1984* eine geistige Kampfschrift für den Kalten Krieg zu machen, heißt das Buch mißdeuten und seinen Wert verkleinern. Das wahre Sinnbild der sowjetischen Gesellschaft im Werk von Orwell ist seine *Animal Farm*.

Die gleiche Abneigung, die Komplikationen der Realität in Betracht zu ziehen, wirkt sich auch auf Rühles Lorca-Bild aus. Im Gegensatz zu seiner zuversichtlichen Behauptung sind die näheren Umstände des Todes von Lorca noch immer nicht geklärt. Elemente privater Rache wie politischer Terror mögen dabei zu gleichen Teilen beteiligt sein. Und um ein weiteres Beispiel anzuführen: Das Verblüffende bei dem jungen polnischen Autor Hlasko liegt nicht allein in der Tatsache, daß er die Luft im kommunistischen Polen zum Ersticken fand und Freiheit im Westen suchte, sondern darin, daß er dann »die freie Welt« fast ebenso unerträglich fand. Literatur ist eben ein komplexes Trachten, und sie zerfällt nicht, wie Rühle ihr aufdrängen möchte, nur in die beiden Grenzkategorien Kommunismus oder Anti-Kommunismus.

Aber das sind Kritteleien – der wesentliche Mangel in *Literatur und Revolution* liegt darin, daß Rühle es ablehnt, einen Unterschied zu machen zwischen Kommunismus als einer moralischen Vision und Kommunismus als bürokratisch-politischer Realität. In Rußland unter Stalin und den Satellitenstaaten hat sich dieser Unterschied erodiert, doch anderswo und namentlich für westliche Schriftsteller, die unter marxistischem Einfluß stehen, bleibt er bestehen und ist von ausschlaggebender Wichtigkeit. Schriftsteller, die billigerweise als Kommunisten anzusprechen sind, wirft Rühle beständig mit solchen zusammen, die aus der marxistischen Geschichtsphilosophie und Soziallehre die Substanz für ihr eigenes Schaffen bezogen haben. Man kann demnach von Howard Fast und Romain Rolland nicht in einem Atemzug sprechen. Der Unterschied ist zu groß. Strenggenommen gibt es außerhalb der Sowjetunion nur wenige bemerkenswerte Autoren, die ihr Handwerk bewußt in den Dienst der Kommunistischen Partei oder der sowjetischen Politik gestellt haben. Becher, Aragon, Anna Seghers, Fast – lang ist die Liste nicht. Jedenfalls sind die meisten der Dichter, Dramatiker und Erzähler, um die es Rühle zu tun ist, nicht in ihr vertreten. Was Feuchtwanger und Heinrich Mann aus dem marxistischen Ideengut für sich gewannen, war ein ausgeprägtes Gefühl für die materiellen Bedrückungen und das Gewicht der historischen Wirklichkeit. Sartre zog aus dem Marxismus zugleich Rückhalt und schöpferischen Widerspruch für seine hochgradig persönliche Vision von Krise und Geschichte. Für Sean O'Casey ist der Kommunismus nie mehr gewesen als ein Don Quixotischer und wesentlich staatsfeindlicher Aufschrei des irischen Querkopfes gegenüber sozialer Ungerechtigkeit. In Malaparte war der Kommunismus eine Art privater Schabernack, die Verkleidung eines rauhen und verbitterten Romantikers. Für Pablo Neruda bedeutet die kommunistische Utopie eine Verheißung rachsüchtiger Utopie. Jeder einzelne Fall ist anders. Außerdem besteht ein deutlicher Unterschied zwischen denen, die vom Marxismus desillusioniert werden und solchen, die sich mit der Kommunistischen Partei entzweit haben. In beiden Fällen führt ein Bruch mit der Partei entweder ins Schweigen oder nach Hollywood. Andrerseits scheint ein Sichzurückziehen vom Marxismus auch eine belebende Wirkung für die weitere Entwicklung auszuüben: die Phantasie hat zwar ein paar rote Flecke abbekommen, aber sie ist lebendig geblieben. Auf diese Weise hat der Marxismus im Leben von Schriftstellern wie Camus, Steinbeck oder Silone eine Befreierrolle ausgeübt. Auch nachdem sie sich von ihm gelöst hatten, behält ihre Begabung gewisse charakteristische Lebenseinsichten und eine bestimmte Disposition zum moralischen Protest zurück. Da Rühle zwischen hegelianisch-marxistischen Thesen und der kommunistischen Partei keinen Unterschied macht, entgeht ihm auch der starke Einfluß marxistischer Ideen auf die ästhetisch-literarische Philosophie des Westens. Unsere gesamte Kunstanschauung, ob ausdrücklich oder unabsichtlich, ist durchdrungen von einem marxistischen Bewußtsein gesellschaftlicher Zusammenhänge und geschichtlicher Bewegkraft. Selbst ein durch und durch alexandrinisch fühlender Anhänger der Schule der »new critics« verdankt der marxistischen Überlieferung eine bestimmte Einsicht in das wirtschaftliche und soziale Milieu, das hinter dem dichterischen Stil liegt. Ja, es mag durchaus der Fall sein, daß der nachhaltigste Beitrag des Marxismus mehr auf die Ästhetik als auf die eigentliche Literatur übergegangen ist. Trotzdem erwähnt Rühle kaum die Namen jener drei Kritiker, die zusammen mit Lukács dem künstlerischen Element der Literatur zugeführt haben, was vom marxistischen Blickpunkt her am ergiebigsten gewesen ist: Walter Benjamin, Lucien Goldman und Edmund Wilson. Legt man dieses informative aber einseitige Buch aus der Hand, taucht plötzlich und unvermeidlich eine andere weitreichende Fragestellung auf.

Wo sind Marxismus und Kommunismus bei der Verwirklichung einer individuellen Begabung unerläßlich und wo nebensächlich gewesen? Verdanken wir der Konfrontation von Literatur und Kommunismus irgendwelche Meisterwerke, die sonst vielleicht nicht hätten entstehen können? Ich bin der Meinung, es gibt welche; auch wenn wir dabei die russische Dichtung aus der Zeit zwischen 1917 und 1925 außer acht lassen. Zwei der repräsentativsten Romane der Moderne, Malraux' *Condition humaine* und Koestlers *Darkness at Noon* entstammen dem unmittelbaren Einfluß der kommunistischen Bewegung auf das Leben der Verfasser. Und hinzukommt, daß beide Werke gültig bleiben, weil sie im Kommunismus die Koexistenz des Edlen und des Gemeinen erkennen. Wenn man im Vorgehen der Partei Grausamkeit, List und eine erbarmungslose Unterdrückung persönlicher Werte antrifft, kann man auf der anderen Seite auch Opferbereitschaft, Courage finden und eine unbändige Überzeugung in die männliche Fähigkeit, für eine Idee zu leben und zu sterben. Ohne die Existenz des Marxismus und seine eigene absonderliche aber unentwegte Anhänglichkeit an die Partei-Ideologie hätte der führende Dramatiker unseres Zeitalters, Bertolt Brecht, nicht seine Stimme und seinen Stil gefunden. Die *Dreigroschenoper, Mahagonny* und *Mutter Courage* sind Klassiker des Tonfalls von heute, sie sind eingegangen ins allgemeine Repertoire des Fühlens und Denkens, doch ihre Wurzeln beziehen diese Werke aus dem persönlichen Kommunismus von Brecht und aus dem historischen Rahmen um die Niederlage der kommunistischen Bewegung im Vorkriegsdeutschland. Ost-Berlin ist denn auch die Stadt, auf die er sich, wenn auch noch so vorsichtig, sein ganzes Leben lang zubewegt hat.

In ähnlicher Weise sind bestimmte Dichtungen von Aragon nicht zu trennen von der Weltbetrachtung und dem Vokabular des Kommunismus. Und das Gleiche gilt in einem paradoxen doch entschiedenen Sinne für *Doktor Schiwago*. Man kann dieses weitschweifige, grüblerische, oft sich selbst widersprechende Werk gar nicht auf einen Nenner bringen, ohne daß man sich vergegenwärtigt, wie tief Pasternak vom Leiden und Streben der Russischen Revolution berührt war. In vieler Hinsicht setzt sich der Roman sogar für eine noch vollständigere, mehr nach innen gerichtete Revolution ein, als die, die die russische Gesellschaft schuf.

Anderswo bleibt das marxistische oder kommunistische Element im Kunstwerk oft nur eine Glasur an der Oberfläche beziehungsweise ein vorteilhafter Code für einen persönlichen Radikalismus. Das ist offensichtlich der Fall bei den Bühnenwerken von O'Casey und auch bei den Gedichten von Paul Eluard. Manchmal endet das Unternehmen des Künstlers, den momentanen Bedürfnissen der Partei-Ideologie zu dienen, auch in einem subversiven Mißverständnis: man war Zeuge, als Picasso in dem Bemühen, den Tod Stalins zu würdigen, ein Porträt produzierte, das einen verträumten, unbestimmten jungen Mann mit einem Schnurrbart aus der viktorianischen Epoche zeigt.

Schließlich bleibt noch die höchst diffizile Frage nach der Beziehung zwischen der Kunst an sich und dem Totalitarismus als solchem. Die Geschichte lehrt uns, daß eine autokratische Herrschaft, sei es im Rom zur Zeit des Augustus, im Florenz der Renaissance oder am Hofe Ludwigs XIV., durchaus auch große Kunstwerke und bedeutende Literatur ins Leben rufen kann. Vielfach sind Tyrannen und Dichter ganz gut miteinander ausgekommen. Sogar in Stalin existierten bizarre Spuren eines solchen Verhältnisses – bestätigt in seiner Behandlungsweise von Bulgakow und Pasternak. Wie weit aber kann der Absolutismus gehen, ehe die Kunst ins Knechtische absinkt oder verstummt? Wo liegt die Grenze zwischen dem Künstler als dem Übermittler von Idealen an die Gesellschaft, der er angehört, und dem Künstler als bloßem Propagandisten? Genauer gesagt: wo liegt der Unterschied zwischen Andrew Marvells Ode auf Cromwell und den Rhapsodien von Becher auf Stalin und Ulbricht? Auch wenn das Buch von Rühle darauf keine fertige Antwort bereitstellt, wirft es letzten Endes doch manch wertvolles Licht auf das Problem. Beschäftigen aber wird man sich müssen mit diesem interessanten und dringlichen Thema.

Trotzki und die tragische Einbildung

Isaac Deutschers Trotzki-Biographie, so weitgespannt sie auch ist in ihrer ideellen und intellektuellen Bindung, stellt den Leser erneut vor die alte Frage: weshalb ist Trotzki gestürzt worden? Was hat den virtuosen Taktiker der bolschewistischen Revolution, einen Mann, der Lenin an Weitsichtigkeit und Brillanz gleichkam und ihn gelegentlich noch überbot, am Ende ruiniert?

Die Ursachen sind verwickelter Natur und ihre Wurzeln rühren an die Siegeszeiten. Im Dezember 1919 stand Trotzki auf dem Höhepunkt seines politischen und militärischen Erfolges. Die Weißarmisten sind im Umkreis von achttausend Kilometern zerschlagen und zurückgeworfen worden. Judenitsch und seine britischen Panzer sind vor den Toren von Petersburg zum Stehen gebracht worden. An der Südfront befinden sich die Weißarmisten im aufgelösten Rückzug von Kiew und Poltawa. In Sibirien geht der Mythus des Admirals Koltschak von einem antisowjetischen Rußland seinem schauerlichen Ende entgegen. Auf dem 7. Kongreß der Sowjets schien der soeben mit dem Orden des Roten Banners ausgezeichnete Trotzki Erfindungsgabe, Kaltblütigkeit und das erbarmungslose Hoffen zu verkörpern, die den Sieg zustande gebracht hatten. Sein Name wurde weit und breit zur Legende.

Dennoch gab er vier Jahre danach das Kriegskommissariat ab und war am 16. Januar 1928 ein aller Macht enthobener Mann auf dem Wege ins Exil nach Innerasien. Wie brachte es der schlau und hartnäckig aus dem Hinterhalt der Parteibürokratie operierende Stalin fertig, den überlegensten seiner potentiellen Rivalen zuerst zu isolieren, dann zu überwältigen?

Die Umrisse der klassischen Tragödie liegen fast auf der

Hand. Trotzki strauchelte genau im Augenblick seines Triumphes. Er, der für eine proletarische Demokratie im vollsten Sinne gefochten hatte, der für das Recht von Arbeitern und Bauern eingetreten war, ihre Ansichten im Verlauf einer fortgesetzten revolutionären Debatte zu gestalten, machte sich nun Theorie und Praxis einer totalitären Parteikontrolle zu eigen. Die Partei allein, durch authentische Einsicht in die Geschichte aufgeklärt und durch ihren Sieg einzigartig bestätigt, sollte Stimme und Vollstreckerin der Gesellschaft werden. Trotzki, der sich des aus der Revolution und dem Bürgerkrieg herrührenden Wirrwarrs klar bewußt war – die Gesamtheit der entstandenen Schäden konnte sich der einzelne Verstand gar nicht ausmalen, geschweige denn meistern – machte im Dezember 1919, angespornt vom eigenen Erfolg beim Aufbau und Lenken der Roten Armee, den Vorschlag, den Mechanismus der militärischen Mobilisierung auch auf die Mobilisierung der zivilen Arbeitskräfte anzuwenden (eine Auffassung, die schon Saint-Just während der französischen Revolution geprüft hatte). In den Wintermonaten von 1920/21, die Lenin das »Fieber« und die »tödliche Krankheit« der Partei genannt hat, führte Trotzki jene Fraktion an, welche die Selbständigkeit der Gewerkschaften aufgehoben und im Gefüge des Staates absorbiert sehen wollte. Er zog gegen die zu Felde, die »aus den demokratischen Grundregeln einen Fetisch gemacht« hatten und drängte mit zermürbender Beredsamkeit darauf hin, daß »die Partei ohne Rücksicht auf vorübergehende Schwankungen in den spontanen Stimmungen der Massen, selbst ohne Rücksicht auf die zeitweiligen Unentschiedenheiten der Arbeiterklasse, verpflichtet ist, ihre diktatorische Stellung beizubehalten«.

Trotzki schritt die Reihen ab nach dem unterdrückten Aufstand von Kronstadt, jenem ersten Abschnitt im langen, erbitterten Zweikampf der Sowjetrevolution mit ihrer anarchistischen oder radikalen Vergangenheit. Trotzki war es auch, der die Dezimierung der Matrosen, die er selber 1917 zur Meuterei angestachelt und im Bürgerkrieg angeführt hatte, als einen unerläßlichen Sieg feierte. Die Ironie seiner neuen Situation war eine ebenso gründliche wie selbstmörderische. Als er proklamierte, daß die Partei den Willen der Gesellschaft ersetzen müsse, daß sie diesen Willen als ein monistisches Instrument zu verkörpern habe, sah er schon voraus, daß eines Tages das Zentralkomitee die gesamte Partei ersetzen würde und daß am Ende unausweichlich ein einziger Diktator die entscheidenden Funktionen und Entscheidungsprozesse des Zentralkomitees in seiner Person vereinigen würde. Und wiederum handelte Trotzki genau wie eine Gestalt aus der klassischen Tragödie, indem er die Gefahren, die er voraussah, weder aufhielt noch zunichte machte. Hellsicht und Politik fielen auseinander, als ob das Verhängnis, als historischer Prozeß, einen unwiderstehlichen Reiz ausübte. Majestätisch strauchelte er weiter. Man wird an Eteokles gemahnt, der in den *Sieben gegen Theben*, dem Tor des Todes in vollem Bewußtsein entgegengeht und dem Einwand des Chores, sich zu retten oder die Freiheit des Handelns zurückzugewinnen, mit den Worten begegnet:

Die Götter kümmern wir schon längst nicht mehr!
Als Dienst geschätzt wird einzig, daß wir – untergehn!
Wozu noch liebedienern vor dem Los des Tods?

Die Krise des Interregnums von 1923 bis 1924 erklärt denn auch Trotzkis Isolierung. Hier erweist sich die Studie der inneren Geschichte Sowjetrußlands und der Partei von E. H. Carr als unentbehrlich. Die gefährliche Lage, in der sich die russische Wirtschaft befand, und die im Widerstreit liegenden Forderungen von Industrie und Landwirtschaft riefen erbitterte Spaltungen hervor. Weil aber Trotzki wegen seiner früheren negativen Haltung gegenüber den Gewerkschaften bekannt war, konnte er nicht Anführer einer »industriellen Opposition« werden (wie sie sich Jahrzehnte später gegen die Unwirksamkeiten und längst ausgedienten Grausamkeiten der stalinistischen Herrschaft erheben sollte). Trotzki mußte also ein zunehmend einsames und ungeduldiges Spiel spielen. Deutlich sichtbar wurde dies während der Streitigkeiten über den Kurs, den die Kommunistische Partei Deutschlands nehmen sollte. Carr formuliert so: Für Trotzki »waren die Schicksale der russischen und der deutschen Revolution unwiderruflich miteinander verknüpft: für ihn war das ein ebenso emotionaler wie rationaler Glaube«. Im August 1923 war Trotzki überzeugt davon, daß die Stunde der proletarischen Revolution auch für das Heimatland von Marx gekommen sei. Die Niederlage der KPD im Oktober, der einige Tage später Hitlers Münchner Putsch folgte, schwächte Trotzkis emotionale und taktische Reserven weiterhin. Schon begann Stalin, dessen scheinbare Gleichgültigkeit in der Deutschlandfrage zum Teil aus einer Unwissenheit, zum Teil aus instinktiver Verschlagenheit bestand, als dominierende Figur des Triumvirats Kamenew – Sinoview – Stalin aufzusteigen. Außerdem kann kein Zweifel daran bestehen, daß die Krankheit und der Tod Lenins Trotzki aus dem Gleichgewicht brachte und ihn seltsamerweise verletzbar machte. So verwickelt und unersetzlich waren die Beziehungen zwischen diesen beiden Hauptfiguren der Russischen Revolution, daß sie eigentlich nur von einem großen Romancier begriffen werden können. Angefangen hatte es mit gegenseitigen Polemiken. Im Jahre 1904 beschrieb Trotzki, der mit den Menschewiken noch nicht gebrochen hatte, Lenin als einen »abscheulichen« und »liederlichen« Mann, als einen russischen Robespierre, der zwischen seiner Partei und der übrigen Welt einen blutigen Strich ziehe (ob Trotzki sich damals schon seine Rolle als Danton zurechtlegte?). Wiederum bekämpften sie sich gegenseitig bei der Formulierung des Zimmerwald-Programms im Jahre 1915. Und als Lenin 1917 ihn und seine Freunde aufforderte, den Bolschewiken beizutreten, kam Trotzki dem nicht ohne weiteres nach. Ihr Bündnis war lediglich durch die Notwendigkeiten und Triumphe der Oktober-Revolution geschmiedet. Isaac Deutscher spricht von der »Zwietracht im Temperament und in der Lebensweise« zwischen den beiden Giganten; man muß an Fels und Lava denken.

Doch in den sechs kurzen Jahren ihrer Partnerschaft – jenen Jahren, die die Kontur des Jahrhunderts und einen großen Teil des Erdballs veränderten – entwickelten sie füreinander einen aufrichtigen Respekt. Lenin, so bemerkt Deutscher, »hat über ihre Kontroversen aus der Vergangenheit nicht eine einzige Andeutung gemacht, es sei denn, er äußerte sich privat darüber, daß Trotzki in mancher Hinsicht recht gehabt und daß er die Partei in seinem Namen gewarnt habe, ihm doch nicht seine nicht-bolschewistische Vergangenheit vorzuhalten«. In diesem berühmten Dokument macht Lenin zwar die Einschränkung, Trotzkis Genius sei in seiner Selbstsicherheit zu weit gegangen, stellt aber fest, daß er »im Zentralkomitee bestimmt der fähigste Mann« gewesen sei.

Trotzki wiederum erkannte Lenins überragenden und unheimlichen politischen Scharfsinn an. Ohne daß er auf seine eigene Unabhängigkeit verzichtet hätte, legte er im Hinblick auf seine ehemaligen Angriffe gegen Lenins Rechtschaffenheit unmißverständlich Reue an den Tag. Solange die Hauptmacht von Lenin ausging, agierte Trotzki mit einer großartigen Spontaneität, Kühnheit und taktischen Findigkeit. Es war, als ob Lenin den festen Angelpunkt bildete, dem gegenüber er das Ungezwungene und Unehrerbietige seines eigenen Temperaments in Anschlag bringen konnte, ohne politisches Unheil befürchten zu müssen. Solange Lenin da war, auf ihn hörte und die Entscheidungen traf, fühlte sich Trotzki immun gegen das krebsartige Wirken von Partei-Intrigen und Vergeltungsmaßnahmen der alten Garde. Seine eigene Isolierung aus den Kadern der Partei erscheint als ein Nichts, solange ihr die potentielle Stärke einer Lenin-Trotzki-Entente gegenüberstand.

Mit Lenins Tod schien Trotzki sein politischer Instinkt, der ihn tragende Dämon aus Sarkasmus und Schlichen, im Stich zu lassen. Man muß sich wirklich fragen, ob sein Versäumnis, sich des persönlichen Prestiges von Lenin in dem aufkeimenden Machtkampf gegen Stalin zu bedienen, und seine Unterlassung, sich auf Lenins Testament mit seinen Warnungen vor Stalins bürokratischem Machtmißbrauch mit voller Kraft zu berufen, nicht am Ende auf ein tiefverwurzeltes Schuldgefühl hindeuten. Als ob er sich die früheren Angriffe gegen Lenin nicht verzeihen könnte, als ob er sich irgendwo im Unterbewußtsein nicht gerechtfertigt fühlte, sein Zusammenwirken mit Lenin als Waffe gegen jene alten Bolschewisten zu benutzen, die ihn als Opportunisten und politisch zu spät Gekommenen behandelten. Fatalerweise – darin mag Stalin seine Hand im Spiel gehabt haben – war Trotzki zur Zeit von Lenins Staatsbegräbnis von Moskau abwesend. Bei diesem Anlaß nämlich prägte Stalin seine unheilkündende Formulierung vom Persönlichkeitskult, der byzantinischen Huldigung an die Führergestalt.

Deutscher faßt die Situation folgendermaßen zusammen:

Langsam und unerbittlich entfalteten sich die Umstände, die zu Trotzkis Fall führen sollten, und ballten sich zusammen. Er verpaßte die Gelegenheit, das Triumvirat über den Haufen zu werfen und Stalin in Mißkredit zu bringen. Er ließ seine eigenen Verbündeten fallen. Er brachte es nicht fertig, als Sprachrohr von Lenin aufzutreten, ein Entschluß, den dieser von ihm erwartet hatte. Er versäumte es, die Georgier und Ukrainer, für die er im Politbüro eingetreten war, vor der Partei zu unterstützen. Er schwieg, als aus den eigenen Reihen der Ruf nach einer innerparteilichen Demokratie laut wurde. Er erklärte ökonomische Gedanken, deren historische Bedeutung seinen Zuhörern entging, die seine Gegner aber leicht so verdrehen konnten, daß sie gleichermaßen bei Arbeitern, Bauern und Bürokraten den Eindruck erweckten, Trotzki sei nicht gerade ihr Wohltäter, und jede einzelne soziale Gruppe und Klasse schon bei dem bloßen Gedanken erzitterte, er könnte Lenins Nachfolger werden.

Was stand hinter diesem Zaudern und Zögern, hinter der Weigerung, an die Partei im Ganzen zu appellieren, an die

Armee, die er aufgebaut hatte, an die internationale kommunistische Bewegung, in deren Augen sein Ruhm immer noch ungetrübt bestand? War Trotzki, wie Stalin angedeutet hat, zu hochmütig, um zu kämpfen? Die Gründe liegen wahrscheinlich tiefer. Der Marxismus kann in der Persönlichkeit eine Bewußtseinsspaltung hervorrufen, sehr ähnlich derjenigen, die der Protagonist in der Tragödie durchmacht. Während er sich mit seiner ganzen Vorstellungsgabe dem geschichtlichen Prozeß anvertraut, trainiert er sich zur Annahme einer persönlichen Rücksichtnahme im Miniaturzustand. Die Logik und emotionale Macht der geschichtlichen Tatsachen, selbst wo diese Zerstörung und Demütigung seiner eigenen Person im Gefolge haben, übersteigt die eigenen Ansprüche und die Intensität seines Ichs. Verhängnis und Verderb werden in einer fast ergebenen Weise akzeptiert als Bestandteil jener historischen Richtigkeit und Vorwärtsbewegung, in welcher die Bedeutung der individuellen Existenz verankert ist.

Noch offensichtlicher bleibt, daß Trotzki gefangen war im Netz körperlicher Krankheit und nervöser Erschöpfung. Dies hielt ihn in den entscheidenden Momenten von Moskau fern und verhinderte, daß er an den täglichen organisatorischen Intrigen und den eigentlichen Manövern hinter den Kulissen der Partei teilnahm, in denen Stalin exzellierte. Der Sieg hatte Trotzki eigenartigerweise müde und merkwürdig richtungslos gemacht. Als dann sein Temperament die Entschlußkraft wiederfand, als er erkannte, daß er nur »mit Kampf und Leidenschaft« leben konnte und »der Blitzstrahl am Ende« unerläßlich war, da war es zu spät.

Das ist auch das Thema von *Der ausgestoßene Prophet*, dem vielleicht besten Teil in Isaac Deutschers dreibändiger Trotzki-Biographie. Die Vorgänge nehmen die Form eines Niobe-Stückes an. In der Chronik von Stalins verworrenen Grausamkeiten gibt es kaum etwas, was an Erbarmungslosigkeit die Ausrottung von Trotzkis Kindern und Enkelkindern übertrifft. Trotzkis Tochter Zina, ihrer russischen Staatsangehörigkeit beraubt, konnte nicht zu Ehemann und Kindern zurückkehren. Ihr ruheloses Ich zerbrach unter dem Druck, und sie beging Selbstmord in Berlin, wo ein paar Wochen später die Nazihäscher über sie hergefallen wären. Trotzkis ältester Sohn Leon (mit dem Kosenamen Lyova) war sein unermüdlicher Begleiter im Exil, seines Vaters Kurier, Publizist und Advokat. Von ihm verlangte Trotzki unter den zunehmend hoffnungslosen Umständen ein phantastisches Maß an Arbeit, behandelte ihn oftmals mit unduldsamer Ungeduld, doch Lyovas Mut und Treue blieben ihm erhalten. Er war es, der die gejagten und verfolgten Überreste der Trotzkistischen Bewegung in Westeuropa am Leben erhielt. Seinen Bemühungen war es zu verdanken, daß der zerflatternde Traum einer Vierten Internationale wieder etwas Substanz erhielt. Doch die GPU verfolgte ihn unaufhörlich. Er starb im Februar 1938 in Paris, herzkrank, schlaflos und ohne ausreichende Ernährung im Alter von zweiunddreißig Jahren. Deutscher zieht den Schluß, daß »viele Indizien« auf Ermordung hindeuten.

Trotzkis jüngster Sohn, Sergei, versuchte es, sich aus dem ansteckenden Bannkreis der väterlichen Überzeugungen und politischen Erfolge gänzlich herauszuhalten. Umsonst. Trotz Trotzkis Appell an die Welt wurde er in ein Konzentrationslager nach Sibirien deportiert und dann gefoltert, in der Hoffnung, er würde seinen Vater öffentlich brandmarken und denunzieren. Die Wahrscheinlichkeit spricht dafür, daß man ihn im Laufe des Jahres 1938 umgebracht hat, doch gibt es Stimmen, die erklären, ihn später noch lebend gesehen zu haben. Während er das Schicksal seiner Kinder miterlebte und wußte, daß er es verschuldet hatte und nichts zu seiner Verhinderung tun konnte, ging Trotzki schrittweise durch seine Verdammnis. Über Lyova schrieb er:

Seine Mutter, die ihm näher stand als jeder andere in der Welt, und ich erinnern uns an jeden Einzelzug seines Wesens, wenn wir diese furchtbaren Stunden durchleben; wir möchten es nicht glauben, daß er nicht mehr da ist und weinen, da es unmöglich ist, es nicht zu glauben... Deine Mutter und ich haben es niemals geglaubt, niemals erwartet, daß uns das Schicksal diese Bürde auferlegen würde... daß wir dir einen Nachruf schreiben müßten... Aber wir haben es nicht vermocht, dich zu retten.

Wie Ovid von Niobe spricht: noch während sie betete, fiel das Kind, für das sie betete, tot um.

Aber es blieb natürlich Trotzki selbst, den Stalin in erster Linie vernichten wollte. Die langjährige Verfolgung führte von der Türkei nach Frankreich, von Frankreich nach Norwegen, von Norwegen nach Mexiko. Nicht nur die Verfolger stifteten Entsetzen, sondern auch diejenigen, die ihm das Asyl verweigerten oder es mit Bedingungen verknüpften, die so schauderhaft waren, daß Trotzki es woanders versuchen mußte. Trotzki wurde nicht wie Herzen, Ogarew oder Marx Zuflucht in England zugestanden. Deutscher meint, daß Trotzki und Churchill eine bestimmte Ähnlichkeit als Meister der Rhetorik, als historische Gestalten und als Amateurgenies im Kriege besitzen. Aber Churchill hat Trotzki gegenüber keinen Großmut an den Tag gelegt. Er frohlockte darüber, »den Menschenfresser aus Europa«, jetzt als »ein Bündel alter Lumpen« trostlos an den Ufern des Schwarzen Meeres hokken und von einem Ort zum andern gejagt zu sehen. Und später war es Trotzkis Exekution, die bei Churchill Hoffnungen auf eine alliierte konterrevolutionäre Intervention auslöste.

Das Ende soll sich so abgespielt haben: »Mit zerschmettertem Kopf und durchbohrtem Gesicht, sprang Trotzki noch einmal auf, bewarf den Mörder mit allem, was ihm in die Hand kam, Büchern, Tintenfässern, sogar einem Diktaphon, um sich dann selber über ihn zu werfen. Alles hatte nur drei bis vier Minuten gedauert... Trotzkis letzter, verzweifelter Kampf. Er kämpfte wie ein Tiger, packte den Mörder, zerbiß ihm die Hand und entwand ihm den Eispickel.«

Diesem erstaunlichen Wiederaufleben seiner Willenskraft

nach der Moskauer Niederlage verdankt es Trotzki, während der elfjährigen Flucht- und Exilzeit alles das vollendet zu haben, was in seinem Vermächtnis von Bestand bleibt. Trotzkis unmittelbare Gegenwart in jenen Jahren, der Energiesprung aus einem einzigen Leben, nehmen allmählich die universale Geschlossenheit einer Legende an. Seine Schriften werden zu fesselnden Studienobjekten für den Literaturstudenten (Bücher, Tintenfässer und das Diktaphon stellen das schriftstellerische Waffenarsenal dar).

Auf der Insel Prinkipo, im Marmarameer, schrieb Trotzki seine Autobiographie, *Mein Leben*, und seine *Geschichte der Russischen Revolution*. Beides ausgezeichnete Bücher, die die Prüfung durch die Zeiten überstanden haben. Die Autobiographie wurde im Zustand der Vergessenheit verfaßt, in der gespannten Atempause zwischen der bedeutungsvollen Vergangenheit und einer ungewissen Zukunft. Trotzki, der vieles aus dem eigenen Leben schon in der Reichweite der Geschichte sieht, erreicht darin einen bemerkenswerten Abstand zu sich selber. Er hat den Blick des ursprünglichen Schriftstellers und Taktikers für das Detail. Im Spätsommer des Jahres 1902 floh Trotzki »zusammen mit E. G., einer Übersetzerin von Marx« aus dem Exil in Sibirien:

Der Kutscher preschte nach sibirischer Art in einem Tempo von zwanzig Werst die Stunde dahin. Unter der stöhnenden Begleitmusik meiner Gefährtin konnte ich jedes Schlagloch einzeln mit meinem Rücken zählen. Während der Fahrt wurden zweimal die Pferde gewechselt. Ehe wir an die Bahn kamen, gingen meine Begleiterin und ich unsere eigenen Wege, damit nicht einer unter den möglichen Gefahren und Mißgeschicken des andern zu leiden hätte. Ich erreichte sicher den Zug. Dort versorgten mich meine Freunde aus Irkutsk mit einem Koffer voller gestärkter Hemden, Krawatten und ähnlichen Attributen der Zivilisation. In der Hand hielt ich eine Ausgabe der Ilias in den russischen Hexametern von Gnjeditsch, in der Tasche trug ich einen Reisepaß, ausgestellt

auf den Namen Trotzki, den ich aufs Geratewohl reinge-
schrieben hatte, ohne mir vorzustellen, daß er mein Name für
den Rest des Lebens bleiben würde... Während der ganzen
Reise war der Waggon voller Passagiere, die Tee tranken und
einfache sibirische Blinys aßen. Ich las die Hexameter und
träumte vom Leben im Ausland. Die ganze Flucht erwies sich
als eine Angelegenheit ohne jeden romantischen Glanz, die
sich in ein endloses Teetrinken auflöste.

Die *Geschichte der Russischen Revolution* stellt ein sehr
beträchtliches Stück Arbeit dar, »einmalig in der Welt der
Literatur als Rechenschaftsbericht einer Revolution aus der
Hand eines ihrer Hauptbeteiligten«, wie Deutscher sagt. Es
vermittelt das ungeheure Ereignis, darin Carlyle vergleichbar;
es zeigt die menschliche Masse in Bewegung – wobei das
Ganze in großartig bedrohlicher Weise die Sicht der einzelnen Teile übertrifft – wie kaum ein anderer Geschichtsbericht
zuvor. Gleichzeitig wimmelt es von porträthaften Einzel-
schilderungen (Kerenski, Lieber, Tschernow, Tscheretelli), so
scharf und eindringlich gesehen wie bei Saint-Simon. Unver-
geßlich bleiben Charakterskizzen in der unumwundenen und
vergnüglichen Endgültigkeit ihres Urteils:

Als Schriftsteller ist Miljukow schwerflüssig, weitschweifig
und ermüdend. Die gleichen Eigenschaften besitzt er auch als
Redner. Schmuckhafte Ausgestaltung ist nicht seine Sache.
Das könnte ein Vorteil sein, wenn nicht die schäbigen politischen Ansichten von Miljukow eine Tarnung nötig hätten,
beziehungsweise wenn sie wenigstens eine objektive Verkleidung in Form einer großen Tradition aufgewiesen hätten.
Aber bei ihm hat es nicht einmal eine kleine Tradition gegeben. Die offizielle Politik in Frankreich – Quintessenz spieß-
bürgerlichen Verrats und Egoismus' – hat zwei mächtige Ver-
bündete: die Tradition und die Rhetorik. Während eine die
andere vorantreibt, schirmen sie jeden Bourgeois-Politiker
mit einer Defensiv-Hülle ab, selbst einen so nüchternen

Handlanger der großen Unternehmer wie Poincaré. Es ist nicht der Fehler von Miljukow, wenn er keine berühmten Vorfahren aufzuweisen hat und wenn er an den Grenzen von Europa und Asien genötigt wurde, eine Bourgeois-Politik des Egoismus zu betreiben.

Die *Geschichte* versucht hauptsächlich die revolutionäre Verwirrung und ihre anschaulich gemachte Dramatik in den Rahmen marxistischer Analyse einzuordnen. Trotzkis »Szenen, Personalbeschreibungen und Dialogstellen, sinnenstark in ihrer Wirklichkeitstreue, sind durch seine Auffassung vom geschichtlichen Vorgang von innen her erhellt«. Aber die theoretische Beherrschung der Stoffmasse ist nur ungenügend erreicht. Die Ereignisse standen dem Historiker zu nahe, und vieles von dem, was er zur eigenen Verteidigung oder über Stalins Machtergreifung sagt, liegt außerhalb jeder natürlichen marxistischen Umrißlinie. Dennoch bewegt sich die *Geschichte* unter dem Zwang einer beschränkten Beweisführung in der beständigen Absicht ideologisch-sozialistischer Analyse voran. Trotzkis Werke ähneln in ihrer szenischen Größe und im Grad persönlichen Beteiligtseins den geschichtlichen Darstellungen Churchills, nur daß sie reifer sind und nicht so viele Worte machen.
Kaum weniger eindrucksvoll war Trotzkis Leistung als Prophet und Deuter der Katastrophe der dreißiger Jahre. Eher schon als Churchill lenkte er die zivilisierte Meinung auf die Realität Hitlers hin und sah auch tiefer als Churchill in die Urgründe und Mechanismen der Nazibewegung. Weil für ihn das Schicksal der deutschen Arbeiterklasse von dem der Russischen Revolution untrennbar war, war er beinahe der erste, der die Konsequenzen aus der Machtergreifung Hitlers und dem Versagen des Proletariats in Deutschland und Westeuropa ablas, dem Ansturm des kleinbürgerlichen Totalitarismus Einhalt zu gebieten. Trotzki sah den Nationalsozialismus als »Partei der konterrevolutionären Verzweiflung«, als eine Bewegung und Ideologie »des amoklaufenden Kleinbürgers«

an. Mussolini und Hitler verkörperten die Konterrevolution von unten, mit ihnen »kam der Drang der unteren Mittelklasse zum Ausdruck, sich gegen den übrigen Teil der Gesellschaft durchzusetzen«. Die nationale Niederlage, so willkürlich und unvollständig sie begriffen war, zusammen mit der Wirtschaftskrise von 1929 – die, wie Canetti richtig beobachtet hat, das innere Gefüge sozialen Zusammenhalts schwächte – hat die Falltür geöffnet. Pathologische Kräfte aus Minderwertigkeitsgefühlen und Rachegelüsten griffen in das Vakuum ein, das der Zusammenbruch des Nationalstolzes und einer normalen wirtschaftlichen Selbstachtung hinterlassen hatten. Mit unheimlicher Hellsicht erkannte Trotzki schon vor 1933, daß in jedem frustrierten Kleinbürger eine Spur von Hitler gegenwärtig ist. Was seiner Ansicht nach Trotzkis hervorragendste politische Leistung im Exil gewesen sei, faßt Deutscher folgendermaßen zusammen:

Wie kein anderer und viel eher als irgend jemand anders erfaßte er den destruktiven Wahn, mit dem der Nationalsozialismus über die Welt hereinbrechen sollte... Was den politischen Wahnwitz jener Zeitläufte noch weiter hervorhebt, ist die vollkommene Sorglosigkeit über die Zukunft und die boshafte Feindseligkeit, mit der die für das Verhängnis des deutschen Kommunismus und Sozialismus verantwortlichen Männer auf den von Trotzki geschlagenen Alarm reagierten... Nur mit Mühe kann eine historische Darstellung den ganzen Sturm aus Verleumdung und Spott wiedergeben, mit dem man ihm begegnete... Er mußte die Kapitulation der Dritten Internationale vor Hitler mitansehen, wie ein Vater, der den Selbstmord seines verlorenen, geistesabwesenden Kindes mitansieht: mit Furcht, Scham und Erbitterung.

Wiederum ist hier der Archetyp der des tragischen Theaters: Voraussicht, der wirksames Handeln und Eingreifen unmöglich gemacht wird. Gekoppelt an politische Hilflosigkeit, wirkte sich Trotzkis Hellsicht als ein Fluch aus. Auch er stand machtlos an blutiger Stätte und prophezeite für die, die ihm keinen Glauben schenken wollten oder die ihm zu spät glaubten:

> Was trag' ich diese Seiden noch, mir selbst zum Hohn,
> das Szepter und den Seherkranz um meinen Hals?
> Fort! eh der Tod mich fasset, brech' ich dich entzwei!
> Euch werf' ich hin, verkommt ihr! so vergelt' ich euch;
> Macht eine andre Ate reich an meiner Statt!
> *(Sie zerbricht den Stab und wirft die Stirnbinde zur Erde)*
> Da sieh, Apollon ist's, der mir mein Seherkleid
> Nun selber auszieht, der auf mich herniedersah,
> Als Freund und Feind mich, diesen heil'gen Schmuck zum
> Trotz,
> Gar sehr verlachten, unverhohlen, wahnbetört!
> Gescholten Törin, Bettlerin, Lügenzauberweib,
> Wahnwitzig, elend, hungersterbend – ich ertrug's!
> Nun führt der Seher mich, die Seherin, hierher,
> Daß meine Schuld ich zahle – her zum Untergang!

Wie Kassandra sah Trotzki nicht nur sein eigenes Verderben voraus (das Mordbeil und der zersplitterte Kopf, die sie beide hinter der blutbesudelten Tür erwarteten), sondern auch die qualvolle Entwicklung der Ereignisse in der *polis*. In der Qual wirkungsloser Einsicht erkannte er, daß die Weigerung der Kommunistischen Partei Deutschlands, eine gemeinsame Front gegen die Nazis zu bilden und ihr umfangreiches Kräftepotential in einer gemeinsamen Linksbewegung zusammenzuschließen, nicht nur ihr eigenes Verderben, sondern das von ganz Deutschland bewirken würde. Außerdem war jene Absage der unmittelbare Ausdruck Stalinschen Willens und seiner Politik. Dadurch daß er immer wieder darauf zurückkam, daß der eigentliche und tödliche Widersacher die Sozialdemokraten seien, daß man Hitler später erledigen und durchaus gemeinsame Sache mit dem Nazismus machen könne im Kampf gegen die Sozialisten und die »Plutokraten«, ermöglichte Stalin die Auslöschung des deutschen Kommunismus und hat viel zum Triumph des Nazismus beigetragen. Trotzki schrie und wetterte vergeblich gegen dieses durch und durch zynische Unternehmen, er sagte voraus, daß man Wind säen und Sturm ernten würde: »Eine Infamie ist es, Hoffnungen zu erwecken, daß die Arbeiterschaft Hitler schon hinwegfegen würde, wenn er erst zur Macht gekommen ist... Die Neunmalklugen, die da behaupten, sie sähen keinen Unterschied zwischen Hitler und Brüning, sagen damit in Wirklichkeit: es macht nichts aus, ob unsere Organisation weiter existiert oder ob sie schon zerstört ist. Hinter diesem pseudoradikalen Wortschwall verbirgt sich elendeste Passivität.« Die Stalinisten brandmarkten Trotzki einfach als einen hysterischen Saboteur (»Bettler, korrumpiert, halb verhungert«) und fuhren fort, der Demokratie in Deutschland das Grab zu schaufeln. Kurz bevor Hitler Reichskanzler wurde, hat Thälmann, der Anführer der deutschen Kommunisten, Trotzkis Warnungen als »Einbildung eines total bankrotten Faschisten und Konterrevolutionärs« hingestellt (»als Freund und Feind mich... gar sehr verlachten, unverhohlen, wahnbetört.«)

Nur ein halbes Jahr später sollten sich die deutschen Kommunisten hinter dem elektrisch geladenen Stacheldraht der neu errichteten Konzentrationslager an die Stimme des verhöhnten Propheten erinnern.

Trotzdem steigt einem ein Verdacht auf, wenn man an den vermeintlichen Wahnwitz der stalinistischen Linie zurückdenkt. War nicht Stalin genauso weitschauend wie Trotzki, wenn auch in zynischer, brutaler Hinsicht? Könnte es nicht sein, daß er darauf aus war, die KPD zerstört und Hitler siegreich zu sehen in der dunklen instinktiven Erwartung einer Krisensituation, die Deutschland letzten Endes ruinieren und damit der Sowjetunion die Vormachtstellung über ganz Osteuropa und die Balkanstaaten sichern sollte? Oder fürchtete er sich vor dem Überleben und weiteren Heranreifen einer kompetenten und rivalisierenden kommunistischen Staatsform im Kernland des industrialisierten Europa? (Wie die wichtige Studie über Rosa Luxemburg von Peter Nettl aufzeigt, haben von Anfang an Zweideutigkeiten in der Strategie die Beziehungen zwischen dem deutschen und dem russischen Marxismus kompliziert.) Eine Möglichkeit, darüber sichere Kenntnis zu erhalten, gibt es nicht. Eines aber ist klar: Als Trotzki im Jahre 1932 ausrief – »Es sind Hunderttausende, es sind Millionen von euch da... Kommt der Faschismus an die Macht, wird er wie ein Panzerungeheuer über eure Köpfe und Rücken hinwegrollen... Nur eine kämpferische Vereinigung mit den sozialdemokratischen Arbeitern kann uns den Sieg bringen« – da standen Vernunft und die Überbleibsel politischen Anstandes auf seiner Seite. Aber sie standen ebenso allein da wie im Hof des Hauses von Atreus.

Eine Biographie dieses Ausmaßes, die sich mit einem Menschenleben beschäftigt, dessen Resonanz sich durch das Echo der Geschichte vertieft und vervielfältigt, steht in einem ebenso verflochtenen Verhältnis zur Zeit wie ein Kunstwerk. Als Deutscher Ende 1949 den ersten Band begann, feierte man in Moskau mit östlichem Pomp und Servilität gerade Stalins siebzigsten Geburtstag. Als dann *Der ausgestoßene Prophet* 1963 herauskam, stand der Sarg von Stalin nicht mehr im Leninmausoleum und viele Menschen glaubten, es werde nicht mehr lange dauern, bis der leere Platz von einem gerechtfertigten Trotzki eingenommen würde. Es schien, als würde der auf dem 20. Parteitag erstmalig eingeleitete Prozeß einer antistalinistischen Revision unumwunden zu Trotzkis Rehabilitierung vor der Geschichte des Bolschewismus und der Mythologie des Kommunismus führen. Heute – 1966 – erscheint diese Möglichkeit in weite Ferne gerückt. Der 23. Parteitag fiel wieder in die stalinistische Terminologie eines Ersten Vorsitzenden und eines Politbüros zurück, und es sieht ganz so aus, als werfe die Erbschaft Stalins und seine Einfügung in eine akzeptable Geschichtsauslegung die dringlichsten und kompliziertesten Herausforderungen an die sowjetische Gesellschaft auf.

Beide, Stalin wie Trotzki, sind in den Halbschatten einer »variablen Wahrheit« getreten. Von all den Unterschieden in den Denkgewohnheiten, welche die westlich nach-Cartesische Kultur von Rußland und dem östlichen Gefühlsvermögen trennen, ist die Verneinung, beziehungsweise die Reformulierung der geschichtlichen Ereignisse vielleicht die schwerwiegendste. Ein politisches System, das dazu fähig ist, durch Erlaß den Namen seiner heldenhaftesten Stadt und Kriegsleistung zu tilgen (Stalingrad wurde zu Wolgograd), wird vor keiner Lügenhaftigkeit in seiner eigenen Vergangenheit zurückschrecken. Der Sowjet-Totalitarismus wirkt sich nicht in seinen Ansprüchen auf eine utopische Zukunft am extremsten aus, sondern in der Gewaltanwendung gegenüber der Vergangenheit, gegenüber der unbedingten Unverletzlichkeit der menschlichen Gedächtniskraft. Wo soll der Dialog beginnen, wenn der junge Historiker, der als einer unserer höflichen Reiseführer durch das Winterpalais fungiert, es als eine erwiesene Tatsache bezeichnet, daß Trotzki während des Oktoberüberfalls gar nicht in Petrograd gewesen sei, sondern »Ränkespiele mit den Deutschen getrieben« habe?

Er darf nicht mit neuen Lügen beginnen. Verleumdungen von Stalin und die Versuche, seine Rolle im Kriege zu schmälern oder zu entstellen, mögen wohl dem Gefühl für ausgleichende Gerechtigkeit schmeicheln, die Wahrheit aber bleibt dabei wieder einmal auf der Strecke. Lukács, der Hüter und Bewahrer des marxistischen Gewissens (bezeichnenderweise ein Westler) erkannte diese Seite der Entstalinisierung als einer der ersten. Einen Mythus durch einen anderen ersetzen, heißt gar nichts gewinnen, es heißt die Vergangenheit in die Knechtschaft der Taktiken des Augenblicks bringen. Die Mär von einem liberal und prowestlich eingestellten Trotzki, unter dessen Herrschaft sich die Sowjetunion auf einer durch Diskussion bedingten Linie entwickelt hätte, und von einer großen, aber durch den düsteren Verkehrsunfall in Gestalt von Stalins verdorbener Revolution, ist nicht stichhaltig. Diese Legende ignoriert nicht nur die Realitäten der bolschewistischen Lehre und der russischen Situation, sondern auch Trotzkis eigenen Charakter und die totalitäre Linie, die er in den Jahren zwischen 1920 und 1921 einschlug. Wie weit sein Anti-Stalinismus und sein inniges Hoffen auf eine »allmähliche« Evolution der Sowjetgesellschaft auch gegangen sind, Deutscher jedenfalls straft derartige Mythenbildungen Lügen.

Hierin vielleicht liegt die bemerkenswerte Leistung in Deutschers Werk: es errichtet ein gerechtes Gleichgewicht zwischen Trotzki und Stalin, indem es ihren Widerstreit nach dem Hegelschen Musterbeispiel für das tragische Drama als ironisch-komplizierte Verteilung der Verdienste aufzeigt. Deutscher, der selber vom Traum einer Vierten Internationale eingenommen war und dessen geistige Neigung deutlich bei Trotzki liegt (wie so mancher große Biograph, der besessen von seinem Gegenstand ist, sieht er Trotzki heute bemerkenswert ähnlich), läßt nichtsdestoweniger der grausamen Größe der Stalinschen Leistungen Gerechtigkeit widerfahren. Ähnlich wie Trotzki selber, der noch in den ärgsten Zeiten seines persönlichen Leidens um eine objektive Einschätzung der stalinistischen Politik bemüht war, läßt uns auch Deutscher keinen Augenblick vergessen, wo Stalin recht hatte. In diesem Bemühen um einen pragmatischen Gesichtspunkt liegt das Wesen der marxistischen Erziehung und Rechtschaffenheit.

Die trotzkische Sicht einer kontinuierlich verlaufenden Revolution und Rebellion des Proletariats im westlichen Europa stand während der zwanziger Jahre nicht im Einklang mit den Tatsachen. Stalins Konzentration auf den Kommunismus in einem Land war ganz realistisch. Obwohl die Methoden, die er anwandte, um die Unabhängigkeit der Kulaken zu brechen, entsetzlich waren und eine ausgeblutete und schüttere Gesellschaft zurückließen, hatte ihm sein Instinkt, nach Trotzkis eigenem Eingeständnis Recht gegeben. Zu diesem Zeitpunkt sowjetischer Geschichtsentwicklung war eine im großem Stil durchgeführte Kollektivierung, beziehungsweise die Errichtung einer zentralen Wirtschaftskontrolle über die Landwirtschaft eine harte Notwendigkeit. Ohne Zweifel hätte ein Regime unter Trotzki einen anderen Beigeschmack, nämlich größere Offenheit im emotionellen und rhetorischen Lebenszuschnitt gehabt als unter Stalin. Und dennoch hätte es nicht weniger autoritär und im Bedarfsfalle auch nicht weniger erbarmungslos ausfallen können. Da heißt es bei Deutscher: »Die Anklage, die Trotzki gegen Stalin hätte erheben können, war die, daß er eine Schreckensherrschaft wie Robespierre eingeführt und darin Robespierre gewaltig übertroffen habe. Aber Trotzkis eigene Vergangenheit und die bolschewistische Tradition erlaubten ihm das nicht.« Es ist, als sei die vorangegangene Stalin-Biographie von Deutscher für ihn eine Rechtfertigungsübung gewesen, um die Ausgeglichenheit seiner Trotzki-Darstellung im Gefühlsmäßigen und Verstandesmäßigen erst möglich zu machen.

Wenn Chruschtschow und seine Nachfolger den Pfad der industriellen und technologischen Prioritäten beschritten haben, wenn sie bereit waren, offen bekundete Ziele zur internationalen Aufwiegelung zugunsten von praktisch durchführbaren Vereinbarungen mit dem Kapitalismus preiszugeben, so bewegten sie sich damit nur auf Stalins Gleisen. Starke Trotzki-Elemente aber sind im Falle Chinas gegenwärtig. Wenn die Chinesen heute argumentieren, daß der kommunistische Revolutionsprozeß nicht auf ein Land oder einen Machtblock beschränkt bleiben dürfe, wenn sie geltend machen, daß die weite Verbreitung von Hungersnöten, Rassenspannungen und wirtschaftlicher Ausbeutung in den sogenannten Entwicklungsländern eine unmittelbare Herausforderung und Gelegenheit für kriegerische Unternehmungen darstelle, und wenn sie auf die Überlegenheit von Massen-Armeen gegenüber jedem noch so hochtechnisierten militärischen Establishment hinweisen, dann scheint aus ihnen die Schattenstimme von Trotzki zu sprechen. Und es ist eine Sprache, die sich weder Moskau noch dem Westen anvertraut.

Dieser Grundsatz einer notwendigerweise internationalen Revolution deutet auf einen Aspekt in Trotzkis Genie und Niederlage hin, der von Deutscher teilweise auf Grund der marxistischen Methodenlehre unterspielt wird. Es trifft wohl zu, daß Trotzki mit spezifisch jüdischen Fragen und Problemen nur im Jahre 1903 – während der Kontroverse über den »Bund« auf dem Brüsseler Kongreß – verwickelt war, doch bleibt die jüdische Eigenart seiner Sicht und Gefühlskraft unbestreitbar. Ebenso wie Marx war er jüdisch in seiner instinkthaften Bindung an den Internationalismus, jüdisch in seiner persönlichen Geringschätzung nationaler Schranken und Antagonismen. In Stalins starker Abneigung gegen Trotzki, in seiner Einflußnahme bei der Isolierung von Leo Davidowitsch Bronstein und dessen Kaltstellung innerhalb der Parteikader lief nicht nur der immer wiederkehrende dunkle Faden eines russischen Antisemitismus (ebenso offenkundig in dem Georgier Stalin wie in dem Ukrainer Chruschtschow) mit, sondern auch die Unsicherheit, die säuerliche Furcht, die der Chauvinist, der im eigenen Grund Verwurzelte, in Gegenwart des Kosmopoliten, des Wanderers empfindet, der sich überall in der Welt zu Hause fühlt. Und genau dieser Zeitpunkt ist es auch, da die bolschewistische Revolution ihre internationalen Hoffnungen aufgab und zu einer russischen Angelegenheit wurde, der den Beginn von Trotzkis Untergang markiert. Auch wenn man Trotzkis Judentum vergißt, bleibt es noch immer nicht einfach, sein leidenschaftliches Interesse an einem Weiterleben durch das Wort, seine Einstellung zum Buch als Waffe und Verkündigung, oder auch jenen überspannten Legalismus bei ihm zu verstehen, der eine der rührendsten und eigenartigsten Episoden seiner ganzen Laufbahn hervorrufen sollte. Unter der Oberaufsicht des amerikanischen Philosophen John Dewey trat im April 1937 in Mexiko eine Untersuchungskommission im Hause von Trotzki zusammen. Sie untersuchte Anschuldigungen wegen Verrats und Sabotage, die man in Moskau während der Säuberungsprozesse gegen ihn erhoben hatte. In dreizehn ausgedehnten Sitzungen über seine politische Vergangenheit, Glaubenssätze und Verantwortlichkeiten befragt und ins Kreuzverhör genommen, argumentierte und verteidigte er sich mit der gleichen großartigen Schwungkraft, mit der gleichen Virtuosität aus Verachtung und Begeisterung für das Detail, mit der er vor einem wirklichen Gericht in Moskau aufgetreten wäre. »Er stand da wie die Wahrhaftigkeit selbst, ungekämmt und ungepflegt, ohne Waffen und Schutz, doch großartig und unüberwindlich.« Obwohl es an seiner materiellen Lage nichts änderte und die Tragweite der mörderischen stalinistischen Lügen kaum aufgehalten hat, jubelte Trotzki über das Urteil des Freispruchs. Die ganze Angelegenheit hatte etwas von dem abstrakten Pathos einer Parabel aus dem Talmud. Trotzki war ähnlich wie Marx einer der großen jüdischen Sehergestalten und Verbannten der Moderne. Und nach Josua war er vielleicht der erste seiner Erbfolge, der militärisches Genie an den Tag legte.

Vieles aus Trotzkis Leben und seiner Darstellung durch Isaac Deutscher kommt den symbolischen Formen und Ironien tragischer Kunst gleich. Es gibt zahlreiche Einzelszenen, die diese Vorstellung erhärten: Während Trotzki in seiner ersten Verbannung in Sibirien in seiner Hütte über der Arbeit an literarischen und philosophischen Essays sitzt, fiel Ungeziefer von den Wänden auf das Papier; Trotzki, wie er 1917 während seiner kurzen Internierung in England seinen Wachen durch lange politische Ansprachen ins Gewissen redet; Trotzki hoch zu Roß, die Brillengläser blitzend, als er die zersprengten und verwundeten Soldaten der Miliz anfeuert, den Vormarsch der Weißgardisten auf Petersburg aufzuhalten; oder der Bericht über eine Kulakenorgie aus den Dreißigern: »während sie praßten und soffen, illuminierten die Kulaken das Dorf durch Freudenfeuer, indem sie ihre eigenen Scheunen und Ställe in Brand steckten. Die Menschen erstickten förmlich vom Gestank verfaulten Fleisches, vom Wodkadunst, im Rauch ihres brennenden Eigentums und ihrer eigenen Verzweiflung.« Und ganz am Ende steht das Bild der dreihunderttausend Männer und Frauen, die hinter der Leiche herschritten, während die Straßen Mexikos widerhallten von ihrer Klage, dem *Gran corrido de Leo Trotzki*.

Es ist diese Ereignisfolge, in der die spezifischen Wirksamkeiten der klassischen Tragödie für den Menschen von heute höchste Bedeutung haben. Hier finden wir die hohen Qualitäten öffentlichen Handelns, heroischer Größe, prophetischer Ironie und geteilter Gerechtigkeit, welche die Form des tragischen Bühnenwerkes charakterisieren und die in so beachtlichem Maße fehlen in dem Wertbild der in erster Linie auf das eigene Selbst gerichteten heutigen Mittelklasse und ihrer Prosaliteratur. Heroismus und überlebensgroße menschliche Haltung sind der zeitgenössischen Phantasie suspekt; ihr Inbegriff ist erhalten in dem Triptychon von Isaac Deutscher, beziehungsweise in einer mehr stoischen Haltung des zwar gebundenen, doch durch schiere Seinsintensität siegreichen Helden in Ernest Jones *Leben von Freud*. Diese Bücher (ebenso wie Leon Edels *Henry James*, George Painters *Proust*, Michael Foots Studie über Bevan) deuten darauf hin, daß die Biographie ihre Renaissance im großen Ausmaß der viktorianischen Zeit erleben wird. Allerdings mit dem Unterschied, daß der heutige Verfasser von Lebensbeschreibungen mit den Mitteln der Psychologie arbeitet, die sich nach Freud entwickelt haben, daß er sich der Ergebnisse aktueller Forschung bedient und daß hinter ihm die stilistischen Bräuche und Errungenschaften des Romans stehen.

Das Verlangen nach Größe, nach der über das Private hinausgehenden Geste, nach Zeremonie und Pathos steckt noch immer in uns, wenn wir es auch oft unterdrücken. Die in Anouilhs *Antigone* gegen die Tragödie erhobene Anschuldigung kann viel Schaden anrichten; sie entspricht in vielem unserem gegenwärtigen Idiom:

Und dann vor allem, die Tragödie ist erholsam, weil man weiß, daß es keine Hoffnung mehr gibt, die dreckige Hoff-

303

nung . . . und daß man nur noch zu schreien braucht, – nicht
zu wimmern, nein, nicht zu klagen, – aus vollem Halse zu
brüllen, was man zu sagen hatte . . . Und für nichts: um es sich
selbst zu sagen, um es sich selbst mitzuteilen. In einem Drama
müht man sich ab, weil man hofft, herauszukommen. Das ist
schmählich, das ist utilitaristisch. Die Tragödie ist nutzlos. Sie
ist für die Könige.

Nichtsdestotrotz, die Welt der Könige und der Nemesis
besteht weiter in unserer Phantasie; sie stellt ein beharrliche-
res und tiefergehenderes Bedürfnis nach fester und entschiedener Form dar, als der westlichen Demokratie in der Theorie
ansteht. Die mittelalterliche und die elisabethanische Kon-
vention, in ihrer Verkörperung des Geistes der Tragödie, mit
ihrer Einstellung vom schwarz verhangenen Himmel und
dem Tag, der auf die Nacht folgt, in der »Kometen vom
Wechsel der Zeiten und Staaten kündend« am Firmament
aufglühten, wenn der Held fiel – sie hat nichts von ihrem Sinn
verloren. Eine ganze Stadt marschiert hinter Trotzkis Toten-
bahre: Die Großen sterben anders als die Kleinen.

Literatur und Nachgeschichte

Zu Ehren von Georg Lukács

Die Utopien, die in jede Revolution eingebaut werden, tragen notwendigerweise einen idealistischen und unbestimmten Umriß. Es gehört zum Wesen einer revolutionären Situation, daß sich das Jetzt ein Vorkaufsrecht auf das Morgen erwerben muß und daß sich die Vorstellungskraft im Spannungsdruck des Zukünftigen auf kurze Reichweite einstellen sollte. Um auf dem Boden des Möglichen zu bleiben, müssen Wunschträume diszipliniert werden.

Im Marxismus steckt eine ganze Kollektion von Mutmaßungen und utopischen Möglichkeiten, die man als vage und ungesichert »der anderen Seite der Geschichte« überläßt. Die Fragen über die Natur und Dynamik des Lebens in der klassenlosen Gesellschaft, im echten Kommunismus, sind von Beginn an gestellt worden. Aber die meisten Antworten sind auf Grund von Logik und Notwendigkeit oberflächlich oder bärbeißig spaßhaft ausgefallen. Zu beschwerlich ist der Weg voran, zu sehr umgeben von latenten Krisenerscheinungen und Rückentwicklungen. Ein historisch orientierter Mensch, in Anspruch genommen von der Spannung und fragmentarischen Sicht wirtschaftlicher und politischer Konflikte, weiß sehr wohl, daß die Konjugation des Verbums *sein* auch ein zweites Futurum enthält. Dieses Wissen, das bei Ernst Bloch das *Prinzip Hoffnung* heißt, liegt seinem Streben zuinnerst zugrunde. Doch hat er kaum die nötige Zeit noch die geistigen Anlagen, sich mit dem Ideal in detaillierter Form abzugeben. Mit anderen Worten: Wir sind erst dann in der Lage, genaue Fragen über den Zustand des befreiten, humanisierten Menschen zu formulieren, wenn dieser Zustand in unmittelbare Nähe gerückt ist, wenn der Horizont sich vor unserem Blick nicht mehr zurückzieht. Eine Situation also, die von Grund auf so neuartig ist, daß sie sowohl eine völlige Neuorientierung unseres Bewußtseins wie der linearen Metaphorik erfordert, um die herum wir unseren Zeitsinn aufbauen.

Es ist der Marxismus nicht allein, der sein letztes, höchstes Ziel im Unbestimmten läßt. Die großen Religionslehren und Mythologien des Hoffens haben es genau so gehalten. Es mag sogar eine Schwäche des Islam sein, der sein Paradies zu genau abgesteckt hat. Auch das Vollkommene wird hinfällig, wenn es der Imagination zu vertraut ist. Wie Dante erkennen sollte, träumt sich das Ich einen Weg voran in eine so durchdringende Lichtfülle, daß alle Details darüber in den Schatten gestellt werden.

Nichtsdestoweniger erscheint es angebracht, hier bestimmte Fragen zur »Nach-Geschichte« aufzuwerfen. Jede Theorie der nachgeschichtlichen Gesellschaft – unser Gefühl vom Sein »in der Geschichte« wird weitgehend bestimmt durch die Spannung aus politischen und sozialen Konfliktstoffen – muß das Dilemma menschlicher Motivierungen in der gerechten Gesellschaft in Betracht ziehen. Was könnte den Urmechanismus vereitelter Pläne und Hoffnungen ersetzen? Auf welche Art und Weise sollen die Energien vorankommen, die einen wesentlichen Bestandteil der menschlichen Persönlichkeit auszumachen scheinen, weiter angespornt und aufrechterhalten werden? Oder um mit einem Freudschen Paradoxon zu sprechen: Wo gibt es Kultur ohne Unbehagen? Die Aussicht auf eine zukünftige Wirtschaftsordnung auf der Basis erforderlicher Freizeit und Muße für die Massen, verleiht solchen Fragen eine eigenwillige Realität.

In dieser Zone zukünftiger Ungewißheit wirft die Literatur als Sachverhalt ein spezifisches Problem auf. Insoweit Literatur dramatisierte Erwartung darstellt, insoweit sie eine Kritik des Vorhandenen im Lichte des Möglichen ist – wird dann überhaupt noch ein Bedürfnis nach ihr existieren? Wurzelt die Literatur in den Unvollkommenheiten des geschichtlichen Seins? Werden die Menschen damit einverstanden sein, ihre

Phantasievorstellungen in der Fiktion zu binden, wenn erst das Wirkliche befriedigt und alle Fähigkeiten der Einsicht und Aktion in Gang setzt?

In dem überschwenglichen Schluß von *Literatur und Revolution* versichert Trotzki, daß »der Dichter der neuen Epoche die Gedanken der Menschheit noch einmal und auf neue Weise durchdenken und ihre Empfindungen nachfühlen wird«. Er prophezeit, daß die »Mauer zwischen Kunst und Natur fallen wird«. Journalistische Floskeln sind das und müssen es sein. Trotzkis eigentliche Ziele aber waren doppeldeutiger Natur: er wollte zunächst einmal beweisen, daß es so etwas wie eine proletarische Kunst nicht mehr geben werde, sobald der Kommunismus das Proletariat von seinem besonderen Klassenbewußtsein und seinen psychologischen Einengungen befreit haben würde. Aber gleichzeitig suchte er die allgemeine Aufmerksamkeit von den schönen Träumen über die utopische Zukunft weg auf die unmittelbaren sozialen, didaktischen Aufgaben hinzulenken.

Ernst Fischer vertritt die Auffassung, die Kunst könnte oder *sollte* eines Tages überhaupt überflüssig und unnütz werden (innerhalb des revolutionären Denkens steht Pisarew mit seinem nihilistischen Puritanismus fast allein da). Doch die Kunst wird überdauern, und dies sogar in einer klassenlosen Gesellschaft, denn sie ist der älteste und wesentlichste Modus, worin der Mensch sich mit der Natur gleichsetzt und in ihr wiedererkennt. Auf den ersten Blick nimmt das Argument sich unabänderlicher aus, als es in der Tat ist. Denn: wird für eine solche Identifizierung noch ein Bedürfnis bestehen, wird dieser Vorgang noch als lebenswichtig erkannt, sobald die verschiedenen Formen der Entfremdung endgültig gelöst sind? Fischer proklamiert die fortdauernde Gültigkeit von Goethe, Stendhal, Puschkin »und vor allem und über allem Mozart, immer wieder Mozart«. Und wie steht es mit *neuer* Kunst? Wird sie produziert werden? Oder soll Kunst prinzipiell als eine besonders ausgeprägte Gedächtnisdisziplin, als eine Schatzsammlung im Museum der Gefühle existieren?

Es handelt sich um diffizile Fragen, und alles was ich hier anzubieten habe, ist eine kurze Anmerkung über gewisse Elemente in unserer Gegenwart, die einige Fingerzeige auf die Wirklichkeit von morgen enthalten könnten. Unser augenblickliches Bildungskonzept ist an die Sphäre des Privaten gebunden. Die Beschäftigung, ein Buch zu lesen, für sich allein und schweigend, ist eine Entwicklung der späten geschichtlichen Vergangenheit. Es schließt eine Reihe wirtschaftlicher und sozialer Vorbedingungen ein: ein eigenes Zimmer (Virginia Woolfs bezeichnende Formulierung), zumindest eine Wohnstatt, die so geräumig ist, daß man sich in Ruhe zurückziehen kann; den Besitz von Büchern, verbunden mit dem Recht, ein seltenes Buch, das einem teuer ist, vor der Benutzung durch andere Menschen zu bewahren; elektrisches Licht für die Abendstunden und was sonst noch für den bürgerlichen Lebensstil im industriellen, städtischen Komplex von Werten und Privilegien selbstverständlich ist. Dieses aus vielen einzelnen Teilen zusammengesetzte Ganze gewann seine endgültige Gestalt später als man oft annimmt. Noch im gebildeten Mittelstand zur Zeit der Königin Viktoria war es Sitte, sich innerhalb der Familie laut vorzulesen; ein Familienmitglied war der »Vorleser« für die übrigen, oder man ließ das Buch »von einer Stimme zur andern wandern«. Man braucht die ungeheuren Veränderungen kaum zu unterstreichen, welche das gedruckte Buch mit seinem im wesentlichen visuellen Bedeutungscode für die älteren Formen einer kollektiven Hör-Bildung mit sich gebracht hat. Marshall McLuhan hat die ganze »Gutenberg-Revolution« für das westliche Bewußtsein durchforscht. Was dagegen im allgemeinen weniger beachtet wird, ist das Phänomen, wie viel Literatur – und wie viel *moderne* Literatur – eigentlich gar nicht für die private Lektüre in der Stille gedacht war; wie sehr sie auf Rezitation gerichtet war, der Mimesis der gehobenen Stimme und die Antwort des lauschenden Ohres. Dickens, Hopkins, Kipling sind einige Beispiele für die modernen Autoren, deren Wahrnehmungsbasis vom gesprochenen Wort begründet war und die sich auch bemühten, dem Schweigen des gedruckten Wortes gleichsam »mündlichen« Ausdruck zu geben.

Beim Vorgang des Lesenlernens ist der alte natürliche Impuls noch lebendig: Das Kind und der weniger lesegewandte Erwachsene lesen »halblaut«, sie formen einzelne Wörter mit den Lippen und spielen den imaginären Vorgang der bedruckten Seite durch mitfühlende körperliche Bewegungen nach. Der Mensch, der mit sich allein im Zimmer mit geschlossenem Mund liest und studiert, ist also ein spezielles Produkt westlicher bürgerlicher Bildung und Muße. Wird er in seiner heutigen Erscheinung weiterbestehen?

Es liegen bestimmte Anzeichen dafür vor, daß die zeitgenössische Massenkultur und die elektronischen Medien der Kommunikation mit ihrem Sturmangriff auf alle Reserven der Stille die Bildungsbeschaffenheit dahin verändern, daß sich am Ende die »nicht-privaten« Formen behaupten. Innerhalb der Sub-Kulturen und der Kitsch-Ausdrucksformen modern-urbaner Bildung (was heute für den Westen zutrifft, gilt morgen für den Osten und die sogenannten Entwicklungsländer) hat sich bereits das Schwergewicht des entscheidenden Gehalts von den syntaktisch-logischen Mustern des geschriebenen Wortes verschoben. In zunehmendem Umfang werden Bedeutungsinhalte und Verhaltensweisen mitgeteilt und einprägsam gemacht durch Assoziationsvorgänge beim Hören – die sanft plätschernden Klingel- und Reimverse, die Ahs und Ohs moderner Werbung – und durch die bildlichen Darstellungen auf Plakattafeln und im Fernsehen. Der gelesene Satz befindet sich also auf dem Rückzug vor der Photographie, dem Fernsehbild und den Bilder-Alphabeten der *comics* und Lehrbücher. Der Durchschnittsmensch geht mehr und mehr dazu über, nur noch die Bildunterschriften der diversen graphischen Spielarten zu lesen. Das Wort ist ein bloßer Diener für den Sinnesschock. Dieser Umstand wird, wie McLuhan erwiesen hat, bestimmte Züge menschlicher Wahrnehmungskraft modifizieren. Das dreidimensionale Fernsehen, nun in der Lage, Geschehnisse noch während ihres Geschehens von einem Punkt der Erde zum andern zu übertragen, wird nicht nur abtragen, was an privater Stille noch übriggeblieben ist, es wird die Kräfte der Imagination zu einer gierigen Passivhaltung heranbilden. Unsere Fähigkeiten zur nervlichen Absorbierung mögen zunehmen, unsere Widerstandskräfte gegenüber kompakten optischen und auditiven Einwirkungen anwachsen, doch jenes nach-schöpferische Potential, was uns beim bloßen Auftauchen des lärmfreien Wortes befähigt, ein zusammenhängendes Bild vom Schauplatz und Vorgang aufzubauen, wird einschrumpfen wie ein nicht mehr beanspruchtes Muskelgewebe. Wie sollen ein Roman, ein Gedicht, die von uns eine Mitleistung, einen deutlichen Widerhall verlangen, Schritt halten mit den fremdartig neuen Codes – mit technischen Medien, die uns im bequemen Sessel bis auf den Grund der Meere senken oder uns in eine Rakete setzen während ihres flammenden, rasenden Abschusses? Man wird an Goethes prophetische Ankündigung im Prolog zum *Faust* erinnert: wie kann ein Zuschauer, verwirrt *vom Lesen der Journale*, von den turbulenten, chaotischen Ansprüchen der Nachrichten, die Ruhe und innere Bereitschaft finden, die für die Literatur unerläßlich sind?

Aber es gibt auch positive, befreiende Ausblicke zur Krise um die Privatsphäre und das literarische Verständnis. Nichts ist sicherlich für ein Verstehen der Zukunftsformen künstlerischer Kommunikation gewichtiger als die einfache Tatsache, daß jetzt Hunderte von Millionen zum ersten Mal die Welt des Lesens und Schreibens betreten. Im Vergleich zu dieser Tatsache nehmen sich alle Untersuchungen neuer literarischer Schulen und Moden, über den *nouveau roman* oder das absurde Theater geradezu trivial aus. Im geschichtlichen Zusammentreffen zwischen dem Auftauchen bisher analphabetischer Völker und der gleichzeitigen Ausweitung graphischer Massenmedien liegt eine tiefe Logik. Den Neu-Alphabeten mit ihrer angeboren natürlichen Überlieferung mündlicher und bildhafter Mitteilung werden die durch Radio, Fernsehen oder Film vermittelten Meinungs- und Gefühlsschablonen weit mehr an Unmittelbarkeit und Bedeutung geben, als das stumme Buch. Der westliche Leser aus dem Mittelstand, der Bücher ohne Bildbeigaben liest – das eigentliche Kennzeichen einer reifen Bildung – steht hinter den Bedürfnissen, der Begabung und dem kulturellen Erbe des neuen Publikums aus Asien und Afrika weit zurück. Er steht zurück oder mehr als dies, insofern als das moderne Bilder-Magazin und das Taschenbuch hinter den Reihen der in Leder gebundenen Folianten des Forschers aus dem späten Mittelalter zurückbleibt.

Vor uns mögen Verhältnisse liegen von kollektivem Bewußtsein, kommunalem Verständnis und gemeinschaftlichem Reagieren, die echter sind als alle seit der vorliterarischen Kunst und den Überbleibseln bestimmter Elemente der griechischen *polis*. Dies würde auch bedeuten, daß herrschende Kunstformen für die zustimmenden oder tadelnden Einmischungen des Publikums »offen«-stehen, daß zuweilen Hörer und Zuschauer zu Mitwirkenden im formalen Schöpfungsprozeß werden (eine Möglichkeit, der Brecht in seinen Lehrstücken nachgegangen ist). Und es würde bedeuten, daß Kunstwerke keine einmalig festgelegte Form hätten, daß sie nicht bei jeder Wiedergabe in genau gleicher Art und Weise verwirklicht werden. Die Vorstellung von einem verbindlichen, unveränderbaren Original – die getreuliche Wiederholung eines Musikstückes, eines Tanzes durch ganze Zeitperioden – bedeutet eine hochgradig einseitige Entwicklung. Sie ist entscheidend auf die Tatsache zurückzuführen, daß die gedruckte Form das Vorbild aus der Vergangenheit kodifiziert und konserviert. Auch zeigt es eine tiefgehende Abtrennung an zwischen dem professionellen Darsteller und seinem Amateurpublikum. Auf keinen Fall handelt es sich dabei um einen dem Menschen angeborenen Zug. Die spontanen, vorher nicht festgelegten und deshalb nicht wiederholbaren »happenings«, wie sie von bestimmten Malern und Regisseuren durchgeführt werden, beziehungsweise die Versuche,

Musik zu gestalten um die freien Improvisationen des Spielers (Jazz, sowie aleatorische Musik), kommen den instinktiven Kunstgrundsätzen viel näher. In ihnen drückt sich die lange begrabene Erkenntnis aus, daß es sich bei einem Kunstwerk um ein einmaliges Ereignis, um eine Formgebung, Energie und Mimesis handelt, die sich zu anderer Zeit und an anderem Ort nicht wiederholen läßt und bei deren Vollendung dem Publikum eine entscheidende Rolle zufällt. Die Gruppe aus Tänzern oder Sängern, aus der sich ein Einzelner herauslöst, um eine Bewegung, ein Thema anzureizen, ist der Archetyp der Kunst. Der Dialog zwischen unsichtbaren und stummen Gleichheiten – das gedruckte Gedicht, der gedruckte Roman – bleibt ein sehr besonderes und möglicherweise kurzlebiges Medium und stellt unter Umständen einen Bewußtseinsausdruck analog zur Kammermusik dar. Wie Adorno dargelegt hat, ist die Kammermusik mit ihren besonderen Muße-Voraussetzungen (der Amateur als Experte), mit ihren räumlichen Vorbedingungen (der kleine intime Raum, groß genug, um eine auserlesene Schar von Gästen aufzunehmen) und ihrer wirtschaftlichen Patronage bereits heute ein *genre* aus der Vergangenheit.

Noch eine kühnere Überlegung möchte ich in diesem Zusammenhang wagen. Ein großer Teil westlicher Literatur bezieht ihren Angelpunkt aus der Sicht unersetzlicher individueller Identität. Diese Einstellung gewinnt ihre Vision und hauptsächlichen Metaphern aus der Einzigartigkeit und Unumgänglichkeit eines persönlichen Todes, aus der Vermutung, daß wir unsere eigene Sterblichkeit, unser besonderes Hinscheiden wie eine zur Reife gelangende Frucht in uns tragen. Aber auch dieses Gefühl, das wir also so unveränderlich, so universal und allgemeingültig voraussetzen, hat seine psychosomatischen Voraussetzungen und geschichtlichen Wurzeln. Es ist eine erwiesene Tatsache, daß sich eine Anzahl unserer lebenswichtigen Organe auf keinen Fall zum Zeitpunkt unseres Todes erschöpfen, daß sie für lange Zeitspannen ihren Dienst weiter verrichten könnten, wenn sie in eine andere organische Umwelt verpflanzt werden. Im Falle der Augen, Nieren, Muskelgewebe ist solche Verpflanzung bereits möglich. Schon ist es vorstellbar, daß man Plätze zum Einlagern schafft, wo lebenswichtige Ersatzteile für spätere Verwendung konserviert werden, so wie man jetzt biologisch wichtige Blutplasmen konserviert. In diesem Falle könnte sich also unser Grundbewußtsein eines persönlichen, unabänderlichen Todes schon verändern. Wir würden erkennen, daß bestimmte Urelemente unseres eigenen Körpers, unseres psychischen Selbstgewahrseins in einem anderen Angehörigen der Gattung »weiterleben« – man hat die Gehirne von Affen funktionell erhalten in effektiver Isolierung vom übrigen Organismus. Wir würden dahin kommen, jene Vorstellung vom Weiterleben oder von somatischer Unsterblichkeit gelten zu lassen, die wir den menschlichen Keimzellen seit den Vorarbeiten von Weisman im späten neunzehnten Jahrhundert bereits zuschreiben. Allmählich also würde solche Billigung aufhören, abstrakt und intellektuell zu sein; sie würde Veränderungen in unserem gesamten Empfindungsvermögen mit sich bringen. Die Auffassung menschlicher Wechselbeziehungen, organisch sich entwickelnder Gemeinschaften, von der wir heute mehr äußerlich in moralischen Klischees Gebrauch machen, würde eine konkrete Realität und spürbare Erfahrung werden. Dann würde der Mensch zum ersten Mal aus der abgeschlossenen Sphäre privaten Seins in die der Kollektivität übergehen.

Nicht zum ersten Male vielleicht. Unser derzeitiger Begriff von autonomer Identität mag das Ergebnis eines langen und schmerzhaften Individualisierungsprozesses sein, einer Loslösung von der kollektiven Gruppe (die Mythe des mit dem Engel ringenden Jakob kann hier als eine Metapher für das qualvolle Streben gedeutet werden, mit dem die einzelnen Angehörigen der Gruppe ein Selbstgefühl, einen Namen erlangten). Geschichte kann dann als eine Episode persönlicher Selbstbestimmung definiert werden, als ein *Egoismus* im geziemenden Sinne innerhalb viel längerer Zeitabschnitte kollektiven Seins. Solche Kollektivhaltung würde selbstverständlich den Charakter von Kunst und Literatur grundlegend verändern. Die Stimme des Menschen würde wieder zum Choral werden.

Natürlich ist das nur bloße Vermutung und Spiel des Geistes. Wenn wir aber näher Ausschau halten, nämlich von der Nach-Geschichte auf die Gegenwartskrise der Werte blicken, dann sind Veränderungen deutlich wahrnehmbar. Und hinter der Veränderung im Technischen liegt die Verschiebung im Metaphysischen.

Zweifellos werden gute Romane geschrieben und weiterhin geschrieben werden. In einzelnen Fällen aber erleben wir es, wie Beispiele aus einem literarischen *genre* erscheinen, lange nachdem die dichterischen Glaubens- und Formkräfte, die zu seinem Ausbau führten, verbraucht oder zu imitativer Routine geworden sind. Milton und Klopstock schrieben ihre Werke lange nachdem das religiöse Heldenepos seinen Einfluß auf das Leben verloren hatte, lange nachdem die Konventionen über Mythus, symbolische Weltgeschichte und öffentliche Rhetorik, auf denen das Epos beruht, ihre Relevanz verloren hatten. Wenn diesen Schriftstellern Erfolg beschieden ist, dann weil sie zum Teil als eingestandene Renovierer einer altehrwürdigen Form auftreten.

Der Roman stellt ein *genre* dar, dessen Fundamente besonders deutlich und konkret in der Geschichte und der Gesellschaft liegen. In sich trägt er die Weltsicht, die eng mit den Ursprüngen des europäischen Merkantilismus im späten siebzehnten und frühen achtzehnten Jahrhundert zusammenhängt. Klassische Erzählkunst mit ihrer herkömmlichen Zurückweisung des Übernatürlichen oder Transzendenten (der romantische Roman, der religiöse Gefühlsroman sowie die Gespenstererzählung liegen außerhalb der Hauptrichtung) beschäftigt sich mit der Welt des Hier und Heute, mit dem Menschen im Zustand seiner sozialen und sehr oft urbanen Existenz. Als Robinson Crusoe die ersten Fußstapfen im Sande fand, hielt er sie für ein Kennzeichen des

Menschen und nicht für die Fährte eines Phantoms oder das flammende Merkmal eines Engels. Und als er zu seiner Lagerstätte zurückkehrt, überprüft er seine Eßvorräte und Habseligkeiten. Selbst auf einer einsamen Insel ist die Welt des Romans so solide mit materiellen Gegenständen ausgestattet wie in den Häusern von Dickens und Balzac. Überdies liegt Geld auf diesem Felsenvorsprung im Pazifik; die wichtigste Tradition für den Roman als Gattung ist aufs innerste verflochten mit den geldlichen Werten und Verhältnissen einer merkantilen oder industriellen Gesellschaft.

Der säkularen Wirklichkeit verhaftet, hat der Roman die Tatsachen-Mitteilung zu einer seiner hervorragendsten Vorhaben gemacht. George Elrob und Trollope sind voll von Sozial-, Wirtschafts- und Geistesgeschichte. Die Kunst von Balzac ist eine *summa mundi*, eine Großinventur zeitgenössischen Daseins. Jemand, der Zola liest, kann dabei ein halbes Dutzend Berufe erlernen. Selbst wo ein Romanwerk die klassischen Grenzen überschreitet und in den Bereich des Epos mit seiner charakteristischen Dämonologie übernatürlicher Kräfte eintritt, kann es, wie das Beispiel von *Moby Dick* beweist, eine gewaltige Tatsachenfracht befördern. In der langen Folge von Defoe bis Dos Passos wird die Geschichte privatisiert. Die Kanonen von Waterloo dröhnen bis an die Ohren von Fabrice und Amelia Sedley, aber es sind die gleichen Kanonen wie die des Historikers oder des Kriegsberichterstatters.

Diese Gleichwertigkeit gab dem Roman seinen kraftvollen Lebenszugriff. Und die Realität war über lange Zeitspannen hinweg so beschaffen, daß die fiktive Erzählkunst sie auch bewältigen und ihr in Worte gekleidete Form verleihen konnte. In der Kritik wurde es schon zum Gemeinplatz festzustellen, daß Stendhal, Dickens oder Tolstoi eine authentische Echtheit besäßen, die tiefer reicht als die des Journalisten oder berufsmäßigen Historikers (eine Besonderheit, die in Aristoteles' berühmt gewordenem Vergleich zwischen Dichter und Historiker ihre Entsprechung findet). Aber ist dem immer noch so? Ist Prosa-Fiktion noch imstande, sich mit den von den neuen Medien unmittelbarer Kenntnisnahme und graphischer Direktreproduktion an die lebendige Vorstellungskraft gestellten Ansprüchen zu messen oder sie gar zu übertreffen? Die Welt liegt heute auf unserem Frühstückstisch, sie wird uns in ihren Feierlichkeiten und Katastrophen mit einer Vollendung und Eindringlichkeit serviert, die ans Phantastische grenzt. Weshalb also noch Fiktion – wenn nicht aus eskapistischen Gründen? Hier aber liegt der Kern. Seiner ursprünglichen Natur nach ist der Roman eine realistische Kunst. Wo er sein Verpflichtetsein an das Reale preisgibt, begeht der Roman Selbstverrat. Die schrillen Absurditäten der Horror- und Science-fiction-Romane, die Zügellosigkeiten heutiger erotischer Phantasien sind ein sich am Ende selbst leugnender Versuch, die Wirklichkeit »zu überbieten«, die durch die Macht der audio-visuellen Realitäten betäubten Reaktionsfähigkeiten zu bestechen.

Um die Verminderung der Realitätsfunktion im Roman zu erkennen, braucht man nur die Literatur aus den beiden ersten Weltkriegen zu vergleichen. Die Jahre von 1914 bis 1918 führten zu so klassischen Werken wie: *No More Parades* von Ford Maddox Ford; *Le Feu* von Henri Barbusse; *The Enormous Room* von Edward Cummings; *A Farewell to Arms* von Ernest Hemingway; und zu dem Widerhall aus dem Schlachtgetümmel und zivilen Leben im letzten Band von Proust. Die Werke, die aus der zweiten Katastrophe hervorgehen sollten, tragen vorwiegend den Charakter der Reportage und unmittelbaren Zeugenschaft: Exupérys *Nachtflug*, die *Tagebücher* von Anne Frank, Emmanuel Ringelbums *Notizen aus dem Warschauer Ghetto*. Bis heute ist kein Dichter, kein Romancier in der Lage gewesen, den Realitäten in den Konzentrationslagern mit jener Disziplin aus Einsicht und gestalteter Erfahrung zu begegnen, wie wir sie in Bruno Bettelheims soziologischer Studie *The Informed Heart* antreffen. Die Welt der Fiktion verstummt vor der Ungeheuerlichkeit der Tatsachen und vor der Authentizität, mit der diese Tatsachen im schmucklosen Report serviert werden können.

Wir befinden uns heute, wie es scheint, im Übergangsstadium einer dichterischen Dokumentation, in der die handwerklichen Mittel und Konventionen aus dem Roman auf die Darlegung psychologischen, sozialen und wissenschaftlichen Einzelmaterials angewendet werden. Genauso wie sich die belletristische Literatur des achtzehnten Jahrhunderts zweckentsprechend dem Niveau von Dialog und gesellschaftlich-erotischem Widerstreit der Restaurationskomödie angepaßt hat, sind heute Reportage und Tatsachendarlegung als die glücklichen Erben der künstlerischen Freiheiten des Romans zu betrachten. Was ist zum Beispiel Doris Lessings *Golden Notebook*, diese scharfsinnige Beschreibung der Frau und der urbanen Gesellschaft: Roman oder Autobiographie, politischer Aufsatz oder Bericht eines psychiatrischen Falles? Man kann schwerlich behaupten, daß heutzutage in der überwiegenden Mehrzahl gängiger Romane die Sprache bis zum Äußersten ihrer Wirkungskraft ausgenutzt ist, in diesen *argumenti* aber, in dieser Dichtung aus Tatsachen und rationaler Überlegung wird sie es. Auch die Ursprünge der poetischen Dokumentation können wir heute genau verfolgen, sie liegen bei den psychologischen und politischen Krisenpunkten der dreißiger Jahre – in der philosophischen Reportage von Edmund Wilson, in den Halb-Romanen von Orwell und Malraux, in Rebecca Wests dichterischer Abhandlung über Reisen und Historie, *Black Lamb and Grey Falcon*. Das war die Zeit, da die bedrückende Weltlage sich immer unnachgiebiger auf die Imagination legte.

Nach dem Epos und dem Versdrama ist der Roman das dritte Haupt-*Genre* der westlichen Literatur gewesen. Von Richardson bis Thomas Mann hat er die Gefühlshaltung und die Sprachgewohnheiten der bürgerlichen Welt des Westens zum Ausdruck gebracht und zum Teil auch herangebildet. In ihm haben die Zukunftsträume und die Beklemmungen der merkantilen Ethik, der bürgerlichen Privatzone sowie die

Geld-Liebe-Konflikte und Vergnügungen einer industriell bestimmten Gesellschaftsform ihre monumentale Gestalt gewonnen. Mit dem allgemeinen Absinken dieser Ideale und Vorstellungen in eine Phase der Krisis und teilweisen Verrottung verliert nun dieses *genre* vieles von seiner ursprünglichen Bedeutung und Tragweite.

Während der größte Teil der Ausdruckskräfte aus dem Erbe der Prosa-Fiktion mehr und mehr durch die dokumentarischen Formen assimiliert wird, gibt es eine kleine Gruppe experimenteller Werke, aus der eines Tages die Dichtung von morgen erwachsen könnte. Es sind von allen heutigen Büchern die, die am meisten erregen und am wenigsten verstanden werden. In ihnen wird die bisher gültige Einteilung nach Poesie, Drama, Prosa-Erzählung und philosophischer Erörterung mit Absicht durchbrochen. Diese Werke lassen keine eindeutige Definition zu, sie deklarieren ihre eigene Formgestalt.

Ich denke an metaphysische oder komisch-heroische Phantasien über Logik wie Valérys *Monsieur Teste* und Elias Canettis *Auto-da-fé*. Einer der absoluten Beherrscher freier Form ist Hermann Broch. Seine Romane verbinden die Dichtkunst mit der Prosaerzählung und der Kunst philosophischer Essayistik. *Der Tod des Vergil*, eines der bedeutendsten Werke unserer Epoche, versucht die Sprache zu verlebendigen mit der Kontrapunkt-Logik und den dynamischen Gleichzeitigkeiten der Musik. Noch radikaler als Joyce untergräbt er die Zeitstruktur und linearèn Weiterentwicklungen, auf denen die Prosafiktion normalerweise aufgebaut ist. Brochs Stil besitzt einen unheimlichen Reiz, weil neben ihm tangentenhafte Andeutungen gänzlich anderer Aussageformen liegen, zum Beispiel die Verwendung des Schweigens (wie Calder leeren Raum benutzt), oder das Projizieren von Elementen aus der Grammatik der Mathematik in die Sprache. Das zeitgenössische Schrifttum hat gerade erst angefangen, von den Anreizen Brochschen Stils für sich Gebrauch zu machen.

In die Prolegomena zukünftiger Formen miteinbeziehen möchte man wohl auch Péguys Experimente kreisförmiger Beweisführung und Beschwörung, sowie das Werk von David Jones, vor allem aber *Die letzten Tage der Menschheit* von Karl Kraus.

Es ist kein bloßer Zufall, daß verschiedene dieser revolutionierenden Verschiebungen im deutschen Sprachraum entstanden; denn innerhalb der deutschen Sprache und Gefühlsart nach Nietzsche trat die Krise und ihre Auflösung der Werte zum ersten Male deutlich in Erscheinung. Es gibt aber noch einen weiteren Präzedenzfall. Bei Kierkegaard können wir die vorausgehenden Schatten einer zukünftigen Poetik abstecken (genauer noch als bei Blake, dessen prachtvolle Eigenheiten häufig konventionellen Bräuchen folgten und dessen Einfluß gering blieb). Kierkegaards *Entweder/Oder* – teils Metaphysik, teils Denkschrift, teils Träumerei im Zustand sprachlicher Hochgespanntheit – ist die eigentliche Vorstufe für unser Morgen. Angemessen beschreiben läßt es sich mit unserem heutigen *genre*-Wortschatz nicht, aber es ist fester Bestandteil einer ungemein bedeutsamen, wenn auch schwer festzulegenden Evolution aus einer unbeweglich zusammenhanglosen Auslegung der Wirklichkeit zu einer gelebten, in die Tat umgesetzten Durchdringung des organischen Prozesses, des Gestaltwechsels und der Vielheit innerhalb der auftretenden Formen. In William Burroughs kindischer Überheblichkeit eines Loseblätterbuches – zusammensetzbar nach Belieben oder wie es dem Leser gefällt – liegt im Hinterhalt sogar eine Kierkegaardsche Einsicht in das unabsehbar anarchische Potential literarischer Formgebung. Mehr noch als Bücher im eigentlichen Sinne stellen die »happenings« von Kierkegaard, das *Gesamtdrama* von Kraus und die literarischen Fugen von Broch neue Anforderungen des Sehens dar, Regeländerungen im uralt verwickelten Spiel, das die Sprache mit der Welt spielt.

Der letzte Punkt, den ich hier erörtere, steht im engen Zusammenhang sowohl mit der christlichen Eschatologie wie mit der marxistischen Ästhetik. Ich meine das Paradox der Tragödie, der Widersinn des Theaters mit ungelöstem Konflikt im Dogma des Hoffens und in der gerechten Gesellschaft der Menschen. Lunatscharski hat postuliert, daß die wahre kommunistische Gesellschaft die Tragödie als ein überlebtes *genre* betrachte und daß diese Gesellschaftsform in den der Tragödie zugrunde liegenden Metaphern nur noch die Überreste einer verbrauchten servilen Frömmigkeit wiedererkenne. Mit seiner Entdeckung, daß Armut nicht blind macht und daß es keinerlei dämonische oder transzendente Kräfte gibt, die sich in die menschlichen Angelegenheiten einmischen, würde der Bürger des sozialistischen Staatswesens dahin kommen, in der Tragödie einen adligen Untergang zu sehen, einen hochmütigen Torso im Museum vorrationaler Einbildungen.

Trotzki war nicht so sicher. Während er einerseits die kritisch-schöpferische Funktion der Komödie in einer revolutionären Epoche hervorhob und nach einem sowjetischen Gogol verlangte, war er andererseits so tief versunken in europäische Literaturtraditionen und zu gebunden an eine Vorstellung vom Leben als bitterem, ironischen Konflikt, als daß er die Tragödie ganz hätte verwerfen können. Daher sein Dictum: »Es läßt sich nicht voraussagen, ob es der revolutionären Kunst gelingen wird, eine ›hoch‹-revolutionäre Tragödie hervorzubringen. Aber die sozialistische Kunst wird die Tragödie erneuern. Ohne Gott natürlich.« Dem fügt Ernst Fischer eine Freudsche Anmerkung bei: »Ohne Zweifel wird die Tragödie weiterbestehen, weil Entwicklung und Wachstum jeder Gesellschaftsart, selbst einer klassenlosen, ohne Widerspruch und Konflikt nicht denkbar ist und weil das dunkle Begehren des Menschen nach Blut und Vernichtung unausrottbar bleibt.«

Doch eine Tragödie *mit* Gott, mit einem ausgleichenden Mechanismus letzter Gerechtigkeit und Sühne (der Widersinn von Corneilles *Polyeucte*) ist nicht weniger ein Widerspruch in sich selbst als eine Tragödie *ohne* Gott, eine Tragödie reiner Immanenz. Echte Tragik ist nicht zu trennen vom

Mysterium der Ungerechtigkeit, von der Überzeugung, daß der Mensch ein prekärer unbestätigter Gast in einer Welt bleibt, in der die Mächte der Unvernunft eine finster verborgene Herrschaft ausüben. Ein Konflikt-Drama, dem diese Überzeugung abgeht, wird von der seriösen Komödie mit ihrem Grundmuster aus Intrige und irdischer Auflösung kaum zu unterscheiden sein (die Gleichungen der Tragödie können nicht aufgehen, weil sie zuviele Unbekannte enthalten). Konflikt wird also weiter bestehen. Und seine Behandlung im Drama wird ein »Ausagieren« des Streites sein, eine dialektische Realisierung in Wort und Geste, darin nicht ganz unähnlich dem Drama des platonischen Dialogs.

Das ist die Konfliktordnung, die Trotzki vorgeschwebt zu haben scheint, wenn er sagt, daß sich die Menschen der neuen Gesellschaftsordnung in »Parteien« aufspalten werden über Fragen der Sozialplanung, über wissenschaftliche Hypothesen oder über »das beste Sportsystem«. Es werden ideologische Antagonismen lokalstrategischer Art existieren, aber sie werden nicht das Einvernehmen der Gesellschaft über die endgültigen Ziele beeinträchtigen. Der äußere Zuschnitt ist der aus dem Prolog zu Brechts *Kaukasischem Kreidekreis* – Die Vorführung eines Spiels, um einen sozialen Konfliktfall zu artikulieren, zu erforschen und damit aufzulösen. Ein solches »Ausagieren« und Erforschen wird bereits bei gewissen psychotherapeutischen Behandlungen von Patienten vorgenommen. Im Lichte der Lehr- und Heilmethoden, beim Ausprobieren und Entwickeln neuer Verhaltensweisen hat also das Drama eine ungeheure Zukunft. Eine dramatische Handlung – sei es *Der gute Mensch von Sezuan* oder *Die Hiketiden* von Äschylus – kann unter Umständen eine luzide Kurzschrift für einen ganzen Komplex sozialer oder psychologischer Antagonismen und Alternativen sein. So wie jetzt ein Computer komplizierten Zusammenstellungen verschiedenartiger Elemente Gliederung und »Sichtbarkeit« gibt, so kann ein Stück von Brecht als »Programm« zur Erforschung moralischer und politischer Entscheidungen dienen. Dazu kommt, wie wir bereits angemerkt haben, daß die technischen Wesenszüge des Theaters mehr als die jeden anderen *genres* den Bedürfnissen und Durchschnittsansprüchen der auftauchenden Massengesellschaften entsprechen. Dem Theater ist es gegeben, die Entfremdungsschranken zu durchbrechen, die den Autor vom Publikum, von der Gemeinschaft im großen und ganzen trennen. Im Theater ist der Mensch zugleich er selber und sein Nachbar.

Doch ob die relevanten Bedingungen jene der Tragödie sein werden, steht zu bezweifeln. Wenn die Gesellschaft der Zukunft die vom Marxismus prophezeiten Umrisse annehmen sollte, wenn der Dschungel unserer Großstädte sich zur *polis* der Menschheit entwickelt und die wütenden Träume in Erfüllung gehen, wird die repräsentative Kunst hochgestimmte Komödie sein. Die Kunst wird das Gelächter der Intelligenz sein, so wie es bei Plato, bei Mozart, bei Stendhal gewesen ist.

Von George Steiner erschien im Suhrkamp Verlag

In Blaubarts Burg. Anmerkungen zur Neudefinition der Kultur. Deutsch von Friedrich Polakovics. 1972. 158 S. suhrkamp taschenbuch 77

Alphabetisches Gesamtverzeichnis der suhrkamp taschenbücher

st 94 Martin Walser
Halbzeit. Roman
2 Bände
insgesamt 912 Seiten
Bei seinem Erscheinen 1960 erregte der Roman *Halbzeit* die Gemüter. Heute wird immer deutlicher, wie sehr Reinhard Baumgarts Urteil zutrifft: »ein Buch, das reicher wäre an Ansichten von unserer Wohlstandsgesellschaft, ist in Deutschland noch nicht geschrieben worden.«

st 95 Karl Krolow
Ein Gedicht entsteht
ca. 160 Seiten
Karl Krolow hat in diesem Band Aufsätze zusammengestellt, die Einblick gewähren in seine literarische Werkstatt. In didaktischer Absicht werden so Hinweise gegeben, wie heute Gedichte entstehen und wie sie zu verstehen sind. Eigeninterpretationen werden dabei mit Analysen von Fachgermanisten konfrontiert und ergänzt. Auf diese Weise enthält das Buch Materialien zu einem Selbstporträt, in denen Karl Krolow seine ästhetische Herkunft und Position bestimmt.

st 97/98 Knut Ewald
Innere Medizin
ist das auf dem aktuellsten Stand befindliche, derzeit erhältliche Kompendium der Inneren Medizin. Als über-

sichtliches – den ganzen Stoff der Inneren Medizin stichwortartig resümierendes – Nachschlagwerk ist es das ideale Handbuch für alle Studierenden, Ärzte und interessierte Laien. Ein umfangreiches Sachwortverzeichnis ermöglicht eine rasche Orientierung.

st 99 Ödön von Horváth
Ein Kind unserer Zeit. Roman
128 Seiten
In seinem letzten, 1937 geschriebenen Roman *Ein Kind unserer Zeit* versetzt sich Ödön von Horváth in die Lage eines Soldaten, eines typischen Mediums seiner »Großen Zeit«, und läßt ihn arglos daherschwadronieren. Dieser makabre Monolog, der in dummdreister Einfalt das ganze Arsenal der Phrasen und unmenschlichen Parolen eines militanten Nationalismus rekapituliert und ad absurdum führt, ist eine der gekonntesten und erbarmungslosesten sozialkritischen Parodien der deutschen Literatur.

st 100 Hermann Hesse
Die Kunst des Müßiggangs
Kurzprosa aus dem Nachlaß
Herausgegeben von Volker Michels
368 Seiten
Die Kunst des Müßiggangs ist der Titel der ersten, 1904 entstandenen Betrachtung dieser Sammlung, die über 50 in Buchform noch unpublizierte Kurzprosastücke aus fünf Jahrzehnten enthält. Das thematische Spektrum reicht bis hin zur Parodie des naiven Rationalismus einer Leistungsgesellschaft, »welche den Erfindern des Atom-Nußknackers Ruhmeskränze flicht und den Andrang des Publikums zu den Sonntagsfahrten auf den Saturn nur noch mit Hilfe großer Polizeiaufgebote bändigen kann«.

st 101 Peter Handke
Stücke 2
192 Seiten
Der Band *Stücke 2* enthält das stumme Spiel *Das Mündel will Vormund sein,* in dem sich durch genau festgelegte Bewegungsabläufe die Abrichtung eines Menschen vollzieht; das Party-Spiel *Quodlibet* mit den »Figuren des Welt-Theaters«; und das Stück *Der Ritt über den Bodensee,* das Sprechstück und Pantomime in eins ist, ein Lehrstück mit Lustspielcharakter.

st 102 Werner Fuchs
Todesbilder in der modernen Gesellschaft
240 Seiten
Dieses Buch behandelt die widersprüchliche Einstellung
des heutigen Menschen zum Tode im Spannungsfeld zwischen archaischen und rationalen Orientierungen und
zeigt, durch welche Mechanismen Relikte magisch-reli-
giöser Todesbilder tradiert werden, welche Institutionen
ihr Weiterleben garantieren, welche gesellschaftlichen
Faktoren es verhindern, daß sich die Idee des natürlichen
Todes allgemein durchsetzt und realisiert: politische und
soziale Gewalt.

st 103 Noam Chomsky
Kambodscha, Laos, Nordvietnam
Im Krieg mit Asien II
Aus dem Amerikanischen übersetzt von Jürgen Behrens
256 Seiten
Noam Chomsky, der Begründer der Generativen Grammatik, erregte weltweites Aufsehen durch sein kom-
promißloses Engagement gegen den Krieg der Vereinigten Staaten in Indochina. In seinem neuesten Buch *Im
Krieg mit Asien,* dessen erster Teil als st 32 unter dem
Titel *Indochina und die amerikanische Krise* erschien,
legt Chomsky seine totale Verurteilung der amerikanischen Indochinapolitik dar. Dieser zweite Band enthält
am Ende eine vollständige Literaturliste der zitierten
Arbeiten und damit zugleich eine der wahrscheinlich um-
fassendsten amerikanischen Bibliographien zum Viet-
namkrieg.

st 104 Materialien zu Samuel Becketts »Warten auf
Godot«
Zusammengestellt und übersetzt von Ursula Dreysse
192 Seiten
Diese Sammlung von Aufsätzen will eine Lese- und Ver-
ständnishilfe sein für eines der Schlüsselwerke der moder-
nen Literatur, mit dem zugleich eine Revolutionierung des
Theaters begann: Samuel Becketts *Warten auf Godot.*
Sie enthält sowohl allgemein einführende Arbeiten, die
einen ersten Zugang zu diesem Stück erleichtern, als auch
einige Studien zu Spezialproblemen, die dessen innere
Struktur oder einzelne Figuren verdeutlichen.

st 105 Max Frisch
Stiller. Roman
448 Seiten
»Frisch hat sich durch diese Form, die gleichzeitig Handlung, gleichzeitig Problematik selbst ist, in einen andern verwandelt, der nun erzählt, nicht von Stiller zuerst, sondern von sich, von White eben, für den Stiller der andere ist... Gerade durch diese Romanform wird so Selbstdarstellung möglich, gesetzt – und das ist nun wichtig, entscheidend –, der Leser mache auch mit, spiele mit. Ohne Mitmachen ist der *Stiller* weder zu lesen noch zu begreifen.« Friedrich Dürrenmatt

st 107 Theodor W. Adorno
Studien zum autoritären Charakter
Aus dem Amerikanischen von Milli Weinbrenner
Mit einer Vorrede von Ludwig von Friedeburg
ca. 464 Seiten
In den vierziger Jahren unternahm das in die USA emigrierte Institut für Sozialforschung eine empirische Untersuchung über die Frage, welche menschlichen Kräfte mobilisiert werden, wenn faschistische Bewegungen erheblichen Umfang annehmen. Die Ergebnisse erschienen 1949–1950 in dem fünfbändigen Kollektivwerk *Studies in Prejudice*. Der vorliegende Band enthält die Beiträge, die Adorno u. a. für den Band *The Authoritarian Personality* schrieben.

st 109 Wolfgang Döring
Perspektiven einer Architektur
Mit zahlreichen Abbildungen
128 Seiten
Architektur als Manifestation der Pausen kultureller Entwicklung oder als Momentaufnahmen unseres Zivilisationsprozesses? Zu dieser Alternative nimmt Wolfgang Döring, einer der herausragenden und progressiven Architekten der deutschen Nachkriegszeit, Stellung.

st 111 Freisprüche. Revolutionäre vor Gericht
Herausgegeben von H. M. Enzensberger
496 Seiten
Die Auswahl beginnt mit Babeuf, in dem man den ersten Kommunisten sehen kann, und endet mit Kurón und Modszelewski, zwei jungen Polen. Die beiden Grenzfälle

des Buches signalisieren den Eintritt der bürgerlichen wie den der sozialistischen Revolution in eine reaktionäre Phase. Das Buch handelt also im wesentlichen vom revolutionären Kampf gegen die Bourgeoisie. Klassiker und Vergessene stehen nebeneinander: neben Marx, Bakunin, Liebknecht, Trotzki, Rosa Luxemburg und Dimitroff finden sich Namen wie Auguste Blanqui, Vera Figner, August Spies, Amadeo Bordiga und andere. Jedes Plädoyer ist mit einem historischen Kommentar versehen. Ein Essay des Herausgebers beschließt den Band.

st 112 Marguerite Duras
Hiroshima mon amour. Filmnovelle
Deutsch von Walter Maria Guggenheimer
Mit Fotos aus dem Film
128 Seiten
Marguerite Duras wurde weltberühmt durch ihren Film *Hiroshima mon amour*. Dieser Film zeigt den hartnäckigen, aber immer wieder scheiternden Versuch eines Japaners und einer Französin, der Katastrophe von Hiroshima die Liebe zweier Menschen entgegenzusetzen, die der Hölle des Zweiten Weltkriegs entkommen sind. Unsere Ausgabe enthält das Exposé, die Filmnovelle und Notizen.

st 113 David Riesman
Wohlstand wofür?
Aus dem Amerikanischen von Gert H. Müller
400 Seiten
Ist einmal der Punkt erreicht, wo es schwieriger wird, Güter zu verkaufen als sie herzustellen, verändert sich das Wesen der Arbeit wie das der Muße. Der berühmte amerikanische Soziologe Riesman fragt in seinem Buch *Wohlstand wofür?* nach dem Gebrauch und Mißbrauch des Überflusses in der postindustriellen »Freizeitgesellschaft«. Er befaßt sich mit der Rolle der Vorstädte, dem Ausbildungsweg für Frauen, dem Wandel in der Einstellung zum Altern; er analysiert die Verschränkung von Laufbahn und Konsumverhalten, die Funktion des Automobils, den Sozialcharakter der Parties.

st 114 David Riesman
Wohlstand für wen?
Aus dem Amerikanischen von Gert H. Müller
128 Seiten
Ausgehend von den Theorien von Thorstein Veblen über

die »müßige Klasse« untersucht der berühmte amerikanische Soziologe Riesman in *Wohlstand für wen?* die nationale und internationale Verteilung des Reichtums und damit auch die Wirkungen, die das Gerücht vom Wohlstand und sein Abglanz auf diejenigen ausübt, die keinen Teil an ihm haben.

st 115 Wolfgang Koeppen
Nach Rußland und anderswohin
Empfindsame Reisen
272 Seiten
Diese Aufzeichnungen mit dem Untertitel »Empfindsame Reisen« führen nach Spanien, Holland, England und in die UdSSR. Unmöglich die Vorstellung, der Autor orientiere sich an einem Reiseführer. Er absolviert kein Bildungspensum, sondern hält sich offen für das Erlebnis, für die »Zufälle« des Augenblicks und sieht gerade das, was wahrzunehmen das präparierte Reiseabenteuer verhindert. In seinen Reiseberichten nicht weniger als in seinen Romanen und Erzählungen erweist sich Koeppen als minuziöser Beobachter, dessen sprachliche Potenz hinter der Schärfe des Wahrgenommenen nicht zurückbleibt. Wie wenige zeitgenössische Autoren versteht er es, trotz kritischer Analyse Atmosphäre und Lokalkolorit zu vermitteln.

st 116 Hermann Hesse
Klein und Wagner. Novelle
112 Seiten
Die Novelle *Klein und Wagner* ist einer der Höhepunkte der Prosa Hermann Hesses. Friedrich Klein, der ehrbare Beamte, treusorgende Ehegatte und Familienvater, durchbricht plötzlich, belastet mit einem imaginären Verbrechen, dem vierfachen Mord an Frau und Kindern, mit falschem Paß, einem Revolver und unterschlagenem Geld, seine hausbackene Respektabilität. Die Figur des Beamten Klein mit dem beziehungsreichen Decknamen Wagner ist eine frühe Inkarnation von Hesses Steppenwolf.

st 118 Walter von Baeyer, Wanda von Baeyer-Katte
Angst
272 Seiten
Das vorliegende Buch gibt eine Übersicht über die Ergebnisse der neueren erfahrungswissenschaftlichen Angstforschung, wobei zwei »Hauptfundstellen der

Angstforschung« im Vordergrund stehen: die Psychopathologie und die historisch-psychologische Terrorforschung. Diesen Kapiteln gehen kürzere Übersichten voran: über sprachlich-begriffliche Unterscheidungen, über Biologie, Physiologie und experimentelle Psychologie.

st 120 Günter Eich
Fünfzehn Hörspiele
608 Seiten
Der Band enthält *Geh nicht nach El Kuhwed!; Träume; Sabeth; Die Andere und ich; Blick auf Venedig; Der Tiger Jussuf; Meine sieben jungen Freunde; Die Mädchen aus Viterbo; Das Jahr Lazertis; Zinngeschrei; Die Stunde des Huflattichs; Die Brandung vor Setúbal; Allah hat hundert Namen; Festianus, Märtyrer; Man bittet zu läuten.*

st 123 George Steiner
Sprache und Schweigen
Essays über Sprache, Literatur und das Unmenschliche
Deutsch von Axel Kaun
336 Seiten
Mit diesem Werk, das in viele Sprachen übersetzt wurde, erregte George Steiner internationales Aufsehen. Es ging um die Frage: »Verflechten sich die Wurzeln des Unmenschlichen mit denen der Hochzivilisation? Ist es möglich, daß im klassischen Humanismus selbst, in seiner Neigung zur Abstraktion und zum ästhetischen Werturteil, ein radikales Versagen angelegt ist?«

st 124 Adolf Portmann
Biologie und Geist
Vierzehn Vorträge
Mit Kunstdrucktafeln
352 Seiten
Adolf Portmann gehört zu den führenden Verhaltensforschern der Gegenwart. Für Portmann entscheidend sind einerseits Probleme der Gestaltlehre, andererseits Probleme des Soziallebens von Tier und Mensch. Sein Ansatzpunkt liegt bei der Frage, wieviel Kunstform in dem enthalten sei, was uns als Naturform erscheint. Seiner Definition nach herrschen Kunstformen dort, wo Soziales in Erscheinung tritt.

st 127 Hans Fallada
Tankred Dorst
Kleiner Mann – was nun?
Eine Revue von Tankred Dorst und Peter Zadek
ca. 200 Seiten
Tankred Dorst hat Hans Falladas 1932 erschienenen
Roman »Kleiner Mann – was nun?« dramatisiert, der
zu einem der größten Bucherfolge seiner Zeit wurde. In
der Geschichte des kleinen Angestellten Pinneberg und
der Arbeitertochter Lämmchen in den Jahren der großen
Arbeitslosigkeit erkannten Hunderttausende ihre eigene
Geschichte, ihren Alltag, ihre Welt. Die Dramatisierung
von Tankred Dorst wurde für die Neueröffnung der
Städtischen Bühnen Bochum unter der Leitung von Peter
Zadek vorgenommen.

st 135 Wer ist das eigentlich – Gott? Essays
Herausgegeben von Hans Jürgen Schultz
304 Seiten
Die Frage »Wer ist das eigentlich – Gott« stammt von
Kurt Tucholsky. Nicht ironisch oder polemisch wird sie
heute formuliert, sondern neugierig und interessiert. Die
Beiträge dieses Buches wollen von verschiedenen Gesichts-
punkten aus unter Beteiligung zahlreicher namhafter
Autoren eine Antwort geben.

st 150 Zur Aktualität Walter Benjamins
Aus Anlaß des 80. Geburtstags von Walter Benjamin
herausgegeben von Siegfried Unseld
288 Seiten
Der vorliegende Band »Zur Aktualität Walter Benjamins« nimmt wichtige, hier erstmals publizierte Abhandlungen auf, die aus diesem Anlaß geschrieben worden sind, und Texte von Walter Benjamin, seine »Lehre
vom Ähnlichen«, eine umfangreiche Variante der Arbeit
»Über das mimetische Vermögen«, den autobiographisch
bedeutenden Text »Agesilaus Santander«, den Briefwechsel
mit Bertolt Brecht und drei Lebensläufe, deren letzter
kurz vor seinem Tod geschrieben wurde.

st 151 Hermann Broch
Barbara und andere Novellen
384 Seiten

Dieser Band legt eine Sammlung von 13 Novellen vor, die besten aus Brochs Gesamtwerk. Die früheste, *Eine methodologische Novelle,* wurde 1917 geschrieben, die späteste, *Die Erzählung der Magd Zerline,* 1949. Die Besonderheit dieser Sammlung besteht in der erstmaligen Präsentation aller vorhandenen Tierkreisnovellen in ihrer Ursprungsfassung.